BACH-JAHRBUCH

Im Auftrag der Neuen Bachgesellschaft
herausgegeben von
Peter Wollny

97. Jahrgang 2011

EVANGELISCHE VERLAGSANSTALT
LEIPZIG

VERÖFFENTLICHUNG DER NEUEN BACHGESELLSCHAFT
Internationale Vereinigung, Sitz Leipzig
VEREINSJAHR 2011

Wissenschaftliches Gremium
Pieter Dirksen (Culemborg, NL), Stephen Roe (London),
Christoph Wolff (Cambridge, MA/Leipzig), Jean-Claude Zehnder (Basel)

Die redaktionelle Arbeit wurde unterstützt
durch das Bach-Archiv Leipzig – Stiftung bürgerlichen Rechts.
Die Neue Bachgesellschaft e.V. wird gefördert durch die Stadt Leipzig, Kulturamt.

Das Bach-Jahrbuch ist urheberrechtlich geschützt.
Jede Verwertung außerhalb der engen Grenzen des Urheberrechtsgesetzes
ist ohne Zustimmung unzulässig und strafbar. Dies gilt
insbesondere für Vervielfältigungen, Übersetzungen, Mikroverfilmungen
und die Einspeicherung und Verarbeitung in elektronischen Systemen.

Geschäftsstelle der Neuen Bachgesellschaft: Burgstraße 1–5, 04109 Leipzig
Anschrift für Briefsendungen: PF 100727, 04007 Leipzig

Anschrift des Herausgebers:
PD Dr. Peter Wollny, Bach-Archiv Leipzig, Thomaskirchhof 16, 04109 Leipzig
Anschrift für Briefsendungen: PF 101349, 04013 Leipzig
Redaktionsschluß: 1. August 2011

Evangelische Verlagsanstalt GmbH, Leipzig, 2011
Printed in Germany. H 7486
Notensatz: Frank Litterscheid, Hehlen
Gesamtherstellung: DZA Druckerei zu Altenburg GmbH, Altenburg
ISSN 0084-7682
ISBN 978-3-374-02986-0

INHALT

Alfred Dürr (1918–2011) zum Gedenken 10

Christoph Wolff (Cambridge, MA und Leipzig), Johann Sebastian Bachs Oratorien-Trilogie und die große Kirchenmusik der 1730er Jahre 11

Hans-Joachim Schulze (Leipzig), Humanum est errare. Text und Musik einer Chorfuge Johann Sebastian Bachs im Urteil Friedrich Wilhelm Marpurgs ... 27

Peter Wollny (Leipzig), Fundstücke zur Lebensgeschichte Johann Sebastian Bachs 1744–1750 35

Andrew Talle (Baltimore, MD), Die „kleine Wirthschafft *Rechnung*" von Carl August Hartung 51

Peter Wollny (Leipzig), Carl August Hartung als Kopist und Sammler Bachscher Werke 81

Maria Hübner (Leipzig), Wilhelm Friedemann Bachs Wohnungen in Halle – Einige Ergänzungen 103

Marion Söhnel (Leipzig), Das Bach-Schrifttum 2001–2005 117

Kleine Beiträge

Michael Maul (Leipzig), „von Cristofori" – Zum Maler des verschollenen Porträts Anna Magdalena Bachs 251

Hans-Joachim Schulze (Leipzig), Die Bach-Kantate „Nach dir, Herr, verlanget mich" und ihr Meckbach-Akrostichon 255

Bernd Koska (Leipzig), Bach oder Dobenecker? Zur Frage der Autorschaft von BWV Anh. 85 und 101 259

Lynn Edwards Butler (Vancouver, B.C.), Bach, Johann Scheibe und die Orgeln in Zschortau und Stötteritz – Vier neue Quellen 265

Markus Rathey (New Haven, CT), Bachs Besuch in Potsdam und dessen Rezeption in der Münchner Presse 269

Jason B. Grant (Cambridge, MA), Die Herkunft des Chors „Triumph! Triumph! Des Herrn Gesalbter sieget" aus dem Oratorium „Die Auferstehung und Himmelfahrt Jesu" von C. P. E. Bach 273

Rashid-S. Pegah (Würzburg), Begegnungen in Konstantinopel und Leipzig. Pierre Gabriel Buffardin und Johann Jacob Bach 287

Besprechungen

Tanya Kevorkian, *Baroque Piety. Religion, Society, and Music in Leipzig, 1650–1750*, Burlington, VT: Ashgate, 2007. 251 S. (*Michael Maul*, Leipzig) . 293

Meinrad Walter, *Johann Sebastian Bach. Weihnachtsoratorium*, Kassel usw.: Bärenreiter, 2006 (Bärenreiter Werkeinführungen), 198 S.; ders., *Johann Sebastian Bach. Johannespassion. Eine musikalisch-theologische Einführung*, Stuttgart: Carus-Verlag und Philipp Reclam jun., 2011, 380 S. (*Manuel Bärwald*, Leipzig) 299

Bach oder nicht Bach? Bericht über das 5. Dortmunder Bach-Symposium 2004, hrsg. von Reinmar Emans und Martin Geck, Dortmund: Klangfarben Musikverlag, 2009 (Dortmunder Bach-Forschungen, hrsg. von Martin Geck. 8.), 180 S. (*Peter Wollny*, Leipzig) 305

Neue Bachgesellschaft e.V. Leipzig
Mitglieder der leitenden Gremien 311

ABKÜRZUNGEN

1. Allgemein

ADB = *Allgemeine Deutsche Biographie*
BC = *Bach Compendium. Analytisch-bibliographisches Repertorium der Werke Johann Sebastian Bachs von Hans-Joachim Schulze und Christoph Wolff*, Bd. I/1–4, Leipzig 1986–1989
BG = *J. S. Bachs Werke. Gesamtausgabe der Bachgesellschaft*, Leipzig 1851–1899
BJ = *Bach-Jahrbuch*
BT = *Sämtliche von Johann Sebastian Bach vertonte Texte*, hrsg. von Werner Neumann, Leipzig 1974
BWV = Wolfgang Schmieder, *Thematisch-systematisches Verzeichnis der musikalischen Werke von Johann Sebastian Bach. Bach-Werke-Verzeichnis*, Leipzig 1950
BWV[2] = *Bach-Werke-Verzeichnis* (wie oben); *2. überarbeitete und erweiterte Ausgabe*, Wiesbaden 1990
BWV[2a] = *Bach-Werke-Verzeichnis. Kleine Ausgabe nach der von Wolfgang Schmieder vorgelegten 2. Ausgabe*, hrsg. von Alfred Dürr und Yoshitake Kobayashi, unter Mitarbeit von Kirsten Beißwenger, Wiesbaden, Leipzig, Paris 1998
CPEB Briefe I, II = *Carl Philipp Emanuel Bach. Briefe und Dokumente. Kritische Gesamtausgabe*, hrsg. und kommentiert von Ernst Suchalla, 2 Bde., Göttingen 1994 (Veröffentlichungen der Joachim Jungius-Gesellschaft der Wissenschaften. 80.)
CPEB:CW = *Carl Philipp Emanuel Bach: The Complete Works*, Los Altos 2005 ff.
DDT = *Denkmäler Deutscher Tonkunst, herausgegeben von der Musikgeschichtlichen Kommission*, Leipzig 1892–1931
Dok I–VII = *Bach-Dokumente, herausgegeben vom Bach-Archiv Leipzig. Supplement zu Johann Sebastian Bach. Neue Ausgabe sämtlicher Werke.*
Band I: *Schriftstücke von der Hand Johann Sebastian Bachs. Vorgelegt und erläutert von Werner Neumann und Hans-Joachim Schulze*, Leipzig und Kassel 1963
Band II: *Fremdschriftliche und gedruckte Dokumente zur Lebensgeschichte Johann Sebastian Bachs 1685–1750. Vorgelegt und erläutert von Werner Neumann und Hans-Joachim Schulze*, Leipzig und Kassel 1969
Band III: *Dokumente zum Nachwirken Johann Sebastian*

Bachs 1750–1800. Vorgelegt und erläutert von Hans-Joachim Schulze, Leipzig und Kassel 1972
Band IV: Werner Neumann, *Bilddokumente zur Lebensgeschichte Johann Sebastian Bachs*, Kassel und Leipzig 1979
Band V: *Dokumente zu Leben, Werk und Nachwirken Johann Sebastian Bachs 1685–1800. Neue Dokumente. Nachträge und Berichtigungen zu Band I–III. Vorgelegt und erläutert von Hans-Joachim Schulze unter Mitarbeit von Andreas Glöckner*, Kassel 2007
Band VI: *Ausgewählte Dokumente zum Nachwirken Johann Sebastian Bachs 1801–1850. Herausgegeben und erläutert von Andreas Glöckner, Anselm Hartinger, Karen Lehmann*, Kassel 2007
Band VII: *Johann Nikolaus Forkel. Ueber Johann Sebastian Bachs Leben, Kunst und Kunstwerke (Leipzig 1802). Editionen. Quellen. Materialien. Vorgelegt und erläutert von Christoph Wolff unter Mitarbeit von Michael Maul*, Kassel 2008

Dürr Chr 2 = Alfred Dürr, *Zur Chronologie der Leipziger Vokalwerke J. S. Bachs. Zweite Auflage: Mit Anmerkungen und Nachträgen versehener Nachdruck aus Bach-Jahrbuch 1957*, Kassel 1976 (Musikwissenschaftliche Arbeiten, hrsg. von der Gesellschaft für Musikforschung. Nr. 26.)

EitnerQ = Robert Eitner, *Biographisch-bibliographisches Quellenlexikon der Musiker und Musikgelehrten*, 10 Bde., Leipzig 1900–1904

Erler I–III = Erler, Georg. *Die jüngere Matrikel der Universität Leipzig 1559–1809 als Personen- und Ortsregister bearbeitet und durch Nachträge aus den Promotionslisten ergänzt*, 3 Bde., Leipzig 1909
Band III: *Die Immatrikulationen vom Wintersemester 1709 bis zum Sommersemester 1809*

Fk = *Verzeichnis der Werke Wilhelm Friedemann Bachs*, in: Martin Falck, *Wilhelm Friedemann Bach. Sein Leben und seine Werke*, Leipzig 1913, ²1919 (Reprint Lindau/B. 1956)

Gerber ATL = Ernst Ludwig Gerber, *Historisch-Biographisches Lexikon der Tonkünstler*, Teil I/II, Leipzig 1790–1792

Gerber NTL = Ernst Ludwig Gerber, *Neues historisch-biographisches Lexikon der Tonkünstler*, Teil 1–4, Leipzig 1812–1814

GraunWV = Christoph Henzel, *Graun-Werkverzeichnis (GraunWV). Verzeichnis der Werke der Brüder Johann Gottlieb und Carl Heinrich Graun*, 2 Bde., Beeskow 2006

H	= E. Eugene Helm, *Thematic Catalogue of the Works of Carl Philipp Emanuel Bach*, New Haven und London 1989
Krause I	= Peter Krause, *Handschriften der Werke Johann Sebastian Bachs in der Musikbibliothek der Stadt Leipzig*, Leipzig 1964 (Bibliographische Veröffentlichungen der Musikbibliothek der Stadt Leipzig. 5.)
Jb SIM	= *Jahrbuch des Staatlichen Instituts für Musikforschung Preußischer Kulturbesitz* Berlin
Kalendarium ³2008	= *Kalendarium zur Lebensgeschichte Johann Sebastian Bachs*. Erweiterte Neuausgabe herausgegeben von Andreas Glöckner, Leipzig und Stuttgart 2008 (Edition Bach-Archiv Leipzig)
Kobayashi Chr	= Yoshitake Kobayashi, *Zur Chronologie der Spätwerke Johann Sebastian Bachs. Kompositions- und Aufführungstätigkeit von 1736 bis 1750*, in: Bach-Jahrbuch 1988, S. 7–72
LBB	= *Leipziger Beiträge zur Bach-Forschung*, Hildesheim 1995 ff.
Mf	= *Die Musikforschung*
MGG	= *Die Musik in Geschichte und Gegenwart. Allgemeine Enzyklopädie der Musik*, hrsg. von Friedrich Blume, Kassel 1949–1979
MGG²	= *Die Musik in Geschichte und Gegenwart. Allgemeine Enzyklopädie der Musik. Begründet von Friedrich Blume. Zweite neubearbeitete Ausgabe*, hrsg. von Ludwig Finscher, Kassel und Stuttgart 1994–2007
NBA	= *Neue Bach-Ausgabe. Johann Sebastian Bach. Neue Ausgabe sämtlicher Werke. Herausgegeben vom Johann-Sebastian-Bach-Institut Göttingen und vom Bach-Archiv Leipzig*, Leipzig und Kassel 1954–2007
New Grove 1980	= *The New Grove Dictionary of Music and Musicians. Edited by Stanley Sadie*, London 1980
New Grove 2001	= *The New Grove Dictionary of Music and Musicians. Second Edition. Edited by Stanley Sadie*, London 2001
NV	= *Verzeichniß des musikalischen Nachlasses des verstorbenen Capellmeisters Carl Philipp Emanuel Bach*, Hamburg 1790. – Faksimileausgaben: 1. *The Catalogue of Carl Philipp Emanuel Bach's Estate*, hrsg. von R. Wade, New York und London 1981; 2. *C. P. E. Bach. Autobiography. Verzeichniß des musikalischen Nachlasses*, Buren 1991 (Facsimiles of Early Biographies. 4.)

RISM A/I	= *Répertoire International des Sources Musicales. Internationales Quellenlexikon der Musik*, Serie A/I: *Einzeldrucke vor 1800*, Kassel 1971 ff.
RISM A/II	= *Répertoire International des Sources Musicales. Internationales Quellenlexikon der Musik*, Serie A/II: *Musikhandschriften nach 1600*
Schulze Bach-Überlieferung	= Hans-Joachim Schulze, *Studien zur Bach-Überlieferung im 18. Jahrhundert*, Leipzig und Dresden 1984
Spitta I, II	= Philipp Spitta, *Johann Sebastian Bach*, Bd. I, Leipzig 1873; Bd. II, Leipzig 1880
TBSt 1, 2/3, 4/5	= *Tübinger Bach-Studien*, hrsg. von Walter Gerstenberg. Heft 1: Georg von Dadelsen, *Bemerkungen zur Handschrift Johann Sebastian Bachs, seiner Familie und seines Kreises*, Trossingen 1957 Heft 2/3: Paul Kast, *Die Bach-Handschriften der Berliner Staatsbibliothek*, Trossingen 1958 Heft 4/5: Georg von Dadelsen, *Beiträge zur Chronologie der Werke Johann Sebastian Bachs*, Trossingen 1958
TVWV	= Werner Menke, *Thematisches Verzeichnis der Vokalwerke von Georg Philipp Telemann*, 2 Bde., Frankfurt/Main 1981, 1983
Weiß	= *Katalog der Wasserzeichen in Bachs Originalhandschriften, von Wisso Weiß, unter musikwissenschaftlicher Mitarbeit von Yoshitake Kobayashi*, 2 Bde., Leipzig und Kassel 1985 (NBA IX/1)
Wq	= Alfred Wotquenne, *Thematisches Verzeichnis der Werke von Carl Philipp Emanuel Bach*, Leipzig 1905, Reprint Wiesbaden 1968
Zedler	= Johann Heinrich Zedler, *Grosses vollständiges Universal Lexikon aller Wissenschaften und Künste* […], Halle und Leipzig 1732–1754 (Reprint Graz 1999)

2. Bibliotheken

Am.B.	= Amalien-Bibliothek (Dauerleihgabe in D-B)
BB, SBB	= Königliche Bibliothek (später Preußische Staatsbibliothek) Berlin. Als Abkürzung für die Signaturen der Bach-Handschriften (*Mus. ms. Bach P* bzw. *St*) dienen *P* und *St*
B-Bc	= Bruxelles, Conservatoire Royal de Musique, Bibliothèque

D-B	= Staatsbibliothek zu Berlin – Preußischer Kulturbesitz, Musikabteilung mit Mendelssohn-Archiv (siehe auch BB und SBB)
D-Bsak	= Bibliothek der Sing-Akademie zu Berlin (Depositum in D-B)
D-DS	= Darmstadt, Hessische Landes- und Hochschulbibliothek, Musikabteilung
D-LEb	= Leipzig, Bach-Archiv
D-LEm	= Leipzig, Städtische Bibliotheken – Musikbibliothek
D-MÜG	= Mügeln bei Oschatz, Evangelisch-lutherisches Pfarramt St. Johannis, Kantoreiarchiv
D-W	= Wolfenbüttel, Herzog August Bibliothek
F-Pn	= Paris, Bibliothèque Nationale
GB-Lbl	= London, The British Library
I-Bc	= Bologna, Civico Museo Bibliografico Musicale
PL-Kj	= Kraków, Biblioteka Jagiellońska

Alfred Dürr (1918–2011) zum Gedenken

Der erste gewichtige Beitrag zur Bach-Forschung, der nach Ende des Zweiten Weltkriegs im Doppeljahrgang 1949/50 dieses Jahrbuchs unter dem Titel „Zu den verschollenen Passionen Bachs" erschien, stammte aus der Feder des damaligen Göttinger Doktoranden Alfred Dürr. Wenig später konnte der nunmehr im neugegründeten Johann-Sebastian-Bach-Institut Göttingen wirkende junge Gelehrte – gemeinsam mit seinem Kollegen Werner Neumann vom Bach-Archiv Leipzig – für mehr als zwanzig Jahre selbst als Herausgeber des Bach-Jahrbuchs tätig werden. 1975 gingen die Redaktionsgeschäfte an die Unterzeichneten über, als Alfred Dürr sich veranlaßt sah, sich vordringlich der Arbeit an der Neuen Bach-Ausgabe zu widmen. Gleichwohl gehörte er während der gesamten zweiten Hälfte des vergangenen Jahrhunderts zu den Hauptautoren des Jahrbuchs, dessen Ausgabe von 1957 nahezu vollständig von seiner bedeutenden, knapp 160 Seiten umfassenden Abhandlung „Zur Chronologie der Leipziger Vokalwerke J.S. Bachs" gefüllt wurde und damit gleichsam die Geburtsurkunde der modernen Bach-Forschung vorstellte. Geradezu folgerichtig wurde sogar der umfangreiche, größtenteils als Festschrift für Alfred Dürr zum 60. Geburtstag angelegte Jahrgang 1978, mit einem neue Perspektiven aufzeigenden quellenkundlichen Aufsatz des Jubilars eingeleitet und mit einem augenzwinkernden Capriccio über fundamentale Irrtümer der älteren Bach-Forschung von ihm beschlossen.

Wie kein zweiter hat Alfred Dürr mit seiner großen Liebe zur Musik Johann Sebastian Bachs und seinem untrüglichen Sinn für philologische Sorgfalt und wissenschaftliche Genauigkeit die moderne Bach-Forschung geprägt. Insbesondere verlieh er als verantwortlicher Editionsleiter der 1951 begonnenen, inzwischen abgeschlossenen zweiten kritischen Bach-Gesamtausgabe, der Neuen Bach-Ausgabe, ein Profil, das auch für andere Musikergesamtausgaben neue Maßstäbe setzte. Weit hinausgehend über die zwei Dutzend von ihm selbst herausgegebenen Bände (darunter viele Kantaten, die Matthäus-Passion und beide Teile des Wohltemperierten Klaviers) war er zudem unermüdlich damit befaßt, in Vorträgen und Schriften die Werke des Komponisten (darunter insbesondere die Kantaten, die Johannes-Passion und das Wohltemperierte Klavier) in ihrer Eigenart und Bedeutung für breite Kreise von Musikfreunden zu erläutern.

Die leitenden Gremien der Neuen Bachgesellschaft, denen Alfred Dürr fast vier Jahrzehnte lang angehörte, verdanken ihm manch guten Rat. 1997 wurde er zum Ehrenmitglied der Gesellschaft gewählt. Er starb im 93. Lebensjahr am 7. April 2011 in Göttingen.

Hans-Joachim Schulze
und *Christoph Wolff*

Johann Sebastian Bachs Oratorien-Trilogie und die große Kirchenmusik der 1730er Jahre

Von Christoph Wolff (Cambridge, MA und Leipzig)

Martin Petzoldt als Gruß zum 65. Geburtstag

Vorgeschichte

Bachs kirchenmusikalisches Vokalschaffen erreichte im Gesamtzusammenhang seines Lebenswerkes wie auch im Blick auf Quantität und Vielfalt in den Jahren unmittelbar nach seinem Antritt des Thomaskantorats einen besonderen Gipfel. Dieser unbestrittene Höhepunkt ist aber nicht voraussetzungslos, sondern wird vorbereitet durch zwei Phasen unterschiedlicher Intensität aus der langjährigen Organistentätigkeit des Komponisten. Die erste, bis 1713 dauernde Phase zeichnet sich im wesentlichen dadurch aus, daß Bach in unregelmäßigen Abständen und für sehr unterschiedliche Anlässe Kantaten komponierte, die sich am ehesten unter der Kategorie sogenannter „Organistenmusik" verstehen lassen. Denn im wesentlichen handelt es sich hier um Gelegenheits- und Auftragswerke, die Bach situationsbedingt mit wechselnden Ensembles in Arnstadt, Mühlhausen, Weimar und andernorts zur Aufführung brachte. Daß sich unter den erhaltenen Stücken mit den Mühlhäuser Kantaten „Aus der Tiefen" BWV 131 und „Gott ist mein König" BWV 71 oder den frühen Weimarer Kantaten „Widerstehe doch der Sünde" BWV 54 und „Mein Herze schwimmt im Blut" BWV 199 Werke von erstaunlicher Reife und erlesener Qualität befinden, zeugt von dem früh erkennbaren Interesse des Organisten, auch anspruchsvolle Vokalmusik zu komponieren und aufzuführen. Wie wichtig Bach dies tatsächlich war, bringt schon sein 1708 an den Rat der Stadt Mühlhausen gerichtetes Abschiedsgesuch zum Ausdruck, indem er „eine *regulir*te kirchen *music*" als seinen „Endzweck" bezeichnet.[1]

Die zweite Phase betrifft die im Frühjahr 1714 einsetzende Konzertmeistertätigkeit des damals 29jährigen Weimarer Hoforganisten, die ihn mit der Verpflichtung, „Monatlich neüe Stücke" aufzuführen,[2] erstmals einband in die Praxis der sogenannten Jahrgangskantaten, mit der die Sonn- und Festtage des Kirchenjahres musikalisch bedacht wurden. In diesem Zusammenhang boten vor allem zwei gedruckte Jahrgänge von Kantatendichtungen des Weimarer Hofdichters Salomon Franck für 1715 und 1717 dem Komponisten Bach die Gelegenheit, sich systematisch in die seinerzeit modernste Gattung der Kir-

---
[1] Dok I, Nr. 1.
[2] Dok II, Nr. 66.

chenmusik mit ihrer differenzierten Formenwelt von Arien, Rezitativen, Chören und Instrumentalsätzen einzuarbeiten. Wie ihm der Einstieg in die damals neue Art der Kirchenmusik gelang, für die insbesondere der Eisenacher Hofkapellmeister Georg Philipp Telemann ab 1711 maßgebliche Muster geliefert hatte, bezeugen nicht weniger als zwei Dutzend Kantaten aus den vier letzten Weimarer Jahren. Auch spricht die Tatsache der Leipziger Wiederaufführung fast aller zwischen 1714 und 1718 entstandenen Kantaten dafür, daß Bach sie auch unter veränderten Bedingungen für weiterhin nutzbar hielt.
Mit dem Antritt des Thomaskantorats 1723 führte Bach konsequent die auch in Leipzig bestehende Praxis der Jahrgangskantaten fort und bewahrte sie für die 27 Jahre seiner Amtszeit. Gleich in den ersten Jahren der Leipziger Tätigkeit bemühte er sich um den Aufbau eines anspruchsvollen Kantatenrepertoires, das sich für Wiederaufführungen eignete. Eine solche Investition, die ihm nicht zuletzt die Möglichkeit zur beständigen weiteren Verfeinerung des ersten Entwurfes bei erneuter Darbietung bot, hielt ihn davon ab, etwa tausend und mehr Kantaten zu schreiben, wie es die Zeitgenossen Telemann, Graupner oder Stölzel getan haben.
Es gibt nun keine Anzeichen dafür, daß Bach gleich zu Beginn seiner Leipziger Amtszeit einen konkreten Plan für die Kirchenmusik verfolgte. Im Gegenteil spricht alles dafür, daß er zumal im ersten Jahr ein heterogenes Korpus von Kantaten erstellte, Vertonungen ganz unterschiedlicher Textvorlagen vornahm und, wenn immer möglich, auf Wiederaufführungen passender Weimarer Kantaten zurückgriff. Der zweite Jahrgang von 1724/25 hingegen trägt mit seiner bewußten Konzentration auf die Vertonung von Kirchenliedtexten und -melodien deutliche Anzeichen planvollen Gestaltungswillens. Überdies zeugt die musikalische Ausarbeitung der Choralkantaten nicht nur von beabsichtigter Vielfalt, sondern auch von rationaler Disposition. Diese betrifft selbst kleinere Untergruppen der Choralkantaten, wenn man etwa die Anlage der ersten vier Werke vom Juni 1724 betrachtet, bei denen in den jeweiligen Eingangssätzen die Choralmelodie vom Sopran (BWV 20), über Alt (BWV 2) und Tenor (BWV 7) bis in den Baß (BWV 135) wandert. Von dem arbeitsintensiven, in wöchentlichen Neukompositionen bestehenden Choralkantaten-Jahrgang weicht der ab Juni 1725 in gelockertem Rhythmus entstehende dritte Jahrgang deutlich ab. Trotz der Rückkehr zu wechselnden Textvorlagen zeigt aber auch dieser Jahrgang eine Tendenz zu besonderer Profilierung, wie sie vielleicht am deutlichsten zum Ausdruck kommt in dem häufigen Auftreten von Instrumentalsinfonien, darunter ausgedehnte Konzertsätze mit obligater Orgel.
Der angesprochene Gipfel von Bachs kirchenmusikalischem Engagement in den 1720er Jahren wäre unvollständig beschrieben ohne die Erwähnung einiger besonderer Kompositionen Bachs für die Leipziger Kirchenmusik, die den künstlerischen Ehrgeiz des neuen Thomaskantors zusätzlich unter Beweis

stellen: das fünfstimmige Magnificat von 1723, das sechsstimmige Sanctus von 1724, die achtstimmige Motette „Singet dem Herrn" (um 1726/27), die Passion nach Johannes in den beiden Fassungen von 1724 und 1725, sodann die doppelchörige nach Matthäus von 1727. Vielleicht noch deutlicher als im Kantatenrepertoire gibt sich hier Bachs Intention zu erkennen, neue Kompositionen ungewöhnlichen Anspruches und Ausmaßes zu schaffen, bei der großen Passion nach Matthäus vielleicht gar die Absicht einer Art krönenden Abschlusses. Denn kein weiteres kirchenmusikalisches de-tempore-Werk Bachs kommt dem Monumentalformat dieser Passion mit ihrer Aufführungsdauer von nahezu drei Stunden nahe.

Umbruch 1729

Der künstlerische Schwerpunkt von Bachs Tätigkeit verlagerte sich spätestens ab Frühjahr 1729 auf die Leitung des Collegium musicum und damit außerhalb der Kirchenmusik. Freilich profitierten offenbar auch die kirchenmusikalischen Aufführungen von Bachs neuem Engagement. Denn eine solch opulente Besetzung, wie sie beispielsweise am 2. Pfingsttag 1729 die Kantate „Ich liebe den Höchsten von ganzem Gemüte" BWV 174 (mit 2 Hörnern, 3 Oboen, jeweils 3 konzertierenden Violinen, Violen und Violoncelli, dazu Ripienstreichern und Continuo) verlangte, wäre ohne Mitglieder des Collegium nicht realisierbar gewesen. Die 1729 erfolgte Übernahme des Collegium kam kaum von ungefähr, sondern war offensichtlich von längerer Hand durch Bach vorbereitet worden.[3] Dafür spricht, daß er bereits zwei Jahre zuvor am 12. Mai 1727 die Abend-Music „Entfernet euch, ihr heitern Sterne" BWV Anh. 9 zum Geburtstagsempfang des Kurfürsten Friedrich August I. in Leipzig und knapp drei Monate später das Drama per Musica „Ihr Häuser des Himmels" BWV 193a zu dessen Namenstag ausrichtete. Ebenfalls führte er am 17. Oktober desselben Jahres die Trauer-Ode BWV 198 für die Kurfürstin Christiane Eberhardine auf. Für derlei Sonderveranstaltungen außerhalb der regulären wöchentlichen Collegium-Konzerte, vor allem wenn sie im Rahmen der Universität stattfanden, dürfte Bach als Gast Zugriff auf das Collegium gehabt haben.
Da ab 1729 und nunmehr unter Bachs Regie zahlreiche weitere Gelegenheitswerke entstanden, die wegen ihrer anlaß- beziehungsweise situationsbedingten Texte keine Wiederaufführungen erlaubten, stellte sich von Anbeginn für den Komponisten zwangsläufig die Frage nach der wünschenswerten Wiederverwendung der Musik. Da dies nur mit verändertem Text geschehen konnte, rückte vor allem die Möglichkeit der Eingliederung in das kirchenmusikali-

---

[3] Siehe dazu vom Verf., *Johann Sebastian Bach*, Frankfurt/Main 2000, S. 378–382.

sche Repertoire und damit die dauerhafte Wiederverwendbarkeit ins Blickfeld. So erscheint es als logische Konsequenz, wenn beispielsweise die Trauer-Ode von 1727 weitgehend zur Grundlage der Markus-Passion von 1731 diente. Denn Funktion und Charakter der Musik waren im weltlichen und geistlichen Kontext wesentlich identisch.

Wie sich die Beanspruchung Bachs durch die wöchentlichen Veranstaltungen des Collegium musicum, während der Messezeiten gar zweimal pro Woche, für ein gutes Jahrzehnt im einzelnen auswirkte, bleibt aus verschiedenen Gründen schwer zu ermessen. Dazu gehört vor allem, daß für die regelmäßigen „ordinairen" Konzerte keine Programme der gemischten Vorträge von instrumentaler oder vokaler Kammermusik und von Solowerken vorliegen. Vorhanden sind lediglich grobe Informationen über den vom Collegium verwendeten Notenvorrat,[4] über besondere Ereignisse wie die Vorstellung eines neuen „Clavicymbel, dergleichen allhier noch nicht gehöret worden"[5] oder den Auftritt von Gastmusikern.[6] Lediglich die mit besonderem musikalischen Aufwand verbundenen „extraordinairen" Sonderveranstaltungen des Collegium, vor allem wenn sie zu Ehren des kurfürstlich-sächsischen und königlich-polnischen Hauses stattfanden, sind nahezu vollständig nachweisbar.[7]

Dem Beginn des Thomaskantorates vergleichbar wird sich Bach auch für die Arbeit mit dem Collegium musicum schwerlich eine längerfristige kompositorische Planung vorgenommen haben. Daß jedoch im Blick auf seinen Einsatz kreativer Kräfte die Kirchenmusik ab 1729 eher zum Nebenschauplatz wurde, ergab sich von selbst. Dennoch wird von Anbeginn das Kalkül der Wiederverwendung vor allem großer weltlicher Gelegenheitsmusiken eine Rolle gespielt haben und dabei fiel dann zwangsläufig das Schwergewicht auf die Akzentuierung der musikalisch besonders prominenten Festtage innerhalb des Kirchenjahres, bei denen ein aufwendiger Aufführungsapparat am Platz war. So war aus der Perspektive des Thomaskantors und Collegium-Direktors für die 1730er Jahre praktisch vorherzusehen, daß die Kirchenmusik selbst auf dem Nebenschauplatz ihren Nutzen aus der längerfristigen Situation ziehen würde.

---

[4] A. Glöckner, *Bachs Leipziger Collegium Musicum und seine Vorgeschichte*, in: Die Welt der Bach-Kantaten, hrsg. von C. Wolff, Bd. 2, Kassel 1997, S. 105–117; G. B. Stauffer, *Music for „Cavaliers et Dames": Bach and the Repertoire of His Collegium Musicum*, in: About Bach, hrsg. von G. G. Butler u.a., Urbana/Illinois 2008, S. 135–156.
[5] Dok II, Nr. 331.
[6] Dok II, Nr. 448.
[7] Übersicht in BC, Werkgruppe G, S. 1452–1454.

Die Oratorien-Trilogie

Die Zusammenballung der Festtage von Weihnachten bis Epiphanias bot einen geradezu idealen Anlaß, gleichsam mit einem Schlage eine Reihe weltlicher Festmusiken einer geistlichen Wiederverwendung zuzuführen und damit im kirchenmusikalischen Repertoire zu verankern. Darum kann es auch kaum auf Zufall beruhen, wenn das Weihnachts-Oratorium von 1734/35 nicht auf eine diesbezüglich sorgfältige Vorplanung zurückgehen sollte. Da außerdem Anlässe wie Fürstengeburtstag und Geburtstag des Himmelskönigs in musikalischer Beziehung austauschbar waren, ergaben sich besondere Affinitäten. Dies gilt insgesamt etwa für die Emblematik des Dramma per musica „Herkules auf dem Scheidewege" (BWV 213) zum Geburtstag des sächsischen Kurprinzen am 5. September 1733. Denn die Allegorie von Macht und Stärke trifft gleichermaßen auf den irdischen Herrscher wie für den Herrscher des Himmels zu. Aber auch textlich-musikalische Anspielungen wie etwa im Wiegenlied „Schlafe, mein Liebster" (BWV 213/3 bzw. BWV 248/19) ließen sich ohne weiteres auf den Kurprinz und das Christuskind beziehen.

Auch die erstmals von Bach getroffene Wahl des Terminus „Oratorium" für den Zyklus der Weihnachtsmusiken ist sicher kein Zufall und hängt primär damit zusammen, daß deren weltliche Vorlagen BWV 213–215 allesamt als Dramma per musica, das heißt im Sinne von Opernszenen konzipiert waren und somit dramatischen Charakter besaßen. Der zeitgenössische Begriff für Oper war Dramma per musica und das Oratorium stand ihm innerlich nahe. So definiert denn auch Johann Gottfried Walthers *Musikalisches Lexikon* (Leipzig 1732), dessen Mitvertrieb Bach in Leipzig besorgte,[8] das Oratorium als „eine geistliche Opera, oder musicalische Vorstellung einer geistlichen Historie ... aus Gesprächen, Soli, Duo, und Trio, Ritornellen, starcken Chören etc. bestehend".[9]

Der „musicalischen Vorstellung einer geistlichen Historie" hatte Bach sich zuvor nur in seinen Passionsmusiken gewidmet, die laut Walthers Definition und im zeitgenössischen Verständnis ebenfalls Oratorien waren. Bezogen sich die Passionen jedoch auf Jesu Leidensgeschichte, so wandte sich Bach mit dem Weihnachts-Oratorium dem Beginn der biblischen Heilsgeschichte zu. Allerdings gab es für die festtäglichen Evangelienlesungen der Weihnachtszeit, an der sich die Hauptmusik in der Regel inhaltlich orientierte, keinen der Passionsgeschichte vergleichbaren zusammenhängenden biblischen Historien-

---

[8] Dok II, Nr. 260; K. Küster, *Bach als Mitarbeiter am Walther-Lexikon?*, BJ 1991, S. 187–192.

[9] S. 451. – Vgl. die Diskussion (unter anderer Perspektive als im vorliegenden Beitrag) des Verf., *Under the Spell of Opera? Bach's Oratorio Trilogy*, in: J. S. Bach and the Oratorio Tradition, hrsg. von D. R. Melamed, Urbana/Illinois 2011 (Bach Perspectives. 8.), S. 1–12.

text. So hielt Bach sich nicht an die vorgeschriebenen Evangelien-Perikopen, ließ die Lesungen für den 3. Weihnachtstag („Am Anfang war das Wort ...") und den Sonntag nach Neujahr (Flucht nach Ägypten) unberücksichtigt und nahm eine pragmatische Neugliederung der Weihnachtsgeschichte nach Lukas und Matthäus vor, um den narrativen Zusammenhang zu optimieren:[10]

Teil	Festtag	Liturgische Lesung	Weihnachts-Oratorium
I	1. Weihnachtstag	Luk. 2: 1–14	Luk. 2: 1, 3–7
II	2. Weihnachtstag	Matth. 23: 33–39 oder Luk. 2: 15–20	Luk. 2: 8–14
III	3. Weihnachtstag	Joh. 1: 1–14 oder Joh. 21: 15–24	Luk. 2: 15–20
IV	Neujahr	Luk. 2: 21	Luk. 2: 21
V	Sonntag nach Neujahr	Matth. 2: 13–15	Matth. 2: 2–6
VI	Epiphanias	Matth. 2: 1–12	Matth. 2: 7–12

Zur konzeptionellen Gestaltung des Weihnachts-Oratoriums gehört auch, daß sich gegenüber den Passionsmusiken die musikalischen Proportionen zu Ungunsten des Evangelistenberichtes verschoben, da die biblischen Passagen grundsätzlich kürzer ausfielen und in den Teilen IV und V sogar nur ein bis zwei Sätze betrafen. Hinzu kommt das nahezu völlige Entfallen der Dialoge, das sich aber aus der vergleichsweise dialogarmen biblischen Weihnachtsgeschichte erklärt. So sind die beiden einzigen Soliloquenten im Weihnachts-Oratorium der Angelus (Satz 13) und Herodes (Satz 55) mit jeweils einem kurzen Auftritt. Doch der Engel (Sopran) singt nur die Textpartie „Fürchte dich nicht ..." (Luk. 2: 10–11), ihre Fortsetzung „Und das habt zum Zeichen ..." (Luk. 2:12) weist Bach in Satz 16 dem Evangelisten zu und reduziert damit die ohnehin eingeschränkte dialogische Struktur, die er in den Passionen ohne Abstriche übernehmen konnte.

Die Planung des Weihnachts-Oratoriums legt nahe, daß Bach die Ausdehnung der biblischen Leben-Jesu-Geschichte über den Passionsbericht hinaus auf die verbleibenden Christusfeste Ostern und Himmelfahrt frühzeitig, vielleicht gar von vornherein beabsichtigte. Die für den 19. Mai 1735 anhand der musikalischen Quellen belegte Aufführung des Himmelfahrts-Oratoriums

---

[10] Die von den liturgischen Lesungen unabhängige Disposition bot zudem den Vorteil, die Teile IV (Namengebung) und V (Flucht nach Ägypten) austauschbar zu machen, falls es beim kalendarischen Wechsel einen Sonntag nach Weihnachten statt eines Sonntags nach Neujahr geben sollte. Damit war eine Wiederaufführung nicht auf die Konstellation der Festtagsfolge angewiesen, die in Bachs Amtszeit nur noch 1739/40, 1744/45 und 1745/46 auftrat.

BWV 11 bestätigt denn auch diese Annahme. Die liturgische Perikope für Himmelfahrt (Markus 16: 14–20) hat allerdings keinen narrativen Charakter, sondern enthält die nachösterliche Predigt Jesu mit dem Missionsbefehl: „Gehet hin in alle Welt und prediget das Evangelium allen Kreaturen ...". Den Text des Himmelfahrts-Oratoriums entnahm Bach darum der traditionellen Evangelienharmonie des Johannes Bugenhagen[11] mit seinem aus drei verschiedenen Quellen bezogenen zusammenhängenden Bericht in lockerer Aneinanderreihung von Lukas 24: 50–51, Apostelgeschichte 1: 9, Markus 16: 19, Apostelgeschichte 1: 10–11, Lukas 24: 52 und Apostelgeschichte 1: 12. Der von Bach übernommene Text der Himmelfahrtsgeschichte enthält nur einen einzigen Dialog mit den zwei Männern in weißen Kleidern.

Die weltlichen Vorlagen des Himmelfahrts-Oratoriums sind allesamt musikalisch nicht erhalten, doch besteht in der Forschung seit langem Einigkeit darüber, daß es sich bei Satz 1 um eine Übernahme des Eingangschores der Festkantate zur Einweihung der erneuerten Thomasschule BWV Anh. 18 von 1732 handelt und die Sätze 4 und 8 der Hochzeits-Serenade BWV deest (BC G 42) von 1725 entnommen wurden.[12] Bei letzterer handelt es sich ebenfalls um eine dramatische Kantate mit den allegorischen Figuren Natur, Schamhaftigkeit und Tugend; sie paßt damit in das Konzept des Oratoriums als „geistliche Opera." Das Himmelfahrts-Oratorium verzichtet jedoch auf jegliche Personifizierung der Stimmen mit biblischen Gestalten. Bach stuft sogar die kurze Dialogpartie der beiden Männer in weißen Kleidern dramatisch herunter, indem er keinen Wechsel der Stimmen vornimmt (Satz 7a, Takt 5 ff.), sondern die Tenorstimme dem Evangelisten überläßt und diesem einen Baß hinzugesellt.

Das Oster-Oratorium bietet einen in vieler Hinsicht exemplarischen Fall für Bachs Verständnis einer „geistlichen Opera". Das Werk entstand 1725 als Osterkantate „Kommt, fliehet und eilet, ihr flüchtigen Füße" durch Umarbeitung der sechs Wochen zuvor als Tafelmusik für Weißenfels musizierten Schäferkantate „Entfliehet, verschwindet, entweichet ihr Sorgen" BWV 249a. Aus den mythologischen Figuren des pastoralen Dramas mit Doris, Sylvia, Menalcas und Damoetas wurden die biblischen Gestalten der österlichen Morgenszene, die unmittelbar nach Jesu Auferstehung zum leeren Grab laufen: Maria Jacobi, Maria Magdalena, Petrus und Johannes. Die Musik der Arien und Chöre der Schäferkantate konnten im wesentlichen unverändert bleiben; lediglich die Rezitative, die die biblische Szene zu erläutern hatten, mußten neu komponiert werden. Der nunmehrigen Osterkantate fehlten jedoch

---

[11] Der Text findet sich unter anderem im Anhang des Dresdnischen Gesang-Buches von 1725 (mit zahlreichen Nachdrucken), das zur Bach-Zeit für Leipzig gültig war.
[12] Für weitere Einzelheiten siehe BC D 9; ergänzend hierzu BJ 2009, S. 191–199 (H.-J. Schulze).

wörtlicher Bibeltext und Choräle – ungewöhnlich bei Musik für ein hohes Kirchenfest. Der Thomaskantor scheint jedoch um Ausgleich bemüht gewesen zu sein, indem er am Ostersonntag 1725 die Choralkantate „Christ lag in Todes Banden" BWV 4 zusätzlich darbot.[13] Die erste Wiederaufführung der Osterkantate BWV 249 unter der Bezeichnung Oster-Oratorium und mit dem neuen und passender formulierten Textbeginn „Komm, eilet und laufet" wurde von Alfred Dürr[14] seinerzeit auf die Jahre 1732/35 oder nach 1735 datiert. Unterdessen überwiegt jedoch die Annahme, daß die erste Wiederaufführung erst um 1738 anzusetzen ist und weitere um 1743 bis um 1746 und noch 1749 stattfanden.[15] Dennoch sprechen verschiedene Zusammenhänge – und keineswegs nur die Verbindung mit den beiden Oratorien für Weihnachten und Himmelfahrt von 1734/35 – dafür, die erste Wiederaufführung von BWV 249 als Oster-Oratorium für den 10. April 1735 in Betracht zu ziehen. Folgende Gründe machen diese Datierung plausibel:

– Der an den Stimmen *St 355* beteiligte und von 1734 bis 1738 tätige Kopist Anon. Vj kann für den 19. Mai 1735 genau ermittelt werden.[16]
– Die autographen lateinisch-griechischen Titelformulierungen „Oratorium Tempore Nativitatis", „Oratorium Festo Paschatos" und „Oratorium Festo Ascensionis Christi" sind eng aufeinander abgestimmt und auch in den Schriftzügen engstens verwandt (siehe die Abbildung am Ende des Beitrags).
– Die für den 2. und 3. Ostertag anhand der musikalischen Quellen ermittelten Wiederaufführungen der Kantaten „Erfreut euch, ihr Herzen" BWV 66 beziehungsweise „Ein Herz, das seinen Jesum lebend weiß" BWV 134 sind gleich BWV 249 Parodien weltlicher Hofmusiken mit ursprünglich dialogisierenden allegorischen Figuren.[17] Die drei geistlichen Umarbeitungen aus den frühen Leipziger Jahren 1724/25 ganz ohne Bibeltext und mit nur einem Schlußchoral (BWV 66/6) passen darum gut zueinander und bilden mit ihren auffallenden Duett-Strukturen (BWV 249/3; 66/1, 4–5; 134/1, 3–6), die selbst in den Chören ihre solistische Herkunft erkennen lassen, eine geradezu einheitliche Werkgruppe.
– Für die Karfreitagsvesper 1734 kann neuerdings Bachs Aufführung des Passionsoratoriums „Der gläubigen Seele geistliche Betrachtungen ihres leidenden Jesu" von Gottfried Heinrich Stölzel nachgewiesen werden,[18] in

---

[13] Dürr Chr 2, S. 79f., BC A 54a.
[14] Dürr Chr 2, S. 79, 112 und 118.
[15] Allgemein dazu BC D 8a–b.
[16] NBA X/3 (Y. Kobayashi/K. Beißwenger, 2007), S. 185.
[17] BWV 66a (1718): Glückseligkeit Anhalts, Fama; BWV 134a (1719): Göttliche Vorsehung, Zeit.
[18] T. Schabalina, *„Texte zur Music" in Sankt Petersburg. Neue Quellen zur Leipziger*

dem auf den biblischen Bericht verzichtet beziehungsweise dieser stellenweise durch freie Nachdichtung ersetzt wird.

Es mag an der ungewöhnlichen Textstruktur der Osterkantate gelegen haben, daß Bach sie nach 1725 offenbar zunächst länger liegen ließ. Sie wich allzu drastisch vom Konzept der Historienkomposition ab, wie er sie in seinen eigenen Passionsmusiken mit der wörtlichen Beibehaltung des biblischen Berichtes streng befolgte. Möglicherweise war die Aufführung der Osterkantate auch auf Kritik gestoßen, da sie der von Bach unterzeichneten Dienstverpflichtung vom 5. Mai 1723 in Punkt 7 widersprach:

Zu Beybehaltung guter Ordnung in denen Kirchen die *Music* dergestalt einrichten, daß sie nicht zulang währen, auch also beschaffen seyn möge, damit sie nicht *opern*hafftig herauskommen, sondern die Zuhörer vielmehr zur Andacht aufmuntere.[19]

Die vier benannten Personen der ursprünglichen Osterkantate waren zwar biblische Gestalten, aber sie sangen in opernhafter Manier eben keine biblischen Worte, wie in den Leipziger Hauptkirchen bei der musizierten Passion üblich. Was nun die freie Nachdichtung der biblischen Geschichte betrifft, so belegt die Leipziger Aufführung von Stölzels Passionsoratorium von 1734 eine Änderung der Verhältnisse, sicherlich auch der Haltung der Leipziger Geistlichkeit und Bachs eigener Einstellung, die den Weg freimachte für modernere Strömungen geistlicher Texte und damit für eine Rehabilitation der Osterkantate in Gestalt eines Oratoriums als geistlicher Oper.
Die von Bach sorgsam durchgeführte zweistufige Umarbeitung des Oster-Oratoriums – zuerst 1735 oder später, sodann um 1743–1746 – zeigt aber auch sehr klar, wie es um sein Verständnis des geistlichen Oratoriums im formalen und inhaltlichen Sinne bestellt war. Im Blick auf die musikalische Form gestaltete er das auf die zweisätzige Sinfonia folgende einleitende solistische Duett BWV 249/3 zu einem vierstimmigen Ripiensatz um. Im Verein mit der Umwandlung der abschließenden „Aria a 4" zum „Chorus" erhielt auch dieses Oratorium wie seine beiden Schwesterwerke einen emphatischen chorischen Rahmen. Auf die inhaltliche Seite bezog sich eine weitere Änderung, indem die vier dramatischen Gestalten der Osterkantate, die in der ersten Umarbeitung noch beibehalten worden waren, in der zweiten als dramatische Personen und Rollen eliminiert wurden. Die Endfassung des Oratoriums kennt nur noch die neutralen Benennungen Soprano, Alto, Tenore und Basso.
Die radikale Entpersonifizierung des Oster-Oratoriums, die sich ja nicht nur auf die rezitativischen Partien beschränkt, sondern die Arien einbezieht, scheint von der Idee geleitet zu sein, eine opernhafte Assoziation der betrachtenden

---

Musikgeschichte sowie zur Kompositions- und Aufführungstätigkeit Johann Sebastian Bachs, BJ 2008, S. 33–98, speziell S. 77–84.

[19] Dok I, Nr. 92.

geistlichen Poesien mit konkreten biblischen Personen zu unterbinden. Denn die betrachtenden Stücke sollen als andachtsfördernde Reflexionen eines frommen Christen verstanden werden. Da jedoch aktionsbetonte Dramatik in den drei Oratorien Bachs so gut wie ganz entfällt, trifft die Walthersche Definition des Oratoriums als „geistliche Opera" nur eingeschränkt zu. Das gilt mutatis mutandis für die Bachschen Passionen, wo die Dramatik zwar deutlicher zutage tritt, dennoch auf die ausgedehnten dialogisierenden biblischen Berichtsteile begrenzt bleibt. Ein dramatischer Höhepunkt der Johannes-Passion ist beispielsweise die Verleugnungsszene mit der abschließenden expressiven Passage der „lachrimae Petri". Die darauf folgende Verzweiflungsarie „Ach, mein Sinn" vertritt dann aber nicht die Stimme des Petrus, sondern vielmehr stellvertretend die des betroffenen gläubigen Christen.

Das Oster-Oratorium verdeutlicht einen weiteren musikalisch-inhaltlichen Aspekt, nunmehr den Unterschied zwischen Kantaten- und Oratorienstil betreffend. In Dramma per musica und Oper zielen die Ausdruckscharaktere der Arien auf Affekte, Leidenschaften und Tugenden, vertreten und dargestellt in den verschiedenen Rollen der singenden Personen. So bleibt der edle Ausdruckscharakter der Sopran-Arie „Hunderttausend Schmeicheleien" der Weißenfelser Tafelmusik BWV 249a – gesungen von der Nymphe Doris, deren griechischer Name für „rein, unvermischt" steht – auch in der entpersonifizierten Arie „Seele, deine Spezereien" der Osterkantate beziehungsweise des Oster-Oratoriums bewahrt. Reinheit der Doris und Reinheit der gläubigen Seele sind eins. Analog versteht sich Gottscheds Arientext „Unschuld, Kleinod reiner Seelen" aus der Hochzeits-Serenade „Auf! süß-entzückende Gewalt" (BWV[2] Anh. 196/Anh. I 14; BC G 42) mit dem Vers „das Lilien Kleid unberührter Reinigkeit", bestimmt für die allegorische Figur der Schamhaftigkeit im Dialog mit Natur, Tugend und Verhängnis. Diese sehr wahrscheinliche Vorlage der rollenfreien Sopranarie „Jesu, deine Gnadenblicke /... deine Liebe bleibt zurücke" des Himmelfahrts-Oratorium (BWV 11/8) repräsentiert die innige Äußerung der reinen Seele.

Die unmittelbare Assoziation von personifiziertem Charakterbild und Ausdruck bildet somit einen wichtigen Gesichtspunkt nicht nur für die Übernahme einer musikalischen Vorlage, sondern für das die Komposition erst ermöglichende dichterische Parodieverfahren. Picander, Bachs Textdichter des Dramma per Musica „Tönet, ihr Pauken! Erschallet, Trompeten!" zum Geburtstag der sächsischen Kurfürstin Maria Josepha, läßt Fama als mythologische Personifikation des Geredes der Leute die Arie „Kron und Preis gekrönter Damen" (BWV 214/7) singen. Derselbe Autor (oder wer auch immer die Umdichtung geschaffen haben mag) überträgt in der Arie „Großer Herr, o starker König" des Weihnachts-Oratoriums (BWV 248/8) das stellvertretende Bild auf „die Fama" innerhalb der Christengemeinde. Da die Arien der Oratorien im Prinzip sämtlich dramatischen Vorlagen entnommen sind, unterscheiden sie sich von den Arien gewöhnlicher geistlicher Kantaten betrachtenden oder belehrenden dichterischen Inhalts darin, daß sie zusätzlich repräsentierenden Charakter haben, auch wenn die Rollenbezeichnung fehlt. In dieser Beziehung hilft die Kenntnis der weltlichen Vorlage, das Oratorium als „geistliche Opera" auf einer imaginären Bühne zu verstehen, die den Betrachter beziehungsweise Hörer einbezieht.

Die Zusammenschau der drei Bachschen Oratorien legt nahe, diese als eine geplante und einheitliche Werkgruppe zu verstehen, in der die christliche Heilsgeschichte über die Leidensgeschichte Jesu hinaus vervollständigt wird. Gleichsam als Oratorien-Trilogie für die hohen Christusfeste konzipiert, setzen sich die drei Werke auch in ihrer äußeren Anlage klar von den gewöhnlichen Sonn- und Feiertagskantaten ab. Die Bezeichnung Oratorium ist auch in dieser Beziehung vom Komponisten bewußt gewählt. Dabei geht es weniger um die bloße Anzahl der Sätze, denn verschiedene zweiteilige Kantaten kommen durchaus auf ähnliche Länge. Aber während sich der typische Kantatentext von in der Regel jeweils zwei Arien und Rezitativen auf die übliche zweiteilige Predigtstruktur (mit Exegese und Anleitung zum christlichen Leben) beruft, zeigen die Oratorien einen grundsätzlich narrativen Aufbau.[20] Sie folgen dem biblischen Bericht, und sei dieser noch so knapp:

Weihnachts-Oratorium, Teil I[21]	Oster-Oratorium	Himmelfahrts-Oratorium	„Gewöhnliche" Kantate
1. Chor	1. Sinfonia	1. Chor	1. Chor
2. Rezitativ*	2. Adagio	2. Rezitativ*	2. Rezitativ
3. Rezitativ	3. Chor	3. Rezitativ	3. Aria
4. Arie	4. Rezitativ	4. Arie	4. Rezitativ
5. Choral	5. Arie	5. Rezitativ*	5. Arie
6. Rezitativ*	6. Rezitativ**	6. Chorale	6. Choral
7. Choral + Rezitativ	7. Arie	7a. Rezitativ*	
8. Arie	8. Rezitativ	7b. Rezitativ	
9. Choral	9. Arie	7c. Rezitativ*	
	10. Rezitativ	8. Arie	
	11. Chor	9. Choral	

* Biblischer Bericht   ** Biblische Paraphrase

Zur Entstehungsgeschichte der Trilogie gehört nicht nur, daß sich Bach hier aus geeigneten weltlichen Gelegenheitswerken ein dauerhaftes Repertoire an kirchlichen Festmusiken erstellte, sondern daß er vor allem mit dem Leben-

---

[20] Die alternative Zählung der sechs Teile des Weihnachts-Oratoriums als „Kantaten I–VI" ist darum abwegig.
[21] Die Teile II–VI enthalten je 14, 13, 7, 11 und 11 Sätze.

Jesu-Thema eine inhaltliche Brücke über die vier zentralen Kirchenfeste wählte, an denen die Ereignisse von Geburt, Leiden, Auferstehung und Himmelfahrt Christi als in sich geschlossene Heilsgeschichte reflektiert und gefeiert werden.[22] Daß Bach für das dreitägig begangene Osterfest keine dreiteilige Musik schuf, liegt neben der Kürze des biblischen Osterberichtes wohl in erster Linie an der pragmatischen Überlegung, daß der ihm zur Verfügung stehende Aufführungsapparat vokal-instrumentaler Kräfte mit der Vorbereitung der Passionsaufführung als musikalischem Hauptereignis des Kirchenjahres allzusehr beansprucht war und eine dreiteilige Festmusik zu Ostern eine Überforderung bedeutet hätte. Andererseits kann angesichts der oben erörterten engen Zusammenhänge, die zwischen den Osterkantaten BWV 249, 66 und 134 bestehen, nicht ausgeschlossen werden, daß Bach um 1735 möglicherweise mit dem Gedanken spielte, die drei stilistisch eng verwandten Einzelwerke zu einem zyklischen Gebilde zusammenzufassen. Doch hat er das Oster-Oratorium über die Dimensionen der Osterkantate hinaus nie erweitert, das Werk als solches jedoch offenbar so geschätzt, daß es noch mehrfach und nachweislich zuletzt 1749[23] eine Wiederaufführung erfuhr.

Ausblick auf die 1730er Jahre

Die Oratorien-Trilogie scheint für Bachs Kirchenmusikpflege der 1730er Jahre symptomatisches Gewicht zu haben, indem sie zweierlei Aspekte prinzipieller Art herausstellt und erkennen läßt: (1) die gegenüber dem Kantatenwerk auffallende Akzentuierung von Vokalkompositionen größeren Formates und verschiedener Art sowie die damit verbundene Konzentration auf besonders festliche Anlässe innerhalb des Kirchenjahres; (2) die Selektion bestehender geeigneter Sätze und Werke für die weitere Ausarbeitung der kompositorischen Qualität und den Ausbau eines dauerhaften Repertoires. Unter dieser Perspektive ist es nicht gerechtfertigt, im Zeichen der Leitung des Collegium musicum Bachs primäre musikalische Funktion als Thomaskantor zu unterschätzen. Die regelmäßige und jahraus, jahrein erfolgende Darbietung von Kantaten bleibt bestehen, wird zur Repertoirepflege und bietet immer wieder Gelegenheit zu Verbesserungen, Aktualisierungen und gegebenenfalls Revisionen. Die in den 1730er Jahren nur sporadisch nachweisbare Neukomposition von Kirchenkantaten bildet in dieser Hinsicht keinen Maßstab, aber die beiden obengenannten Aspekte lassen sich anhand mehrerer einschlägiger Werkgruppen erhärten:

---

[22] Das auf den Himmelfahrtstag folgende dreitägig gefeierte Pfingstfest zählt nicht zu den Christusfesten.

[23] BC D 8 b.

– Passionen

Den Passionsmusiken nach Johannes und Matthäus fügte Bach 1731 die wesentlich aus Parodien bestehende Markus-Passion hinzu. Auch nahm er an der um 1730 aufgeführten, aber im übrigen nicht von ihm stammenden Lukas-Passion einige wenige Ergänzungen vor. Damit jedoch war das Thema Passion für den Komponisten keineswegs abgeschlossen. 1736 erfolgte die große Revision der Matthäus-Passion, verbunden mit ihrer Einrichtung als konsequent doppelchöriges Werk mit zwei getrennten Continuogruppen; um 1739 dann eine ebenso tiefgreifende Revision der Johannes-Passion, die allerdings unvollendet blieb. Selbst die Markus-Passion blieb nicht unverändert, auch wenn der genaue Zeitpunkt der Umarbeitung nicht zu ermitteln ist. Immerhin bietet ein neu aufgefundener Textdruck einer Wiederaufführung von 1744[24] deutliche Abweichungen von der Fassung 1731, darunter zwei zusätzlich eingefügte Arien – ein eindeutiges Zeichen dafür, daß auch diese Passion nicht von vornherein ihre Endgestalt gefunden, sondern daß der Komponist an diesem Großwerk weiter gearbeitet hat.

– Festmusiken

Über die Oratorien-Trilogie hinaus schuf Bach für den Johannistag 1738 eine neue Festmusik mit der im wesentlichen aus dem Dramma per musica „Angenehmes Wiederau" (BWV 30a) von 1737 gewonnenen zweiteiligen Kantate „Freue dich, erlöste Schar" (BWV 30) mit insgesamt 12 Sätzen.

Eine prominentere Rolle weist Bach offenbar der lateinischen Kirchenmusik zu. An den hohen Kirchenfesten einschließlich der Marienfeste war es in Leipzig üblich, im Hauptgottesdienst (Amt) das Kyrie-Gloria und Sanctus sowie in der Vesper das Magnificat mehrstimmig zu musizieren. In den 1720er Jahren hatte Bach, abgesehen von einigen Sanctus und dem Magnificat in Es-Dur BWV 243a, offenbar keine weiteren lateinischen Werke komponiert, sondern es angesichts der schwerpunktmäßigen Kantatenproduktion wohl vorgezogen, Werke anderer Komponisten aufzuführen. Dies änderte sich in den 1730er Jahren mit der umfänglichen und aufwendig besetzten Missa von 1733 (Kyrie und Gloria der nachmaligen h-Moll-Messe), dem um die gleiche Zeit überarbeiteten Magnificat in D-Dur BWV 243 sowie mit den aus den späteren 1730er Jahren stammenden vier Kyrie-Gloria-Messen BWV 233–236. Obgleich nur für die A-Dur-Messe (BWV 234) originales Leipziger Aufführungsmaterial erhalten ist, kann die Leipziger Verwendung der lateinischen Messen dennoch als selbstverständlich angenommen werden.

Der Textfund eines unbekannten, am Trinitatisfest 1721 unter Bachs Amtsvorgänger Kuhnau in den beiden Leipziger Hauptkirchen aufgeführten Sym-

---

[24] T. Schabalina, „Texte zur Music" in Sankt Petersburg – Weitere Funde, BJ 2009, S. 30–36; Teilfaksimile des Textdruckes von 1744: S. 45–48.

bolum Nicenum[25] wirft die Frage auf, ob nicht Bach auch daran dachte, das Fest der heiligen Dreifaltigkeit mit einer Vertonung des Symbolum Nicenum als dem klassischen Text des Trinitäts-Dogmas zu versehen. Denn noch in der Ära Hiller war offenbar eine Darbietung des nicänischen Credo üblich.[26] Jedenfalls müssen derartige Überlegungen in die nach wie vor offene Frage der Bestimmung der h-Moll-Messe einbezogen werden.

Die Missa von 1733 weist mit ihrer gemischten Übernahme von weltlichen und geistlichen Vorlagen erstmals auf ein neues Phänomen hin, daß sich in den Messen BWV 233–236 deutlich manifestiert und auch für die späteren Teile der h-Moll-Messe eine Rolle spielt: nämlich die Umformung und Weiterentwicklung nicht nur weltlicher Gelegenheitsmusiken, sondern die umfängliche Einbeziehung auch von deutschen Kirchenkantatensätzen (bei BWV 233–236 gar ausschließlich). Bach etablierte damit ein gleichsam zweispuriges Repertoire, Kirchenkantaten mit deutschen Texten und lateinische Kirchenmusik – vielleicht in dem Bewußtsein, mit den lateinischen Kompositionen eine breitere, gegebenenfalls interkonfessionelle Verwendung[27] zu erzielen und zugleich seiner Musik das zeitlose Gewand einer langlebigen historischen Gattung zu verleihen.

*

Der gegenwärtige Stand der Forschung erlaubt nicht, für das Jahrzehnt 1730 bis 1740 einen ähnlich dicht besetzten Kompositions- und Aufführungskalender der Leipziger Kirchenmusik zu entwerfen, wie es für die 1720er Jahre gelungen ist. Dennoch läßt sich aus den verfügbaren Informationen und Interpretationsmöglichkeiten ein Bild gewinnen, das den Rückblick auf den besagten Gipfel der 1720er Jahre ergänzt um einen Ausblick auf das folgende Jahrzehnt mit einem bewußten und planvollen Engagement Bachs für den weiteren Ausbau der großen Kirchenmusik zur besonderen Versorgung der Festtage.

---

[25] Siehe den Aufsatz von Schabalina (wie Fußnote 18), S. 54 und 58, sowie vom Verf., *Johann Sebastian Bach. Messe in h-Moll*, Kassel 2009 (Bärenreiter Werkeinführungen), S. 35–38 (ebenda auch Teilfaksimile des Textdruckes von 1721).

[26] Der Textdruck *Am Feste der heiligen Dreyeinigkeit* von 1790 enthält als Figuralstücke (ohne Komponistenangabe) vor der Predigt neben „Kyrie – Gloria mit Musik" ausdrücklich auch „Credo in unum Deum, mit Musik"; siehe den Sammelband *Erstes Jahr | der geistlichen Musiktexte | in der Thomas=Kirche | zu Leipzig. | Aufgeführet | von | Johann Adam Hiller | 1789–1790*; gleichlautend auch in den entsprechenden Textdrucken für 1790/91 und 1791/92 (D-LEm, *I B 4a–c*). Ich verdanke den Hinweis darauf Uwe Wolf, Leipzig.

[27] Die Dedikation der Missa von 1733 an den katholischen Dresdner Hof läßt sich nur in dieser Richtung deuten. – Zur katholischen Bach-Rezeption im 18. Jahrhundert siehe vom Verf., *Johann Sebastian Bach. Messe in h-Moll* (wie Fußnote 25), S. 29 f.

Abbildung. Die Titel der drei Oratorien Bachs (Ausschnitte)

(1) Weihnachts-Oratorium, autographer Titelumschlag (*St 112*, Fasz. 1)
(2) Weihnachts-Oratorium, Teil 1, Kopftitel der Partitur (*P 32*)
(3) Oster-Oratorium, Kopftitel der autographen Partitur (*P 34*)
(4) Himmelfahrts-Oratorium, Kopftitel der autographen Partitur (*P 44, adn. 4*)

Humanum est errare
Text und Musik einer Chorfuge Johann Sebastian Bachs im Urteil Friedrich Wilhelm Marpurgs

Von Hans-Joachim Schulze (Leipzig)

Martin Petzoldt als Gruß zum 65. Geburtstag

Als einzigartiger Beleg für die Wirkungsgeschichte des Bachschen Kantatenschaffens in der zweiten Hälfte des 18. Jahrhunderts verdienen die 1760 in Marpurgs *Kritischen Briefen über die Tonkunst* veröffentlichten Sätze über den Eingangschor der Kantate „Nimm, was dein ist, und gehe hin" (BWV 144/BC A 41)[1] von Zeit zu Zeit besondere Beachtung:

> Ich erinnere mich noch mit Vergnügen einer gewissen Fuge des seel. Herrn J. S. Bach, über die Worte: Nimm was dein ist, und gehe hin. (Der Text war nicht dramatisch, man konnte sich also ein Chor der Ermahnenden dabey vorstellen). Diese Fuge hatte auch bey den meisten der Musik ganz unkundigen Zuhörern eine mehr als gewöhnliche Aufmerksamkeit und einen besondern Gefallen erreget, welche gewiß nicht aus den contrapunktischen Künsten, sondern aus der vortreflichen Deklamation, die *N B.* der Componist im Hauptsatze und in einem kleinen besondern Spiele mit dem gehe hin angebracht hatte, und deren Wahrheit, natürliches Wesen, und genau angemessene Richtigkeit, jedem sogleich in die Ohren fiel, herrühreten. Dergleichen Fugen könnte ich, so wie von andern, also auch von dem itztgedachten großen Meister mehrere anführen. Doch gestehe ich, daß es sehr oft schwer, auch nicht einmal durchgehends und allemal möglich ist, zumal wenn der Hauptsatz zu gewissen andern contrapunctischen Kunststücken zugeschnitten werden soll, in Hauptsätzen einer Fuge so gar genau auf die Declamation zu sehen: obgleich auch durch eine richtige Declamation vielleicht manche harmonische Künsteley deutlicher werden würde.

Auf engem Raum werden hier kompositorische Kunstfertigkeit und vorbildliche Textdeklamation gleichermaßen gewürdigt. Ein kompetenteres Urteil war in der Zeit schwerlich zu erwarten. Friedrich Wilhelm Marpurg (1718–1795) war immerhin ein ebenso engagierter wie kenntnisreicher Anwalt der Fugenkunst im allgemeinen und der einschlägigen Beiträge Johann Sebastian Bachs im besonderen.[2] Legendär sind die auf diesem Felde ausgefochteten Scharmützel mit seinem Konkurrenten, dem wie er selbst in Berlin tätigen Bach-Schüler Johann Philipp Kirnberger (1721–1783). Im Unterschied zu dem aus einfachen Verhältnissen stammenden, seine geringe Allgemeinbildung oftmals beklagenden Kirnberger war Marpurg ein weltoffener Geist und federgewandter Schriftsteller, den es schon Anfang der 1740er Jahre

---
[1] Neudruck in Dok III, Nr. 701 (S. 146).
[2] Vgl. Dok III, Nr. 645, 655, 658, 701 u.ö.

für längere Zeit nach Paris, in die Sphäre seiner Generationskollegen Diderot und d'Alembert, verschlagen hatte.[3] Das für die Beschreibung von Bachs Chorfuge von ihm gewählte Vokabular – „Wahrheit, natürliches Wesen, und genau angemessene Richtigkeit" – klingt denn auch eher nach der Terminologie des Zeitalters der Aufklärung und läßt die Frage offen, in welcher Weise Marpurgs Urteil mit dem von Bach Gemeinten übereinkommt.

Die folgende, Anfang der 1990er Jahre vorgelegte Deutung versteht sich als Versuch, das von Marpurg Formulierte nachzuvollziehen:

Den Eingangssatz über das Christuswort „Nimm, was dein ist" komponierte Bach wie in nur wenigen vergleichbaren Fällen als Chorfuge motettischen Zuschnitts. Für eine „echte" Motette, in der jedem Textglied ein eigener musikalischer Gedanke zugeordnet wird, war der nur sieben Wörter umfassende Text zu kurz, und auch für die von Bach bevorzugte Stimmtauschfuge eignete er sich im Grunde nicht. So verblieb die Möglichkeit einer kontrapunktisch ambitiösen Vokalfuge. Bach wählte den kirchengemäßen Alla-breve-Stil, wobei die Halbenote als Grundschlag erscheint und die Achtelnote als kürzester Wert benutzt wird. Der Themenkopf mit zwei großen Intervallen zu Beginn und dem anschließenden Abstieg zum Grundton erinnert – ob mit Absicht, bleibt offen – an den Choral „Aus tiefer Not schrei ich zu dir". Dem Textbestandteil „gehe hin" sind zwei Seitenthemen zugeordnet, eines in langen Notenwerten mit Bindungen über zwei und sogar drei Takte, ein zweites in rascher, fast spielerischer Deklamation auf zwei kurze und eine längere Note. Dieses letztgenannte Seitenthema, das bald als Bestandteil der Fugendurchführung erscheint, bald eine Art Zwischenspiel ermöglicht, hatte durch seine geschickte Handhabung ehedem nicht nur den Theoretiker Marpurg und sogar die musikunkundigen Hörer in seiner Umgebung beeindruckt – es bietet auch aus heutiger Sicht ein Lehrbeispiel für Bachs ökonomischen Umgang mit seinen kompositorischen Mitteln. Fast 60 Takte lang ist dieses charakteristische „gehe-hin"-Motiv zwar allgegenwärtig, erscheint bei Parallelbewegung aber niemals in mehr als zwei Stimmen zugleich. Erst in den allerletzten Takten tritt es in drei und dann in allen vier Stimmen gleichzeitig auf, und dient der Schlußsteigerung ebenso wie dem würde- und ruhevollen Ausklang – ganz im Sinne der milden Zurechtweisung, wie sie das Matthäus-Evangelium überliefert. Marpurgs Deutung als „Chor der Ermahnenden" erscheint von hier aus als Mißverständnis – dem Geist seiner Epoche geschuldet.[4]

Im Nachhinein stellt sich die Frage, ob es gerecht ist, Marpurg mit Hinweis auf das Gedankengut der Aufklärung den Schwarzen Peter zuzuschieben und

---

[3] Zu den Umständen seiner Flucht vor dem Preußenkönig und zu einigen Irrtümern über den Aufenthalt in Frankreich vgl. meinen Beitrag *Friedrich Wilhelm Marpurg, Johann Sebastian Bach und die „Gedanken über die welschen Tonkünstler" (1751)*, BJ 2004, S. 121–132.

[4] H.-J. Schulze, *Die Bach-Kantaten. Einführungen zu sämtlichen Kantaten Johann Sebastian Bachs*, Leipzig und Stuttgart 2006, S. 134. Alle Einführungen gehörten ursprünglich zu seit 1992 ausgestrahlten Kantatensendungen des Mitteldeutschen Rundfunks (MDR).

ihm eine fundamentale Fehldeutung bezüglich des Verhältnisses von Text und Wahl der musikalischen Mittel zu unterstellen. Als Grundforderungen an einen zur Komposition bestimmten Kantatentext habe ich gelegentlich theologische Relevanz, literarische Qualität und musikalische Brauchbarkeit genannt.[5] Hinsichtlich der theologischen Relevanz ist das Herrenwort „Nimm, was dein ist, und gehe hin" über jeden Zweifel erhaben, und die Kürze und Prägnanz dieser sieben Wörter schließen Bedenken wegen der literarischen Qualität genaugenommen ebenfalls aus. So bleibt die Frage nach der musikalischen Brauchbarkeit dieses Textes und damit nach der Art der kompositorischen Umsetzung.

Zu dieser Umsetzung heißt es bei Marpurg erklärend „Der Text war nicht dramatisch, man konnte sich also ein Chor der Ermahnenden dabei vorstellen". Der in Parenthese gesetzte, etwas kryptisch wirkende Vermerk erweckt den Eindruck, als habe Marpurg das Herrenwort für eine neutrale Äußerung, einen Text beliebiger Herkunft gehalten. Eine solche Annahme erscheint bei genauerem Zusehen jedoch als wenig glaubhaft und damit ungeeignet als Prämisse für weitergehende Überlegungen. Selbst wenn unterstellt werden sollte, Marpurg habe während seiner Schulzeit sowie in seinen Universitätsjahren keinerlei Gelegenheit gehabt, etwas über das Gleichnis von den Arbeitern im Weinberg zu erfahren (eine Annahme, die dem Ausbildungssystem in der ersten Hälfte des 18. Jahrhunderts gänzlich zuwiderliefe), so hätte er doch spätestens als etwa Dreißigjähriger anläßlich seines zu vermutenden Besuchs bei Johann Sebastian Bach in Leipzig und des damit verbundenen Hörerlebnisses einen aufschlußgebenden Textdruck[6] in die Hände bekommen haben müssen.

Wird aber die bislang indirekt gültige Prämisse, daß Marpurg das Herrenwort nicht als solches identifiziert habe, aufgegeben, muß nach einer anderen Erklärung für die merkwürdige Idee von einem „Chor der Ermahnenden" gesucht werden. Einige musiktheoretische Werke der Zeit liefern hierfür brauchbare Anhaltspunkte.

Relativ ausführlich äußert sich zur Sache der Wolfenbütteler Kantor Heinrich Bokemeyer (1679–1751) in seiner Abhandlung *Der melodische Vorhof*, die

---

[5] *Bachs Kantatentexte: Fragen nach theologischem Gehalt, sprachlicher Qualität und musikalischer Brauchbarkeit*, in: Die Quellen Johann Sebastian Bachs. Bachs Musik im Gottesdienst. Bericht über das Symposium 4.–8. Oktober 1995 in der Internationalen Bachakademie Stuttgart, hrsg. von Renate Steiger, Heidelberg 1998, S. 339–342.

[6] Sofern dieser (was anzunehmen ist) den Informationsstand von 1724 übernommen hätte, wäre zu lesen gewesen: *Matth. XX. v. 14. Nimm was dein ist, und gehe hin, ex Evangelio.* (vgl. die Abbildung BT, S. 426).

Johann Mattheson (1681–1764), mit seinen Kommentaren versehen, in seine Sammlung *Critica Musica* (Hamburg, 1722–1725) aufgenommen hat.[7] Der Auffassung Bokemeyers, „im Teutschen" ließen sich „die meisten biblischen Sprüche gut singen", hält Mattheson entgegen „Im Teutschen lassen sich die Biblische Sprüche lange so gut nicht singen, als im Lateinischen … Die Teutschen *dicta* schicken sich … zu sonst nichts, als zum vollen Chor, zu Fugen, zur Moteten-Art und zum Recitativ …".[8]
Worte einzelner Personen von so allgemeinem Inhalt, „daß sie ein jeglicher auf sich appliciren kan", könnten nach Bokemeyer „gar wohl *tutti* gesetzet werden; doch nur ausser dem Contexte. E. g. Herr, nun lässest du deinen Diener im Friede fahren etc. Item: Meine Seele erhebt den Herrn etc." Historische Erzählungen, etwa Berichte der Evangelisten, sollten nur einer einzelnen Stimme zu singen gegeben werden: „Singen viele, so kömt es heraus, als wolte einer dem andern ins Wort fallen, oder einer vor dem andern die Sache besser wissen".

Zu dem Gesange der himlischen Heerschaaren, Luc. *II*.14. Ehre sey Gott in der Höhe etc. nimt man so viel Stimmen, als man will, oder haben kan. Denn es heisset im vorhergehenden Versicul: Und alsobald war da bey dem Engel *N.B.* die Menge der himlischen Heerscharen, die lobten Gott etc. Und hierin stecket auch der Grund zu urtheilen, wo eine Fuge im Text anzubringen, oder nicht: denn solche schicken sich nicht überall. Wo die Rede von vielen Personen ist, da schicken sich solche ohne Zweiffel am besten … In General-Sätzen gehen sie auch an … Sonderlich aber in solchen *periodis*, die ein Lob in sich fassen … Auch in solchen *periodis*, die aus zwey *contrair*en Sätzen bestehen … Aber bey den obgedachten Reden einzeler Personen würde es ungereimt heraus kommen, wenn man sie in Fugen bringen wollte. *E. g.* Kommet her zu mir, alle, die ihr mühseelig etc. Denn wenn einer angefangen hätte: Kommet her zu mir, so würden die übrigen nach einander also nachfolgen, und es folglich heraus kommen, also ob viel *personæ docentes* wären, da eine die *discentes* von den andern immer wieder zu sich rieffe. Immittelst findet man solcher Fugen die Menge: weswegen die Sache künfftig noch weiter untersucht zu werden verdienet: dabey denn gleichfalls abgehandelt werden müste, was für Texte sich insonderheit zu einem Duct, Trio, Concert etc. schickten.[9]

Unter die zur Fugierung geeigneten Texte rechnet Bokemeyer auch „Alles was ihr wollet, das euch die Leute thun sollen, das thut ihr ihnen" (Mt 7,12).[10]

---

[7] Längere Auszüge, jedoch nicht ganz fehlerfrei, wiedergegeben bei D. R. Melamed, *J. S. Bach and the German motet*, Cambridge 1995, S. 202 ff.
[8] *Critica Musica*, Bd. II, Hamburg 1725, S. 301 f. S. 296 heißt es in einer Anmerkung Matthesons bereits: „Biblische Sprüche, zumal in Teutscher Uebersetzung, sind zur Music am allerunbequemsten, außer den vollen Chören, Fugen und Recitativ."
[9] Ebenda, S. 322 f.
[10] Vgl. Satz 3 von Bachs Kantate „Ein ungefärbt Gemüte" (BWV 24/BC A 102) nach einem Libretto von Erdmann Neumeister (1714).

Dem widerspricht Mattheson vehement: „Denn erstlich sind es *verba docentis*, ob sie gleich, wie alle andre, viel angehen." Hinderlich sei zweitens der Textreichtum, der im polyphonen Satz mancherlei sprachliche Kollisionen mit sich bringen dürfte. Das Thema müßte drittens so lang sein wie der ganze Text, weil dieser sich sonst unmöglich verstehen ließe. Dessen Ernsthaftigkeit und Geradlinigkeit vertrage sich viertens nicht mit „harmonischer Verwirrung und Weberey". „Fünfftens ist es nicht natürlich, daß viele Personen, *in prosa*, einerley Worte, die noch dazu ein wichtiges Gesetze in sich halten, künstlich hinter und unter einander herschnattern." Und schließlich gebe der Text keine Gelegenheit zu einem *Melisma*, weder im Hauptthema, noch in den „Gegen-Themata".[11]

Restriktionen der hier angedeuteten Art finden sich mutatis mutandis auch bei dem Berliner Juristen und Theoretiker Christian Gottfried Krause (1719–1770) in seiner Abhandlung *Von der musikalischen Poesie*. Mit Blick auf Turba-Sätze in einem Passionsoratorium heißt es:

Auf allen diesen kurzen Chören ließen sich Fugen anbringen, diejenigen musikalischen Kunststücke, wo eine Stimme nach der andern einen gewissen Gang anfängt, welcher in der Folge bald von dieser bald von jener Stimme, mehrmals und unvermuthet wiederholt wird. Das obige verwirrte, verwegene, wüste Geschrey würde nicht füglicher, als durch geschwinde, eyfrige Fugen ausgedrückt. Der Poet lasse keine Gelegenheit aus den Händen, wo er einen solchen Eyfer, eine allgemeine Freude u.d.g. durch ein Chor kan vorstellen lassen. Der Componist aber wird dabey das Fugirte, mit Urtheil und Bescheidenheit, besonders in der Kammer und auf der Schaubühne, anzuwenden wissen.[12]

Einen vorläufigen Endpunkt dieser Entwicklung markiert eine Bemerkung Johann Friedrich Agricolas in seinem verschiedentlich abgedruckten „Lebenslauf des Herrn Karl Heinrich Graun, ehemaligen Königl. Preuß. Kapellmeisters in Berlin". Berichtet wird hier über die Dresdner Jahre Grauns und ein Eingreifen des Generalsuperintendenten Valentin Ernst Löscher (1674–1749) zugunsten Grauns, dem ein „Musikfeindlicher alter Bürgermeister dieser Stadt, wegen eines nicht kirchenmäßig genug gesetzten Chores in einem Kirchenstücke" das Komponieren oder zumindest das Aufführen von eigenen Werken in den Dresdner Kirchen untersagen lassen wollte. „Hr. Graun hatte, welches er nachher selbst mißbilligte, den Spruch: Meine Schaafe hören meine Stimme etc. in einem Chore ganz im schäfermäßigen Style gesetzt. Freylich hatte er hierinn einen doppelten Fehler begangen: denn, einen Spruch, den, so wie er ohne einige Aenderung lautet, schlechterdings nur eine Stimme singen

---

[11] *Critica Musica* (wie Fußnote 8), S. 322 und 323.
[12] *Von der Musikalischen Poesie*, Berlin 1753 (Reprint Leipzig 1973), S. 333.

muß, in ein Chor zu verwandeln, und einen allegorischen Ausdruck eben so wie einen eigentlichen abzuhandeln, ist allerdings beydes nicht recht."[13] Nach dem hier Gesagten hätte Johann Sebastian Bach mit der Komposition der Chorfuge „Nimm, was dein ist, und gehe hin" zwar keinen doppelten, doch zumindest einen einfachen Fehler begangen, indem er einen Spruch, den „schlechterdings nur eine Stimme singen muß", in einen Chor verwandelte. Zu fragen bleibt, ob er hierin einer alten Tradition blind folgte, ob ihm Überlegungen, wie sie Anfang der 1720er Jahre von Bokemeyer und Mattheson angestellt wurden, unbekannt oder gleichgültig waren, oder ob er einen kompositorischen Ansatz realisierte, der sich den ästhetischen Kriterien und „vernünftigen" Überlegungen seiner Zeitgenossen nicht anpassen sollte oder konnte.

In Ermangelung verbaler Zeugnisse kann eine Beantwortung dieser Fragen sich lediglich auf Beobachtungen am vorhandenen Œuvre Johann Sebastian Bachs stützen. Hiernach hätten sich für die kompositorische Umsetzung des Herrenwortes „Nimm, was dein ist, und gehe hin" drei Möglichkeiten angeboten (Secco-Rezitativ und Arie von vornherein ausschließend): Accompagnato-Rezitativ, Arioso (gegebenenfalls mit einem Basso ostinato) und eben Chorsatz (Fuge). Angesichts der Kürze des Textes waren auch die beiden solistischen Formen nicht praktikabel, denn ein Accompagnato-Rezitativ konnte der Bedeutung des Textes kaum gerecht werden, während ein Arioso voraussichtlich mit viel zu vielen Textwiederholungen hätte operieren müssen. Die Lösung des Problems lieferte in der Tat die mehrstimmige Fuge. Daß Bach diese verbleibende Möglichkeit mittels eines Ausschlußverfahrens gefunden hätte, ist freilich nicht anzunehmen – im Gegenteil: Für das ranghohe Herrenwort stellte die Fuge das einzig denkbare Korrelat dar, sofern nur eingeräumt wird, daß dieser Kompositionsform in Bachs Werteskala die oberste Stelle zukam.[14] Der traditionellen Frage nach dem „Wie" einer Vokalfuge muß also die Frage nach dem „Warum" der Wahl gerade dieser Form an die Seite gestellt werden.

Der Zeit war eine solche Fragestellung keineswegs fremd, doch eine befriedigende Antwort wurde nicht gefunden. Die eigenartigen, noch etwas unsicher

---

[13] Hier zitiert nach dem Wiederabdruck in J. N. Forkel, *Musikalisch-kritische Bibliothek*, Bd. III, Gotha 1779, S. 286 f. (Erstdruck in: C. H. Graun, *Duetti, terzetti, quintetti, sestetti, ed alcuni chori*, Berlin und Königsberg 1773/74 [RISM A/I/3, G 3570]). Vgl. außerdem J. A. Hiller, *Lebensbeschreibungen berühmter Musikgelehrten und Tonkünstler, neuerer Zeit*. Erster [einziger] *Theil*, Leipzig 1784 (Reprint Leipzig 1975), S. 83.

[14] Vgl. meinen Beitrag *Johann Sebastian Bach und die norddeutsche Fugenkunst*, in: Bach, Lübeck und die norddeutsche Musiktradition. Bericht über das Internationale Symposion der Musikhochschule Lübeck April 2000, hrsg. von W. Sandberger, Kassel 2002, S. 272–279.

vorgetragenen Theoreme der Bokemeyer und Mattheson werden Anfang der 1770er Jahre in Johann Georg Sulzers *Allgemeiner Theorie der schönen Künste* kodifiziert: Im Artikel über die Fuge ist hier die Rede von einem durch den Chor repräsentierten Volk, das „seine Empfindung über wichtige Gegenstände gleichsam bis zur Sättigung äußert", vom Gesang, der „wie eine voller und rauschender, aber allmählig anwachsender und sich vergrößernder Strohm" sich seinen Weg bahnt, aber auch von „unordentlich" bei einer Menge geäußerten Leidenschaften, „wo zwar alle zugleich reden oder schreyen, aber so durch einander, daß ein Theil das Geschrey anfängt, wenn der andre schon etwas nachläßt."[15]

Bedenklich stimmt, daß diese 1771 erstmals gedruckte triviale Deutung aus der Feder des Bach-Schülers Johann Friedrich Agricola (1720–1774) zu stammen scheint. Kurz vorher hatte Johann Georg Ebeling (1741–1817) allerdings in den Hamburger *Unterhaltungen* betont, daß Johann Sebastian Bach viele deutsche Kirchenmusiken gesetzt habe, „worin die Chöre, bey vieler Kunst, voller starken Ausdrucks, erhaben und feurig sind". „Daß in den alten J. S. Bachs Chören Feuer und Pracht zu finden sey", bestätigte Agricola denn auch in einem Ende 1771 verfaßten Brief an Christoph Friedrich Nicolai (1733–1811).[16] An die Stelle der bei Sulzer dokumentierten, allzu „aufgeklärten" Deutung des Fugenprinzips tritt hier eine eher auf einen Kompromiß zielende Haltung.

Gleiches dürfte auf den eingangs zitierten Kommentar Marpurgs zutreffen. Der dort ins Spiel gebrachte „Chor der Ermahnenden" basiert allem Anschein nach nicht auf der Unkenntnis von Herkunft und Kontext des Herrenwortes, sondern will die von der zeitgenössischen Ästhetik zunehmend in Frage gestellte Möglichkeit, für die Aussage eines Einzelnen einen mehrstimmigen Satz zu wählen, rechtfertigen und mittels einer Umdeutung gegen mögliche Angriffe in Schutz nehmen. Mithin entpuppt sich Marpurgs Äußerung bei näherem Zusehen als Gegenentwurf zu herrschenden Ansichten seines Zeitalters.

---

[15] Ausführlich zitiert in dem in Fußnote 14 genannten Beitrag, S. 275.
[16] Vgl. Dok III, Nr. 760 und 762.

Fundstücke zur Lebensgeschichte Johann Sebastian Bachs 1744–1750

Von Peter Wollny (Leipzig)

Martin Petzoldt als Gruß zum 65. Geburtstag

Die offenkundigen Lücken in unserem Bild von Bachs letztem Lebensjahrzehnt haben Biographen seit jeher zu höchst unterschiedlichen Deutungen veranlaßt. Während die ersten Leipziger Jahre aufgrund der dichten Abfolge von überlieferten oder erschlossenen Aufführungsdaten der Vokalwerke und einer vergleichsweise großen Zahl von archivalischen Dokumenten noch halbwegs gut nachzuverfolgen ist, wird – nach einem Wort von Hans-Joachim Schulze – „die Deformation der lebensgeschichtlichen Überlieferung vom Ausklingen der Kantatenproduktion an" umso „schmerzlicher spürbar".[1] Zwar erlauben die Spätwerke in ihrer beeindruckenden Vielfalt und wahrhaft unergründlichen Tiefe eine intuitive Vorstellung von der künstlerischen Persönlichkeit Bachs, dies darf jedoch nicht darüber hinwegtäuschen, daß aussagekräftige Dokumente zu Bachs Alltag und Amtsverrichtungen, zu seinem Freundes-, Bekannten- und Schülerkreis, zum Familienleben sowie zum Leipziger Umfeld nach wie vor rar sind. Eine quellenorientierte Darstellung von Bachs Leben nach 1740, die den Anspruch verfolgt, ein auch nur halbwegs abgerundetes und vollständiges Bild dieses Zeitabschnitts zu liefern, erscheint – ungeachtet einiger in den letzten Jahren aufgetauchten wichtigen Quellen[2] – zum jetzigen Zeitpunkt denn auch kaum möglich. So sieht die Forschung sich weiterhin dazu aufgefordert, unvermindert nach Zeugnissen zu fahnden – in der Hoffnung, daß jedes neu aufgefundene Mosaiksteinchen die weißen Flecken in der Chronologie von Bachs Lebensgang ein wenig verkleinert.

I. Bachs andere Bibel

Johann Sebastian Bach besaß nicht nur einen überaus vielfältigen und in seiner Zeit wohl einzigartigen Bestand an Musikalien, er war offenbar auch ein begeisterter und kenntnisreicher Sammler antiquarischer Bücher. Seine Teilnahme an den regelmäßig im sogenannten Roten Kolleg der Universität

---

[1] H.-J. Schulze, *Über die „unvermeidlichen Lücken" in Bachs Lebensbeschreibung*, in: Bachforschung und Bachinterpretation heute. Wissenschaftler und Praktiker im Dialog. Bericht über das Bachfest-Symposium 1978 der Philipps-Universität Marburg, hrsg. von R. Brinkmann, Kassel 1981, S. 32–42, speziell S. 37.
[2] Siehe insbesondere die Zusammenfassung neuerer Funde (bis 2007) in Dok V.

Leipzig stattfindenden Bücherauktionen ist dokumentarisch belegt.[3] Ebenso wissen wir von seinem Interesse an hochrangigen Provenienzen von bibliophilen Kostbarkeiten[4] – Zeichen eines ausgeprägten historischen Bewußtseins. Bach muß über eine stattliche Bibliothek verfügt haben, die neben Arbeitsmaterialien im weiteren Sinne – wie etwa Ausgaben zeitgenössischer Kantatendichtungen und Musiktheoretika – auch erbauliche Schriften enthielt, die er in seiner gewiß spärlich bemessenen Freizeit gelesen haben dürfte. Die nach Bachs Tod im Rahmen einer Spezifikation seines Nachlasses erstellte Bücherliste vermittelt vermutlich nur einen sehr unvollkommenen Eindruck von Umfang und Qualität der Hausbibliothek des Komponisten.[5] Vieles mag schon vor der offiziellen Erbteilung unter den Nachkommen verteilt worden sein; anderes verließ bereits zu Bachs Lebzeiten die Kantorenwohnung am Leipziger Thomaskirchhof. Ohnehin scheint die Bachsche Familienbibliothek nicht eigentlich auf dauerhaften Zuwachs hin angelegt gewesen zu sein. Ein Beispiel hierfür ist ein 1997 in Dresdner Privatbesitz aufgetauchtes Exemplar von Johann Jacob Rambachs *Betrachtungen über das gantze Leiden Christi* (Jena 1732), das Bachs Ehefrau Anna Magdalena – wie Eintragungen auf dem Vorsatzblatt zu entnehmen ist – 1742 erwarb und, mit einer Widmung versehen, bereits ein Jahr später ihrer „Herzens Freündin" Christiana Sybilla Bose zum Geburtstag schenkte.[6] Überhaupt gehörten bibliophile Preziosen in der Bach-Familie zu begehrten Präsenten: Ende 1749 gab Anna Magdalena Bach ihrem zweitjüngsten Sohn Johann Christoph Friedrich eine mit einer persönlichen Widmung versehene Ausgabe der Luther-Bibel von 1736 mit auf den Weg nach Bückeburg.[7] Und erst vor wenigen Monaten tauchte im Antiquariatshandel ein Exemplar einer Erbauungsschrift des Leipziger Theologen Friedrich Werner auf, das aus dem Besitz Wilhelm Friedemann Bachs stammen soll – vermutlich ebenfalls ein Geschenk der Eltern.[8]

---

[3] Siehe Dok I, Nr. 123; BJ 1961 (H.-J. Schulze), S. 95–99.
[4] Ebenda. Siehe auch R. A. Leaver, *Bach und die Lutherschriften seiner Bibliothek*, BJ 1975, S. 124–132.
[5] Siehe Dok II, Nr. 627 (S. 494–496); sowie R. A. Leaver, *Bachs theologische Bibliothek. Eine kritische Bibliographie*, Neuhausen-Stuttgart 1983 (Beiträge zur theologischen Bachforschung. 1.).
[6] Siehe H.-J. Schulze, *Anna Magdalena Bachs „Herzens Freündin". Neues über die Beziehungen zwischen den Familien Bach und Bose*, BJ 1997, S. 151–153.
[7] Siehe den Kommentar zu Dok I, Nr. 54.
[8] F. Werner, *Der richtige und untrügliche Himmelsweg eines Christen*, Leipzig 1710; erworben vom Bach-Archiv Leipzig. Das Vorsatzblatt mit einem Besitzvermerk W. F. Bachs aus dem Jahr 1733 ist nach Mitteilung der ehemaligen Besitzerin vor einigen Jahren verlorengegangen. Möglicherweise hatten die Daten eine biographische Bedeutung: Das Erscheinungsjahr entspricht dem Geburtsjahr W. F. Bachs, das Jahr 1733 markiert seinen Wechsel nach Dresden und den Einstieg ins Berufsleben.

Das gewiß berühmteste Objekt aus Bachs Bibliothek ist die dreibändige kommentierte Bibelausgabe des orthodoxen lutherischen Theologen Johann Abraham Calov (1612–1686) in den Ausgaben von 1681 und 1682. Das mit Bachs eigenhändigen Besitzvermerken ausgestattete und mit Randnotizen übersäte Exemplar gelangte in der ersten Hälfte des 19. Jahrhunderts auf unbekannten Wegen in die Vereinigten Staaten und wurde vor 1847 in der Quäkerstadt Philadelphia von einem aus Württemberg stammenden Emigranten erworben. Fast hundert Jahre blieb sie in Familienbesitz, bevor sie schließlich in die Bibliothek des Concordia Seminary in St. Louis im Bundesstaat Missouri gelangte.[9]

Während die Calov-Bibel seit ihrer Wiederentdeckung in den 1960er Jahren große Aufmerksamkeit erfahren hat, war bis zum vergangenen Jahr nicht bekannt, daß Bach noch eine weitere wertvolle Bibel besessen hat. Im Sommer 2010 bot ein amerikanischer Händler im Internet ein Exemplar der prachtvoll illustrierten seltenen Ausgabe der Merian-Bibel von 1704 an (*BIBLIA / Das ist/ / Die gantze / Heilige Schrift / Alten und Neuen Testaments/ / Verteutscht durch / D. Martin Luther. / … / Zumalen mit Matthäi Merians sel. schönen lebhafften Original-Kupffer- / Stücken gezieret; und durch Zugabe des III. und IV. Bachs Esrä und II. der Maccabäer vermehret. / Franckfurt am Mayn/ / In Verlegung Matthäi Merians sel. Erben. / Druckts Johann Philipp Andreä. / Im Jahr Christi M. DCC. IV.*). Daß die Titelseite dieses Exemplars einen beachtenswerten Besitzvermerk enthielt, wurde in der Beschreibung zwar mitgeteilt, blieb jedoch zunächst ohne Konsequenz. Dank der Aufmerksamkeit und Kenntnis eines Passauer Sammlers kam die Zimelie nach Deutschland zurück. Dem freundschaftlichen Entgegenkommen des jetzigen Besitzers ist es zu verdanken, daß sie für eine Auswertung zur Verfügung stand, deren vorläufige Ergebnisse im folgenden kurz geschildert seien.

Daß sich die Bibel einst im Besitz Bachs befunden hat, geht allein aus dem auffälligen Besitzvermerk auf der Titelseite hervor. Dieser lautet: „ISBach. | 1744.", wobei die Initialen zu einem mehrstöckigen Monogramm verschlungen sind (siehe Abbildungen 1–2). Derart kunstvoll stilisierte Unterschriften Bachs sind nicht gerade häufig anzutreffen. Ähnliche monogrammartige Namenszüge finden sich auf einem heute in der Bibliothek der Cambridge University (England) aufbewahrten Exemplar des 1571 gedruckten Tabulaturbuchs von Elias Nikolaus Ammerbach,[10] auf den Titelseiten der dreibändigen

---

[9] Siehe BJ 1961 (H.-J. Schulze), S. 98; Dok I, Nr. 123 (Kommentar); Dok III, N I, Nr. 183a (S. 636f.); C. Trautmann, *„Calovii Schrifften. 3. Bände" aus Johann Sebastian Bachs Nachlaß und ihre Bedeutung für das Bild des lutherischen Kantors Bach*, in: Musik und Kirche 39 (1969), S. 145–160; R. A. Leaver, *J. S. Bach and Scripture: Glosses from the Calov Bible Commentary*, St. Louis 1985, S. 16–21.

[10] Siehe S. Goodman, *Bachs Bibliothek. Die noch vorhandenen Handexemplare*, in: Musica 10 (1956), S. 756–761, speziell S. 757f.

Calov-Bibel sowie auf einem ehemals im Besitz von Gerhard Herz befindlichen Zettelchen.[11] Verglichen mit diesen Belegen wirkt der Namenszug in der Merian-Bibel unpersönlicher und stärker formalisiert. An seiner Echtheit kann aber dennoch kein Zweifel bestehen. Die Buchstaben „JSB" entsprechen genau dem Eintrag in der Ammerbach-Tabulatur, und auch für die übrigen Buchstaben lassen sich Belege in eigenhändigen Schriftstücken aus den 1740er Jahren finden.[12]

Unbekannt bleibt, wie Bach in den Besitz der Merian-Bibel gekommen ist. Denkbar wäre ein Geschenk, die Übernahme aus einem Nachlaß oder die Erwerbung auf einer der zahlreichen Leipziger Buchauktionen. Eine erste Durchsicht von Leipziger Versteigerungskatalogen aus der fraglichen Zeit führte jedoch bislang nicht zu einem positiven Ergebnis. Auch scheint es, als habe der Thomaskantor sich nach kurzer Zeit bereits wieder von seinem Schatz getrennt – in der Spezifizierung seiner Verlassenschaft sechs Jahre später ist das Buch nicht verzeichnet. Vielleicht ging es 1748 als Hochzeitsgeschenk an Bachs Tochter Elisabeth Juliana Friderica und deren Bräutigam, den gerade frisch bestallten Naumburger Wenzelsorganisten Johann Friedrich Altnickol. Konkrete Belege für diese Hypothese fehlen allerdings.

Erst 1779, knapp drei Jahrzehnte nach Bachs Tod, läßt sich die Spur der Bibel wieder aufnehmen. In diesem Jahr trug ein neuer Besitzer stolz seinen Namen auf der Rückseite des Titelblatts ein: „Johann Christoph Günther" (siehe Abbildung 3). Anhand eigenhändiger Schriftstücke im Stadtarchiv Gera und im Sächsischen Staatsarchiv Chemnitz läßt sich zweifelsfrei feststellen, daß es sich hier um den in der einschlägigen regionalgeschichtlichen Literatur wohlbekannten Geraer Theologen und Chronisten handelt.[13] Johann Christoph Günther wurde am 26. März 1723 in Gera als Sohn eines Bäckermeisters geboren. Nach Absolvierung des Gymnasiums seiner Heimatstadt studierte er ab dem Wintersemester 1744 drei Jahre lang an der Theologischen Fakultät der Universität Leipzig.[14] Ob er in dieser Zeit Johann Sebastian Bach kennenlernte oder dessen Musikaufführungen besuchte, ist nicht bekannt. Auf musikalische Kenntnisse und Interessen deutet indirekt immerhin die namentliche

---

[11] Siehe G. Herz, *Bach-Quellen in Amerika*, Kassel 1984, S. 379, 383–384.

[12] Vgl. die Jahreszahl „1744" mit den im BJ 2009, S. 31 abgebildeten Schriftzügen. Das ungewöhnlich gestaltete „h" findet sich in ähnlicher Form auch in der autographen Überschrift zu Satz 11 in der älteren Basso-Stimme („Johannes") aus dem originalen Aufführungsmaterial des Oster-Oratoriums (*St 355*).

[13] Siehe *Thüringer Pfarrerbuch*, hrsg. von der Gesellschaft für Thüringische Kirchengeschichte, Bd. 4: *Die reußischen Herrschaften*, Leipzig 2004, S. 142. Diesem Werk sind auch die im folgenden mitgeteilten biographischen Daten entnommen. – Eigenhändige Schriftproben Günthers finden sich in den in Fußnote 15 und 16 genannten Dokumenten.

[14] Erler III, S. 129.

Nennung der beiden Geraer Kantoren Ehrenfried Schmidt und Johann Gottfried Gruner in Günthers eigenhändigem Lebenslauf.[15] Doch selbst wenn er mit Bach direkten Umgang gepflegt hat, dürfte er zu diesem Zeitpunkt von der Merian-Bibel noch nichts erfahren haben. Nach kurzem Aufenthalt in Jena kehrte Günther in seine Heimatstadt zurück, um zunächst eine Stelle als Hauslehrer anzunehmen. In den Kirchendienst wurde er 1756 berufen. Acht Jahre später legte er sein Amt jedoch nieder und zog zu dem mit ihm befreundeten Johann Friedrich August von Ziegenhierd auf das außerhalb Geras gelegene Rittergut Liebschwitz. Als Privatgelehrter verfaßte er in den folgenden zwanzig Jahren eine umfangreiche Chronik seiner Heimatstadt (ein Band konnte vor einigen Jahren vom Stadtarchiv Gera aus Privatbesitz erworben werden)[16] und betätigte sich als Missionsprediger. Ausgedehnte Missionsreisen führten ihn bis nach China und in die Neue Welt. Auf seiner fünften Reise, deren Ziel Jerusalem war, verliert sich 1784 seine Spur; es wird angenommen, daß er in die Wirren des Siebenbürger Bauernaufstands geriet und erschlagen wurde. Nachdem er 1796 offiziell für tot erklärt wurde, gingen Teile seiner bedeutenden Bibliothek an die Kinder seines älteren Bruders, anderes blieb im Besitz der Familie von Ziegenhierd.[17] Da die Merian-Bibel – offenbar eine von Günthers letzten Erwerbungen – sich nicht auf der Übergabeliste für seine Neffen befindet, ist anzunehmen, daß sie zunächst auf Gut Liebschwitz blieb, bevor sie vermutlich erst im 20. Jahrhundert ihre Wanderschaft antrat, die wohl kaum weniger abenteuerlich verlaufen sein dürfte als die Missionsreisen ihres einstigen Besitzers.[18]

---

[15] Staatsarchiv Chemnitz, Bestand *Grundherrschaft Liebschwitz 33188, Nr. 462: Die wegen des abwesenden Joh. Christoph Günther aus Gera erlassenen Ediktalien*, Bl. 3–4.

[16] Günthers Aufzeichnungen zur Stadtgeschichte Geras finden sich in einem durchschossenen Exemplar der Chronik von Johann Caspar Zopff (*Reuszische Gerauische Stadt- und Land-Chronica*, Leipzig 1692); für Kopien und zahlreiche Auskünfte danke ich dem Leiter des Stadtarchivs Gera, Herrn Klaus Brodale.

[17] Entsprechende Unterlagen finden sich in der in Fußnote 15 genannten Akte, speziell Bl. 10–13 (Text einer Vermißtenanzeige, die am 22. Februar 1796 in den *Leipziger Zeitungen* veröffentlicht wurde) und 49–51 (Aufstellung von 93 Büchern, die am 2. Januar 1797 den Neffen Günthers übergeben wurden). In einem Nachtrag zu Günthers Chronik erwähnt Johann Ferdinand August von Ziegenhierd die Übergabe von Günthers Büchern an dessen „verstorbenen Bruders Kinder", nachdem er das „ein und andere" für sich selbst ausgewählt hatte; der Nachtrag enthält den ausdrücklichen Hinweis, daß Günther seine Bibliothek eigentlich „mittelst eigener ao. 1775 ausgestellten schriftlichen Erklärung an mich überlaßen" hatte. Die Chronik befand sich nachweislich noch 1931 im Besitz von Dr. Friedrich Alfred Werner von Ziegenhierd auf Liebschwitz; sollte ein Gleiches auch für die Merian-Bibel anzunehmen sein?

[18] Die Bibel befindet sich derzeit in einer Passauer Privatsammlung; sie soll in abseh-

II. Eine fragmentarische Abschrift der Chromatischen Fantasie

Die Chromatische Fantasie und Fuge in d-Moll BWV 903 gehört zu den bedeutendsten, anspruchsvollsten und kühnsten Tastenwerken Bachs. Ihre Sonderstellung wurde früh erkannt. In seiner Bach-Biographie von 1802 schrieb Johann Nikolaus Forkel: „Unendliche Mühe habe ich mir gegeben, noch ein Stück dieser Art von Bach zu finden. Diese Fantasie ist einzig und hat nie ihres Gleichen gehabt".[19] Trotz ihrer großen Bekanntheit und Verbreitung, die sich in einer stattlichen Zahl von Abschriften des 18. und frühen 19. Jahrhunderts spiegelt, hält die Chromatische Fantasie für die Forschung zahlreiche offene Fragen und vertrackte Probleme bereit.[20] Als besonders hinderlich ist dabei das Fehlen von autographen oder nachweislich unter Bachs Aufsicht entstandenen Quellen zu werten.[21]

Diese Situation hat sich durch einen unverhofften Fund im Sommer 2010 erfreulich verbessert. Ein Privatmann aus den USA kontaktierte – auf Vermittlung von Robert B. Marshall, der auch bereits einen ersten Hinweis auf die Identifizierung des Schreibers gab – das Bach-Archiv mit der Bitte, ihm bei der Bestimmung eines im Familienbesitz befindlichen, als Bild gerahmten Fragments einer Notenhandschrift mit dem Namen Bach behilflich zu sein. Eine Photographie schuf rasch Klarheit: Es handelte sich um das Relikt einer bis dahin unbekannten Abschrift der Chromatischen Fantasie von der Hand des zweitjüngsten Bach-Sohns Johann Christoph Friedrich (1732–1795). Das Fragment mißt an den Kanten etwa 17 × 21,5 cm; es enthält auf der einen Seite Teile des originalen Titels („*Fantasia | Chromatica | pro Cimbalo | …*") und

---

absehbarer Zeit dem Bach-Archiv Leipzig als Leihgabe zur Verfügung gestellt werden.

[19] Dok VII, S. 69.

[20] Vgl. die Diskussion der Quellenlage in den neueren kritischen Ausgaben: J. S. Bach, *Chromatische Fantasie und Fuge BWV 903 mit der Frühfassung BWV 903a und der aus dem Umkreis Forkels überlieferten Fassung*, hrsg. von U. Leisinger, Mainz 1999 (Wiener Urtext Edition) und NBA V/9.2 Krit. Bericht (U. Wolf, 2000), S. 116–177; siehe auch G. B. Stauffer, „*Diese Fantasie … hat nie ihres Gleichen gehabt*". *Zur Rätselhaftigkeit und Chronologie der Bachschen Chromatischen Fantasie und Fuge BWV 903*, in: Bericht über die Wissenschaftliche Konferenz zum V. Internationalen Bachfest der DDR in Verbindung mit dem 60. Bachfest der Neuen Bach-Gesellschaft, Leipzig, 25. bis 27. März 1985, hrsg. von W. Hoffmann und A. Schneiderheinze, Leipzig 1988, S. 253–258; und ders., „*This Fantasia … never had its like*": *On the Enigma and Chronology of Bach's Chromatic Fantasia and Fugue in D Minor BWV 903*, in: Bach Studies, hrsg. von D. O. Franklin, Cambridge 1989, S. 160–182.

[21] Lediglich die auf die Zeit um 1740 datierbare Abschrift von Johann Friedrich Agricola (*P 651*) könnte direkt auf eine Vorlage aus dem Besitz Bachs zurückgehen; siehe NBA V/9.2 Krit. Bericht, S. 120 f.

auf der anderen die ersten fünf Takte des Notentexts mit dem Kopftitel „[Fa]*ntasia Chromatica di J. S. Bach*" (siehe Abbildungen 4–5). Von dem Wasserzeichen ist nur ein kleines Bruchstück zu erkennen – möglicherweise Teil eines Palmzweigs oder eines nicht näher zu bestimmenden Wappens.
Die Schriftzüge J. C. F. Bachs deuten auf eine verhältnismäßig frühe Entstehung – vermutlich um 1748 in Leipzig. Der Namenszug „Bach" gleicht demjenigen in J. C. F. Bachs Stammbucheintrag vom 17. Oktober 1748,[22] während die Noten- und übrige Buchstabenschrift dem Befund der „um 1743/48" angesetzten Cembalo-Stimme im Passionspasticcio nach Keiser und Händel entspricht.[23]
Damit ist erstmals eine Quelle der Chromatischen Fantasie greifbar, die nachweislich aus dem Bachschen Hause stammt und wohl auf eine dort befindliche Originalhandschrift zurückgeht. Die wenigen erhaltenen Takte liefern zwar kaum eine Handhabe für eine Einordnung in die verwickelte Fassungsgeschichte des Werks, bestätigen aber die Authentizität des auf mehreren anderen Abschriften zu findenden Titels.[24]
Entstehungsanlaß und Bestimmung der Handschrift bedürfen weiterer Überlegungen. J. C. F. Bach war zwischen 1747 und 1749 für seinen Vater häufig als Kopist tätig. Er wirkte maßgeblich an der Herstellung des Aufführungsmaterials für die vierte Fassung der Johannes-Passion mit, führte zahlreiche Korrekturarbeiten im Autograph der Kunst der Fuge aus und scheint sich auch an der Revision der H-Moll-Messe beteiligt zu haben.[25] Es ist somit anzunehmen, daß J. C. F. Bach in den Jahren vor seinem Weggang aus Leipzig die Funktion eines Assistenten seines Vaters ausübte und damit eine ähnliche Rolle spielte wie sein Halbbruder Carl Philipp Emanuel zu Beginn der 1730er Jahre.[26]
Ob J. C. F. Bachs Abschrift der Chromatischen Fantasie im Zusammenhang mit dem Aufbau einer eigenen Musikaliensammlung oder im Auftrag seines Vaters (vielleicht zu Verkaufszwecken) entstand, läßt das Fragment ebensowenig erkennen wie Hinweise auf seinen Überlieferungsweg im 18. und 19. Jahrhundert. Mögliche Erklärungsmodelle in Analogie zu anderen Quellen lassen sich aber zumindest benennen:

– In den Jahren ab etwa 1747 wurde der jüngste Bach-Sohn Johann Christian offenbar systematisch mit anspruchsvollen Klavierwerken ausgestattet.

---

[22] Siehe BJ 1963/64 (H.-J. Schulze), S. 62.
[23] Vollständiges Faksimile der Stimme in NBA II/9 (K. Beißwenger, 2000), S. 80–97. Zur Datierung siehe Kobayashi Chr, S. 54.
[24] NBA V/9.2 Krit. Bericht, S. 122 f. (Quelle D), 124 f. (Quelle F 1), 126 f. (Quelle F 3 b); siehe auch S. 121 f. (Quelle C 3) und 131 (Quelle F 10) sowie S. 165.
[25] Vgl. BJ 2009 (P. Wollny), S. 135–151, speziell S. 139 ff.
[26] Vgl. BJ 2010 (P. Wollny), S. 128.

Besitzvermerke auf den Titelseiten (meist in der Form „p.p. J. C. Bach") zeigen, daß hier der Beginn einer eigenen Sammlung vorliegt, die J. C. Bach offenbar seinen beruflichen Weg als Klaviervirtuose und Komponist erleichtern sollte.[27] Es ist wahrscheinlich, daß der drei Jahre ältere J. C. F. Bach mit einem weitgehend identischen Repertoire versorgt wurde; hiervon fehlen allerdings jegliche Spuren.

– In seinen letzten Lebensjahren ließ Bach offenbar von eigenen und fremden Werken Reinschriften anfertigen. Dabei mag der Wille, das eigene Schaffen der Nachwelt in geordneter und gültiger Gestalt zu hinterlassen, eine Rolle gespielt haben. Hierzu gehört etwa die Vervollständigung der lange Zeit unvollendet liegengebliebenen Partitur der Johannes-Passion (P 28). Möglicherweise wollte Bach von bestimmten Werken aber auch mehrere Abschriften bereitliegen haben – vielleicht im vorausschauenden Blick auf die Aufteilung seines Nachlasses.

– Daneben scheint Bach aber auch regelmäßig Abschriften seiner Werke an Schüler und Freunde verschenkt oder verkauft zu haben. In diese Kategorie gehören etwa die von Anna Magdalena Bach angefertigten Abschriften der Violin-Soli und der Violoncello-Suiten für den Braunschweiger Musiker Georg Heinrich Ludwig Schwanberg (P 268 und P 269).[28] Typische Verkaufsabschriften sind aber auch die für Heinrich Abraham von Boineburg bestimmten Kopien der Violinsonate in G-Dur BWV 1021 und des Präludiums in Cis-Dur BWV 848/1 (D-LEb, *Go. S. 3*).[29] In gleicher Weise wäre vielleicht die von Johann Christian Bach angefertigte Partiturabschrift der Motette „Herr, nun lässest du deinen Diener" von Johann Christoph Bach (in *P 4*) zu deuten, die auf der letzten Seite die augenscheinlich alte Preisangabe „4 ggl." trägt. Als Mitarbeiter in dieser häuslichen Kopierwerkstatt war J. C. F. Bach bislang allerdings nicht nachweisbar, sofern nicht seine fragmentarisch überlieferte Einrichtung der Triosonate aus dem Musikalischen Opfer als in diesem Zusammenhang entstanden zu betrachten ist.[30]

---

[27] Siehe NBA V/1 Krit. Bericht (R. D. Jones), S. 13 (Einzeldruck von BWV 827); NBA V/7 Krit. Bericht (A. Dürr, 1981), S. 26–29 (Englische Suiten); NBA VIII/1 Krit. Bericht (C. Wolff, 1976), S. 64 (Originaldruck des Musikalischen Opfers); CPEB:CW I/5.1 (D. M. Berg, 2007), S. 104 (C. P. E. Bach, Cembalo-Sonate B-Dur Wq 62/1).

[28] Siehe Schulze Bach-Überlieferung, S. 96–100.

[29] Siehe den Kommentar zur Faksimileausgabe: *Johann Sebastian Bach. Sonate G-Dur für Violine und Basso continuo (BWV 1021) und Präludium Cis-Dur (BWV 848/1). Mit einer Einführung von Hans-Joachim Schulze*, Leipzig 2001 (Faksimile-Reihe Bachscher Werke und Schriftstücke, hrsg. vom Bach-Archiv Leipzig, Neue Folge, Bd. 1).

[30] Siehe NBA VIII/1 Krit. Bericht, S. 74–75.

Als erster Besitzer des Handschriftenfragments ist der aus Chemnitz gebürtige und ab 1874 in den USA lebende Opernsänger Max Heinrich (1853–1916) nachgewiesen. Dessen Sohn verkaufte das Blatt 1923 an den Arzt Dr. Julius S. Weingart (1881–1968); anschließend befand es sich im Besitz der Kinder von Julius Weingart, die sich nicht zuletzt wegen der Leipziger Herkunft ihrer Mutter Ella geb. Förstel zu einem Verkauf an das Bach-Archiv entschlossen haben.[31]

III. Bachs letztes Schriftzeugnis

Die Chronologie von Bachs Spätschrift war in jüngerer Zeit immer wieder Gegenstand eingehender Untersuchungen.[32] Das Interesse an den letzten von Bachs Hand erhaltenen Schriftstücken geht dabei weit über rein philologische Fragen hinaus. Die entsprechenden Unternehmungen zielen zunächst darauf ab, die zeitliche Abfolge, in der Bach an Werken wie der Johannes-Passion, der Kunst der Fuge und der H-Moll-Messe arbeitete, möglichst genau zu bestimmen. Mindestens ebenso stark richtet sich das Augenmerk aber auch auf Bachs Gesundheitszustand sowie auf die Umstände, die ihn bewogen haben mögen, der fatalen Augenoperation zuzustimmen. Die Kargheit der Daten erlaubte bislang freilich keine eindeutigen Antworten; vielmehr ließen sich die Befunde je nach Standpunkt höchst unterschiedlich interpretieren. Als hinderlich erwies sich dabei der auffällige Mangel an eindeutig datierten (oder schlüssig datierbaren) Schriftstücken für die Jahre 1749 und 1750.

Der anhand des (seinerzeit) greifbaren Quellenmaterials gezogenen Schlußfolgerung Yoshitake Kobayashis aus dem Jahr 1988, der zufolge Bach „spätestens ab Ende Oktober 1749 ... keine Schreibarbeit mehr" leistete,[33] steht meine – sich an der Darstellung des Nekrologs orientierende und die Lückenhaftigkeit des Quellenmaterials einkalkulierende – Vermutung gegenüber, Bach habe bis zu der mißglückten ersten Augenoperation Ende März 1750 weiterhin schreiben können und seine Spätschrift, wie sie etwa in den Nachträgen zu Fassung IV der Johannes-Passion auszumachen ist, sei in dieser Zeit mehr oder weniger konstant geblieben.[34] Als Indiz für die letztgenannte Auf-

---

[31] Angaben nach Mitteilungen des Vorbesitzers.
[32] Siehe besonders Kobayashi Chr; P. Wollny, *Neue Bach-Funde*, BJ 1997, S. 7–50, speziell S. 36ff.; R. Ludewig, *Johann Sebastian Bach im Spiegel der Medizin*, Leipzig 2000; R. Klaiber und R. Ludewig, *Zur schriftpsychologischen und medizinischen Interpretation der Autographen von Johann Sebastian Bach*, in: Zeitschrift für Schriftpsychologie und Schriftvergleichung 64 (2000), S. 2–21; A. P. Milka, *Zur Datierung der H-Moll-Messe und der Kunst der Fuge*, BJ 2010, S. 53–68.
[33] Kobayashi Chr, S. 25.
[34] BJ 1997, S. 42.

fassung konnte das 1997 aufgefundene Zeugnis Bachs für seinen Präfekten Johann Nathanael Bammler vom 11. Dezember 1749 angeführt werden, das von Bach allerdings nur signiert, nicht aber in toto selbst geschrieben ist. So stellt sich die Frage, ob es für die zweite Hälfte des Jahres 1749 und die ersten Monate des Jahres 1750 noch weitere gesicherte und aussagekräftige Zeugnisse von Bachs Schreibtätigkeit gibt.

Die einschlägigen Aufführungskalender für Bachs Leipziger Zeit übergehen geflissentlich ein Werk, für das immerhin ein in seiner Ausführlichkeit und Eindeutigkeit singuläres Dokument vorliegt. Der ehemalige Thomasalumne Johann Friedrich Wilhelm Sonnenkalb berichtet 1759 rückblickend über eine denkwürdige Leipziger Darbietung:

> Ja, ich erinnere mich auch immer noch mit Vergnügen des prächtigen und vortreflichen Magnificats, welches der Herr Bach in Berlin zu meiner Zeit in der sogenannten Thomaskirche an einem Marienfeste aufführte, ob solches gleich noch zu den Lebzeiten des nunmehro seeligen Herrn Vaters war, und schon ziemlich lange her ist.[35]

Gemeint ist zweifellos das nach Auskunft der autographen Partitur (*P 341*) Ende August 1749 vollendete Magnificat in D-Dur Wq 215 von Carl Philipp Emanuel Bach („Potsdam, d. 25 Aug. 1749"). Sonnenkalbs Mitteilungen besitzen, nicht zuletzt wegen der präzisen Schilderung und genauen flankierenden Daten, einen hohen Glaubwürdigkeitswert.

Joshua Rifkin hat als erster und in vorbildlicher Weise das erhaltene Aufführungsmaterial dieses Werks untersucht und dabei auch einige Stimmen identifiziert, die im Zusammenhang mit der Leipziger Darbietung entstanden sein müssen.[36] Es handelt sich hierbei um Ripienstimmen für Tenor und Baß sowie eine Viola-Stimme, die – ganz oder zu großen Teilen – von Bachs Hauptkopist H alias Johann Nathanael Bammler zur Ergänzung des noch in Berlin angefertigten einfachen Stimmensatzes geschrieben wurden. Das autographe Datum in *P 341* und die Angaben Sonnenkalbs lassen – Zuverlässigkeit vorausgesetzt – den Schluß zu, daß die Leipziger Aufführung von C. P. E.

---

[35] Dok III, Nr. 703.

[36] J. Rifkin, „*... wobey aber die Singstimmen hinlänglich besetzt seyn müssen ...*". *Zum Credo der h-Moll-Messe in der Aufführung Carl Philipp Emanuel Bachs*, in: Basler Jahrbuch für historische Musikpraxis 9 (1985), Winterthur 1986, S. 157–172. – Weitere Untersuchungen zu den Originalstimmen von Wq 215 finden sich bei P. Wollny, *Anmerkungen zur Überlieferungs- und Aufführungsgeschichte des Magnificat Wq 215 von Carl Philipp Emanuel Bach*, in: Carl Philipp Emanuel Bachs geistliche Musik, hrsg. von U. Leisinger und H.-G. Ottenberg, Frankfurt/Oder 2001 (Carl-Philipp-Emanuel-Bach-Konzepte. Sonderreihe, Bd. 3), S. 15–29; und C. Blanken, *Zur Werk- und Überlieferungsgeschichte des Magnificat Wq 215 von Carl Philipp Emanuel Bach*, BJ 2006, S. 229–271.

Bachs Magnificat entweder am 2. Februar 1750 (Mariae Reinigung) oder am 25. März 1750 (Mariae Verkündigung) stattgefunden haben muß.[37]
Angesichts dieser präzisen Daten beanspruchen zwei bislang unbemerkte, aber zweifellos Johann Sebastian Bach zuzuweisende Eintragungen in den beiden erwähnten vokalen Ripienstimmen unsere besondere Aufmerksamkeit (siehe Abbildungen 6–7).[38]

– Auf Seite 1 der Tenor-Stimme (*St 191 I*, Nr. 30) fügte Bach am Ende von Zeile 10 im Anschluß an den Tacet-Vermerk für Satz 2 die Anweisung „*Qvia fecit tacet*" ein, um zu verdeutlichen, daß der folgende dritte Satz von einer solistischen Tenorstimme auszuführen ist.
– Auf der zweiten Seite der Basso-Stimme (*St 191 I*, Nr. 37) findet sich am Ende von Zeile 5 ein ähnlicher Vermerk für Satz 5: „*Fecit Potentiam / tacet*".

Da die Leipziger und Berliner Stimmen zudem auch viele Revisionseintragungen von der späten, gleichfalls klobigen und zittrigen Hand C. P. E. Bachs enthalten, fällt es schwer zu entscheiden, ob J. S. Bach über die beiden eindeutig identifizierbaren tacet-Vermerke hinaus in den Notentext eingegriffen hat. „Verdächtige" Stellen sind etwa verschiedene Korrekturen der Textunterlegung in der Tenor- und der Basso-Stimme, die Ziffer „5" über einer Pausengruppe auf S. 5 der Basso-Stimme, die Ziffer „2" über einer Pausengruppe auf S. 4 der Tenor-Stimme sowie Korrekturen auf der letzten Seite der Berliner Flauto-primo-Stimme.

Ganz gleich, welches der beiden möglichen Aufführungsdaten von Wq 215 man bevorzugt, es handelt sich bei den beiden Eintragungen zweifellos um die letzten nachweisbaren Schriftzeugnisse von der Hand J. S. Bachs. Ungeachtet der Kürze der Eintragungen läßt sich doch erkennen, daß seine Handschrift im Februar oder März 1750 zwar erwartungsgemäß vom Alter gezeichnet war, sich aber von datierten Schriftproben aus dem Jahr 1749 nicht signifikant unterscheidet. Damit werden einige Datierungsspielräume wieder größer; dies betrifft die späteste Fassung der Trauungskantate BWV 195, den Abschluß der Arbeiten an der H-Moll-Messe und der Kunst der Fuge, den

---

[37] Diese Erkenntnis bereits im Kommentar zu Dok III, Nr. 703. Lediglich der theoretisch auch noch mögliche 2. Juli 1750 (Mariae Heimsuchung) dürfte auszuschließen sein, da J. S. Bach in der Zeit nach der Augenoperation „sein Gesicht nicht wieder brauchen" konnte (Dok III, Nr. 666, S. 85) und daher wohl kaum noch in der Lage gewesen sein dürfte, an der Revision des Aufführungsmaterials mitzuwirken.

[38] Zum Vergleich eignen sich besonders die späten Revisionen im Stimmenmaterial der Johannes-Passion (*St 111*), speziell die tacet-Vermerke in der Bassono-grosso-Stimme, und im Originalstimmensatz der Ratswechselkantate BWV 69 (*St 68*).

spätesten Aufführungstermin der Neujahrskantate BWV 16 und gegebenenfalls weiterer Werke.[39]

Ob die Schriftmerkmale in den neu aufgefundenen Belegen für die Pathographie nützlich sind, bleibt abzuwarten. Fest steht aber nunmehr, daß Bach, auch wenn er die Direktion der Aufführung in diesem Fall seinem Sohn überließ, die notwendige Erweiterung des Stimmenmaterials koordinierte und überwachte, wo nötig revidierend eingriff und somit offenbar weiterhin das Heft in der Hand behielt.

Besonderer Reiz käme der – derzeit freilich nicht zu belegenden – Annahme zu, die Leipziger Aufführung des Magnificat von C. P. E. Bach hätte am 25. März 1750 stattgefunden. In diesem Fall dürften wir davon ausgehen, daß der Bach-Sohn bei der Augenoperation, die zwischen dem 28. und 31. März 1750 stattfand,[40] in Leipzig anwesend war. Damit würden seine im Nekrolog festgehaltenen Aussagen über diesen Eingriff und seine Folgen in ein neues Licht rücken, denn wir besäßen dann einen einzigartigen Augenzeugenbericht, der in allen Einzelheiten sehr ernst zu nehmen wäre. Erneut zu überdenken wären daneben auch die Aussagen C. P. E. Bachs über die Kunst der Fuge. Könnte die von ihm erstellte Errata-Liste[41] etwa im Zusammenhang mit diesem Leipzig-Besuch entstanden sein? Die Zahl der von dem Quellenbefund angeregten Fragen ließe sich noch erweitern, doch sollen diese bis zum Auftauchen zusätzlicher Anhaltspunkte noch zurückgehalten werden. Eine Hoffnung sei aber schon jetzt geäußert: Vielleicht gelingt es mit der Zeit doch, wenigstens einige der Lücken in unserer Kenntnis von Bachs letztem Lebensjahrzehnt zu schließen.

---

[39] Für die Johannes-Passion hatte ich zeitweilig eine Aufführung zu Karfreitag 1750 erwogen (vgl. *Johann Sebastian Bach. Johannespassion. Passio secundum Joannem Fassung IV*, hrsg. von P. Wollny, Stuttgart 2002, S. VII). Mittlerweile erscheint mir dies allerdings nicht mehr stichhaltig und ich würde aus verschiedenen Gründen doch zu der traditionellen Auffassung (Darbietung am 4. April 1749) zurückkehren.

[40] Siehe Dok II, Nr. 598.

[41] Bl. 4v der Beilage 3 zu *P 200*. Vgl. NBA VIII/2 Krit. Bericht (K. Hofmann, 1996), S. 59–60.

Abb. 1. Titelseite der Merian-Bibel von 1704 mit J. S. Bachs Besitzvermerk. Privatbesitz Passau.

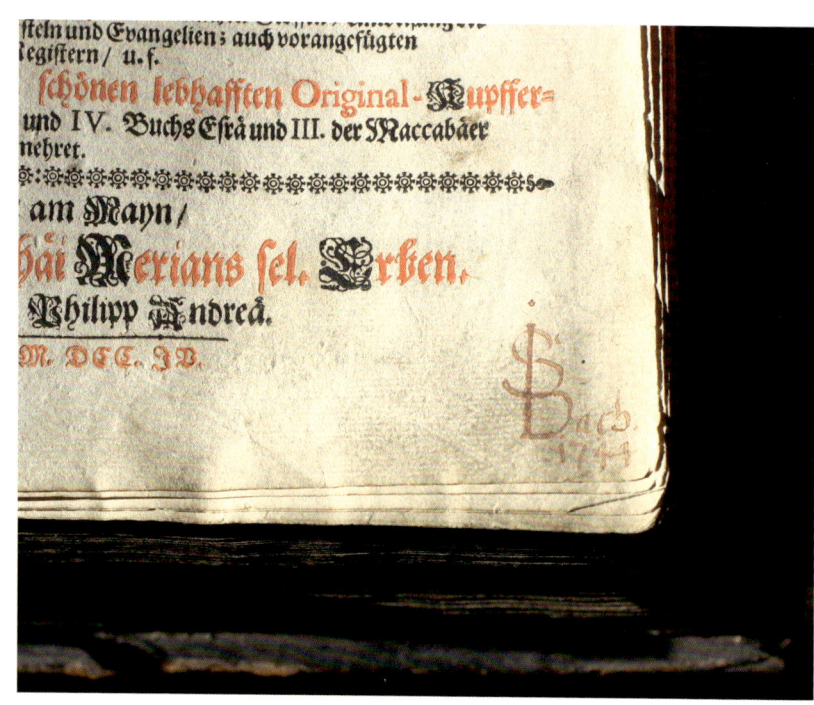

Abb. 2. J. S. Bachs Besitzvermerk, Detail.

Abb. 3. Besitzvermerk von Johann Christoph Günther auf der Rückseite des Titelblatts.

Fundstücke zur Lebensgeschichte J. S. Bachs 49

Abb. 4–5. Fragment einer Abschrift der Chromatischen Fantasie
von der Hand J. C. F. Bachs. Bach-Archiv Leipzig.

Abb. 6. C. P. E. Bach, Magnificat Wq 215. Seite 1 der Tenor-Stimme
(*St 191 I*, Nr. 30).

Abb. 7. C. P. E. Bach, Magnificat Wq 215. Seite 2 der Basso-Stimme
(*St 191 I*, Nr. 37).

Die „kleine Wirthschafft *Rechnung*" von Carl August Hartung*

Von Andrew Talle (Baltimore, MD)

Die Biographien von Organisten des 18. Jahrhunderts sind anhand der überlieferten Quellen gewöhnlich überaus schwer zu rekonstruieren. Bewerbungsbriefe und Protokolle von Probespielen, Bestallungsurkunden und Einträge in den Kirchenrechnungen dokumentieren besondere Ereignisse und gewähren nur selten tiefere Einblicke in die Belange, die professionelle Musiker im Alltag beschäftigten. Historiker haben versucht, die in vielen verschiedenen Quellen enthaltenen Details zu einem Bild zusammenzusetzen, doch bleibt dieses zwangsläufig recht verschwommen.[1] Eine detaillierte Schilderung des Lebens eines einzelnen Musikers über einen größeren Zeitraum wäre daher eine willkommene Ergänzung der vorhandenen historischen Dokumente.

Im Stadtarchiv Braunschweig ist das private Rechnungsbuch eines im mittleren 18. Jahrhundert tätigen Organisten namens Carl August Hartung (1723–1800) überliefert. Es trägt den Titel: „Kleine Wirthschafft *Rechnung* über Einnahme und Ausgabe angefangen Cöthen den 2. *Januarii* 1752. C. A. Hart:"[2] Das Buch im kleinen Oktavformat ist in grünes Leder gebunden, die leicht glänzenden Vor- und Nachsatzblätter sind mit Blumen- und Früchteschmuck versehen. Der hintere Deckel steht ein paar Zentimeter über, damit er unter den Vorderdeckel gefaltet werden kann und auf diese Weise den Inhalt

---

* Bei den Forschungsarbeiten zu diesem Aufsatz erfuhr ich wertvolle Unterstützung von Jürgen Samuel (Köthen), Hartmut Nickel (Braunschweig), Günter Preckel (Dessau) und Ulla Lindner (Leipzig).

[1] A. Edler, *Der nordelbische Organist. Studien zu Sozialstatus, Funktion und kompositorischer Produktion eines Musikerberufes von der Reformation bis zum 20. Jahrhundert*, Kassel 1982; S. Rampe, *Abendmusik oder Gottesdienst? Zur Funktion norddeutscher Orgelkompositionen des 17. und frühen 18. Jahrhunderts*, in: Schütz-Jahrbuch 25 (2003), S. 7–70; 26 (2004), S. 155–204; 27 (2005), S. 53–127.

[2] Stadtarchiv Braunschweig, H III 3: 99 (im folgenden KWR). Eine Notiz auf der Innenseite des Einbands lautet: „Gekauft zu Braunschweig | 1909." Darunter heißt es: „Geschenck des Hrn. Vermessungs- | Inspektors Kahle aus dem | Nachlasse seines † Sohnes | 7. April 1919." Laut freundlicher Mitteilung von Herrn Hartmut Nickel (Stadtarchiv Braunschweig) gehörte die Handschrift ursprünglich zum Bestand der Stadtbibliothek und ist nach dem Krieg dem Handschriftenbestand des Stadtarchivs zugeordnet worden. Bei dem Vorbesitzer handelt es sich um Paul Kahle (*1.6.1858 in Lichtenau, Großherzogtum Weimar, †11.10.1924 in Braunschweig), der die Handschrift aus dem Nachlaß seines 1918 in Hamburg verstorbenen Sohnes Heinrich (*15.6.1890) übernommen hatte.

schützt, der in der Tat ausgesprochen gut erhalten ist. Auf 358 makellosen Seiten hat Hartung nahezu jeden Pfennig notiert, den er zwischen seinem 30. und 43. Lebensjahr während seiner Amtszeit als Organist in Köthen (1752–1760) und Braunschweig (1760–1765) ausgegeben oder eingenommen hat. Obwohl in ihrer Konstellation einzigartig, waren viele seiner Beschäftigungen, Erfahrungen und Erfolge auch für zahlreiche andere Musiker seiner Zeit typisch. Im folgenden soll Hartungs Biographie auf der Basis seines Rechnungsbuchs und anderer Quellen dargestellt werden, wobei seinen Beziehungen zu anderen Musikern und seinem Handel mit gedruckten und handschriftlichen Musikalien besondere Aufmerksamkeit gilt.[3] Eine ausführlichere Darstellung seines Alltags soll an anderer Stelle erfolgen.[4]

1. Biographisches

Carl August Hartung wurde am 13. Oktober 1723[5] in Harzgerode als ältester Sohn des Brauers Johann Christoph Hartung (1701–nach 1769) und dessen Frau Albertina Charlotta Schmied (Schmid, Schmidt; *1701) geboren.[6] Über sein frühes Leben ist nur wenig bekannt, außer daß er zwei jüngere Brüder (Johann Christian Marcus Laurentius und Johann Wilhelm) und drei jüngere Schwestern hatte (Sophie Marie, Elisabeth und Victoria)[7] und 1734 die zweite

---

[3] Der einzige mir bekannte frühere Hinweis auf das Rechnungsbuch findet sich bei G. Hartung, *Die Hartungs vom Harz bis zur Heide zwischen Weser und Elbe – Familienkundliche Quellen- und Literaturstudie unter besonderer Berücksichtigung des Gebietes von Lutter am Barenberge*, München 1972, S. 17: „Von dem Organisten Hartung findet sich im Braunschweiger Stadtarchiv eine Aufzeichnung seiner persönlichen Einnahmen und Ausgaben 1752–1768 unter der Bezeichnung ‚Kleine Wirtschafts-Rechng.'."

[4] A. Talle, *Bach at the Keyboard* (in Vorbereitung).

[5] Hartungs Geburtseintrag lautet: „342. Carl August Hartung Ein Ehelicher Sohn Johann Christoph Hartungs, Fürstl. Leibschneiders und Bürgers und Albertina Charlotta Schmidin gebohren den 13 8br. getauft von mir den 17. dit: | Gevattern | Ihre Hochfürstl. durchl. Fr. Sophia Augusta verwittwete Fürstin zu Anhalt gebohrne Fürstin von *Nassau Dillenburg*. Hochfürstl. Durchl. Fr. Charlotta, Verwittwete Fürstin zu *Usingen*, gebohrne Fürstin von *Nassau Dillenburg*. Hr. Friedrich Christian Pfau, Hochfürstl. Hoffrath. Hr. Emanuel Lebrecht Walstorff. Inspector." (Reformierte Kirche Harzgerode, Taufbuch, 1723, Nr. 342).

[6] C. A. Hartungs Vater, Johann Christoph Hartung, lebte anscheinend noch, als 1769 ein Rechtsstreit über Johann Christoph Schmidts Nachlaß entschieden wurde. Landeshauptarchiv Sachsen-Anhalt Dessau (im folgenden LHASAD), *Z 38 Amt und Justizamt Harzgerode, Nr. 43*. Siehe G. Hartung, *Die Hartungs* (wie Fußnote 3), S. 40.

[7] LHASAD, *Z 38 Amt und Justizamt Harzgerode, Nr. 43*, fol. 26r–v.

Klasse des Kantors Johann Nicolaus Schröter besuchte.[8] Zwischen 1734 und 1752 klafft eine weitere Lücke in seiner Biographie; in die 1730er Jahre fällt vermutlich die musikalische Ausbildung bei seinem Onkel mütterlicherseits, Johann Christoph Schmidt (1691–1765).[9] Handschriften von beiden Männern finden sich in denselben Sammelbänden; in einem Fall haben sie sogar gemeinsam an einer Abschrift gearbeitet.[10]

Im Januar 1752 ist Hartung in Köthen nachgewiesen.[11] Sein jüngerer Bruder Johann Christian Marcus hatte sich dort bereits als Hilfskoch am Hof von Fürst August Ludwig von Anhalt-Köthen etabliert.[12] Carl August war als Lehrer am Köthener Waisenhaus tätig, das Bachs Gönner Fürst Leopold im Jahre 1723 für calvinistische oder lutherische Waisenkinder im Alter von sechs bis dreizehn Jahren eingerichtet hatte. Zu Hartungs Zeit scheinen in der Institution etwa vierzig Kinder gelebt zu haben.[13] Die Jungen sollten auf Berufe

---

[8] C. A. Hartung, sein jüngerer Bruder Johann Christian Marcus Laurentius Hartung und Johann Christoph Marius Hartung waren 1734 Schüler des Kantors Johann Nikolaus Schröter; vgl. LHASAD, *Z 18, C 18 Nr. 6*, fol. 11r–12r.

[9] C. A. Hartung bezeichnete Schmidt als „Hr. Vetter Land-Richter" (KWR, S. 225). Auf enge Familienbande lassen auch die Dokumente zur Aufteilung von Schmidts Nachlaß schließen; einiges aus seiner Hinterlassenschaft ging an Hartung und seine Geschwister. Siehe LHASAD, *Z 38 Amt und Justizamt Harzgerode, Nr. 43*. Zu Schmidts Biographie siehe auch L. Buchmann, *Friedrich Wilhelm Rust (1739–1796) – Untersuchungen zu seinem Liedschaffen und seinem Beitrag zur Überlieferung der Werke Johann Sebastian Bachs*, Diss. Halle 1987, S. 171–175 und 205–207.

[10] Hartung und Schmidt sind beide in den Konvoluten D-B, *Mus. ms. 30382* und *P 222* vertreten. Schmidt begann ein „Præludium" von Händel in *Mus. ms. 30382* (fol. 48v–49r), das Hartung vollendete (fol. 49r–50r).

[11] Dem Rechnungsbuch ist zu entnehmen, daß C. A. Hartung im Januar und Februar 1752 keinen Klavierunterricht gab, wohl aber durchgehend ab März.

[12] In einem auf den 12. Oktober 1764 datierten Brief wird J. C. M. Hartung als „erster" Gehilfe von Oberkoch Schlegel beschrieben. Im selben Brief bewarb er sich um die Position des verstorbenen „Mund Koch" Schöne. Siehe LHASAD, *C 5h Nr. 2 Bd. X*, fol. 109r. Wann genau J. C. M. Hartung nach Köthen kam, ist nicht bekannt, doch er heiratete dort am 17. Oktober 1752 Maria Dorothea Pönert. Siehe Buchmann (wie Fußnote 9), S. 170.

[13] Die geschätzte Zahl von etwa 40 Waisen beruht auf der 1758/59 erfolgten Entlohnung eines Schneiders für das Flicken von 33 Westen und eines Schusters für die Herstellung von 42 Paar Schuhen (LHASAD, *Cöthen Cammer-Rechnungen, 1757–1758*, S. 153–154). Die 1723 von Fürst Leopold unterschriebenen Statuten des Waisenhauses verlangen, daß „jedes mahl auff 20. Kinder im *Præceptor* gehalten wird, damit selbige die *Information* umb so viel beßer abwarten können; und damit auch andere arme außer dem Waÿsenhause lebende Kinder, sie seÿn *Reformir*ter so wohl als Lutherischer *Religion*, einen Nutzen vom solchem Waÿsenhause haben"; Archiv der Evangelischen Landeskirche Anhalts (im folgenden AELKA): *Acten der Herzogl. Superintendentur zu Cöthen betr. das Waisen-Institut zu Coethen und*

vorbereitet werden, für die sie geeignet waren – man ermutigte sie besonders, Schullehrer auf dem Lande zu werden. Von den Mädchen wurde erwartet, daß sie sich in den Häusern wohlhabender Familien als Mägde verdingten; hierzu lernten sie Stricken, Nähen und andere „weibliche Wißenschaften". Alle Waisen wurden im Lesen, Schreiben, Rechnen und Katechismus unterwiesen. Die Kinder mußten kein Schulgeld entrichten, waren aber dazu angehalten, die ihnen verbleibende freie Zeit mit nützlichen Tätigkeiten zu verbringen: Von den Jungen wurde erwartet, daß sie mit Kurrendesingen Geld einbrachten, und die Mädchen stellten Textilstoffe und Kleider her. Die so gewonnenen Einnahmen wurden für den Unterhalt des Waisenhauses verwendet. Hartung und ein weiterer Kollege waren als „Præceptoren" oder „Informatoren" angestellt; sie hatten die Kinder täglich vier Stunden zu unterrichten, Spaziergänge mit ihnen zu machen, sie im Gebet anzuleiten und dafür Sorge zu tragen, daß sie in der Kirche andächtig waren.[14] Beide Lehrer erhielten ein jährliches Gehalt von je 22 Reichstalern. Außerdem war eine junge Frau namens Magdalena als „Mädgen Schulmeisterin" angestellt, um den Schülerinnen Stricken und Nähen, das Waschen von Kleidung und sonstige häusliche Verrichtungen beizubringen, wofür sie jährlich 10 Reichstaler erhielt.[15] Das Waisenhaus wurde von einem Inspektor geleitet; zu Hartungs Zeiten hatte Johann Jakob Rindfleisch diese Position inne, der 100 Reichstaler im Jahr (ab 1758: 150 Reichstaler) verdiente. Alle Angestellten erhielten freie Unterkunft, Kleidung und Mahlzeiten im Waisenhaus.[16]
Gleichzeitig war Hartung auch als Schloßkantor tätig, wofür er ausschließlich aus Kollektengeldern vergütet wurde. Sein Rechnungsbuch dokumentiert Zahlungen von nur acht Groschen zweimal jährlich (zu Ostern und am Erntedankfest).[17] Diese Tätigkeit brachte ihn erneut mit J. J. Rindfleisch in Kontakt, der neben seiner Rolle als Waisenhaus-Inspektor auch als Superintendent der Kirche und als „Hof-Caplan" wirkte. Hartungs Verpflichtungen an der Schloßkirche blieben weitgehend undokumentiert, doch eine am 29. April 1759 von Rindfleisch geäußerte Bitte an die Gastprediger der Schloßkirche

---

die damit verbundene Freischule. Allgemeine Acten, Litt. W. No. 1. Vol. I. Jahr 1706, fol. 13 r.

[14] AELKA, Waisenhaus, Protokollbuch 1723, fol. 16 r–v. Hartungs erster Kollege, ein Mann namens Hütter, verstarb 1757 oder 1758 und wurde von einem gewissen Voigt ersetzt. LHASAD, *Cöthen Cammer-Rechnungen, 1756–1757*, S. 143; *1757–1758*, S. 144; *1757–1758*, Sp. 152–155.

[15] LHASAD, *Cöthen Cammer-Rechnungen, 1756–1757*, S. 143.

[16] AELKA, *Waisenhaus Protokolbuch 1723*, fol. 13 r–v.

[17] Der Betrag von acht Groschen wird durch einen Spendenbeleg für das Jahr 1757 bestätigt, der zufällig von C. A. Hartung selbst anscheinend im Namen der Verwaltung der Schloßkirche ausgestellt wurde. AELKA, *Superintendenturarchiv Köthen D*: „Kirchen Collecten-Buch de. a. 1757" (fol. 1 von hinten gezählt).

gewährt einen kleinen Einblick: „Ein jeder wolle den Tag vorher seine Ankunft mir wißen laßen, damit der Schloß-Cantor die Gesänge möge abholen können."[18] Hartungs Rechnungsbuch verzeichnet zudem regelmäßige Zahlungen von ein oder zwei Groschen zu Neujahr an den „Schloß Calcanten" Martin Bettziechen, dem er bei anderer Gelegenheit auch drei oder vier Groschen lieh.[19]

Sein eigenes Einkommen besserte Hartung auf, indem er neben Musik auch andere Fächer unterrichtete (zum Beispiel die Vorbereitung der Kinder auf das Abendmahl) und bei Taufen und Hochzeiten die Orgel spielte. Vor allem aber komponierte er Gelegenheitsmusiken für die Köthener Reformierte Schule. Ein oder zweimal im Jahr beauftragte ihn der Rektor der Schule August Ernst Renthe, die „Neue-Jahrs Cantata" sowie auch die Kantate für die Redeübungen in der Reformierten Schule zu komponieren.[20] Für solche Aufträge erhielt er gewöhnlich zwischen zwei und sechs Reichstaler. In den Jahren 1758 und 1759 verdiente er zehn Reichstaler für eine „*Actus Music*", wobei er in seinem Rechnungsbuch festhält, er habe „noch um dis Geld Aerger und Verdruß gehabt".[21]

Hartungs Rechnungsbuch dokumentiert auch Verbindungen zu verschiedenen musikalisch tätigen Mitgliedern der Köthener Gesellschaft, von denen einige der Bach-Forschung geläufig sein dürften. So verkaufte er Musikdrucke mit Werken von Johann Nikolaus Tischer an Johann Bartholomaeus Rahard, den Kantor der Lutherischen Schule in Köthen. Außerdem zahlte er „dem *Organist Martini* u. Bälgentreter" 1760 acht Groschen für das Spielen der Orgel anläßlich seiner Hochzeit.[22] Auch mit verschiedenen Mitgliedern der Hofkapelle stand er in Kontakt. 1759 erhielt Hartung einen Reichstaler, um für den Hofviolinisten Emanuel Heinrich Gottlieb Freytag Choräle zu kopieren. Er selbst wiederum bezahlte den fürstlichen Fagottisten Carl Ludwig Tourlee 1752 „vor 34 Bogen *Noten* zu schreiben" (siehe Abbildung 1 und Fußnote 92) und 1753 „vor 2. *Canta*ten zu schreiben".

Engste Kontakte innerhalb der Hofkapelle pflegte Hartung aber zu dem vormaligen Bach-Schüler Bernhard Christian Kayser.[23] 1752 erwarb er von die-

---

[18] AELKA, *Litt: C²ᵃ, No. 1, Vol. 1* (*Acten der Herzogl. Superintendentur zu Cöthen betr. die Herzogl. Schloßkirche in Cöthen*), Jahr 1724.
[19] KWR, S. 351.
[20] KWR, S. 174.
[21] KWR, S. 177.
[22] KWR, S. 292.
[23] Informationen zu Kayser finden sich bei A. Talle, *Nürnberg, Darmstadt, Köthen – Neuerkenntnisse zur Bach-Überlieferung in der ersten Hälfte des 18. Jahrhunderts*, BJ 2003, S. 143–172; siehe auch H.-R. Jung, *Der Bach-Schüler Bernhard Christian Kayser als Bewerber um die Hof- und Stadtorganistenstelle in Schleiz*, BJ 2005, S. 281–285.

sem einen Druck der „neuen Dreßdner *Polon*: u. *Menuets de ao*: 1752". Unmittelbar nachdem die Hofkapelle 1754 aufgelöst und Kaysers Jahresgehalt von 100 auf 50 Reichstaler gekürzt worden war, verkaufte der Hoforganist – wohl um seine finanzielle Lage zu verbessern – Hartung eine große Zahl von musiktheoretischen Schriften.[24] Darunter befanden sich Teile von Lorenz Mizlers „Musicalischer Bibliothek", Niedts Generalbaßlehre, wenigsten eine von Matthesons „Orchester"-Schriften sowie dessen „Vollkommener Capellmeister" und Scheibes „Critischer Musicus".[25]

---

[24] Kaysers schwierige finanzielle Lage in dieser Zeit ist in einem Brief dokumentiert, den er am 2. November 1756 an Fürst Karl Georg Lebrecht von Anhalt-Köthen schrieb und in dem er seine „bisherigen schlechten Umstände" beschreibt. Kayser hatte seit drei Jahren (ab 1753) jährlich 50 Reichstaler „vor die Orgel" erhalten, doch nun erbat er eine höhere Summe, „[w]eil ich aber nun mehro den Flügel wieder mit *tractir*e". Er bemerkt ferner, „das wenige so ich bishero von der Orgel bekommen, habe nur erst dreÿ Jahr genoßen, da ich doch solche schon vorhero 24 Jahr [seit 1729] bespielet habe und mir niemahls etwas dafür sonst ausgemacht worden ist; als was ich die letzten dreÿ Jahre genoßen habe. Wie ich nun bishero immer das Unglück gehabt, daß ich zweÿ gangbahre Proceße, wegen meiner Kinder so wohl erster als ander Ehe gehabt und dadurch in Schulden kommen bin; Als nehme meine unterthänigste Zuflucht zu Eu. Hoch fürstl. durchl. geheiligten Füßen, bittende mich unwürdigen, beÿ jetziger schlechten Zeit in Gnaden anzusehen, daß ich doch ebenfals wie die andern Herrn Cammer *Musici* mein *Tractement* erhalte [...].“ Siehe LHASAD, Z 70, Abteilung Köthen, C 5h, Nr. 2 Bd. 9. Die hier angesprochenen „gangbahre Proceße" könnten sich auf den Tod von Kaysers Ehefrauen (1742 und 1754) beziehen.

[25] Bei der Suche nach Zeitungsmeldungen über musikalische Themen entdeckte Ulla Lindner die folgende auf den Mai des Jahres 1738 datierte Notiz, die Licht auf Kaysers musiktheoretische Interessen wirft: „Köthen. Der Fürstliche Anhaltische Commissarius und Cammermusicus allhier, Hr. Kayser, will ein Werk unter folgendem Titel herausgeben: Gründliche und sehr leichte Anweisung zur musicalischen Composition, durch 200 Tabellen, nach allerhand Inventionen, woraus ein jeder, der den Generalbaß oder das Singen, und andere Instrumente zu tractiren weis, sich leicht helfen, und ohne Noten, und andere Beyhülfe *ex tempore phantasi*ren, Adagii, und allerhand musicalische Uebungen an Concerten, Ouverturen, Sonaten, Fugen, und beliebigen Melodien formiren, und in kurzer Zeit zu einer fertigen, und dem heutigen galanten *gusto* gemässen Composition, nach dem wahrhaftig schönen Gesange, der dem Gehör angenehm seyn wird, gelangen kann. Dafern sich zu diesem Werke ein gewisser Verleger, oder eine genugsame Anzahl Pränumeranten findet, will der *A.* dasselbe künftige Michaelismesse unfehlbar fertig schaffen, auch wenn seine Arbeit gefallen sollte, sie alle Jahre fortsetzen. Wofern sich bey dem Gebrauche dieser Tabellen einige Schwierigkeiten zeigen sollten, ist er erböthig dieselben auf Erfordern so gleich zu heben. Er hat einen Probebogen mit dem Titelblatte drucken lassen welcher bey ihm, ohne Entgelt zu haben ist."; siehe *Die neuen Zeitungen von gelehrten Sachen*, Nr. 37 (Mai 1738), S. 336–337.

Von Kayser erwarb Hartung 1754 zudem sieben Kantaten von Christoph Förster, außerdem eine gebundene Sammlung weltlicher Kantaten eines ungenannten Komponisten; 1757 schließlich erstand er nicht weiter spezifizierte „*Carmina*" und „*Musical*[ien]". Ebenfalls 1757 notierte Hartung die Zahlung von zwei Groschen an den „*Comiss:* Kayser vor die *Bachi*schen *Canta*ten" (siehe Abbildung 2). Angesichts dieser sehr niedrigen Summe ist denkbar, daß er diese Werke auslieh und nicht kaufte. 1759, etwa ein Jahr nach Kaysers Tod, vermerkte Hartung Zahlungen an „Käysern vor Halsbänder von Schmeltz u. kleinen *Coralli*[en]", „dem W. Knaben Käyser vor 2 Paar Ohr Pommeln", und „dem W. K. Kaÿser vor 1 P. Halß Bänder zu machen".[26] Bei dem Waisenknaben, auf den Hartung hier Bezug nimmt, muß es sich um den vierzehn- oder fünfzehnjährigen Marcus Bernhard Ludwig Kayser (geb. 1744) gehandelt haben, den einzigen überlebenden Sohn aus Kaysers zweiter Ehe.[27] Es ist möglich, daß dieser nach dem Tod seines Vaters im April 1758 in das Köthener Waisenhaus aufgenommen wurde. In jedem Falle ist wohl davon auszugehen, daß Hartung, der zu keiner anderen Gelegenheit „Halsbänder" oder „Ohr-Pommeln" erstand, diese dem jungen Kayser abkaufte, um die Familie seines verstorbenen Kollegen zu unterstützen.

Hartung erwarb Musikalien und Bücher auch von professionellen Händlern wie Johann Christoph Cörner, der offiziell die Funktion eines „*Lieutenant* und *Adjutanten* beÿ unserer *Guarde*" bekleidete,[28] oder einem weiteren Händler,

---

[26] KWR, S. 271, 272, 274.

[27] Da vor kurzem neue biographische Informationen über B. C. Kaysers Familie aufgetaucht sind, nenne ich hier die Namen und – soweit bekannt – die biographischen Daten von Kaysers Ehefrauen und Kindern, wie sie in den Kirchenakten der Agnuskirche in Köthen zu finden sind. Aus seiner ersten Ehe (geschlossen am 20. September 1733), mit Henrietta Charlotta Baudis (geb. 1714/15; gest. am 8. Mai 1742) gingen folgende Kinder hervor: 1. Friederica Charlotta (geb. am 12. Juli 1734; Eheschließung mit Carl Ludwig Schnödt, „Fürstl. Anhalt. Hoff Portrait Mahler alhier" am 18. Juli 1754); 2. Johann Leopold (geb. am 5. Oktober 1735; war am 4. Juni 1761 in Köthen als „Materialist" beschäftigt, als seine Frau starb); 3. Regina Elisabetha Charlotta (geb. am 20. Dezember 1736; zum weiteren Lebenslauf siehe die Angaben in Fußnote 92); 4. Christian Ludewig Friedrich (geb. am 6. Dezember 1738; verstarb im Alter von 19 Jahren, beerdigt am 10. Juni 1758); 5. Carl Georg Lebrecht (geb. am 1. Oktober 1740; verstarb im Alter von drei Jahren, beerdigt am 14. Februar 1744); 6. Christian Bernhard (geb. am 23. April 1742; beerdigt am 5. August 1742). Aus seiner zweiten Ehe (Heirat 1742 oder 1743) mit Helena Henrica Dörr (gestorben am 19. Juli 1754) sind folgende Kinder nachweisbar: 7. Marcus Bernhard Ludwig (geb. 26. Juli 1744); 8. Johann Herrmann Æmilius (geb. am 28. April 1746; verstarb im Alter von fünf Jahren, beerdigt am 15. Dezember 1751); 9. Friderica Charlotta Dorothea (geb. am 20. Oktober 1751; verstarb im Alter von knapp vier Jahren, beerdigt am 30. September 1755).

[28] LHASAD, *C 5h Nr. 2 Bd. VII*, fol. 449r–450r.

den er „Stickel" nennt und bei dem es sich wahrscheinlich um Thomas Stückel handelt, „ein Catholischer Italiäner, welcher mit Kleiner wahre handelt."[29] Die von Hartung erworbenen Musikbücher wurden oft zu niedrigen Kosten von den Buchbindern Johann Christoph Hohmann und Christian Ehricke eingebunden.[30] Hartung kaufte auch Musikalien und andere Waren von auswärtigen Korrespondenten. Sein häufigster Lieferant war ein Mann namens Rose in Dresden, möglicherweise ein Verwandter des Oboisten Johann Ludwig Rose, vielleicht sogar dessen Sohn Leopold August Rose, der bis 1742 Mitglied der Köthener Hofkapelle gewesen war.[31] 1757 verzeichnete Hartung die Zahlung von einem Groschen „vor einen Brieff nach Zerbsten an Hr. *Röllig*", vermutlich den Hoforganisten und Kammermusiker in Zerbst Johann Georg Röllig (1710–1790).[32] Im selben Jahr notiert er Zahlungen „nach Berlin an den *Music: Meyer*", von dem er einen „*Catalogum*" kaufte.[33] Hartung stand auch weiterhin mit seinem Onkel und vormaligen Lehrer in Harzgerode Johann Christoph Schmidt in Verbindung, dem er 1753 einen „Hand-Korb" und 1757 „*Violin* Saÿten" zukommen ließ.[34]

Ab 1758 dokumentiert das Rechnungsbuch regelmäßige Kontakte zu Johann Marius Christoph Hartung (1725 – nach 1782), mit dem C. A. Hartung 1734 die Elementarschule besucht hatte.[35] J. M. C. Hartung hatte in Harzgerode als Chorpräfekt gewirkt, bevor er 1750 in Aschersleben das Amt eines Rektors erhielt; 1753 schließlich zog er nach Bernburg, um dort eine Anstellung als Kantor und Organist anzunehmen – es hieß, er sei der Musik mehr zugeneigt als den akademischen Studien.[36] Die genauen verwandtschaftlichen Beziehun-

---

[29] Pfarramt St. Jakob Köthen, *Geborene, 1749–1763*, S. 327, Nr. 45.

[30] Die Vornamen der beiden Männer finden sich im Taufregister für Hohmanns Tochter Maria Elisabeth, die am 10. April 1758 geboren wurde. Pfarramt St. Jakob Köthen, *Geborene, 1749–1763*, S. 386, Nr. 23.

[31] Siehe M. Richter, *Die Köthener Hofmusik zur Zeit des Fürsten August Ludwig*, in: Musik an der Zerbster Residenz. Bericht über die Internationale wissenschaftliche Konferenz vom 10. bis 12. April 2008 im Rahmen der 10. Internationalen Fasch-Festtage in Zerbst, hrsg. von der Internationalen Fasch-Gesellschaft, Beeskow 2008, S. 167–182, besonders S. 171–172.

[32] KWR, S. 253.

[33] Ebenda.

[34] KWR, S. 225, 252.

[35] Johann Marius Christoph Hartung wurde am 22. September 1725 in Harzgerode geboren. Siehe G. Hartung, *Genealogie Hartung VII. Die Hartungs im Gebiet des Harzes. Stammtafel und Stammliste 101. Nach Arbeiten von Bernhard Hartung um 1908*, München 1972, Nr. 101:XII,12. Der gemeinsame Schulbesuch ist dokumentiert in LHASAD, *Z 18, C 18 Nr. 6*, fol. 11r–12r. Noch 1782 erscheint sein Name auf der Subskriptionsliste von C. A. Hartungs erster Odensammlung.

[36] Siehe T. Brandt, *Johann Christoph Oley. Erschließung biographischer Dokumente aus dem Archiv der Reformierten Gemeinde in Aschersleben*, Schriftliche Diplom-

gen zwischen den beiden Männern sind nicht geklärt, wahrscheinlich waren sie Vettern.[37] Im dritten Quartal 1758 vermerkte C. A. Hartung die Ausgabe von einem Reichstaler „weil der Herr *Cantor* Hartung mit seiner fr: liebsten u. Tochter von Bernburg ist hier gewesen"; wenige Monate später folgte die Zahlung von zwei Groschen an „Mstr. Rauthen Bothen Lohn vor Sechte von den Herrn *Cantor* Hartung in Bernburg".[38] 1759 notierte er die Ausgabe von einem Reichstaler und acht Groschen „als der Herr *Cantor* Hartung u. Bernhard hier gewesen" sowie von vier Groschen für „des Hr. *Cant:* Hartungs Magd Trank Geld".[39] Noch im selben Jahr besuchte er Bernburg, um bei einem Kind des Kantors Pate zu stehen. Die mit dieser Reise verbundenen Kosten sind im Rechnungsbuch detailliert verzeichnet.[40]

Um die Mitte des Jahres 1760 nahm Carl August Hartung eine Stellung als Organist an St. Bartholomäus, der Reformierten Kirche in Braunschweig an. Hier wurde er für seine Dienste in der deutschen und der französischen Gemeinde separat entlohnt, was bedeutete, daß er ein wesentlich höheres Grundgehalt erhielt. Ein weiterer Vorzug dieser Stellung war, daß ihm hier ein ausgezeichnetes neues Instrument zur Verfügung stand; die Orgel war 1749 auf Kosten eines wohlhabenden Kaufmanns von dem Hoforgelmacher Johann Christoph Hüsemann erbaut worden.[41] Die seiner Position gezollte Achtung und der Wohlstand der Braunschweiger Gemeinde hatten zur Folge, daß Hartung eine wesentlich größere Zahl von Klavierschülern gewinnen und sein Stundenhonorar von zwei auf drei Groschen erhöhen konnte. Bis mindestens 1762 nahm er auch weiterhin Aufträge zur Komposition der Neujahrskantate und der „*Actus Music*" für die Reformierte Schule in Köthen an. Daneben sind andere lukrative Nebenverdienste nachweisbar: 1762 bekam er „einen *Duca-*

---

arbeit zur B-Prüfung für Kirchenmusik, Evangelische Hochschule für Kirchenmusik, Halle 2000, S. 12.

[37] Obwohl C. A. Hartung in seinem Rechnungsbuch gewöhnlich genaue Verwandtschaftsgrade angibt (z. B. „Mein Bruder der Koch", „Vetter Walter von Bernburg" usw.), verweist er auf J. M. C. Hartung durchweg einfach als „Herr Cantor Hartung". Laut der Genealogie der Familie Hartung waren seine Eltern Johann Christoph Hartung (geb. 1701; anscheinend nicht identisch mit dem gleichnamigen Vater von C. A. Hartung) und Maria Dorothea Claus; seine Ehefrau hieß Eleonore Ernestine Günther. Die Genealogie bietet kaum konkrete Informationen über die verwandtschaftlichen Beziehungen zwischen diesen beiden Männern und versäumt es, Geschwister von C. A. Hartung zu nennen. Vgl. G. Hartung, *Genealogie Hartung VII*. (wie Fußnote 35), Nr. 101:XII,12, 101:XIII,12, 101:XII,70 und 101:XIII,70.

[38] KWR, S. 264, 268.

[39] KWR, S. 278.

[40] KWR, S. 281.

[41] Siehe H. Pfeiffer, *Unsere Orgel und vom Bau und Geschichte der Orgel im Allgemeinen*, in: Gemeindeblatt der Evangelisch-Reformierten Gemeinde zu Braunschweig 15/9 (September 1929), S. 127–132.

*t*en in Gold" „von des Engl. Abgesandten an dem Landgräfl: Hofe Bedienten, *Mons: Andreæ*, für 6. *Partit*en auf die Harfe", und im Frühjahr 1763 nahm er von der Gemeinde in Braunschweig für eine „Friedens *Music*" zur Feier des Endes des Siebenjährigen Krieges 35 Reichstaler ein.[42] Weitere Einkünfte sicherte Hartung sich in Braunschweig durch den Verkauf von Instrumenten und durch das Abschreiben und den Vertrieb von Musikalien. Auch hier pflegte er Kontakte zu Hofmusikern, so etwa zu dem herzoglichen Kammermusikus Groß. Ein Vergleich seiner Einnahmen und Ausgaben im jeweils ersten Quartal der Jahre 1755 und 1761 zeigt, in welchem Maße sich seine Lebensumstände durch den Umzug nach Braunschweig verbesserten:

Köthen, 1755/I (Neujahr bis Ostern)
Gesamteinkünfte: 24 Rthl. 14 gr.
Gesamtausgaben: 3 Rthl. 9 gr. 8 pf.

Braunschweig, 1761/I (Neujahr bis Ostern)
Gesamteinkünfte: 68 Rthl. 8 gr. 8 pf.
Gesamtausgaben: 51 Rthl. 3 gr. 6 pf.

Die höheren Ausgaben in Braunschweig erklären sich zum Teil dadurch, daß Hartung hier nicht mehr freie Kost und Unterkunft erhielt, wie es in Köthen der Fall gewesen war. Im Oktober des Jahres 1760, kurz nach seinem Umzug nach Braunschweig, heiratete Hartung sein „Hannichen" – Johanna Sophie Jockel (1731–1815), Tochter des Hofschneiders, Brauers und Mitglieds des Köthener Stadtrats Christian August Jockel.[43] Dies brachte neue Verantwortungen und auch neue Ausgaben mit sich, insbesondere nach der Geburt der drei Töchter Johanna Rahel Henriette (1762), Henriette Conradine (1765) und Johanna Sophia Carolina (1767).[44]
Hartung bekleidete sein Amt an der Braunschweiger Bartholomäuskirche bis zu seinem Lebensende. Nachdem er 1765 die Führung seines Rechnungsbuchs

---

[42] KWR, S. 208, 299.
[43] Die beiden heirateten am 14. Oktober 1760 in der St. Jakobskirche in Köthen. Siehe Pfarramt St. Jakob Köthen, *Getraute 1721–1787*, S. 448. Johanna Sophie Jockel wurde am 23. August 1731 geboren; siehe Pfarramt St. Jakob Köthen, *Geborene 1721–1732*, S. 467. „[D]es verstorbenen Organisten bei der reformierten Gemeine Hr. Carl August Hartung Witwe Frau Johanne Sophie, geb. Jockeln" verstarb am 13. November 1815 im Alter von 84 Jahren an „Entkräftung"; siehe Stadtarchiv Braunschweig, *G III 1: 266 b–c* (*Verzeichniß der Verstorbenen und Begrabenen im Jahre 1815*), S. 2, Nr. 19.
[44] Johanna Rahel Henriette Hartung wurde am 1. August 1762 getauft, Henriette Conradine Hartung am 28. Juni 1765 und Johanna Sophia Carolina Hartung am 13. September 1767. Daten nach Stadtarchiv Braunschweig, *G III 1: E 251 d (T. 2)*, S. 801, 813 und 822.

aufgab, ist nur noch wenig über seine täglichen Verrichtungen bekannt. 1782 und 1792 gab er im Selbstverlag die zwei Teile seiner *Oden und Lieder mit Melodien und mit Begleitung des Claviers* heraus,[45] 1790 veröffentlichte er *Six valses modernes pour le pianoforte*.[46] Am Ende seines Lebens (1797/98) unterrichtete er den dreizehnjährigen Louis Spohr (1784–1859) etwa ein Jahr lang in Harmonielehre und Kontrapunkt. Spohrs Memoiren enthalten die folgenden Eindrücke von Hartung als Lehrer:

> Mit Eifer begann ich meine musikalischen und andern Studien. Den Violinunterricht gab mir der Kammermusikus Kunisch, ein gründlicher und freundlicher Lehrer, dem ich viel verdanke. Nicht so freundlich war der Lehrer in der Harmonie und im Kontrapunkt, ein alter Organist namens Hartung, und noch erinnere ich mich, wie dieser mich einst bös anfuhr, als ich ihm bald nach Beginn des Unterrichts eine Komposition zur Ansicht vorlegte. „Damit hat es noch lange Zeit; erst muß man was lernen!" Nach einigen Monaten munterte er mich jedoch selbst auf, nun Versuche in der Komposition zu machen, korrigierte dann aber so unbarmherzig und strich so viele nach meiner Meinung herrliche Gedanken, daß ich alle Lust verlor, ihm wieder etwas vorzulegen. Nicht lange nachher hörte wegen Kränklichkeit des alten Mannes der Unterricht auf und ist der einzige geblieben, den ich je in der Theorie gehabt habe.[47]

Am 31. August 1800 starb Carl August Hartung in seinem 77. Lebensjahr am „Schlagfluß".[48]

2. Hartungs Musiksammlung

Im folgenden findet sich eine Aufstellung der Bücher über Musik sowie der gedruckten und handschriftlichen Musikalien, die Hartung zwischen 1752 und 1765 erwarb, verkaufte oder auslieh. Sie vermitteln ein lebendiges Bild von den täglichen Geschäften eines Organisten des 18. Jahrhunderts und dokumentieren zugleich seine persönlichen Interessen wie auch seine Rolle als Zwischenhändler für seine Schüler und Korrespondenten.

– Anschaffungen von Büchern über Musik

Anonym
1754/I   „dem Herrn *Commiss*. Kaÿser vor 4 *Musical*. Bücher" [4 Rthl.; S. 232]
1754/I   „dem Herrn *Commissario* Kaÿser vor *Musicali*sche Bücher" [2 Rthl. 6 gr.; S. 233]
1754/II–III „Hr. *Lieut*: Cörnern vor *Musicali*sche Bücher" [16 gr.; S. 235]

---
[45] RISM A/I: H 2207; Datierung der zweiten Teils nach Gerber NTL, Bd. 2, Sp. 512.
[46] RISM A/I: H 2208.
[47] L. Spohr, *Lebenserinnerungen*, Tutzing 1968, S. 4–5.
[48] Stadtarchiv Braunschweig, *G III 1: E 251d (T. 1)*, S. 1284.

Bach, Carl Philipp Emanuel
1753/III „Mstr: *Hohmann* vors Bachs *Clav*: Einl. einzubinden" [10 gr.; S. 224][49]

Heinichen, Johann David
1754/II–III „Hr: *Commiss*: Käyser vor *Heinich*: *General Bass*. u. *Comp. Tract*." [20 gr.; S. 236][50]

Marpurg, Friedrich Wilhelm
1754/IV „demselben [Cörner] vor *Marp*. Beyträge zur *Music*. 2. Stücke." [6 gr.; S. 238]
1759/IV „Herrn *Lieutenant Cörner* vor *Marpurgs* kritische Beyträge zur *Music* des 4ten bandes 5. u. 6tes Stück" [6 gr; S. 281][51]

Mattheson, Johann
1754/II–III „dem Hr. *Comm*. Kayser vor *Matthesons* vollkommnen *Capellmeister*" [1 Rthl. 4 gr.; S. 234][52]
1754/II–III „demselben [Kayser] vor *Matthes: Orchestre* u. noch 2. andere *Musical*: Bücher" [8 gr.; S. 236][53]

Mizler, Lorenz Christoph
1754/I „Hr. *Commiss*. Käysern vor Mitzlers *Musical. Biblioth*, u. Niedtens *G. B.*" [18 gr.; S. 232]
1754/I „[dem Buchbinder] vor Mitzlers *Musicali*sche *Bibl*." [4 gr. 6 pf.; S. 233]
1754/I „Hr. *Commiss*. Käysern vor Mizlers *Mus. Bibl*. erster Band. 6 Theile." [4 gr. 6 pf.; S. 233][54]

---

[49] C. P. E. Bach, *Versuch über die wahre Art das Clavier zu spielen*, Berlin 1753.

[50] J. D. Heinichen, *Neu erfundene und gründliche Anweisung, wie ein Music-Liebender auff gewisse vortheilhafftige Arth könne zu volkommener Erlernung des General-Basses, entweder durch eigenen Fleiss selbst gelangen oder durch andere, dahin angeführet werden*, Hamburg 1711; ders., *Der General-Bass in der Composition, oder: neue und gründliche Anweisung, wie ein Music Liebender mit besonderm Vortheil durch die Pricipia der Composition, nicht allein den General-Bass im Kirchen-Cammer- und theatralischen Stylo vollkommen, et in altiori Gradu erlernen; sondern auch zu gleicher Zeit in der Composition selbst wichtige Profectus machen könne*, Dresden 1728.

[51] F. W. Marpurg, *Historisch-kritische Beyträge zur Aufnahme der Musik*, 5 Bde., Berlin 1754–1778.

[52] J. Mattheson, *Der vollkommene Capellmeister*, Hamburg 1739.

[53] Dies bezieht sich auf einen oder mehrere Bände von Johann Matthesons „Orchestre"-Schriften: *Das neu-eröffnete Orchestre*, Hamburg 1713; *Das beschützte Orchestre*, Hamburg 1717; *Das forschende Orchestre*, Hamburg 1721.

[54] L. C. Mizler, *Neu eröffnete Musikalische Bibliothek oder Gründliche Nachricht nebst unpartheyischem Urtheil von musikalischen Schriften und Büchern*, 4 Bde., Leipzig 1739–1754.

Niedt, Friedrich Erhard
1754/I „Hr. *Commiss.* Kaÿsern vor Mitzlers *Musical. Biblioth*, u. Niedtens *G. B.*" [18 gr.; S. 232][55]
1754/I „desgl. [dem Buchbinder] vor Niedtens Anleitung zum *Gen. Bass.* einzubinden" [3 gr.; S. 233]

Oelrichs, Johann Carl Conrad
1754/I „Hr. Cörnern vor Oelrichs Historische Nachricht von den *academi*schen Würden in der *Music.*" [2 gr.; S. 232][56]
1754/I „[dem Buchbinder] vor Oelrichs *Musical. Tractätg*[en]" [1 gr.; S. 233]

Scheibe, Johann Adolph
1754/II–III „Hr. *Commiss.* Kaÿser vor Scheibens *Mus: Criticus.*" [4 gr.; S. 236][57]
1754/II–III „vor Scheibens Abhandlung vom Ursprunge u. Alter der *Mus:*, einzubinden" [3 gr.; S. 236][58]

Werckmeister, Andreas
1754/I „[dem Buchbinder] vor Werckmeisters Orgel Probe" [3 gr.; S. 233]
1754/IV „Hr. Cörnern vor Werckmstr. O. P." [3 gr.; S. 238]
1754/IV „Buchbinder Lohn Hr. *Hohmann* vor Werckmstr. Orgel *Probe*" [2 gr.; S. 238][59]

Wolleb, Daniel
1752/I „Herr Cörnern, vor die *Psalmen Davids* von dem Königl. Hoff Prediger *Wolleb*: in Halberstadt verferttiget" [8 gr.; S. 209][60]

– Anschaffungen von Musikdrucken

Anonym
1752/I „1. *Sonata* aufs *Clav.* nebst einige *General Bass* Regeln, in Kupffer gestochen" [4 gr.; S. 209]
1752/II „Herr *Commiss.* Käyser vor die neuen Dreßdner *Polon:* u. *Menuets de ao*: 1752" [12 gr.; S. 213][61]

---

[55] F. E. Niedt, *Musikalische Handleitung oder gründlicher Unterricht*, Hamburg 1700.
[56] J. C. C. Oelrichs, *Historische Nachricht von den akademischen Würden in der Musik, und öffentlichen musikalischen Akademien und Gesellschaften*, Berlin 1752.
[57] J. A. Scheibe, *Der critische Musicus*, Hamburg 1738.
[58] J. A. Scheibe, *Abhandlung vom Ursprunge und Alter der Musik*, Altona und Flensburg 1754.
[59] A. Werckmeister, *Orgel-Probe oder kurtze Beschreibung, wie und welcher Gestalt man die Orgel-Werke von den Orgelmachern annehmen, probiren, untersuchen und den Kirchen liefern könne und solle*, Frankfurt und Leipzig 1681.
[60] D. Wolleb, *Die Psalmen Davids, mit Beybehaltung der üblichen Melodien übersetzt*, Halberstadt 1751.
[61] Möglicherweise eine ähnliche Veröffentlichung wie J. Adam, *Recueil d'airs à*

1752/III	„Herr Rosen in Dreßden vor 6. *Sonaten* in Kupffer." [1 Rthl. 4 gr.; S. 215]
1752/III	„eine *Parthia* in Kupfer aufs *Clavier*" [2 gr.; S. 215]
1753/II	„Hr: Rosen vor die neuen Dreßdner *Pol*: u. *Menuets de ao*. 1753" [14 gr.; S. 223][62]
1754/I	„[an Herr Rosen] vor eine gantz neue *Sonata* welche in dem Nürnbergl. *Musical*. gedruckten *Catalogo* noch nicht angemerckt" [6 gr.; S. 231]
1754/I	„Herr Rosen vor einige *Sinfonien*" [16 gr.; S. 232]
1754/I	„Herr Rosen vor *Sinfonien* u. *Partien*. nun bin ich selbigem nichts mehr schuldig." [12 gr.; S. 232]
1758/I	„Stickeln vor *Oden sub Tit*: *musicali*scher Zeitvertreib 3ter Theil" [18 gr.; S. 261][63]
1758/III	„Stickeln vor *Oden sub Tit: Musical*. Zeitvertreib 1 u. 2ter Theil â 16 gl. – pf. den 15. *Sept*." [1 Rthl. 8 gr.; S. 266][64]

Fleischer, Friedrich Gottlob
1752/II   „die Fleischersche *Sonata* aufs *Clavier* in Kupffer gestochen" [6 gr.; S. 213][65]

Gerano, ?
1755/I   „demselben [Stickel] vor *Pol*: von *Gerano*" [2 gr.; S. 240][66]

Holzapfel, Bruno
1760/I   „Stickeln vor *Holzapfels Clavier Parthi*en" [14 gr.; S. 284][67]

Danser executés sur le Théâtre du Roi à Dresde accommodés pour le clavecin, Leipzig 1756 (RISM A/I: A 223).

[62] Siehe die vorige Fußnote.

[63] Möglicherweise ähnliche Veröffentlichung wie A. C. Kunzen, *Lieder zum unschuldigen Zeitvertreib*, Hamburg 1748 (RISM A/I: K 3016); ders., *Der Lieder zum unschuldigen Zeitvertreib erste Fortsetzung*, Lübeck 1754 (RISM A/I: K 3017); C. F. Endter, *Lieder zum Scherz und Zeitvertreib*, Hamburg 1757 (RISM A/I: E 684).

[64] Siehe die vorige Fußnote.

[65] F. G. Fleischer, *Clavier-Übung: Erste Partie, bestehend in einer nach heutigen galanten Gusto wohlausgearbeiteten Sonata*, Nürnberg 1745 (RISM A/I: F 1128).

[66] Gerano, *Musicalische Ergötzlichkeit, bestehend in 6. Polonoisen, welche sowohl auf dem Clavier als auch mit Beystimmung einer Viola di Braccio nach Belieben können gespielet werden*, Nürnberg 1755. Von diesem Druck scheint kein einziges Exemplar erhalten zu sein, der Titel ist in Schmids Katalog von 1761 nachgewiesen. Siehe H. Heußner, *Der Musikdrucker Balthasar Schmid in Nürnberg*, in: Mf 16 (1963), S. 348–362, hier S. 358.

[67] Hartung bezieht sich hier wohl entweder auf B. Holzapfel, *Eremi deliciae seu Eremita Augustinianus exultans in cymbalis bene sonantibus, das ist, XXIV Clavier- oder Schlag-Stück*, Augsburg 1749 (RISM A/I: H 6365) oder ders., *Opera manuum seu fructus laboris in sinu matris repositus, das ist, XXIV Clavier- oder Schlag-Stück, erster Theil, zweyter Theil [...] opus II*, Augsburg 1755 (RISM A/I: H 6366).

Kobrich, Johann Anton

1753/I „[*Partiten*] vom Kobrichen vor den 1 u. 2ten. Theil in 4to." [16 gr.; S. 221][68]

1753/III „Herr Rosen vor *Musicalia* so in Kupffer gestochen, als vor Kobrichs *Præl*. u. *Fugen*. 3ter u. 5ter Theil" [22 gr.; S. 226][69]

1753/III „demselben [Hohmann] vor *Kobrichs Fugen* und *Præl*: einzubinden in 4to." [1 gr.; S. 225]

Krebs, Johann Ludwig

1752/IV „2 *Son*: aufs *Clav*: *obl*. u. *Viol*: in Kupffer von *Krebsen*" [10 gr.; S. 217][70]

1753/III „Stickeln vor Krebs erste *Choral* Lieferung in Kupfer" [10 gr.; S. 224][71]

1754/IV „Stickeln vor Krebs 2te *Choral* Lieferung" [10 gr.; S. 239][72]

Küffner, Johann Jakob Paul

1753/III „[Herr Rosen] noch vor 2 *Son*: von *Küffner*" [8 gr.; S. 226][73]

Marpurg, Friedrich Wilhelm

1760/II „Hr. Ehricken vor *Marpurgs Raccol*ten einzubinden, in *folio*" [3 gr.; S. 289][74]

---

[68] J. A. Kobrich, *Sechs Leichte und dabey angenehme Clavier-Partien [...] Erster Theil*, Augsburg [1749] (RISM A/I: K 1047); ders., *Sechs Leichte und dabey angenehme Clavier-Partien [...] Zweyter Theil*, Nürnberg, [1750] (RISM A/I: K 1048).

[69] J. A. Kobrich, *Leicht zu erlernender [...] Kirchen Ton; das ist XXXVI. kurtze Praeludia, von welchen XVIII. mit der Terz maior, und XVIII. mit der Terz minor beyde aus allen Tonen, die höchst nothwendige Praeludier-Kunst nach jetziger Methode leichtlich erlernen zu können [...] Dritter Theil*, Nürnberg [1751] (RISM A/I: K 1049); ders., *Figuralische Choral-Zierde. das ist: LXIV. kurtze Fugen oder sogenandte Versetten, und XVI. Praeambula, In die VIII. gewöhnliche Kirchen-Ton ausgetheilet [...] Fünffter Theil*, Nürnberg [1752] (RISM A/I: K 1051).

[70] J. L. Krebs, *Musicalischer und angenehmer Zeitvertreib bestehet in zwey Sonaten vor das obligate Clavessin nebst der Traversiere oder Violino [...] neunter Theil*, Nürnberg [1752] (RISM A/I: K 1946).

[71] J. L. Krebs, *Erste Lieferung der Clavier Ubung bestehend in verschiedenen Vorspielen und Veränderungen einiger Kirchen Gesänge*, Nürnberg [1752] (RISM A/I: K 1951).

[72] J. L. Krebs, *Zweyte Lieferung der Clavier Ubung bestehend in verschiedenen vorspielen und veränderungen einiger Kirchen Gesänge*, Nürnberg [1753] (RISM A/I: K 1951).

[73] J. J. P. Küffner, *II. Sonates pour le clavessin [...] œuvre I, édition revue et corrigée*, Nürnberg 1746 (RISM A/I: K 2934).

[74] F. W. Marpurg, *Raccolta della più nuove composizioni di clavicembalo di differenti maestri ed autori per l'anno 1756 [–1757] fatta stampare dal sig. Feder. Guiglielmo Marpurg*, Leipzig [1756] (RISM A/I: M 722).

Mißel, Johann Thomas
1753/IV „Herr Rosen von *Musical*: so in Kupffer gestochen, als vor 3 *Clav*: *Partien* vom Hr. Mißel" [12 gr.; S. 227][75]

Müthel, Johann Gottfried
1760/I „Herrn Ehricken vor Müthels Oden einzubinden in 4to" [2 gr.; S. 284][76]

Ritter, Johann Christoph
1753/IV „[Herr Rosen von *Musical*: so in Kupffer gestochen, als] vor 3 *Sonat*en vom Hr. *Ritter*." [10 gr.; S. 227][77]

Schaffrath, Christoph
1754/I „an Herr Rosen vor *Musical*. VI. *Sonat. pour le Clav. Solo Oeuvre* II. vom Hr. Schaffrath" [1 Rthl. 8 gr.; S. 231][78]

Tischer, Johann Nikolaus
1752/I „vor die *Tischer*ischen *Musical*: Zwillinge *ex G. dur* und *moll* in Kupffer" [10 gr.; S. 210][79]
1753/I „vor den 3ten und 5ten Theil vom *Tischern*, *Galanterie Partit*en in 4to in Kupffer" [16 gr.; S. 221][80]
1753/I „vor die *Tischer*: Zwillinge *ex A dur* und *moll* in Kupffer" [10 gr.; S. 222][81]

---

[75] J. T. Mißel, *Drey aus verschiedenen Galanterie-Piecen bestehende Clavierpartien*, Nürnberg [vor 1753]. Das Werk ist bei Adlung verzeichnet, es scheint jedoch kein Exemplar erhalten zu sein. Siehe J. Adlung, *Anleitung zu der musikalischen Gelahrtheit*, Erfurt 1758, S. 718.

[76] J. G. Müthel, *Auserlesene Oden und Lieder von verschiedenen Dichtern: zum musikalischen Vergnügen in die Musik gesetzt*, Leipzig und Hamburg 1759 (RISM A/I: M 8118).

[77] J. C. Ritter, *Drey Sonaten, den Liebhabern des Klaviers verfertiget [...] Erster Theil*, Nürnberg [1751] (RISM A/I: R 1757).

[78] C. Schaffrath, *VI. Sonates pour le clavessin [...] œuvre II*, Nürnberg [1749] (RISM A/I: S 1250).

[79] J. N. Tischer, *Musicalische Zwillinge in zwey Concerten eines Thons Nahmens G dur und g moll vor das Clavier oder Harmonischer Freude auf klingender Saite vierter Frucht welche nach dem besten und reinesten Gousto heutiger Art in singenden Säzen hervorgebracht*, Nürnberg [ca. 1748?] (RISM A/I: T 818).

[80] J. N. Tischer, *Sechs Leichte und dabey angenehme Clavier-Partien. Jungen Anfängern zur Übung aufgesetzet [...] Dritter Theil*, Nürnberg [1748] (RISM A/I: T 821); ders., *Sechs Leichte und dabey angenehme Clavier-Partien. Jungen Anfängern zur Übung aufgesetzet [...] Fünfter Theil*, Nürnberg [1753] (RISM A/I: T 821).

[81] J. N. Tischer, *Musicalische Zwillinge in zwey Concerten eines Thons Nahmens A dur und a moll vor das Clavier oder Harmonischer Freude auf klingender Saite vierter Frucht welche nach dem besten und reinesten Gousto heutiger Art in singenden Säzen hervorgebracht*, Nürnberg [ca. 1748?] (RISM A/I: T 818).

1753/IV	„[Herr Rosen vor *Musical:* so in Kupffer gestochen, als] vor IV. *Sonaten Gal: Partien* vom Herrn *N. Tischer*" [14 gr.; S. 227][82]
1754/I	„[an Herr Rosen vor *Musical:*] VI *Gal. Partien* fürs Frauen Zimmer vom Hr. *Tischer* 2. u. 3ter Theil â 18 gl." [1 Rthl. 12 gr.; S. 231]"[83]
1754/I	„[an Herr Rosen vor *Musical:*] VI. *Suites etc. Oeuvr.* III. vom Hr. *Nic. Tischer*" [1 Rthl. 4 gr.; S. 231][84]
1755/I	„Stickeln vor *Tischers* letzten Theil der *Musical:* Zwillinge" [8 gr.; S. 240][85]

Ziegler, Franz

| 1754/I | „[an Herr Rosen vor *Musical:*] P. Ziegelers LXXXIV. *Interludia sive breviores Versiculi* in 4to." [12 gr.; S. 231][86] |

– Verkäufe von Musikdrucken

Agrell, Johan Joachim

| 1752 | „Von dem Hr. *Registrator* Bieler vor VI. *Sonaten* aufs *Clav. di Agrell* in Kupffer" [1 Rthl. 4 gr.; S. 161][87] |

Simon, Johann Kaspar

| 1759 | „Von Friedrichen vor *Simons variirte Chorale*" [8 gr.; S. 180][88] |

---

[82] J. N. Tischer, *Das vergnügte Ohr und der erquickte Geist in Sechs Galanterie-Parthien zur Clavier-Ubung für das Frauenzimmer in einer leichten und applicablen Composition dargestellet […] Erster Theil*, Nürnberg [vor 1742] (RISM A/I: T 813).

[83] J. N. Tischer, *Das vergnügte Ohr und der erquickte Geist in Sechs Galanterie-Parthien zur Clavier-Ubung für das Frauenzimmer in einer leichten und applicablen Composition dargestellet […] Zweyter Theil*, Nürnberg [1746] (RISM A/I: T 813); ders., *Das vergnügte Ohr und der erquickte Geist in Sechs Galanterie-Parthien zur Clavier-Ubung für das Frauenzimmer in einer leichten und applicablen Composition dargestellet […] Dritter Theil*, Nürnberg [vor 1746] (RISM A/I: T 813).

[84] J. N. Tischer, *Divertissement musical contenant VI. Suites pour le clavessin […] œuvre III*, Nürnberg [ca. 1751] (RISM A/I: T 816).

[85] J. N. Tischer, *Musicalische Zwillinge in zwey Concerten eines Thons Nahmens B dur und b moll vor das Clavier oder Harmonischer Freude auf klingender Saite vierter Frucht welche nach dem besten und reinesten Gousto heutiger Art in singenden Säzen hervorgebracht*, Nürnberg [ca. 1748?] (RISM A/I: T 818).

[86] F. Ziegler, *LXXXIV. Interludia sive breviores versiculi (fugettae) ad musicam choralem ubique necessarii*, Nürnberg [ca. 1746?] (RISM A/I: Z 183).

[87] J. J. Agrell, *Sei sonate per il cembalo solo, accompagnate da alcune Ariette, Polonesi e Menuetti, Etc., opera seconda*, Nürnberg [1748] (RISM A/I: A 422).

[88] J. K. Simon, *Erster Versuch, einiger variirt und fugirten Chorale; denen jungen Anfängern auf dem Orgel, wie auch den Organisten und Schulmeistern auf dem Land zur Übung entworfen*, Nürnberg [1750] (RISM A/I: S 3466).

Tischer, Johann Nikolaus

1752 „Von dem Hr: *Cant. Rahard* vor die *Tischer*: Zwillinge, *ex G. dur* u. *moll*" [8 gr.; S. 159][89]

1753 „Von dem Hr: *Cant: Rahard* vor die *Tischer*ischen Zwillinge *ex A dur* und *moll*" [10 gr.; S. 167][90]

Ziegler, [Johann Gotthilf?]

1752 „Von *Mons*: Zeiligen vor ein *Choral* Buch *Ziegeler*ischen *Composition*" [1 Rthl. 4 gr.; S. 157][91]

– Ankäufe von handschriftlichen Musikalien

Anonym

1752/II „*Mons: Tourlee* vor 34 Bogen *Noten* zu schreiben." [22 gr. 8 pf.; S. 213][92]

1753/II „*Mons Tourlee* vor 2. *Cant*aten zu schreiben." [2 gr. 8 pf.; S. 223]

1755/I „dem *Commiss*: Kaÿser vor Weltl: *Cant*aten ein eingebunden[es] Buch" [12 gr.; S. 241]

1757/II „demselben [Kayser] vor *Carmina*" [1 gr. 8 pf.; S. 254]

1757/IV „dem *Commiss*: Kayser vor *Musical*[ia]" [3 gr.; S. 258]

Bach, Johann Sebastian

1757/II „dem *Comiss*: Kayser vor die *Bachi*schen *Cant*aten" [2 gr.; S. 254][93]

---

[89] Siehe Fußnote 79.

[90] Siehe Fußnote 81.

[91] Die Verwendung des Begriffs „Choral Buch" an dieser Stelle läßt es fraglich erscheinen, ob Hartung sich hier auf F. Zieglers, *LXXXIV. Interludia sive breviores versiculi* (siehe Fußnote 86) bezieht, zumal er diesen Druck erst zwei Jahre später erwarb.

[92] Der Umfang von 34 Bogen stimmt mit einer in Berlin erhaltenen Abschrift des Passions-Oratoriums von C. L. Fehre überein (D-B, *Mus. ms. 6100*). Deren Schreiber läßt sich anhand eines Briefes vom 25. August 1757 (LHASAD, *Z 70, Abteilung Köthen, C 5h, Nr. 2, Bd. 9*) als Carl Ludwig Tourlee (Torle, Dorle) identifizieren. Zahlreiche Revisionen in *Mus. ms. 6100* stammen von der Hand Hartungs. C. L. Tourlee, ein Sohn es Köthener Hofmusikers Johann Christoph Tourlee und dessen Frau Louise Dorothea geb. Zimmermann, wurde am 7. Mai 1725 geboren. Er heiratete B. C. Kaysers Tochter Regina Elisabeth Charlotta; dem Paar wurde am 4. Juni 1757 eine Tochter geboren (Schloßkirche Köthen, Geborene 1608–1814, S. 205 und 551). C. L. Tourlee ist auch in dem Konvolut D-B, *Mus. ms. 30382* als Kopist vertreten: Von seiner Hand stammen die Cembalosonate in Es-Dur von J. A. Hasse sowie die Variationen in F-Dur Wq 118/4 und das Menuett in C-Dur Wq 111 von C. P. E. Bach in Faszikel 19 (fol. 90r–95v).

[93] Möglicherweise bezieht sich dieser Eintrag auf Kaysers Abschriften von „Mein liebster Jesus ist verloren" BWV 154 (*P 130*) oder „Ärgre dich, o Seele, nicht" BWV 186 (*P 53*).

Förster, Christoph
1754/IV   „*Commiss*: Käyser vor 7. Stück *För[s]teri*sche *Canta*ten" [12 gr.; S. 237][94]

– Verkäufe von handschriftlichen Musikalien

Anonym
1754   „von *Mon*: Böttgern vor eine *Son*: zu schreiben." [3 gr.; S. 166]
1754   „von dem Hr. *Assessor* Herrmann vor Dreßdner *Polonoisen de ao.* 1753 zu schreiben." [12 gr.; S. 167]
1754   „von eben derselben [Fr. Kretschmarin geb: *Leziussin*] vor die *Psalmen Davids* zu schreiben." [Kretschmar: 1 Rthl.; S. 167][95]
1756   „Von *Mons: Lezius* vor *Musicalia* zum Geschenck." [1 Rthl. 8 gr.; S. 171]
1756   „Von dem Herrn *Justiz* Rath *Pæssler* in Hartzgerode, zum Geschenck vor *Musical*." [16 gr.; S. 173]
1756   „Von dem Hr: *Justiz* Rath *Pæss[l]er* in Hartzgerode vor *Musical:*" [16 gr.; S. 173]
1757   „Von dem Hr: *Justiz* Rath *Paessler* in Hartzgerode vor *Musical:*" [3 mal 16 gr.; S. 174]
1759/II   „Von Herr Freÿtagen vor Abschreib: der *Choral* den 15. Mai" [1 Rthl.; S. 180]
1761/II   „Von Herrn *Bausen* für 2 *Choral* Bücher, eins auf die *Violino* u. das andre aufs Clavier nach dem *Lemgaer* Gesang eingerichtet, zu schreiben den 25. April" [3 Rthl.; S. 189]
1761/II   „Von eben derselben [Madem. Danielin] für ein *Choral* Buch zu schreiben den 8. Mai" [1 Rthl.; S. 190]
1761/II   „Von eben derselben [Madem. Danielin] für ein Noten Buch in Franz Band u. vergoldeten Schnitt den 18. Mai." [1 Rthl. 8 gr.; S. 190]
1761/II   „Von dem Fürstl. Cammer *Musico* Herrn Großen, für 2 Flügel *Concerts*" [1 Rthl. 21 gr.; S. 192]
1761/III   „Von Herrn Großen für 2 Flöten *Concerts*" [1 Rthl. 12 gr.; S. 194]
1761/III   „Von Herr *Saurmann* für 5 Stück *Violin*en *Concerts* in *Partitur*, so an Herrn Breitkopf nach *Leipzig* gekommen â 1 Rthl. 8 gr. den 14. Aug." [6 Rthl. 16 gr.; S. 195]
1761/III   „Von Herrn *Lambelet* für die *Psalmen* und Lieder zu schreiben, a 3 ggl. Bogen" [5 Rthl. 12 gr.; S. 197]

---

[94] Die sieben Kantaten von Förster in B-Bc (*770–776 MSM*) wurden weder von Kayser noch von Hartung kopiert.

[95] Hartung bezieht sich hier möglicherweise auf das Exemplar von Daniel Wollebs *Die Psalmen Davids, mit Beybehaltung der üblichen Melodien übersetzt*, Halberstadt 1751, das er 1752 von Coerner für acht Groschen erwarb. Er ließ das Buch für sechs Groschen „in Frantz Band" binden, so daß sich seine Ausgaben insgesamt auf vierzehn Groschen beliefen. Sollte er Frau Kretschmar tatsächlich dieses Exemplar verkauft haben, so belief sich sein Gewinn auf zehn Groschen.

1761/III	„Von der *Madem. Danielin* für etl: *Ari*en ins Buch zu schreiben den 22. *Septembr*." [3 Rthl.; S. 197]
1762/I	„Von *Mons: Schadenhausen* für einen Bogen *Oden* zu schreiben den 1. *Martii*" [3 gr.; S. 204]
1762/I	„Von *Mons: Herrmann Bausen* für 6 Bogen *Not*en zu schreiben" [18 gr.; S. 205]
1762/I	„Von *Mons: Leidenroth* für 6 *Trios* aufs *Clavier* den 20 *Martii*." [2 Rthl.; S. 205]
1762/III	„Von Herrn *Jonas* für die *Psalm*en und Lieder zu schreiben. â 3 ggl: im Bogen. den 27. Aug." [4 Rthl. 3 gr.; S. 79]
1762/III	„Von *Mons. Herrmann Bausen* für 7 Stück *Sinfoni*en den _ Sept: in Sächsischen 1/3 St." [4 Rthl. 3 gr.; S. 80]
1762/IV	„Herr *Wohlers* in *Altona* haben an Musicalien empfang: 4 Bogen Dreßdner Menuets" [16 gr.; S. 80] 2 *Violi*nen *Solos*. 4 Bogen. Herr Hauptmann *Fricke* hat dieses den 2. *Octobr* bezahlt." [16 gr.; S. 80]
1762/IV	„von der ältesten Fräulein von *Oberg* für kleine *Clav: Piecen* zu schreiben den 4. *Octobr*:" [3 Rthl. 12 gr.; S. 81]
1763/I	„Von Herrn Ahldefeld für Abschreibung der Psalmen und Gesänge. 1 Holländ. *Ducat*en nach jetzigen *Cours* den 5. *Januarii*." [5 Rthl.; S. 91]
1763/I	„Von *Mons: Herrmann Bausen* für 4 Bogen *Clav: Piecen* auf einen *Viol*: zu schreiben den 6. *Januarii*." [12 gr.; S. 91]
1763/I	„Von *Mons: Herrmann Bausen* für 3 Bogen *Not*en zu schreiben den 13. *Januarii*" [9 gr.; S. 92]
1763/I	„Von dem Herrn Obrist *Lieutenant* von *Leschwitz* für ein *Fl: Tra: Conc:* â 13 Bog. zu schreiben den 15 *Januarii*" [1 Rthl. 15 gr.; S. 92]
1763/I	„Von dem Herrn Obrist *Lieutenant* von *Leschwitz* für 7 Bogen *Not*en zu schreiben den 22. *Januarii*" [21 gr.; S. 93]
1763/I	„Von dem Kaufmann Herrn Mühlrath aus Halberstadt für die *Psalmen* u. Gesänge zu schreiben den 10. *Febr*." [3 Rthl. 12 gr.; S. 94]
1763/I	„Von der Fräulein von *Oberg* für *Musicali*sche *Pieces* in ein Buch zu schreiben den 17. *Febr*. von Hr. *Lambelet* in ggl. erhalten." [3 Rthl. 12 gr.; S. 95]
1763/III	„[Herr *Wohlers* von *Altona* empfiengen an Musicalien;] 22. *Menuets* aufs *Cl*: 4 Bog." [16 gr.; S. 110]
1763/IV	„Mons: Deüsl. hat an Musical: erhalten: 4 *Sonat*en aufs *Clav:* mit einer *obl: Viol:* 13 Bogen â 3 ggl." [1 Rthl. 15 gr.; S. 114]
1763/IV	„[Mons: Deüsl. hat an Musical: erhalten:] *Oden* mit dem *Text* 8. Bogen." [1 Rthl.; S. 114]
1763/IV	„An den Kauffman Herrn Mühlrath in Halberstadt haben 8 Bogen allerhand *Clav: Piecen* übersendet den 29. *Nov*. desgleichen 4 Bogen von *Polonoisen*, das Geld habe den ____ 176_ erhalten." [keine Angabe; S. 117]
1764/I	„Von *Mons: Herrmann Bausen* für 4 *Clavier Parthi*en mit einer *Viol:* 12 Bogen â 3 ggl: C. Geld den 24. *febr*:" [1 Rthl. 12 gr.; S. 126]
1764/I	„Von dem Mohr u. Paucker *Mons: Pauli* für 2 *Sinfoni*en mit Trompeten u. Paucken 20 ½ Bogen den 8. *Martii*. den 1. *Junii* in einen *Ducat*en erhalten." [5 Rthl.; S. 66]

1764/I	„der *Mademoiselle Ehrhardtin* 2 *Choral* Bücher, als die *Psalm*en und Gesänge, 2 Buch Pappier oder 48 Bogen. den 5 *Jan:* 1765 hat, solche die Madem. *Schmid*ten zurück gegeben." [keine Angabe; S. 127]
1764/II	„Von *Mons: Herrmann Baus*en für 6 Stück *Viol: Duettos* 12 Bogen." [1 Rthl. 8 gr.; S. 128]
1764/III	„Herr *Wohlers* in *Altona* empfiengen an Musical: 6 Bogen Dreßdner *Menuets* â 4 ggl:" [1 Rthl.; S. 139]
1764/III	„[Herr *Wohlers* in *Altona* empfiengen an Musical:] 6 *Sonat*en a *Cemb. obl: con Viol.*, 3. von *Wiedner*, 1 *Tourno*, 1 di *Seyffarth* u. 1. von einem *Anonymo* den 15. *Augl*. 21 Bog." [3 Rthl. 12 gr.; S. 139]
1764/IV	„Von *Mons:* Engelbert *Baus*en für 6 Bogen *Clav: Piecen* zu schreiben den 25. *Octobr:*" [18 gr.; S. 142]
1765/I	„*Mons: Herrmann Baus*en für 6 *Divertim:* aufs *Clav:* mit einer *Viol:* 16. Bogen. den 22. *Jan:*" [1 Rthl.; S. 149]
1765/I	„*Mons: Jonas* hat den __ Jan 1765 an *Musical:* erhalten den übrigen *Rest* von der *Opera Talestri* 12 Bogen. 1 *Concert ex G.# di Schwanenb:* 5 Bogen. 1 *Concert ex D#* von ebendemselben. 5 Bogen. 1 *Concert ex D# di Graun* 6 Bogen. 1 *Concert ex A# di Nichelm:* 5 Bogen. 1 *Concert ex A# di Rolle*. 7 Bogen. 1 *Concert ex E# von Anonymo*. 3 Bogen. 2 *Sonat*en di *Schwanenb:* 2 *Sinfoni*en von ebendemselben. 8 Bogen. 6 *Divertimenti*. 11 Bogen. *Galanterie Piecen*. 4 Bogen. dafür habe von Herrn *Jonas* den 8. *Martii* erhalten." [8 Rthl. 6 gr.; S. 150–151]
1765/I	„Von dem *Advocaten* Herrn *Ress* für *Clavier Sonat*en den 9. *Martii*." [2 Rthl.; S. 153]
1765/II	„Vor die *Madem: Hantelmann* ein *Italiänisch Passions Oratori*um 23 Bogen. den 25 Julii durch Herr *Gross*en erhalten." [2 Rthl. 12 gr.; S. 155]

Binder, Christlieb Siegmund

1762/IV	„[Herr *Wohlers* in *Altona* haben an Musicalien empfang:] 6 *Sonat*en *di Binder*. 18 Bogen â 4 ggl." [3 Rthl.; S. 80][96]

Esser, Michael Ritter von

1764/II	„*Mons: Herrm. Bause* 6 Stück *Violin*en *Solos di Esser*. 6 Bogen." [keine Angabe; S. 131][97]

Fehre, Christoph Ludwig

1761/I	„Von *Mons: Bossen* vor Abschreibung der *Fehri*nschen *Passion* den 18. *Martii*" [4 Rthl.; S. 188][98]

---

[96] Wahrscheinlich eine Abschrift von Binders *Sei suonate per il cembalo* […] *opera I*, Dresden 1758 (RISM A/I: B 2700).

[97] Sechs Sonaten von Esser sind unter der Signatur *Kraus 182* in der Handschriftenabteilung der Universitätsbibliothek Lund überliefert.

[98] Vgl. Fußnote 92. D-B, *Mus. ms. 6100* bildete vermutlich die Vorlage für die hier genannte Abschrift.

Förster, Christoph

1764/II „Von dem *Præfecto* des *Martini* Chors Herrn *Georgi* für den *Foersteri*schen Jahrgang, behandelt in 2 *Louis d'or* und versprochen in 2 *Termin*en zu bezahlen. den 22. *May*. diese 2 *Louis d'or* hat Herr *Georgi* in 10 *Rthlr*. *Conventions*-Müntze den 18. *Decembr*: 1764 an mich richtig abgetragen." [10 Rthl.; S. 132]

Graun, Carl Heinrich

1762/IV „[Herr *Wohlers* in *Altona* haben an Musicalien empfang:] 1 *Sinfonia del Opera Lucio Pap: di Graun*. 7 Bogen." [1 Rthl. 4 gr.; S. 80][99]

1764/I „Von *Mons: Jonas* für die *Opera Adriano* von *Graun* aufs *Clav*: 30 Bogen â 3 ggl. in C. Geld den 20. *Febr*: an statt des Geldes habe einen Schlafrock von baumwollen Zeuge, u. 1. Schüßel voll Butter erhalten." [3 Rthl. 18 gr.; S. 125][100]

1764/II „Von *Mons: Jonas* für die *Opera Cleopatra* di Graun aufs *Clavier* zu schreiben den 29. *May* das Geld habe erhalten den 8. *Junii*." [6 Rthl.; S. 133][101]

1764/IV „Von der *Madem: Jonas* für die *Opera Rodelinda* von *Graun* 28 Bogen." [3 Rthl. 12 gr.; S. 145][102]

1765/I „Von *Mons:* Bernhard Ahldefeld für die *Opera Coriolano* von *Graun*. 28. Bog. einen doppelten *Ducat* habe den 28. *Jan*: 1765 erhalten." [5 Rthl. 12 gr.; S. 146][103]

1765/I „*Mons: Jonas* hat den __ Jan 1765 an *Musical:* erhalten [vollständige Aufstellung siehe oben unter Anonym] 1 *Concert ex D# di Graun* 6 Bogen.[104]

Hasse, Johann Adolph

1762/IV „[Herr *Wohlers* in *Altona* haben an Musicalien empfang:] 4 Stück *Sinfoni*en, als 1 *Sinfonia del Opera Solimann di Hasse*. 5 Bogen." [20 gr.; S. 80][105]

1764/III „Von Mons: *Jonas* für die *Opera Leucippo di Hasse* 24 Bogen 8 bis 10 u. *Coffèe* Bohnen, 1 ½ u. Knaster, u. 2 *Paquet* Toback." [S. 138][106]

---

[99] *Lucio Papirio* (Libretto: A. Zeno) wurde am 28. Dezember 1744 uraufgeführt.

[100] *Adriano in Siria* (Libretto: Metastasio) wurde am 7. Januar 1746 uraufgeführt.

[101] *Cleopatra e Cesare* (Libretto: Bottarelli nach P. Corneille) wurde am 2. Dezember 1742 uraufgeführt.

[102] *Rodelinda, regina de'Langobardi* (Libretto: Bottarelli nach N. Haym) wurde am 6. Januar 1742 uraufgeführt.

[103] *Coriolano* (Libretto: Vallati und F. Algarotti, nach Friedrich II. von Preußen) wurde am 19. Dezember 1749 uraufgeführt.

[104] Das Konzert in D-Dur von Graun, auf das Hartung sich hier bezieht, könnte gleichermaßen von Johann Gottlieb Graun wie von Carl Heinrich Graun stammen.

[105] *Solimano* (Libretto: Migliavacca) wurde am 5. Februar 1753 in Dresden uraufgeführt.

[106] *Leucippo* (Libretto: Pasquini) wurde am 7. Oktober 1747 in Hubertusburg bei Dresden uraufgeführt.

1764/III   „Von dem Kaufmann Herrn *Deüss* in Bremen vor die *Opera Demofonte di Hasse* den 12 *Augl*." [5 Rthl.; S. 139][107]

Müller, Johann Michael
1763/III   „Herr *Wohlers* von *Altona* empfiengen an *Musicali*en 6. *Sonat*en aufs *Clav: di Mons: Müller*, 13 Bogen â 4 ggl. in *Louisdor*" [2 Rthl. 4 gr.; S. 110][108]

Nichelmann, Christoph
1765/I   „*Mons: Jonas* hat den __ *Jan* 1765 an *Musical:* erhalten [vollständige Aufstellung siehe oben unter Anonym] 1 *Concert ex A# di Nichelm:* 5 Bogen.

Piccinni, Niccolò
1764/I   „Herr *Steinfels* von *Hamburg* empfieng an *Musical* 3. *Opern Sinfoni*en als *Ezio*, *Adriano*, u. *Solimann* von Schwanenberg. 21 Bogen â 4 ggl. in *Louis d'or*. 3 Rthl. 12 ggl. *Sinfonia Oper Bona Fig. di Piccin:* 6 Bogen. 1 Rthl. *Balli di Seyffarth*. 9 Bogen. 1 Rthl. 12 gr." [11 Rthl. 6 gr.; S. 124][109]

Richter, Franz Xaver
1765/I   „Vor den Mohr *Pauli* 4 *Richteri*sche *Trios* 12 Bogen â 3 ggl." [1 Rthl. 12 gr.; S. 154][110]

Riedt, Friedrich Wilhelm
1761/III   „Vor Herrn Großen für einen *Fl: Trav: Conc:* von *Riedt*" [21 gr.; S. 193][111]

Röllig, Johann Georg
1762/IV   „[Herr *Wohlers* in *Altona* haben an Musicalien empfang:] 1 *Sinfonia Caccia di Röllig* 6 Bog." [1 Rthl.; S. 80]

---

[107] *Demofoonte* (Libretto: Metastasio) wurde am 9. Februar 1748 in Dresden uraufgeführt.

[108] Hartung bezieht sich hier wahrscheinlich auf zwei Sammlungen von je drei Partiten, die Müller unter dem Titel *Des Musicalischen Frauenzimmers Musicalisches Divertissement, bestehend aus [noch] III leichten vor das Clavier gesetzten Partien*, Nürnberg [1739] und [1745] (RISM A/I: M 7905 und M 7906) veröffentlichte.

[109] *La buona figliuola* (Libretto: C. Goldoni) wurde am 6. Februar 1760 in Rom uraufgeführt.

[110] Das erste Supplement (1766) zu J. G. I. Breitkopfs Thematischem Katalog enthält „VI. Trii del Sigr. RICHTER, a 2 Flauti e Basso." Siehe B. S. Brook, *The Breitkopf Thematic Catalogue. The Six Parts and Sixteen Supplements. 1762–1787*, New York 1966, S. 242.

[111] Hartung bezog sich wahrscheinlich auf eines der folgenden Werke von F. W. Riedt: *Sonata a traverso I. o violino II. con basso*, Leipzig 1758 (RISM A/I: R 1385) oder *Sonata a traverso solo col basso per violoncello e cembalo*, Leipzig 1758 (RISM A/I: R 1386).

1763/III „[Herr *Wohlers* von *Altona* empfiengen an *Musicali*en] 7 *Partien* aufs *Clav:* mit *Viol: obl: di Röllig*, 18 Bogen" [3 Rthl.; S. 110]

Rolle, Christian Ernst
1764/III „[Herr *Wohlers* von *Altona* empfiengen an *Musicali*en] 6 *Sonat*en *di Rolle*, 15 Bogen." [2 Rthl. 12 gr.; S. 139]
1765/I „*Mons: Jonas* hat den __ *Jan* 1765 an *Musical:* erhalten [vollständige Aufstellung siehe oben unter Anonym] 1 *Concert ex A# di Rolle*. 7 Bogen.[112]
1765/I „Von Hr: Ahldefelden für 2 *Rolli*schen Kirchen *Cantat*en 12 Bogen, welche er nach *Zelle* in *Commission* gehabt – den 3. *Martii*." [3 Rthl.; S. 152]

Schmid, [Balthasar?]
1762/IV „[Herr *Wohlers* in *Altona* haben an Musicalien empfang:] 1 *Sinfonia di Schmid*. 4 Bogen" [16 gr.; S. 80]

Schwanberg, Johann Gottfried
1763/III „Monsieur *Deüss* beÿ Herr *Peter Bausen* hat an Musicalien erhalten, als 1. *Sinfonia del Opera Adriano di Schwanenberg*. 7 Bogen." [21 gr.; S. 105][113]
„1 *Clavier Sonata di Schwan:* von 2 Bogen. â 3 gl. [6 gr.] ... vors Pappier dazu [6 gr.]" [12 gr.; S. 80]
1763/III „Herr *Wohlers* von *Altona* empfiengen an *Musicali*en [...] 4 *Sonat*en aufs *Clav: di Schwanenberg*, 8 Bogen." [1 Rthl. 8 gr.; S. 110]
„1 *Trio* aufs *Clav:* mit *obl: Viol: di Schwanenb:* 3 Bogen." [12 gr.; S. 110]
Sinfonia nel Opera Solimann di Schwanenb. 7 Bogen." [1 Rthl. 4 gr.; S. 110][114]
1764 „An Ihro durchl. dem Erb-Printz von Anhalt Bernburg habe 6 Stück *Schwanenberg*ische *Sinfoni*en übersendet" [keine Angabe; S. 119]
1764/I „Herr *Steinfels* von *Hamburg* empfieng an *Musical* 3. *Opern Sinfoni*en als *Ezio*, *Adriano*, u. *Solimann* von Schwanenberg. 21 Bogen â 4 ggl. in *Louis d'or*. 3 Rthl. 12 ggl. [vollständige Aufstellung siehe oben unter Piccini][115]
1764/I „Herr *Hartog* in *Altona* empfieng an *Musical:* 3 *Oper Sinfoni*en, als *Adriano*, *Ezio* u. *Solimann* von *Schwanenberg*, aufs *Clavier* 6 ½ Bogen â ggl. im Golde." [1 Rthl. 2 gr.; S. 125]
4 *Sonat*en aufs *Clavier di Schwanberg*, 8 Bogen." [1 Rthl. 8 gr.; S. 125]

---

[112] Das hier genannte Konzert in A-Dur von C. E. Rolle ist wahrscheinlich identisch mit der in D-B, *Mus. ms.* 30382, fol. 100r–101v, enthaltenen Komposition.
[113] *Adriano in Siria* (Libretto: Metastasio) wurde im August 1762 in Braunschweig uraufgeführt.
[114] *Solimano* (Libretto: G. A. Migliavacca) wurde am 4. November 1762 uraufgeführt.
[115] *Ezio* (Libretto: Metastasio) wurde 1763 uraufgeführt.

1764/III "Von *Mons: Jonas* für die *Opera Talestri di Schwanenberg*, 18 Bogen." [3 Rthl.; S. 139][116]

1765/I "*Mons: Jonas* hat den __ Jan 1765 an *Musical*: erhalten den übrigen *Rest* von der *Opera Talestri* 12 Bogen. 1 *Concert ex G.#* di *Schwanenb:* 5 Bogen. 1 *Concert ex D#* von ebendemselben. 5 Bogen. [...] 2 *Sonate*n di *Schwanenb:* 2 *Sinfoni*en von ebendemselben. 8 Bogen [vollständige Aufstellung siehe oben unter Anonym]."

Seyfert, Johann Gottfried

1764/I "Herr *Steinfels* von *Hamburg* empfieng an *Musical* [...] *Balli di Seyffarth*. 9 Bogen. 1 Rthl. 12 gr." [vollständige Aufstellung siehe oben unter Piccini]

1764/III "[Herr *Wohlers* von *Altona* empfiengen an *Musicali*en ...] 1 [*Sonat*e a *Cemb. obl: con Viol.*] di *Seyffarth* [vollständige Aufstellung siehe oben unter Anonym]

Tourno, ?

1764/III "[Herr *Wohlers* von *Altona* empfiengen an *Musicali*en ...] 1 [*Sonat*e a *Cemb. obl: con Viol.*] *Tourno* [vollständige Aufstellung siehe oben unter Anonym]

Wiedner, Johann Carl

1764/III "[Herr *Wohlers* von *Altona* empfiengen an *Musicali*en] 6 *Sonat*en a *Cemb. obl: con Viol.*, 3. von *Wiedner* [vollständige Aufstellung siehe oben unter Anonym][117]

– Erhaltene Musikhandschriften

Einige Handschriften Hartungs sind in der Staatsbibliothek zu Berlin überliefert. Die Sammelhandschrift *Mus. ms. 30382* enthält mehrere Werke, die Hartung signiert hat, gewöhnlich mit dem Zusatz „manu propria". Obwohl seine Schrift sich im Laufe seines Lebens wesentlich veränderte, besteht kein Zweifel, daß alle von Hartung signierten Faszikel von derselben Hand stammen. Allerdings ist keine der Handschriften datiert; eine chronologische Einordnung ist daher nicht möglich. Die Kopie eines Händel zugeschriebenen „Præludium" zählt offenbar zu den frühesten erhaltenen Arbeiten, da sie von J. C. Schmidt begonnen und von Hartung zu einer Zeit vollendet wurde, als dieser sich bemühte, die Merkmale von Schmidts Handschrift nachzuahmen. Die Abschriften von Linigkes Klavierwerken und Hasses *Asteria* tragen beide den Vermerk „Coethen", woraus zu schließen ist, daß sie vor 1760 kopiert

---

[116] *Talestri regina delle amazoni* wurde 1764 uraufgeführt.
[117] Teil IV (1763) von Breitkopfs Thematischem Katalog enthält „III. Sonata del Sigr. WIEDNER, a Cl. obl. c. V." Siehe Brook (wie Fußnote 110), S. 129.

wurden.[118] Wahrscheinlich wurde das Solokonzert von C. E. Rolle ebenfalls in dieser Zeit kopiert, da Rolle von 1714 bis 1728 ebenfalls in Köthen lebte.[119] Ob die übrigen Handschriften aus Hartungs Feder früher oder später angefertigt wurden, läßt sich nicht mit Sicherheit bestimmen.

Das Konvolut *Mus. ms. 30382* enthält eine große Zahl von Abschriften anderer Schreiber, darunter zwei Kompositionen von Conrad Friedrich Hurlebusch kopiert von Christian Gottlob Meißner.[120] Was die Meißner-Kopien und die übrigen Abschriften – die von mehreren, bisher noch nicht identifizierten Schreibern angefertigt wurden – mit C. A. Hartung zu tun haben, ist nicht bekannt. Es ist wahrscheinlich, daß das gesamte Konvolut sich in Hartungs Besitz befand. Vielleicht hatte er die Werke Hurlebuschs von B. C. Kayser erworben, der Meißner wahrscheinlich in den 1720er Jahren in Leipzig gekannt hatte. Möglich ist aber auch, daß Hartung seine eigenen Abschriften jemand anderem verkaufte, vielleicht einem der anonymen Schreiber. Schließlich sei noch darauf hingewiesen, daß *P 222* Handschriften von J. C. Schmidt (adnex 1 und 4), C. A. Hartung (adnex 5) und einem der Schreiber von *Mus. ms. 30382* (adnex 6) enthält.[121] Welche Art von Beziehung zwischen Schmidt, Hartung und den anderen Schreibern bestand, bleibt ungeklärt.

Anonym
Mus. ms. 30382, fol. 102 r–104 r   „Adagio" und „Allegro" in Es-Dur[122]

Brunckhorst, Arnold Melchior
Mus. ms. 30382, fol. 86 r–87 v   „Sonata ex A # di Mons: Brunckhorst."; signiert „C. A. Hartung."

Jaenichen, Johann Gotthilf
Mus. ms. 30382, fol. 1 r–7 v   „Concerto di Mons: Jænichen." in F-Dur[123]

---

[118] Auch der Umstand, daß Linigke in Köthen lebte, unterstützt diese Annahme.

[119] Siehe H.-J. Schulze, *Johann Sebastian Bach und Köthen – Wege und Irrwege der Forschung*", in: Cöthener Bach-Hefte 12 (2004), S. 9–27, speziell S. 21.

[120] Schulze Bach-Überlieferung, S. 107.

[121] Die Handschrift *P 222* enthält auch von F. C. S. Mohrheim (adnex 2) und J. N. Forkel (adnex 3) kopierte Werke.

[122] Dieses zweisätzige Konzert ohne Begleitung steht zwischen ähnlichen Werken von Rolle und Tegetmeyer. Es ist daher anzunehmen, daß einer der beiden auch dieses Stück komponierte.

[123] S. Henze-Döhring liefert einige biographische Daten zu Jaenichen in ihrer Schrift *Markgräfin Wilhelmine und die Bayreuther Hofmusik*, Bamberg 2009, S. 42–52, erwähnt allerdings nicht die Quelle D-B, *Mus. ms. 30382*. Die Komposition könnte auch von Heinichen stammen; siehe Schulze Bach-Überlieferung, S. 80, Fußnote 296. Es handelt sich um dasselbe Stück, das ein Schreiber in der Sammlung Mempell-Preller kopiert hat (dort ist es Händel zugeschrieben). Siehe auch G. Haußwald, *Johann David Heinichens Instrumentalwerke*, Wolfenbüttel und Berlin, 1937,

Händel, Georg Friedrich

Mus. ms. 30382, fol. 48 v–50 r	„Præludium: Comp. Hendel: Cap[ellmeister]: Han[nover]" in C-Dur; Handschrift begonnen von J. C. Schmidt und fortgeführt von C. A. Hartung[124]
ebenda, fol. 96 r–97 r	„Præludium ex B. di Mons: Hendel." (HWV 434); signiert „C. A. Hart."
P 222 adn. 5	„Sonata Clavicembalo." in g-Moll (HWV 391)[125]

Hasse, Johann Adolf

Mus. ms. 9546	„OPERA IRENE von Joh. Adolf Hasse 1738"[126]; signiert „C. A. Hartung.	Coethen."

Linigke, Christian Bernhard

Mus. ms. 30382, fol. 51 r–54 r	„Pieces pour le Clavecin Solo di C. B. Linicke" [„Aria presto", „Menuet", „Polonoise" in a-Moll; „Burlesque", „Men: alter: 5.", „Menuet", „Burlesque", „Menuet" in C-Dur]; signiert „C. A. Hartung.	Coethen."

Rolle, Christian Ernst

Mus. ms. 30382, fol. 100 r–101 v]	„Concerto ClaviCembalo di C. E. Rolle" in a-Moll[127]

S. 165–166, wo es unter der Rubrik „V. Werke, deren Echtheit zweifelhaft" eingeordnet ist (Nr. V/5). In D-DS, *Mus. ms. 4372* ist das Werk als „Sonata per il Cembalo del Signore Heinichen. Chr. Graupner 1739" überliefert. Breitkopfs Katalog von 1763 nennt ein (anderes) Konzert und eine Sonate von „Jenichen" (siehe Brook, wie Fußnote 110, S. 125 und 134; beide Komponisten sind dort eindeutig unterschieden).

[124] Hartung setzte die Arbeit im letzten Takt des vierten Systems auf fol. 49 r (Takt 29) fort. Die Zuverlässigkeit der Zuschreibung an Händel kann nicht verifiziert werden.

[125] Eine eingehende Beschreibung der Handschrift findet sich in NBA V/3 Krit. Bericht (G. v. Dadelsen, K. Hofmann, 2007), S. 29–30.

[126] Hartung hielt diese Oper offensichtlich für Hasses *Irene* (1738); es handelt sich jedoch eindeutig um *Asteria* (1737). Siehe R. D. Schmidt-Hensel, *„La musica è del Signor Hasse detto il Sassone …". Johann Adolf Hasses „Opere serie" der Jahre 1730 bis 1745. Quellen, Fassungen, Aufführungen*, Göttingen 2009 (Abhandlungen zur Musikgeschichte. 19.), Bd. 2, S. 499.

[127] Die Lexika von Walther und Gerber enthalten Hinweise auf Rolles Konzerte für ein unbegleitetes Tasteninstrument, die anscheinend im Druck erschienen sind und Bachs Italienisches Konzert (BWV 971) angeregt oder beeinflußt haben könnten. Siehe Schulze, *Johann Sebastian Bach und Köthen* (wie Fußnote 119), speziell S. 22.

Telemann, Georg Philipp

Mus. ms. 30382, fol. 55 r–56 r	„Fantasia ex G. h."[128]; signiert „C. A. Hartung."
ebenda, fol. 59 r–60 r	„Fantasia ex F. b. Tempo di Menuetto di Telemann" (TWV 33:6); signiert „C. A. Hartung."
ebenda, fol. 61 r–62 v	„Fantasia ex E. b. di Mons: Telemann." (TWV 33:4)[129] [signiert „C. A. Hartung."]

Tegetmeyer, Georg

Mus. ms. 30382, fol. 57 r–58 r]	„Canzonette di G. Tegetmeÿer:" in G-Dur; signiert „Carl August Hartung."
ebenda, fol. 104 v–107 r	„Concerto di Mons. Tegetmeÿer" in G-Dur

Ziegler, [Johann Gotthilf?][130]

Mus. ms. 30382, fol. 67 r–82 r	„Suites di Mons. Ziegeler" in B-Dur, g-Moll, G-Dur (unvollständig), D-Dur, Es-Dur, A-Dur

Übersetzung: *Stephanie Wollny*

---

[128] Die „Fantasia" in G-Dur ist Telemann wahrscheinlich irrtümlich zugeschrieben.

[129] Die Fantasien in e-Moll und f-Moll erscheinen als Nr. 4 und 6 in G. P. Telemann, *Fantaisies pour le clavessin, 3 douzaines* (Hamburg 1732–1733).

[130] Seit Walter Serauky die Werke näher beschrieben hat, ist häufig angenommen worden, daß ihr Komponist tatsächlich Bachs Schüler Johann Gotthilf Ziegler ist; für diese Annahme gibt es aber keinerlei schlüssigen Beweise. Siehe W. Serauky, *Musikgeschichte der Stadt Halle. Musikbeilagen und Abhandlungen zum Zweiten Band, Erster Halbband*, Halle 1940, S. 87–90. Die Werke werden erstmals erwähnt bei W. Wolffheim, *Geschichte der Hofmusik in Celle*, in: Festschrift zum 90. Geburtstage von Rochus Freiherr von Liliencron, Leipzig 1910, S. 421–439, speziell S. 433.

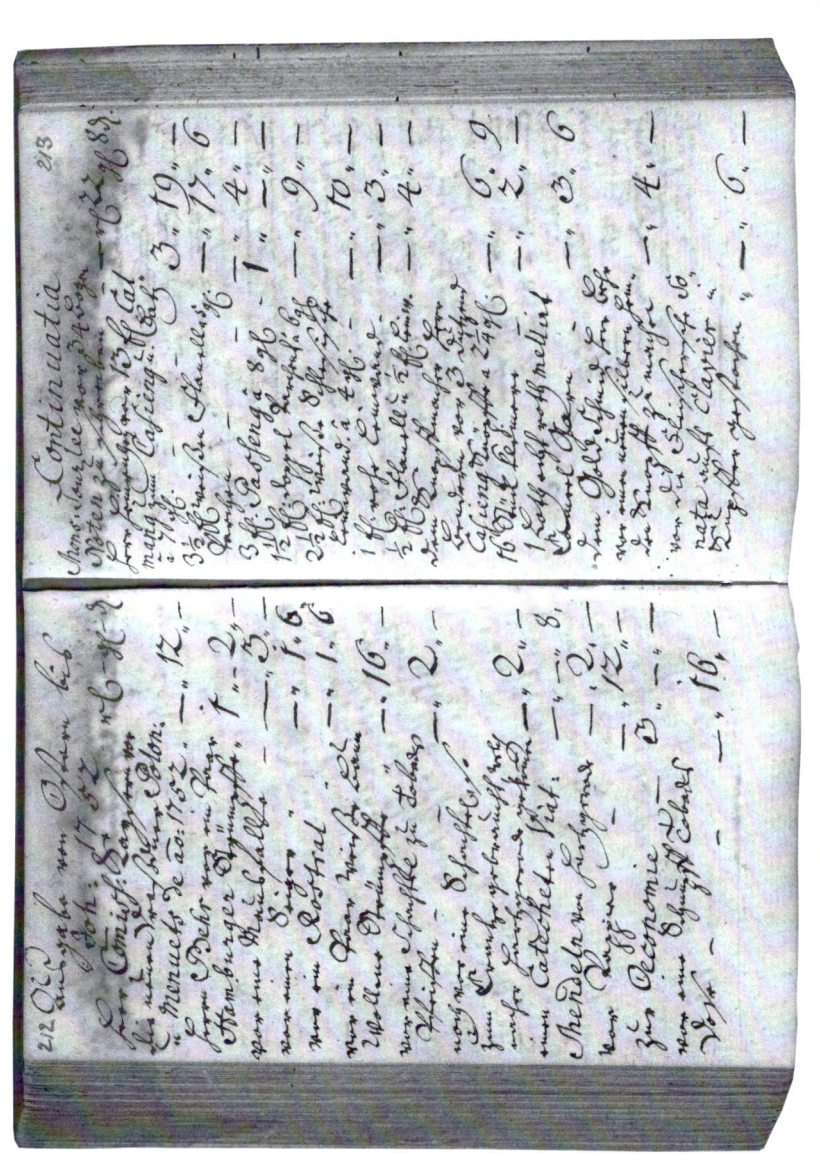

Abb. 1. C. A. Hartung, „Kleine Wirthschafft *Rechnung* über Einnahme und Ausgabe angefangen Cöthen den 2. *Januarii* 1752". Stadtarchiv Braunschweig, Stadtarchiv Braunschweig. *H III 3*: 99. S. 212–213.

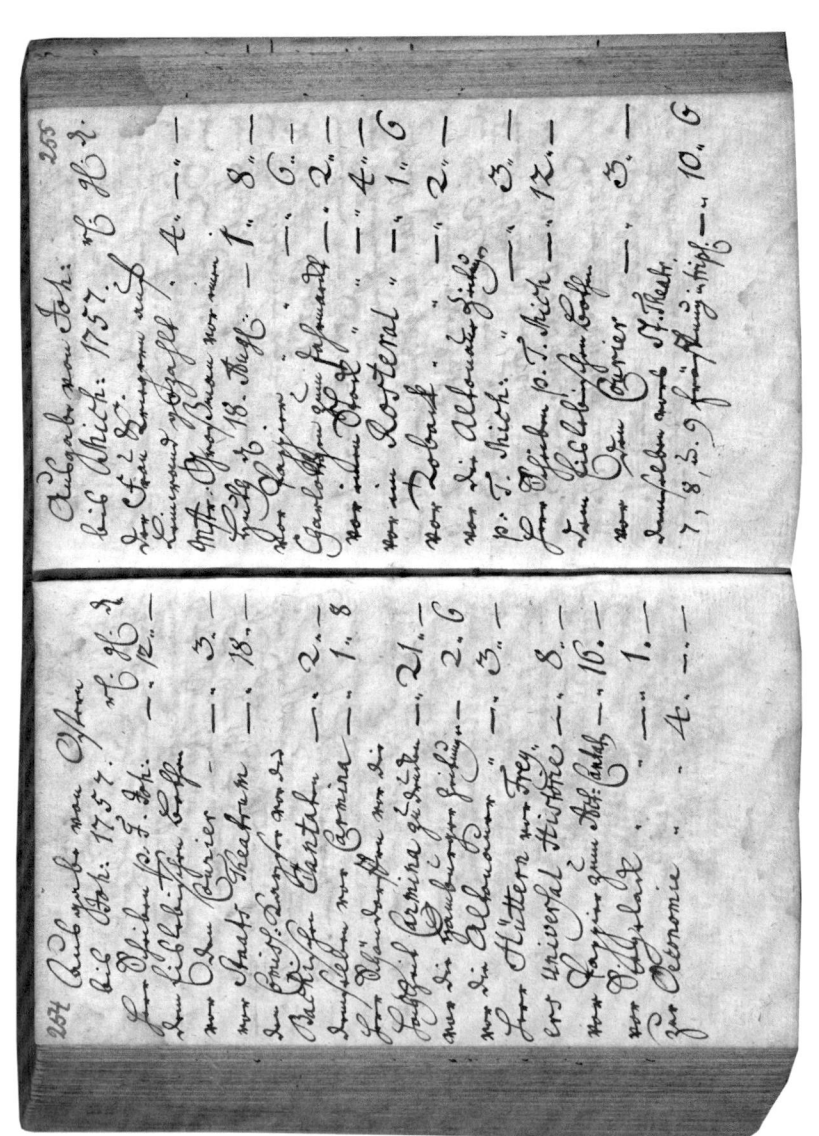

Abb. 2. C. A. Hartung, "Kleine Wirthschafft Rechnung, S. 254–255.

Carl August Hartung als Kopist und Sammler Bachscher Werke

Von Peter Wollny (Leipzig)

Jean-Claude Zehnder als Gruß zum 70. Geburtstag

Die von Andrew Talle aufgespürte und im vorangehenden Beitrag detailliert erläuterte „Kleine Wirthschafft *Rechnung*" des zunächst in Köthen, dann in Braunschweig wirkenden Organisten Carl August Hartung (1723–1800) ist eine kennenswerte Quelle zur Biographie eines Musikers, dessen Leben und Wirken nur wenige greifbare Spuren hinterlassen zu haben scheinen.[1] Über die Fülle an personenkundlichen Daten hinaus liefert das Rechnungsbuch ein exemplarisches sozialgeschichtliches Porträt des städtischen Musikers im mittleren 18. Jahrhundert und gewährt zudem unvermutet und gleichsam zwischen den Zeilen seltene Einblicke in das Privatleben und die alltägliche Realität des typischen „kleinen Mannes" im friderizianischen Zeitalter.[2] Nicht weniger aufschlußreich sind Hartungs Aufzeichnungen für die Erweiterung unserer Kenntnisse über den zeitgenössischen Musikalienhandel, an dem er als Sammler wie auch als Geschäftsmann partizipierte. Der Vertrieb von vorzugsweise handgeschriebenen Noten stellte in jener Zeit für Organisten in weniger einträglichen Stellen offenbar eine lukrative Nebenbeschäftigung dar – ein Phänomen, dessen Ausmaß und Bedeutung bislang allenfalls zu erahnen ist.[3] Speziell für die Bach-Forschung ist die „Kleine Wirthschafft *Rechnung*" schließlich wegen der hier dokumentierten Kontakte zu Köthener Musikern von Interesse, allen voran zu dem Bach-Schüler und Hoforganisten Bernhard Christian Kayser.

---

[1] Dieser Beitrag hätte ohne den Quellenfund von Andrew Talle nicht geschrieben werden können. Meine im Laufe der Jahre zusammengetragenen schriftkundlichen Kollektaneen führten lediglich zu einigen abstrakten Schreiberkonkordanzen; die – im folgenden zu schildernden – Beziehungen Hartungs zu Wilhelm Friedemann Bach und anderen Protagonisten der Bach-Überlieferung ergaben sich aber erst aus dem neu gewonnenen biographischen Kontext. Ich bin A. Talle, der mir das Rechnungsbuch gezeigt und seine Erkenntnisse ausgiebig mit mir diskutiert hat, für seine freundschaftliche Kollegialität zu Dank verpflichtet.

[2] Eine in mancherlei Hinsicht vergleichbare Quelle ist das 2001 aufgefundene Nachlaßverzeichnis des Ronneburger Kantors Johann Wilhelm Koch; siehe M. Maul und P. Wollny, *Quellenkundliches zu Bach-Aufführungen in Köthen, Ronneburg und Leipzig zwischen 1720 und 1760*, BJ 2001, S. 97–142, speziell S. 100–110.

[3] In diesen Zusammenhang gehören auch die bislang noch kaum erforschten Leihbibliotheken von Johann Wilhelm Häßler und Georg Heinrich Kluge in Erfurt; vgl. BJ 1993, S. 236 f. (C. Wolff).

Doch die Bedeutung der Quelle erschöpft sich indes nicht in den auf insgesamt 358 Seiten notierten Fakten. Die mit dem Rechnungsbuch vorliegende umfangreiche Dokumentation von Hartungs Handschrift erlaubt uns, ihn als Schreiber wichtiger Bach-Quellen der zweiten Hälfte des 18. Jahrhunderts zu identifizieren. Die bisher erkannten Zusammenhänge sollen im folgenden in knapper Form dargestellt werden.

1. Zwei Kataloge

Mit Hilfe des Rechnungsbuchs läßt sich Hartung zunächst als Schreiber von zwei bislang nur wenig beachteten thematischen Verzeichnissen mit Johann Sebastian Bach – rechtmäßig oder irrtümlich – zugeschriebenen Werken identifizieren.

Der erste Katalog (D-B, *Mus. ms. theor. 1215, adn. 1*), ein kleinformatiges Heft mit 10 Blättern, ist betitelt „Verzeichniß | von | *Clavier Piecen* | des seel. | Herrn *Joh: Seb: Bachs*." und nennt, durchgezählt von 1–84 und jeweils mit Incipits im Klaviersatz ausgestattet, die folgenden Kompositionen (siehe auch Abbildungen 1–2):

Nr.	Titel (laut Verzeichnis)	Werk
1–48	Das wohl temperirte *Clavier*	BWV 846–869 (nur Erster Teil, Präludien und Fugen einzeln gezählt)
49	Eine *Aria* mit 30 *Variation*en für 2 *Claviere*	BWV 988
50	Die Kunst der *Fuge* bestehend aus 20 *Fugen* u. etl: *Canons*	BWV 1080
51–56	*VI Suiten, Allem: Cour, Sarab:* u. derglei.	BWV 825–830 (Incipits jeweils von Satz 1 mit dem Titel „Partita")
57–62	*VI Sonat*en mit 2 *Claviers* u. *Pedal*	BWV 525–530
63	*Suite*	BWV 819
64	*Suite*	BWV 813
65	*Fuga*	BWV 575
66	*Suite* mit 2 *Fugen*	BWV 566 (Fassung in E-Dur)
67	*Fuga*	BWV 951
68	*Fuga*	BWV 886/2
69	*Concerto*	BWV 971

70	*Suite* mit einer *Fuga Cour, Gav, Passep:* u. dergl.	BWV 831
71	*Clavier Übung* bestehend in verschiedenen Vorspielen über die *Catechismus* u. andere Gesänge vor die Orgel in *Fug*en dritter Theil	BWV 552/1 (Incipit)[4]
72–75	*Duetto* [1–4]	BWV 802–805
76	*Fuga, a 5 con Pedal pro Organo pleno*	BWV 552/2
77	*Fantasia chromatica* mit einer *Fuga*	BWV 903
78	*Suite*[5]	BWV 808
79	*Suite*	BWV 809
80	*Suite*	BWV 810
81	*Suite*	BWV 806
82	*Suite*	BWV 807
83	*Fuga*	BWV 944/2
84	*Concerto a Cembalo obligato con Fl: Trav:, 2 Violini, Viola et Basso*	BWV 1050

Der zweite Katalog umfaßt nur ein – einstmals mehrfach gefaltetes – Blatt im Folioformat (D-B, *Mus. ms. autogr. theor. Forkel 5*).[6] Es trägt keinen Titel, ist im übrigen aber ähnlich angelegt wie Katalog 1 und nennt folgende Werke (siehe auch Abbildung 3):

Nr.	Titel (laut Verzeichnis)	Werk
1	*Trio a 2 Clav: et Ped:*	BWV 583
2	*Partie*	E-Dur; BWV deest
3	*Præl:* nebst *Fuga*	BWV 536
4	*Aria* Ich begehr nicht mehr zu leben *con 12 Variat.*	B-Dur; BWV deest

[4] Vermutlich bezieht sich der Titel auf die Nummern 71–76. Die Choralbearbeitungen aus dem Dritten Teil der Clavier-Übung (BWV 669–689) sind allerdings weder einzeln gezählt, noch mit Incipits verzeichnet.

[5] Incipit fehlerhaft. Der Zusammenhang mit den nachfolgenden Suiten macht aber deutlich, daß nur BWV 808 gemeint sein kann.

[6] Erwähnt in NBA IV/5–6 Krit. Bericht (D. Kilian, 1978), S. 232 (hier bereits der später nicht wieder aufgegriffene Hinweis auf Anon. J. S. Bach XXX), ferner in NBA V/7 Krit. Bericht (A. Dürr, 1981), S. 194 (Beitrag von M. Helms) und bei K. Beißwenger, *Johann Sebastian Bachs Notenbibliothek*, Kassel 1992 (Catalogus Musicus. 13.), S. 343.

Nr.	Titel (laut Verzeichnis)	Werk
5	*Ciacona*	BWV Anh. 83
6	*Ciacona*	BWV Anh. 84
7	*Ciacona*	BWV Anh. 82
8	*Præl:*	BWV 921
9	*Concerto*	BWV 973
10	*Conc:*	BWV 592a
11	*Conc.*	BWV 984
12	*Conc:*	BWV 983
[13]	*Inventio* von *Bach*, welcher zu des *Bonporti Inv:* das *Accomp:* ausgefertiget.	Generalbaßaussetzung zu Nr. 14
[14]	*Inventio* von *Bonporti*	Nr. 1 aus F. A. Bonporti, *Inventioni da camera a violino solo*, op. 10, Bologna 1712

Bei beiden Verzeichnissen handelt es sich augenscheinlich um Verkaufsangebote, mit denen Hartung potentielle Kunden über sein Sortiment informieren wollte. Der Empfänger des zweiten Katalogs war offenbar Johann Nikolaus Forkel, der tatsächlich auch einige Stücke daraus erwarb. Die Provenienz des ersten Katalogs ist unklar; er kam in die Staatsbibliothek zu Berlin als Teil der Sammlung Poelchau, doch es wäre gut denkbar, daß er – wie auch andere Faszikel des Konvoluts *Mus. ms. theor. 1215* – ebenfalls aus der Sammlung Forkel stammt. Die Anlage mit Incipit und gelegentlich knappen Angaben zum Werk erinnert an ähnliche Verkaufsangebote von Christian Friedrich Gottlieb Schwencke und Carl Christian Kegel.[7]

Während das erste Verzeichnis fast nur Hauptwerke Bachs enthält (Wohltemperiertes Klavier I, Clavier-Übung I–IV, Kunst der Fuge usw.), ist dem zweiten eindeutig ein gewisser Supplementcharakter eigen. Das Repertoire ist offenbar insgesamt älter und durchsetzt mit zweifelhaften beziehungsweise nachweislich unterschobenen Werken, die Bachs Œuvre bis heute belasten. Bei den vier Konzerttranskriptionen sowie Präludium und Fuge BWV 536 und dem Präludium BWV 921 handelt es sich um Kompositionen aus Bachs Weimarer Zeit. Sollte es sich bei den in Katalog 2 verzeichneten Handschriften um einen einheitlichen und in sich geschlossenen Bestand gehandelt haben, so

---

[7] Vgl. H.-J. Schulze, *Bach-Überlieferung in Hamburg: Der Quellenbesitz von Christian Friedrich Gottlieb Schwencke (1767–1822)*, BJ 1993, S. 69–79, sowie NBA IV/5–6 Krit. Bericht, S. 214–217.

wäre die frühe Datierung vielleicht entsprechend auf das Trio BWV 583 und die Generalbaßaussetzung der Bonporti-Invention auszudehnen.

Speziell im Blick auf die Incerta-Problematik bietet Katalog 2 einige aufschlußreiche Hinweise:

– Die Abfolge der drei Ciaconen BWV Anh. 82–84 und des Harpeggiando-Präludiums BWV 921 weist auf das Berliner Konvolut *P 222*,[8] das drei der vier Werke in Abschriften von der Hand des Harzgeroder Organisten Johann Christoph Schmidt (1691–1765) enthält. Wie Andrew Talle nachweist, war Schmidt der Onkel und vermutlich erste Lehrer Hartungs; seine Musiksammlung wird uns noch beschäftigen. Es ist jedenfalls wahrscheinlich, daß die drei genannten Faszikel in P 222 nach 1765 (Schmidts Tod) in Hartungs Besitz übergingen und daß sie die Vorlage für sein Verkaufsangebot und mindestens eine weitere Abschrift (siehe Anhang Nr. 7) bildeten.[9] Mit dieser Klärung der Überlieferungsgeschichte läßt sich auch die irrtümliche Zuschreibung der drei Ciaconen an J. S. Bach als eine Eigenmächtigkeit Hartungs erkennen. Schmidt differenzierte in seinen Abschriften hingegen genauer: bei der auf 1713 datierten Abschrift von BWV 921 lautet der Kopftitel „*Praeludium ex c dis. di Joh. Seb. Bach*", BWV Anh. 84 ist überschrieben mit „*Ciacona ex G # di Joh. Bern. Bache*", während bei BWV Anh. 83 die mehrdeutige Formulierung „*Ciacona ex A dur. di H. B.*" erscheint.

– Ähnlich wird man sich wohl die Zuschreibung der heute verschollenen Choralpartita „Ich begehr nicht mehr zu leben" zu erklären haben, bei der es sich vermutlich ebenfalls um das Werk eines Mitglieds der älteren Bach-Familie gehandelt hat.[10] Vielleicht lag hier ebenfalls eine von der Hand Schmidts stammende Abschrift vor, die den Namen des Komponisten nur in verschlüsselter oder mehrdeutiger Form wiedergab. Ob auch die bislang nicht zuzuordnende „Partie" in E-Dur hier einzubeziehen ist, kann derzeit nicht entschieden werden.

– Der trotz gelegentlicher Fehlzuschreibungen hohe Stellenwert der Vorlagequellen für Katalog 2 zeigt sich insbesondere darin, daß mit dem Trio in d-Moll BWV 583, dem Satzpaar Präludium und Fuge in A-Dur BWV 536, den Konzerttranskriptionen BWV 592a und 983 sowie dem Harpeggiando-Präludium BWV 921 einige äußerst rare Tastenwerke Bachs belegt sind.

– Schließlich bildet Katalog 2 den einzigen bekannten Beleg für eine angeblich von Bach stammende Generalbaßaussetzung zu einer Invention von

---

[8] Erste vollständige Beschreibung in NBA V/3 Krit. Bericht (G. von Dadelsen, K. Hofmann, 2007), S. 29–30. Siehe auch NBA V/9.2 Krit. Bericht (U. Wolf, 2000), S. 52–53.

[9] Vermutlich lag Hartung einst auch eine – heute verschollene – Abschrift der Ciacona BWV Anh. 82 von der Hand Schmidts vor.

[10] Vgl. die Ausführungen zu diesem Stück bei H.-J. Schulze, *Eine verschollene Choralpartita Johann Sebastian Bachs?*, BJ 2003, S. 229–232.

Francesco Antonio Bonporti.[11] Der doppelte Eintrag scheint darauf hinzudeuten, daß zum einen eine Abschrift der Invention vorlag – vielleicht eine Partitur, wie sie für vier andere gleichartige Werke Bonportis erhalten ist (*P 270*) –, zum anderen eine separate ausgesetzte Continuo-Stimme – vergleichbar der von Heinrich Nikolaus Gerber unter Bachs Anleitung angefertigten Aussetzung einer Violinsonate von Tomaso Albinoni (D-B, *Mus. ms. 455*).[12]

Auch Katalog 1 enthält einige bemerkenswerte Eintragungen, die Erkenntnisse zu heute verschollenen Quellen liefern:
– Die Bezeichnung von Präludium und Fuge in E-Dur BWV 566 als „*Suite* mit 2 *Fugen*" erinnert an eine Abschrift der Toccata in fis-Moll BWV 910 (*P 228*, Fasz. 7), die das Werk auf der Titelseite als „*SVITE / ex Fis moll al CLAVICEMBALO*" bezeichnet und ebenda den erläuternden Zusatz „2 Praeludia u. 2 Fugen fürs Clavier" von der Hand C. P. E. Bachs trägt.[13] Hartungs Titel für BWV 566 wirkt wie eine Zusammenziehung zweier derartiger Behelfstitel. In diesem Zusammenhang fällt die Aufmerksamkeit auf eine merkwürdige Notiz, die der Hamburger Organist Johann Christian Westphal auf der Titelseite einer Abschrift der C-Dur-Fassung von BWV 566 (*P 286*, Fasz. 3) angebracht hat und die auf eine ihm bemerkenswert erscheinende – heute leider nicht mehr nachweisbare – Quelle zielt: „Dieß Werk ist auch aus dem E dur gesetzt. / unter dem Titel: / E dur / 2 Praeludia und 2 Fugen für die Orgel / von J. S. Bach. / 18 / Christel."[14] Westphals Notiz könnte auf eine verschollene Originalhandschrift deuten, die einen wohl im Zuge der Erbteilung von 1750 angebrachten Hinweis auf den jüngsten Bach-Sohn Johann Christian enthielt. Möglicherweise gibt sie nur eine Schicht der Beschriftungen der Titelseite wieder; die Bezeichnung „2 Praeludia und 2 Fugen für die Orgel" stellt jedenfalls sicher die Modernisierung einer älteren Aufschrift (von C. P. E. Bach?) dar, eine ältere Bezeichnung könnte „Toccata" oder „Suite" gelautet haben. Es wäre somit zu überlegen, ob diese Quelle – oder ein Abkömmling von ihr – sich einst im Besitz Hartungs befand.
– Die Folge von fünf der Englischen Suiten (BWV 808–810 und 806–807) läßt an eine Verbindung zu einer – heute verschollenen – unvollständigen „Handschrift aus Wilhelm Friedemann Bachs Nachlaß" denken, die sich um 1845 im Besitz von Friedrich Conrad Griepenkerl befand und deren Sonderlesarten in einem der Handschrift D-LEm, *Poel. mus. Ms. 26* beiliegenden

---
[11] Ein Hinweis auf diese Quelle findet sich bereits in NBA V/7 Krit. Bericht, S. 194.
[12] Zu allen drei Quellen siehe auch Beißwenger (wie Fußnote 6), S. 276 f., 338 f., 343.
[13] Vgl. NBA V/9.1 Krit. Bericht (P. Wollny, 1999), S. 17.
[14] Siehe NBA IV/5–6 Krit. Bericht, S. 54 f. und 222 f.

Variantenverzeichnis überliefert sind.[15] In dieser Handschrift fehlte offenbar die sechste Suite (BWV 811), die auch in Hartungs Katalog nicht verzeichnet ist.
– Bemerkenswert ist schließlich auch die Nennung einer anscheinend unbekannten Abschrift des fünften Brandenburgischen Konzerts BWV 1050. Der von Hartung mitgeteilte Titel (*Concerto a Cembalo obligato con Fl: Trav:, 2 Violini, Viola et Basso*) stimmt jedenfalls mit keiner der nachweisbaren Quellen überein. Für die bislang nicht angemessen erforschte Verbreitung und Rezeption dieses Werks im 18. Jahrhundert bietet sich hier eine neue Facette.

2. Verkaufsabschriften

Die in den beiden Katalogen reichlich dokumentierte Notenschrift Hartungs erlaubt es, diesen mit einem anonymen Kopisten gleichzusetzen, der bei Blechschmidt/Wutta als „J. S. Bach XXIX",[16] in den Kritischen Berichten der NBA hingegen – trotz der Berufung auf Blechschmidt – meist als „J. S. Bach XXX" bzw. Anonymus 430 bezeichnet wird. Als von dieser Hand stammend lassen sich derzeit neun Abschriften benennen (siehe Anhang). Die Wasserzeichen deuten – soweit sie bislang ermittelt wurden – durchweg auf Braunschweig und die Regierungszeit von Herzog Karl I. (1713–1780, regierte ab 1735). Damit ist es möglich, die Quellen auf die Zeit zwischen 1760 (Hartungs Dienstantritt in Braunschweig) und 1780 (Tod des Herzogs) zu datieren.

Das in den ermittelten Handschriften versammelte Repertoire weist, wie nicht anders zu erwarten, zahlreiche Übereinstimmungen mit den beiden Katalogen auf. So sind die in den Handschriften (4) und (8) vertretenen Sammlungen in Katalog 1 genannt, die sieben Stücke in (7) hingegen in Katalog 2 (siehe die Aufstellung der von Hartung kopierten Quellen im Anhang). Allerdings wird auch deutlich, daß der in den Katalogen verzeichnete Werkbestand die Bach-Sammlung Hartungs nicht vollständig abbildet. Bemerkenswert, weil für die Wirkungsgeschichte von Bachs Klaviermusik bedeutsam, ist die offenbar von Hartung selbst zusammengestellte Sammlung „VI. Fughe per il Cembalo", die erstmals in der Handschrift *P 213* greifbar wird und deren Abkömmlinge später insbesondere im Wiener Einzugsgebiet bis weit ins 19. Jahrhundert hinein in Umlauf waren. Der Sammlung der „VI. Fughe" verdankt auch die in

---

[15] Siehe NBA V/7 Krit. Bericht, S. 38 und 50.
[16] Siehe E. R. Blechschmidt, *Die Amalien-Bibliothek. Musikbibliothek der Prinzessin Anna Amalia von Preußen (1723–1787)*, Berlin 1965 (Berliner Studien zur Musikwissenschaft. 8.), S. 326, und E. R. Wutta (geb. Blechschmidt), *Quellen der Bach-Tradition in der Berliner Amalien-Bibliothek*, Tutzing 1989, S. 183.

Wirklichkeit von Johann Christoph Bach komponierte Fuge in Es-Dur BWV Anh. 177/2 ihre überregionale Verbreitung.[17] Die – versehentliche oder vorsätzliche – Fehlzuschreibung dieses Werks erinnert an die weiter oben besprochenen Abschriften der Choralpartita „Ich begehr nicht mehr zu leben" und der drei Ciaconen. Ob auch hier die Vorlage auf den Quellenbesitz von Hartungs Onkel Johann Christoph Schmidt zurückging?

Daß Hartung neben Orgel- und Klaviermusik auch größere Ensemble- und Vokalwerke sammelte und mit ihnen Handel trieb, wird nicht nur aus Eintragungen in seinem Rechnungsbuch deutlich. Neben der in Katalog 1 dokumentierten Quelle zum fünften Brandenburgischen Konzert beansprucht seine Abschrift der 1724 entstandenen doppelchörigen Trauermusik von Johann Ludwig Bach auf den Tod von Herzog Ernst Ludwig I. von Sachsen-Meiningen (1672–1724) besondere Aufmerksamkeit. Ausnahmsweise ist hier die Vorlage greifbar: Es handelt sich, wie Ulrich Leisinger nachweisen konnte,[18] um jene alte Partiturabschrift aus dem Umkreis des Meininger Hofes (*P 398*), die sich spätestens 1802 im Besitz Forkels befand. Wie Klaus Hofmann dargelegt hat, schenkte Forkel der manipulierten Autorenangabe auf der Titelseite des ersten Teils Glauben und hielt das Werk für die im Nekrolog erwähnte Trauermusik J. S. Bachs auf Fürst Leopold von Anhalt-Köthen.[19]

Der nunmehr erkennbare Umstand, daß die Überlieferung der aus Meiningen stammenden Quelle *P 398* über Braunschweig und Hartung erfolgte, läßt erahnen, wie weitgespannt und vielfältig dessen Netz an professionellen Beziehungen gewesen sein muß. Eine mögliche Verbindung zwischen den beiden Residenzen ließe sich über das auf braunschweigischem Territorium gelegene freie weltliche Reichsstift Gandersheim ziehen. Dort residierte von 1713 bis 1766 als Äbtissin die musikliebende Elisabeth Ernestine Antonie von Sachsen-Meiningen, die jüngere Schwester des 1724 verstorbenen und mit J. L. Bachs Trauermusik geehrten Herzogs. Aus Briefen der herzoglichen Geschwister geht hervor, daß Elisabeth Ernestine Antonie von ihrer Gandersheimer Residenz aus das Musikleben Meiningens aufmerksam verfolgte und sich häufig Abschriften von Werken J. L. Bachs und anderer Komponisten schicken ließ; zudem wirkte sie auch an der Vorbereitung und Durchführung der Trauerfeier-

---

[17] Siehe P. Dirksen, *Zur Echtheit der Johann Christoph Bach (1642–1703) zugeschriebenen Clavierwerke*, BJ 2010, S. 217–248, speziell S. 220–221.

[18] Eine eingehende Beschreibung und Bewertung der Quellen zu J. L. Bachs Trauermusik hat Ulrich Leisinger im Zusammenhang mit seiner Edition des Werks vorgelegt; siehe *Musik am Meininger Hofe*, hrsg. von U. Feld und U. Leisinger, Leipzig 2003 (Denkmäler Mitteldeutscher Barockmusik. I/2.), S. 323–324. Die dort gemachten Angaben zum Schreiber der Abschrift F-Pn, *Res. F. 1561* bzw. zu Schriftkonkordanzen beruhen auf einem Irrtum.

[19] Siehe K. Hofmann, *Forkel und die Köthener Trauermusik Johann Sebastian Bachs*, BJ 1983, S. 115–118.

lichkeiten für ihren Bruder maßgeblich mit und stellte für die Aufführung der ambitiösen dreiteiligen Funeralmusik ihre eigenen Musiker zur Verfügung.[20] Es ist daher ohne weiteres anzunehmen, daß die Abschrift *P 398* nach der Gedächtnisfeier eigens für Gandersheim angefertigt wurde und nach dem Tod der Äbtissin nach Braunschweig gelangte. Alternativ wäre aber auch denkbar, daß *P 398* aus dem Privatbesitz des ab 1715 in Gandersheim tätigen Musikers und Organisten Nikolaus Ephraim Bach (1690–1760) stammt. Dieser jüngere Bruder des Meininger Kapellmeisters Johann Ludwig Bach hatte vor seiner Anstellung in Gandersheim zunächst einige Zeit als Notenschreiber am Meininger Hof gewirkt. Als „Kapellmeister" der Äbtissin gehörte er Anfang 1725 zu der nach Meiningen entsandten Gruppe auswärtiger Musiker;[21] bei dieser Gelegenheit könnte er sich von seinem Bruder eine Abschrift der Trauermusik erbeten haben.

Im vorliegenden Zusammenhang kommt der offenbar erst in Braunschweig erfolgten ‚Umwidmung' der Trauermusik besondere Bedeutung zu. Für die gleichsam familiären Verhältnisse in Meiningen und Gandersheim war die ursprüngliche Autorenangabe „*del Bach*" hinreichend präzise. Der – heute wieder getilgte und überschriebene (und daher nicht mehr sicher zu entziffernde) – Zusatz „*Sebast.*" (oder auch „*Sebastian*") auf der Titelseite des ersten Teils von *P 398* stammte vermutlich von der Hand Hartungs und deutet an, daß dieser das Werk irrtümlich als eine Komposition J. S. Bachs ansah oder aber es als solche auszugeben wünschte. In seiner eigenen Abschrift der Partitur ging Hartung noch einen Schritt weiter und versah die Titelseiten aller drei Teile des Werks mit der Zuweisung „von Herrn *Johann Sebastian Bach*".

Im Blick auf Hartungs Musikalienhandel ist speziell die Provenienz der beiden Quellen zu J. L. Bachs Trauermusik aufschlußreich. Die Meininger Quelle *P 398* wurde von Forkel offenbar als Zimelie erworben; sie läßt sich 1819 im Verzeichnis seines Nachlasses nachweisen und gelangte gemeinsam mit dem Autograph der Trauerode BWV 198 in den Besitz von Georg Poelchau und mit dessen Sammlung 1841 an die Königliche Bibliothek Berlin.[22] Hartungs eigenhändige Abschrift hingegen verblieb in Braunschweig; sie taucht 1806 im Versteigerungskatalog der Bibliothek von Johann Gottfried Schwanberg auf[23] und wanderte in der Folge auf unbekannten Wegen in die Bibliothek des Conservatoire de Musique in Paris.

---

[20] Siehe A. Erck und H. Schneider, *Musiker und Monarchen in Meiningen 1680–1763*, Meiningen 2006, speziell S. 112–115.

[21] Zur Biographie N. E. Bachs siehe Erck und Schneider (wie Fußnote 20), S. 245–247.

[22] Zur Überlieferungsgeschichte von *P 398* siehe Hofmann (wie Fußnote 19).

[23] *Verzeichnis der von dem Herzogl. Braunschw. Lüneb. Kapellmeisters Schwanberg hinterlassenen beträchtlichen Sammlung von Musikalien und einigen Büchern welche am [ ]ten August d. J. in dem auf der Wendenstraße Nr. 1410 belegenen Hause meistbietend verkauft werden sollen*, Braunschweig 1806, S. 24 (Los-Nr. 215). – Das

Das Bild der vielfältigen und weitreichenden Geschäftskontakte Hartungs wird abgerundet durch die Überlieferung der übrigen von ihm kopierten Bachiana: Der für die NBA mehrfach herangezogene Band *Am. B. 606* scheint aus dem Nachlaß Johann Philipp Kirnbergers zu stammen und müßte demnach vor 1783 nach Berlin gelangt sein.[24] Die Handschriften *P 213, adn. 3* und *P 278* erscheinen beide in dem 1783 veröffentlichten „Anhang zum Verzeichniss von Musicalien" des Hamburger Händlers Johann Christoph Westphal.[25] Die charakteristischen Preisangaben in der rechten unteren Ecke der Titelseiten erlauben nicht nur eine eindeutige Bestimmung der Provenienz, sie belegen auch, daß Westphal die beiden Quellen als Stammhandschriften in seinem Sortiment bewahrte, mithin nicht lediglich als Kommissionär Hartungs fungierte. Die Handschriften D-LEm, *Poel. 12* und *Poel. 29* stammen aus der Sammlung Forkel und gelangten nach Forkels Tod an dessen Schüler Friedrich Conrad Griepenkerl.[26] Andere Handschriften Hartungs scheinen noch längere Zeit nach seinem Tod in Braunschweig greifbar gewesen zu sein; dies legt die aus dem Nachlaß des dortigen Organisten und Gesangslehrers Louis Rebbeling (1827–1882)[27] stammende Handschrift D-W, *Cod. Guelf 176 Noviss. 8°* nahe.

Während das von Andrew Talle diskutierte Berliner Konvolut *Mus. ms. 30382* verschiedene Entwicklungsstadien von Hartungs früher Notenschrift – und damit zugleich das allmähliche Wachsen seiner Sammlung und seines musikalischen Horizonts – dokumentiert, scheinen die heute greifbaren Bach-Quellen fast ausschließlich aus seiner mittleren Braunschweiger Zeit zu stammen. Das Interesse an anspruchsvollen Werken J. S. Bachs reichte jedoch offenbar weiter zurück. Neben der 1757 im Rechnungsbuch bezeugten etwas rätselhaften Zahlung von zwei Groschen „vor die *Bachi*schen *Canta*ten" weist

---

bislang von der Bach-Forschung nicht berücksichtigte Verzeichnis enthält weitere wertvolle Bachiana, darunter auch Anna Magdalena Bachs Abschriften der Violin- und Violoncello-Soli (*P 268* und *P 269*) aus dem Besitz von Georg Heinrich Ludwig Schwanberg (S. 21, Nr. 178: „Sechs Violin- und sechs Violoncell-Solo's von Joh. Seb. Bach (von dessen Frau geschrieben). geh."). Eine vollständige Auswertung erfolgt in dem in Vorbereitung befindlichen Band *Bach-Dokumente VIII*.

[24] Dok III, Nr. 887, S. 386 (Kommentar).

[25] Dok III, Nr. 789, S. 272. Zur Sammlung Westphal siehe auch NBA IV/5–6 Krit. Bericht, S. 237–242.

[26] Siehe Krause I, S. 6 und 10; sowie NBA IV/5–6 Krit. Bericht, S. 134–135, 233–235, und NBA V/11 Krit. Bericht (K. Heller, 1997), S. 34–35.

[27] Zu Rebbelings Biographie siehe F. Kössler, *Personenlexikon von Lehrern des 19. Jahrhunderts. Berufsbiographien aus Schul-Jahresberichten und Schulprogrammen 1825–1918 mit Veröffentlichungsverzeichnissen*, Band: *Raab–Rzepecki*, Vorabdruck, Universitätsbibliothek Gießen, Gießener Elektronische Bibliothek 2008 (http://geb.uni-giessen.de/geb/volltexte/2008/6123/).

eine in *P 274* enthaltene Abschrift von Bachs Passacaglia BWV 582 sämtliche Merkmale von Hartungs früher Schrift auf; die Quelle dürfte mithin spätestens in seiner Köthener Zeit entstanden sein, möglicherweise geht sie gar auf seine Lehrjahre in Harzgerode zurück.

In den Blick gerät damit erneut der Quellenbesitz von Hartungs Lehrer Johann Christoph Schmidt. Zwar scheinen – wie weiter oben ausgeführt wurde – nur wenige Bruchstücke von dessen Sammlung erhalten zu sein, doch deutet das Vorhandene beziehungsweise anhand von Indizien Erschließbare auf ein hohes Qualitätsempfinden und ein großes Interesse an Werken der Bach-Familie. Das Kopierdatum auf Schmidts Abschrift des Harpeggiando-Präludiums (9. November 1713) weist ihn als einen der frühesten Bach-Sammler aus und deutet auf persönliche Verbindungen zu dem damaligen Weimarer Hoforganisten.[28] Da Schmidt seinen Notenschatz in späteren Jahren anscheinend seinen Schülern zugänglich machte, steht zu vermuten, daß in seinem Umkreis weitere Spuren seiner Musiksammlung aufzufinden sind. Schmidts prominentester Schüler war der spätere Berliner Domorganist und Mitbegründer der „Musikübenden Gesellschaft" Johann Philipp Sack (1722–1763). Auch wenn Sack bisher nicht als Kopist Bachscher Werke nachgewiesen ist, sollte er zumindest potentiell in Überlegungen zur Berliner Überlieferung von Bachs Orgelwerken einbezogen werden.[29] Auffällig ist jedenfalls, daß Hartungs Abschrift der Passacaglia BWV 582 in *P 274* – Untersuchungen von Dietrich Kilian zufolge – demselben Überlieferungszweig angehört wie mehrere in den 1760er Jahren in Berlin entstandene Abschriften (*P 277*, *P 290*, *P 601*).[30] In den Zusammenhang von Schmidts Sammlung gehört offenbar auch die mit „JCMHarttung | Hartzgerod:" signierte Abschrift der Suite in Es-Dur BWV 819 (*P 1080*). Wie Vergleiche mit einigen eigenhändigen Schriftzeugnissen ergeben,[31] handelt es sich bei dem Schreiber dieser Quelle um den späteren Bernburger Organisten Johann Marius Christoph Hartung (1725 bis nach 1782), einen Verwandten von C. A. Hartung, der in Harzgerode wohl ebenfalls von Schmidt im Orgelspiel ausgebildet worden ist.

---

[28] Daß Schmidt auch Bachs Schüler gewesen ist, wie Hans Löffler annimmt, ist damit allerdings nicht erwiesen; vgl. BJ 1953 (H. Löffler), S. 10.

[29] Vgl. die Diskussion zu diesem Überlieferungskreis in NBA IV/5–6 Krit. Bericht, S. 217–222.

[30] Siehe NBA IV/7 Krit. Bericht (D. Kilian, 1988), S. 132–133.

[31] Archiv der Evangelischen Landeskirche Anhalts, Superintendenturarchiv Bernburg, *Alte Nr. 28, Acta die von denen Predigern u. Schul-Bedienten der Residenz Bernburg, in Ansehung des Kirchen- Schul- u. Gemeinde-Wesens zu erstattende Monaths-Bericht betreffende. De Mense Januario 1758. Collectio Nova.* Andrew Talle stellte mir freundlicherweise Kopien aus dieser Akte zur Verfügung. Siehe auch seinen vorangehenden Beitrag. J. M. C. Hartung ist in der Literatur bislang lediglich als Förderer von Johann Christoph Oley erwähnt worden; siehe L. Landshoff, *J. S. Bach.*

3. Zimelien

Wie bei der kursorischen Durchsicht der von Hartung zu Verkaufszwecken angefertigten Handschriften bereits bemerkt wurde, konnte dieser für seine Kopien offenbar mehrfach auf bedeutende Vorlagen zurückgreifen. Somit war zu vermuten, daß durch seine Hände auch echte Zimelien gegangen sind, deren Überlieferung bislang ungeklärt war. Eine Durchsicht der in Frage kommenden Quellen führte bislang zu folgenden Ergebnissen:
Der im Rechnungsbuch belegte Kontakt zu dem Köthener Bach-Schüler Bernhard Christian Kayser läßt sich erwartungsgemäß auch an Handschriften aus dessen Besitz ablesen. Die wertvolle, vermutlich im Rahmen von Kaysers Unterricht bei Bach entstandene frühe Abschrift der Inventionen (*P 219*) soll nach Aussage des späteren Besitzers Friedrich Konrad Griepenkerl in den frühen 1770er Jahren von Wilhelm Friedemann Bach an den Braunschweiger Domorganisten Carl Heinrich Ernst Müller (1753–1835) verkauft worden sein, der sie an „*Vicarius* Franke" weitergab. Andrew Talle vermutete bereits, daß „dieser Provenienzgang auf die nachmalige Quelle *P 219* übertragen wurde, um den anfechtbaren Status als Autograph zu stützen".[32] Griepenkerl hätte dann zumindest die frühen Stationen der Überlieferungskette in Anlehnung an die nachweislich aus W. F. Bachs Besitz stammende Abschrift des Wohltemperierten Klaviers I (*P 202*) konstruiert.[33] Diese Hypothese läßt sich anhand des Schriftbefunds der Titelseite von *P 219* verifizieren. Kayser hatte als Autor „*del Sigre / Bach / à Coethen*" angegeben. Die letzte Zeile („*à Coethen*") wurde nachträglich getilgt und zugleich der Komponistenname durch den Zusatz der abgekürzten Vornamen „*Joh: Seb:*" präzisiert.[34] Wie anhand des reichhaltigen Vergleichsmaterials leicht zu erkennen ist, stammt dieser Zusatz von der Hand Hartungs (siehe Abbildung 4). Somit dürfte Hartung die Handschrift bereits in seiner Köthener Zeit erworben und mit nach Braunschweig gebracht haben. Ob sie nach seinem Tod (oder bereits früher?) in den Besitz des Domorganisten Müller kam oder von Franke erworben wurde, bleibt offen.

Musikalisches Opfer. Beiheft zur Urtext-Ausgabe. Bemerkungen zur Textkritik und Darstellung des Werkes, Leipzig 1937, S. 13. Eine Verbindung zwischen *P 1080* und J. M. C. Hartung vermutete bereits Y. Kobayashi, *Franz Hauser und seine Bach-Handschriftensammlung*, Diss. Göttingen 1973, S. 159–160.

[32] A. Talle, *Nürnberg, Darmstadt, Köthen – Neuerkenntnisse zur Bach-Überlieferung in der ersten Hälfte des 18. Jahrhunderts*, BJ 2003, S. 143–172, speziell S. 166.

[33] NBA V/6.1 Krit. Bericht (A. Dürr, 1989), S. 57.

[34] Siehe auch NBA V/3 Krit. Bericht, S. 26. Die letzte Zeile der Autorenangabe war bislang nicht identifiziert worden. Weitere Zusätze Hartungs auf der Titelseite von *P 219* sind die römischen Ziffern (XV in Zeile 1 und 4) sowie das Wort „et" (Zeile 3).

Bei einer anderen Kayser-Abschrift sind die Verhältnisse noch komplizierter. Die ehemals berühmte, von Spitta als Bach-Autograph angesehene, heute aber nur wenig beachtete Handschrift *P 270* enthält vier „Inventionen" für Violine und Basso continuo aus dem 1712 in Bologna veröffentlichten Opus 10 von Francesco Antonio Bonporti. Da die Quelle ebenfalls aus der Sammlung Griepenkerl stammt, wäre ein ähnlicher Provenienzgang wie bei *P 219* anzunehmen. Allerdings finden sich anscheinend an mehreren Stellen Korrekturen und Präzisierungen der Generalbaßbezifferung von der Hand Wilhelm Friedemann Bachs.[35] Dieser Befund erlaubt zwei unterschiedliche Erklärungen: Entweder hat neben Hartung und anderen auch der älteste Bach-Sohn Handschriften aus dem Nachlaß Kaysers erworben, oder Hartung legte die – anonym überlieferten – Inventionen W. F. Bach während dessen Aufenthalt in Braunschweig zur Begutachtung vor. In Anlehnung an die dokumentarisch belegte Leipziger Aufführung der Triosonate in B-Dur Fk 50 durch Wilhelm Friedemann Bach, Christian Friedrich Penzel und Johann Schneider im Hause Johann Gottlob Immanuel Breitkopfs[36] wäre auch denkbar, daß der versierte Geiger W. F. Bach die Werke zusammen mit Hartung in Braunschweig spielte. In noch schemenhafter Weise zeichnen sich hier für die frühen 1770er Jahre die Konturen einer bislang kaum greifbaren Stätte der frühen Bach-Pflege und Bach-Überlieferung ab.

Vermutlich war es die Verbindung zu W. F. Bach, die Hartung auch in den Besitz wertvoller Bach-Autographe brachte. So war das Autograph von Präludium und Fuge in G-Dur BWV 541 (heute D-B, *N Mus. ms. 378*) ursprünglich zusammengeheftet mit Hartungs Abschrift von Präludium und Fuge in C-Dur BWV 545a + 545/2 (heute D-LEm, *Poel. 12*).[37] Der früheste Nachweis für das Handschriftenpaar ist der Nachlaßkatalog Forkels von 1819. Für die bisherige Annahme, daß Forkel die beiden ungleichen Faszikel unabhängig voneinander erworben und vereinigt hätte, sind keine zwingenden Argumente greifbar. Viel plausibler erscheint hingegen die Vermutung, daß sich das Autograph von BWV 541 zunächst im Besitz Hartungs befand und von diesem gemeinsam mit seiner Abschrift des C-Dur-Werks an Forkel verkauft wurde.

Ein ähnlicher Besitzgang kann für die von Anna Magdalena und Wilhelm Friedemann Bach gemeinsam kopierte Abschrift der Orgelsonaten BWV 525–530 (*P 272*) belegt werden. Hartungs nach dieser Quelle angefertigte und später an Westphal verkaufte Abschrift (*P 278*) zeigt, daß *P 272* sich vor 1783 in seiner Reichweite befunden haben muß. Eine weitere, heute verschollene Abschrift ging an Forkel. Dieser berichtet von seinen Erwerbungen aus Braunschweig noch 1816 in einem Brief an Griepenkerl, verwechselte allerdings aus

---
[35] S. 1, 4. Akkolade (T. 4); S. 28, 4. Akkolade (T. 4); S. 29, 1.–2. Akkolade.
[36] Siehe Schulze Bach-Überlieferung, S. 22.
[37] Vgl. Krause I, S. 6; sowie NBA IV/5–6 Krit. Bericht, S. 134 f.

der zeitlichen Distanz den Organisten Carl August Hartung mit dessen Neffen August Ludwig Hartung, der seit etwa Mitte der 1780er Jahre als Hof- und Kammermusikus am Braunschweiger Hof angestellt war und anscheinend ebenfalls mit (gedruckten?) Musikalien handelte. Von diesem leicht nachvollziehbaren Irrtum abgesehen, liefert er ein anschauliches und präzises Bild von Hartungs Expertise und der Qualität der von ihm angebotenen Abschriften[38]:

> Es hat ehedem ein Hof- und Cammermus. Hartung in Braunschweig gelebt, von dem ich die Seb. Bach. Trios für 2 Cl. u. Ped. nebst noch vielen anderen Sachen bekommen habe. Er war ein vortrefflicher Notenschreiber und er wußte außerdem gar guten Bescheid in solchen Dingen, so daß er mir gar manches verschafft hat, was ich ohne seine Hülfe vielleicht nicht hätte finden können. Wenn er selbst nicht mehr lebt, so lebt doch, wie ich gehört habe, ein Sohn noch von ihm, und der wird wahrscheinlich die guten Kunstwerke nicht verschleudert haben. Sehen Sie also zu, ob in dieser ehemaligen Quelle noch etwas zu finden ist.

Ob die Bach-Sammlung Hartungs bis 1816 unangetastet existierte, ist nicht gewiß, zumal er – entgegen Forkels Angaben – keine männlichen Erben hatte. Dennoch scheint Griepenkerl bei dem Organist Müller und dem bislang nicht identifizierten „*Vicarius* Franke" fündig geworden zu sein.

Daß Hartung weitere Bach-Autographe von W. F. Bach erworben hat, ergibt sich aus dem quellenkritischen Befund des versprengten Autographs der As-Dur-Fuge BWV 886/2 aus dem Wohltemperierten Klavier II, das ebenfalls aus der Sammlung Griepenkerl stammt (*P 274, Fasz. 4*). Wie Alfred Dürr festgestellt hat, muß sich das Blatt ursprünglich im Besitz W. F. Bachs befunden haben, der bereits um die Mitte der 1740er Jahre eine Abschrift anfertigte (I-Bc, *DD 70*).[39] Etwa dreißig Jahre später diente das Autograph Hartung als Vorlage für die von ihm zusammengestellte Sammlung „VI. Fuge per il Cembalo del Sigr: Giov. Sebast. Bach" (*P 213*).[40] Somit ist als gesichert anzunehmen, daß das Autograph von W. F. Bach nach Braunschweig gebracht und dort von Hartung erworben wurde.

Nicht auszuschließen ist darüber hinaus die Möglichkeit, daß die Zahl der Originalquellen, die durch Hartungs Hände gegangen sind, weitaus größer

---

[38] Erstmals erwähnt bei P. Wollny, *Abschriften und Autographe, Sammler und Kopisten*, in: Bach und die Nachwelt, Bd. 1: 1750–1850, hrsg. von M. Heinemann und H.-J. Hinrichsen, Laaber 1997, S. 27–62, speziell S. 56–57; vollständige Textwiedergabe in Dok VI, Nr. B 105 (S. 378). – Den 1794 begonnenen, „nicht unbeträchtlichen Musikhandel" von A. L. Hartung erwähnt auch Gerber NTL, Bd. 2, Sp. 512. Vielleicht führte der jüngere Hartung das Geschäft seines Onkels fort.

[39] Siehe NBA V/6.2 Krit. Bericht (A. Dürr, 1996), S. 96–98 und 181. Entgegen den bisherigen Angaben weist die Abschrift W. F. Bachs doch ein Wasserzeichen auf; es handelt sich um das auf Dresden deutende Zeichen „ES in Medaillon", das auch im Autograph von Fk 10 (*P 325, Fasz. 1*) nachzuweisen ist.

[40] Ebenda.

war, als derzeit sicher belegt werden kann. Angesichts der gelegentlich ungenauen oder irreführenden Provenienzangaben Griepenkerls wären strenggenommen sämtliche von ihm in Braunschweig erworbenen Handschriften erneut nach ihrer Herkunft zu befragen.[41] Dies betrifft nicht zuletzt auch die aus W. F. Bachs Besitz stammende Abschrift des Wohltemperierten Klaviers I von der Hand Anna Magdalena Bachs und Johann Friedrich Agricolas (*P 202*).[42]

Abschließend sind noch zwei merkwürdige Beobachtungen zu diskutieren, die zwar neue, derzeit aber nicht abschließend zu beantwortende Fragen aufwerfen, im besten Falle jedoch gewichtige Auswirkungen auf unsere Vorstellungen vom Quellenbesitz der Bach-Söhne hätten.

1. Das Berliner Konvolut *P 329* enthält von Hartungs Hand die Abschrift von W. F. Bachs kleinem Präludium in c-Moll Fk 29. Das Werk ist sonst lediglich in einem nicht ganz vollendeten eigenhändigen Entwurf des Komponisten überliefert, der im Anschluß an die autographe Partitur des um 1740 entstandenen Konzerts für zwei Cembali in F-Dur Fk 10 niedergeschrieben ist (*P 325, Fasz. 1*). Möglicherweise wurde das eigentlich in zweiteiliger Reprisenform angelegte Werk vom Komponisten nie vollendet; der etwas abrupte Schluß und die Überführung in eine knappe einteilige Struktur wäre dann eine Zutat Hartungs, die dem Willen entsprungen sein mag, das Stück überhaupt für die Praxis zu erschließen. Sollten diese Annahmen zutreffen, so ergäben sich für die Überlieferung von *P 325, Fasz. 1* neue Anhaltspunkte. Diese Partitur erscheint nämlich 1790 im Nachlaßverzeichnis C. P. E. Bachs (S. 81). Mußte bisher angenommen werden, daß C. P. E. Bach dieses frühe Autograph seines älteren Bruders spätestens im Zuge der Erbteilung erhalten hat, so zeichnet sich nun die Möglichkeit eines Ankaufs nach 1770 ab. Es wäre somit zu fragen, ob der Hamburger Bach weitere Handschriften erworben haben könnte, die sein Bruder in Braunschweig veräußerte. In Betracht kommen insbesondere Quellen, die Umschläge mit Titeln und Notizen in der charakteristischen Spätschrift C. P. E. Bachs aufweisen.[43] C. P. E. Bachs gereizte Äußerung über die Zerstreuung der Werke seines Vaters („Es ist ärgerlich, daß die Sachen vom seligen Vater so herumflattern") wäre dann also tatsächlich auf die unkontrollierten Verkäufe W. F. Bachs in Braunschweig zu beziehen.[44]

2. Sollte Georg von Dadelsens Beobachtung zutreffen, daß die Übertragung einer in Tabulaturschrift notierten Passage im Autograph des Orgelbüchleins

---

[41] Zu Griepenkerls Quellenbesitz siehe speziell K. Lehmann, *Die Anfänge einer Bach-Gesamtausgabe 1801–1865*, Hildesheim 2004 (LBB 6), S. 180–187.

[42] NBA V/6.1 Krit. Bericht, S. 57–64.

[43] Etwa das Autograph der Flötensonate in h-Moll BWV 1030 (*P 975*) und das Doppelautograph mit dem Konzert für zwei Cembali in c-Moll BWV 1062 und der Flötensonate in A-Dur BWV 1032 (*P 612*).

[44] Dok III, Nr. 793; siehe auch Schulze Bach-Überlieferung, S. 19.

(*P 283*) von derselben Hand stammt wie die Abschrift der Passacaglia in *P 274* – also von Carl August Hartung –,[45] dann müßte auch diese Quelle von W. F. Bach in Braunschweig veräußert worden sein. Sie wäre dann offenbar zunächst an J. C. F. Bach in Bückeburg gelangt,[46] der sie schließlich an seinen Bruder C. P. E. Bach in Hamburg weitergab.[47] Allerdings ist hier Vorsicht geboten, da die Kürze der Eintragung keine absolut sichere Identifizierung erlaubt.

Carl August Hartung hatte bisher seinen bescheidenen Platz in der Musikgeschichte lediglich als der grimmige und unfreundliche Theorielehrer Louis Spohrs gefunden. Die hier dargelegten Erkundungen zeigen jedoch, daß seine Bedeutung mit dieser wenig schmeichelhaften Reminiszenz nicht angemessen beschrieben ist. Tatsächlich handelt es sich um eine Schlüsselfigur der Bach-Überlieferung in der zweiten Hälfte des 18. Jahrhunderts, deren langjähriger Sammeleifer zahlreiche wertvolle Quellen für die Nachwelt bewahrt hat, die andernfalls vermutlich unwiederbringlich verloren wären. Die Untersuchung dieser Quellen wirft neues Licht auf die Bach-Pflege im Anhaltischen und in Braunschweig und eröffnet zugleich zahlreiche neue Perspektiven für die Untersuchung von zunächst peripher erscheinenden Überlieferungskreisen. Eine Aufarbeitung der unübersichtlichen Quellenlage von Bachs Tastenmusik ist vielleicht doch nicht so aussichtslos, wie es lange Zeit schien.

Anhang:
Bach-Abschriften von der Hand Carl August Hartungs

1) D-B, *Am.B. 606*[48]
Inhalt: BWV 951a, 951, Anh. 177/2, 580, 539/2, 733, 535/2, 944/2 (kopiert nach unbekannten Vorlagen)
WZ: H C BORCHERDT, Gekröntes Doppel-C (Faszikel 1–2); Hollandia im Palisadenring (Faszikel 3)
Provenienz: Kirnberger – Amalienbibliothek
Nachweis/Literatur: NBA IV/3 Krit. Bericht (H. Klotz, 1962), S. 30; NBA IV/5–6 Krit. Bericht (D. Kilian, 1978), S. 109; NBA V/9.2 Krit. Bericht (U. Wolf, 2000), S. 236, 266

---

[45] G. von Dadelsen, *Zur Entstehung des Orgelbüchleins*, in: Festschrift Friedrich Blume zum 70. Geburtstag, hrsg. von A. A. Abert, Kassel 1963, S. 75 (Fußnote 8); siehe auch NBA IV/1 Krit. Bericht (H.-H. Löhlein, 1987), S. 34.
[46] Siehe P. Wollny, *Johann Christoph Friedrich Bach und die Teilung des väterlichen Erbes*, BJ 2001, S. 55–70, speziell S. 66–67.
[47] Zur Überlieferungsgeschichte von *P 283* siehe NBA IV/1 Krit. Bericht, S. 45.
[48] An der Niederschrift beteiligte sich neben Hartung ein weiterer Kopist.

2) D-B, *P 213, adn. 3*: „VI. Fuge per il Cembalo del Sigr: Giov. Sebast. Bach."
Inhalt: BWV 944/2, Anh. 177/2, 886/2, 951a, 951, 539/2 (kopiert nach I-Bc, *DD 70* und unbekannten Vorlagen)
WZ: –
Provenienz: J. C. Westphal (Kat. 1783) – J. C. Westphal d. J. (Kat. 1830) – Voß
Nachweis/Literatur: NBA IV/3 Krit. Bericht, S. 32; NBA IV/5–6 Krit. Bericht, S. 43, 358; NBA V/6.2 Krit. Bericht (A. Dürr, 1996), S. 96 f.; NBA V/9.2 Krit. Bericht, S. 236, 266 f.; Dok III, Nr. 789

3) D-B, *P 274*: „Paßacalia en C. ♭. con Pedale di Giov: Bast: Bach"
Inhalt: BWV 582 (kopiert nach unbekannter Vorlage)
Provenienz: Griepenkerl
Nachweis/Literatur: NBA IV/5–6 Krit. Bericht, S. 49; NBA IV/7 Krit. Bericht (D. Kilian, 1989), S. 122.

4) D-B, *P 278*: „VI. Sonate a 2 Clav: et Pedal del Sigr: Giov: Sebast: Bach."
Inhalt: BWV 525–530 (kopiert nach *P 272*)
WZ: H C BORCHERDT
Provenienz: Westphal – Westphal 1830 – Voß
Nachweis/Literatur: NBA IV/7 Krit. Bericht, S. 47

5) D-B, *P 329, Fasz. 7*: „Preludio per il Cembalo solo, da W. F. Bach"
Inhalt: Fk 29 (kopiert nach *P 325, Fasz. 1*?)
Provenienz: Forkel – Griepenkerl

6) D-LEm, *Poel. 12*: „Praeludium et Fuga del Sigr: Seb: Bach"
Inhalt: BWV 545a, 545/2 (kopiert nach unbekannter Vorlage); ursprünglich mit dem Autograph von BWV 541 zusammengeheftet
WZ: H C BORCHERDT
Provenienz: Forkel – Griepenkerl – C. F. Peters
Nachweis/Literatur: Krause I, S. 6; NBA IV/5–6 Krit. Bericht, S. 134 f.

7) D-LEm, *Poel. 29*: „IV. Concerte per il Cembalo Solo del Sigr: Giov. Seb: Bach", „III. Ciacone. per il Cembalo Solo del Sigr: Giov. Seb: Bach."
Inhalt: BWV 592a, 984, 983, 973; BWV Anh. 82–84 (kopiert nach *P 222* und unbekannten Vorlagen)
WZ: H C BORCHERDT
Provenienz: Forkel – Griepenkerl – C. F. Peters
Nachweis/Literatur: Krause I, S. 6, 10; NBA V/11 Krit. Bericht (K. Heller, 1997), S. 20, 34 f., 139 ff.; NBA V/12 Krit. Bericht (U. Bartels und F. Rempp, 2006), S. 168 f.

8) D-W, *Cod. Guelf 176 Noviss. 8°*
Inhalt: BWV 825–830, 971, 831 (kopiert nach unbekannten Vorlagen, vermutlich Exemplaren der Originaldrucke)
Provenienz: Louis Rebbeling

Nachweis/Literatur: U. Konrad, A. Roth, M. Staehelin, *Musikalischer Lustgarten. Kostbare Zeugnisse der Musikgeschichte. Ausstellungskatalog*, Wolfenbüttel 1985, S. 250f.; RISM A II, 451505655

9) F-Pn, *Res. F. 1561* (olim *Cons. 18061*)
Inhalt: J. L. Bach, Trauermusik auf den Tod von Herzog Ernst Ludwig I. von Sachsen-Meiningen (kopiert nach *P 398*)
WZ: SCHAARSCHMIDT
Provenienz: J. G. Schwanberg (Kat. 1806)
Nachweis/Literatur: *Musik am Meininger Hofe*, hrsg. von U. Feld und U. Leisinger, Leipzig 2003 (Denkmäler Mitteldeutscher Barockmusik. I/2.), S. 323–324

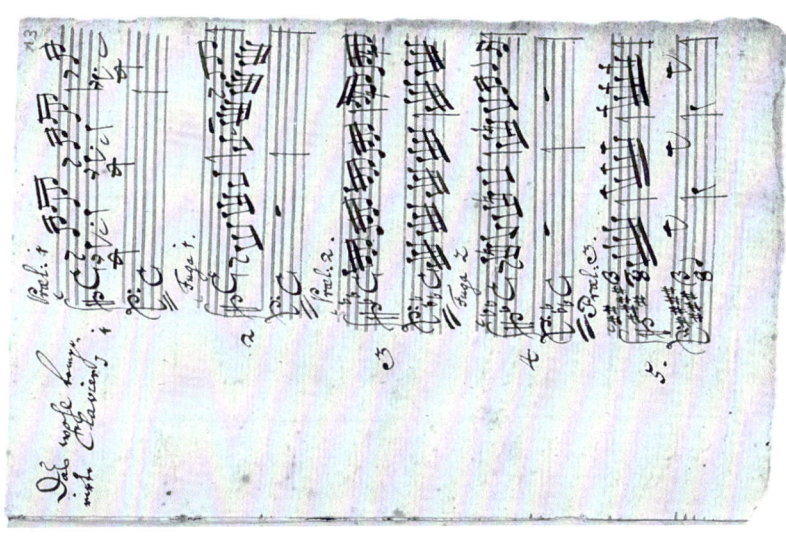

Abb. 1–2. C. A. Hartung, „Verzeichniß | von | *Clavier Piecen* | des seel. | Herrn *Joh: Seb: Bachs*.", D-B *Mus. ms. theor. 1215*, adn. *1*, S. 1 und 3.

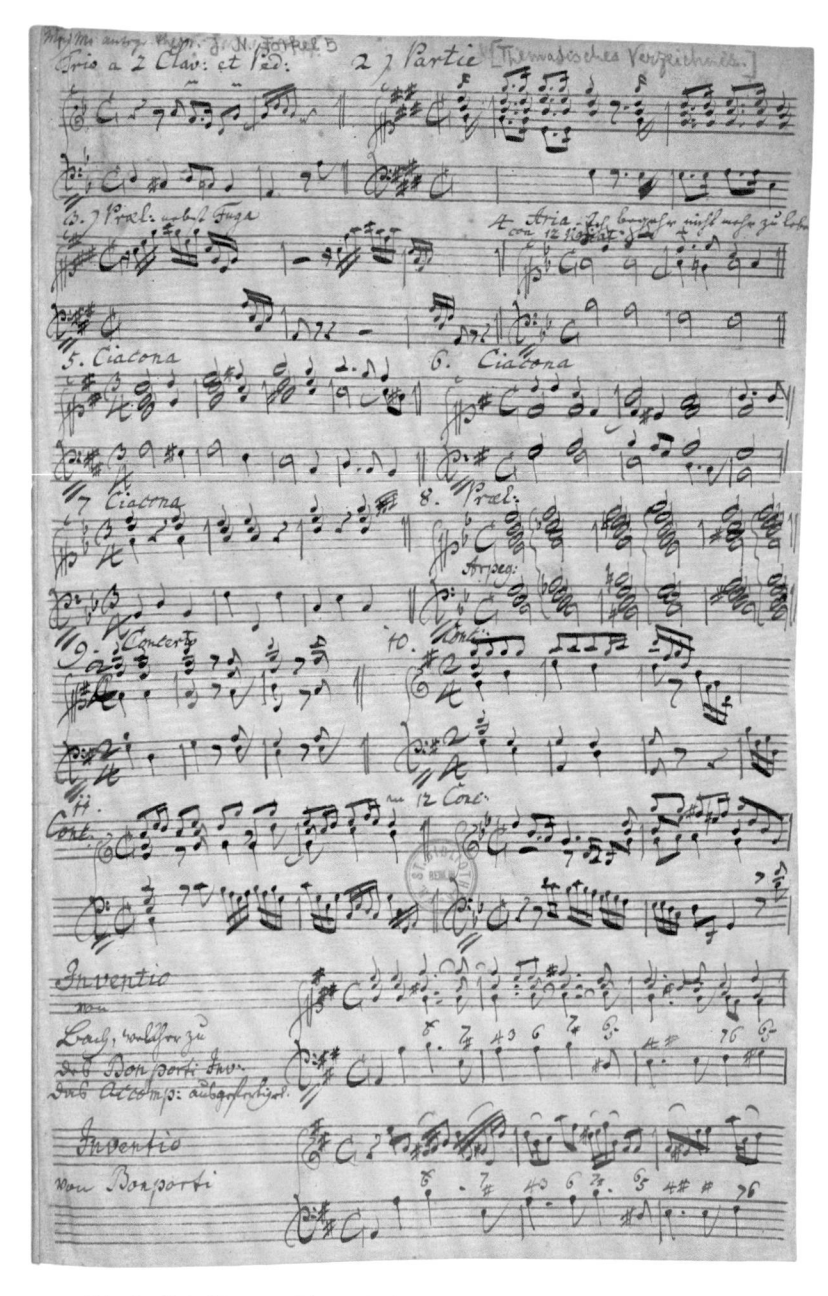

Abb. 3. C. A. Hartung, Thematisches Verzeichnis mit Werken J. S. Bachs, D-B, *Mus. ms. autogr. theor. Forkel 5*.

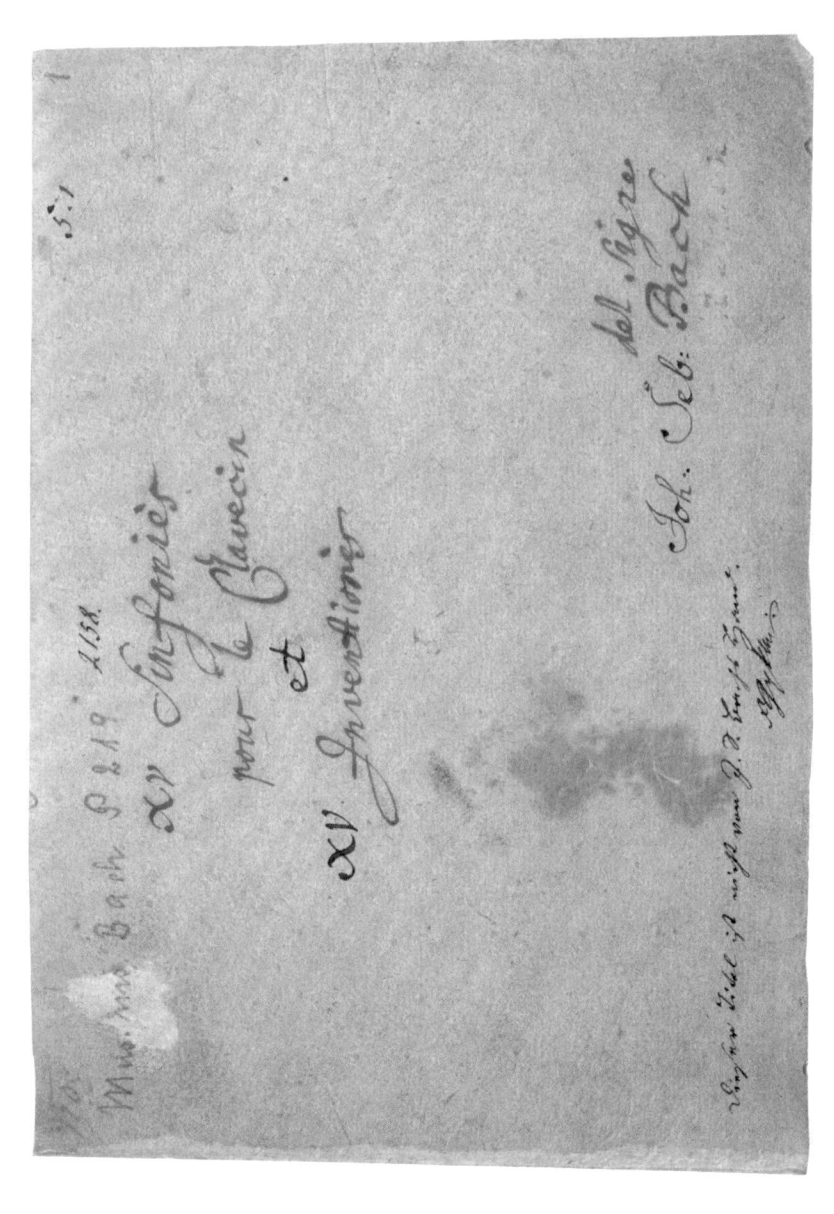

C. A. Hartung als Kopist und Sammler Bachscher Werke 101

Abb. 4. J. S. Bach, Inventionen und Sinfonien BWV 772–801. Abschrift von B. C. Kayser, D-B, *P 219*. Titelseite mit Zusatz („*Joh: Seb:*") von C. A. Hartung.

Wilhelm Friedemann Bachs Wohnungen in Halle – Einige Ergänzungen

Von Maria Hübner (Leipzig)

Wilhelm Friedemann Bach lebte vierundzwanzig Jahre in Halle, von 1746 bis 1764 als Organist und Musikdirektor an der Marktkirche St. Marien und bis 1770 ohne feste Anstellung. Seine erste nachweisbare Wohnung befand sich auf dem heutigen Grundstück Große Nikolaistraße 8/9. Anfang der 1760er Jahre zog er in ein „Quartier der Clausbadstube" um. Diese Wohnung lag im Bereich des Grundstückes, das heute die Adresse Große Klausstraße 12 (Ecke Hallorenring) hat und das als Wilhelm-Friedemann-Bach-Haus bekannte Gebäude einschließt. Schon mehrfach wurden beide Wohnungen in der Literatur benannt.[1] Der folgende Beitrag faßt älteres und neues Quellenmaterial zusammen und ist ein Versuch, sich der Kenntnis über Bachs Wohnsituation weiter anzunähern. Die Grundstücksbezeichnungen wechselten in Halle mehrfach. Bis etwa 1760 war die Numerierung innerhalb einzelner Viertel üblich. Dann setzte sich eine durchgehende Zählung aller Grundstücke durch. Erst ab 1854 wurden Numerierungen nach Straßen eingeführt, die sich bis heute zum Teil mehrfach geändert haben.

Große Nikolaistraße Nr. 8/9

Daß Wilhelm Friedemann Bach auf dem Grundstück der heutigen Großen Nikolaistraße 8/9 mit der damaligen Nummer 959 (nach durchgehender Zählung) wohnte, ist anhand einer Eintragung in den Halleschen Kontributionslisten nachweisbar.[2] Darin sind die Zahlungen vermerkt, die ein großer Teil der Einwohner Halles als Abgaben im Siebenjährigen Krieg (1756–1763) leisten mußte, überwiegend in der Zeit zwischen 1759 und 1763. Bach ist im Jahr 1759 zwar aufgeführt, brauchte jedoch nicht zu zahlen. 1760 betrug sein Beitrag 1 Taler und 3 Groschen, im folgenden Jahr 1 Taler und 16 Groschen. 1762 wurden – ebenso wie bei den anderen Bewohnern – keine Beiträge erhoben. Im Vergleich zu seinen Nachbarn hatte Bach ohnehin die kleinste

---
[1] W. Serauky, *Musikgeschichte der Stadt Halle*, Bd. 2/2, Halle, 1942, S. 18 f.; C. Zehler, *W. Friedemann Bach und seine hallische Wirksamkeit*, BJ 1910, S. 109 bis 112 (der hier vertretenen These, daß Bach auch im Hause seines Schwiegervaters J. G. Georgi in der Kleinen Klausstr. 1 gewohnt haben soll, widerspricht Serauky).
[2] Stadtarchiv Halle, *Haupt-Buch das feindliche Contributions-Wesen der Stadt Halle von 1757 bis 1763 betreffend*, Signatur: *Handschriften C 5, 3*, S. 478. Siehe auch Serauky (wie Fußnote 1), S. 19.

Summe zu zahlen. Eigentlich wäre er als Angestellter der Kirche von den Zahlungen befreit gewesen; da aber seine Frau Dorothea Elisabeth – die Tochter des Königlichen Steuereinnehmers Johann Gotthilf Georgi – über eine Immobilie verfügte, wurde Bach als Bürger betrachtet und somit von den Zahlungen nicht vollkommen befreit. Über diesen Zustand beklagte er sich 1761: „daß ich im vorigen sowohl als auch diesem Jahre bey den ausgeschriebenen Contributionen als Bürger betrachtet wurde, und die mir in dieser Absicht zuerkannten Gelder bey Strafe militairischer Execution würklich erlegen muste."[3] Die Antwort auf sein Ersuchen fiel jedoch abschlägig aus, unter anderem mit der Bemerkung, daß „er auch weit geringer als der schlechteste Handwerker angeleget worden" sei.[4] Außerdem klagte das Kirchenkollegium in diesem Schreiben darüber, daß Bach „ohne erhaltene permission öfters verreiset" wäre.[5] Auch in der Kontributionsliste steht ein Vermerk, der sich wohl auf das Jahr 1761 bezieht: „Ist aber weg von hier". 1763 wurde Bach unter der Adresse Nr. 959 nicht mehr aufgeführt, da er bereits umgezogen war.

Von dem Grundstück Nr. 959 – unweit von Händels Geburtshaus gelegen – sind weder bildliche Darstellungen noch Baupläne aus dem 18. Jahrhundert bekannt. Auch über das Erbauungsjahr der Gebäude schweigen die Quellen. Bekannt ist lediglich eine knappe Beschreibung aus der Zeit um 1765: „Ein Hauß, Hoff Seiten und Hinter Gebäude auch Garten" mit dem stattlichen Wert von 1000 Reichstalern.[6] Zum Grundstück gehörten zwei Hauptgebäude (nach der alten Zählung Nr. 542 und 543)[7] sowie Seiten- und Hintergebäude; von letzteren sind kaum Informationen erhalten. In welchem der Häuser Bach wohnte, ist nicht bekannt. Es ist jedoch davon auszugehen, daß der Organist und Musikdirektor der Marienkirche – die bedeutendste Musikerpersönlichkeit der Stadt – mit seiner Familie[8] in einer durchaus repräsentativen Wohnung lebte. Einen Eindruck von der Größe des gesamten Grundstückes mit über 1000 Quadratmetern vermittelt ein „Lage-Plan" von 1911.[9] Erkennbar sind

---

[3] W.F. Bach, Brief vom 20. Oktober 1761 an das Kollegium der Marktkirche, zitiert nach M. Falck, *Wilhelm Friedemann Bach*, Leipzig 1913, S. 36.

[4] Brief des Kirchenkollegiums an W.F. Bach vom 22. November 1761, zitiert nach Falck (wie Fußnote 3), S. 37.

[5] Ebenda.

[6] Stadtarchiv Halle (Dauerleihgabe Landeshauptarchiv Magdeburg), *Grund- und Hypothekenbücher der Stadt Halle (Saale), Nr. 358*, S. 1165.

[7] Ebenda, S. 1166.

[8] Am 25. Februar 1751 heirateten Bach und Dorothea Elisabeth Georgi (1725–1791). Von deren drei Kindern erreichte nur die jüngste Tochter das Erwachsenenalter: Wilhelm Adolf (geboren und gestorben 1752), Gotthilf Wilhelm (1754–1756), Friederica Sophia (1757–1801).

[9] Stadtarchiv Halle, *Bauakte Nicolaistraße 8*, Bl. 146.

die Grundrisse des Eckhauses Nr. 8 und des inzwischen nicht mehr zum Grundstück gehörigen und deshalb nur angedeuteten Hauses Nr. 9 sowie mehrerer Seiten- und Hintergebäude mit einem großen Hof. Das Grundstück mit seinen Gebäuden und der Hof- bzw. Gartenfläche erstreckte sich weit in Richtung Norden, entlang der heutigen Kleinen Marktstraße.[10] Keines der Gebäude ist erhalten geblieben. Quellen aus dem 19. und 20. Jahrhundert dokumentieren zumindest den Zustand der Häuser in einer Zeit, als noch ein großer Teil der alten Bausubstanz vorhanden war.

Große Nikolaistraße 8 (Ecke Kleine Marktstraße)[11]

Das Eckhaus bestand aus Erdgeschoß, Obergeschoß und zwei Dachgeschossen. Auf einer Photographie aus der Zeit um 1900 (siehe Abbildung 1)[12] ist ersichtlich, daß beide Dachgeschosse mit kleinen, aber durchgehenden Fensterreihen versehen waren und wohl teilweise auch als Wohnraum genutzt wurden. Der Hauseingang, „ein altes Renaissanceportal, in der Mitte des Rundbogens steht ein Löwenkopf",[13] lag zur Großen Nikolaistraße hin. Ein Aquarell aus dem Jahr 1946 zeigt einige durch Kriegseinwirkung zerstörte Häuser, darunter das erhaltene Erdgeschoß der Nr. 8 mit Löwenkopf-Portal und Sitznischen.[14] Einige in der Bauakte aufbewahrte Grundrisse geben eine Vorstellung von der Raumaufteilung im Hause: Vom Eingangsportal führte der Flur geradeaus in Richtung Hof, an dessen Ende sich die Treppe befand. Im Erdgeschoß lagen beidseitig vom Flur jeweils zwei Stuben; diejenigen auf der rechten Seite konnten noch bis 1890 von einem Gang her beheizt werden. Jede der Stuben war mit einer anschließenden Kammer verbunden. Ein weiterer Raum schloß sich der linksseitigen, hinteren Kammer an, der jedoch schon zum Seitengebäude gehörte (siehe Abbildung 2).[15] Im Obergeschoß – der im

---

[10] Die Kleine Marktstraße ist auf dem Plan noch als Schlamm bezeichnet, zwischenzeitlich auch Kleiner Schlamm oder Kleine Nikolaistraße genannt. Als Schlamm wurde bis Mitte des 19. Jahrhunderts ein ganzes Wohngebiet innerhalb des Nikolaiviertels – aufgrund des tonhaltigen Baugrundes – bezeichnet.

[11] Nach der durchgezählten Grundstücksnummer 959 (auch 959b) im Schlamm folgte 1803 die Bezeichnung Großer Schlamm, später Großer Schlamm Nr. 6. 1891 erfolgte die Umbenennung zu Nicolaistraße Nr. 8, seit 1927 Große Nikolaistraße Nr. 8. Für Hinweise zu Straßenbezeichnungen danke ich Roland Kuhne, Stadtarchiv Halle.

[12] Stadtarchiv Halle, Photographie von Gottfried Riehm; Signatur: *Riehm Nr. 339*.

[13] S. Schultze-Galléra, *Topographie oder Häuser- und Straßen-Geschichte der Stadt Halle a. d. Saale*, Bd. 1, Halle, 1920, S. 214.

[14] Aquarell von Erich Fredrich, Stadtarchiv Halle, abgebildet in: *Vom Schlamm zum Händelviertel*, erarbeitet vom Arbeitskreis Innenstadt e.V., Halle 2000, S. 106 (mit irrtümlicher Straßennummer).

[15] Stadtarchiv Halle, *Bauakte Nicolaistraße 8*, Grundriß 1890, Bl. 56.

18. Jahrhundert bevorzugten Wohnetage – befanden sich links vom Hausflur in Richtung Große Nikolaistraße eine Stube mit anschließender Kammer sowie hofseitig eine kleinere Stube, der sich eine langgestreckte Küche und eine Kammer anschlossen.[16] Von den Räumen in der ersten Etage rechts des Flurs sind keine Grundrisse überliefert. 1880 entstand links vom Hauseingang für einen Laden ein Schaufenster, das auf der historischen Photographie sichtbar ist – zuvor befanden sich an dieser Stelle zwei Fenster.[17] Abgesehen davon blieb der Zustand des Hauses bis ins 20. Jahrhundert hinein offenbar weitgehend erhalten. Daß die Außenmauern eine Stärke von 60 cm hatten und die Decke der Stube links neben dem Eingang über ein gemauertes Kreuzgewölbe verfügte, ist aus einem Vermerk von 1967 ersichtlich – denn nun sollte der ehemalige Laden in der Kriegsruine zu einer Garage umgebaut werden.[18] Der Abriß des Hauses erfolgte in den 1980er Jahren. Heute befinden sich auf dem Grundstück Neubauten.

Große Nikolaistraße 9[19]

Das schmalere Nachbarhaus schloß sich direkt an das Haus Nr. 8 an, erstreckte sich jedoch weiter nach hinten in den Hof. 1867 wurde es zur Straße hin um eine Etage aufgestockt, und wie die Photographie zeigt, folgten später noch weitere Veränderungen an der Fassade. Über den Zustand des Hauses vor 1867 lassen sich aus den Bauzeichnungen (siehe Abbildung 3)[20] folgende Details entnehmen: Wie beim Nachbarhaus gab es ein Obergeschoß; das untere Dachgeschoß wurde schon vor der Aufstockung bewohnt – straßen- und hofseitig war es jeweils mit einer Gaube versehen. Der Hauseingang lag linksseitig und war offenbar weniger repräsentativ als beim benachbarten Eckhaus. Rechts vom Hauseingang befand sich ein breites Segmentbogenfenster (um 1900 nicht mehr vorhanden, stattdessen zwei schmalere Fenster); linkerseits des Hauseingangs gab es kein Fenster (erst 1867 eingebaut). Beim Eintritt in das Haus gelangte man in einen geräumigen Flur, der sich nach hinten verschmälerte und einen direkten Zugang zum Hof ermöglichte. Linkerseits, etwa in der Mitte des Flures befand sich bis 1867 eine Wendeltreppe, worauf überzeichnete Spuren im Grundriß deuten. Die dann neu erbaute Treppe und eine

---

[16] Ebenda, Grundriß 1860, Bl. 11.
[17] Ebenda, Zeichnung zur Einrichtung eines Ladens, Juni 1880, Bl. 29.
[18] Ebenda, Zusatzband, Vermerk zum Ausbau einer Garage, 19. Oktober 1967, ohne Seitenangabe.
[19] Frühere Bezeichnungen: Grundstücksnummer 959 (auch 959a), Großer Schlamm Nr. 7, Nicolaistraße Nr. 9, Große Nikolaistraße Nr. 9 (vgl. Fußnote 11).
[20] Stadtarchiv Halle, *Bauakte Nicolaistraße 9*, Bl. 7. In den Bauzeichnungen ist der alte Zustand mit schwarzer Farbe, die geplanten Veränderungen mit roter Farbe gezeichnet.

zusätzliche Kammer verkleinerten den vorderen Teil des Flures. Die Raumaufteilung blieb aber nach den baulichen Veränderungen im wesentlichen erhalten: Im Erdgeschoß links vom Flur befand sich zwischen Hofausgang und Treppe eine langgestreckte Küche, rechts vom Flur eine Stube (zur Großen Nikolaistraße hin), gefolgt von einer Kammer und einer in Richtung Hof liegenden Werkstatt. In der ersten Etage lagen zur Straße hin neben dem Flur eine Stube mit Kammer, hofseitig eine Stube mit zwei Kammern und in der Mitte des Hauses (gegenüber der Treppe) eine langgestreckte Küche. Im ersten Dachgeschoß gab es zwei Stuben, zwei Kammern, eine kleine Küche und einen Flur. 1912 mußte das alte Haus dem Neubau des „Vereinshauses Sankt Nikolaus" weichen, das sich über die Grundstücke Große Nikolaistraße 9 bis 11 erstreckt.[21]

Bachs Nachbarn

Da in den Kontributionslisten alle zur Zahlung verpflichteten Bewohner aufgeführt wurden, sind auch Bachs Nachbarn genannt: insgesamt sechs Personen, die im Grundstück Nr. 959 wohnten, jedoch ohne Hinweis darauf, in welchem der Häuser:

– „H. Gründler Kupferstecher" zahlte von 1759 bis 1763 insgesamt 9 Taler, 18 Groschen, 2 Pfennige[22]
– „Mstr: Gottfr: Füssel. Schuster" zahlte von 1759 bis 1763 insgesamt 6 Taler, 18 Groschen, 6 Pfennige[23]
– „H. Bach. Organist" zahlte von 1760 bis 1761 insgesamt 2 Taler, 19 Groschen[24]
– „Mstr: Gottfr: Becker. Pfefferküchler" zahlte von 1759 bis 1763 insgesamt 13 Taler, 6 Groschen, 7 Pfennige[25]
– „Frau Chemnitziussin. Pfannerey" zahlte von 1759 bis 1760 insgesamt 7 Taler, 3 Groschen[26]
– „Frau: Soph: Schultzin." zahlte von 1759 bis 1761 insgesamt 19 Taler, 3 Groschen[27]

Gottfried August Gründler (1710–1775):[28] Sein Vater Johann Andreas war Maler in Altenburg, seine Mutter Johanna Maria geb. Günther stammte aus

---

[21] Ebenda, Vermerk zum Abbruch der Häuser, Bl. 41.
[22] *Haupt-Buch* (wie Fußnote 2), S. 477.
[23] Ebenda.
[24] Ebenda, S. 478.
[25] Ebenda.
[26] Ebenda, Bl. 479.
[27] Ebenda.
[28] *Kurze Lebensgeschichte des berühmten Herzogl. Sächs. Malers und Universitätskupferstechers Herrn Gottfried August Gründler zu Halle*, in: Beschäftigungen der Berlinischen Gesellschaft Naturforschender Freunde, Berlin 1775, S. 454–467;

einem Musikerhaushalt. Gründler ließ sich als Zeichner, Maler und Kupferstecher ausbilden, zudem zeigte er großes Interesse an den Naturwissenschaften und der Mathematik. Nach einem Aufenthalt in Jena kam er 1732 nach Leipzig, wo er sich am 8. Mai „unter die akademischen Bürger aufnehmen ließ".[29] Ende 1733, im selben Jahr, in dem der älteste Bach-Sohn eine Anstellung als Organist an der Sophienkirche in Dresden angenommen hatte, erhielt Gründler die Berufung zum Hofmaler in Saalfeld. In dem ihm gewidmeten Nekrolog heißt es: „Mit jeder Veränderung seines Aufenthalts und seiner Umstände erhielt auch seine Kenntniß in der Naturkunde neuen Zuwachs, und er war unaufhörlich bemüht, selbst darinnen theils vollkomner, theils aber auch andern gemeinnütziger zu werden."[30] 1738 ließ er sich an der Friedrichs-Universität in Halle als Student der Rechte immatrikulieren.[31] Schon zuvor war Gründler beauftragt worden, die um 1700 von August Hermann Francke angelegte Kunst- und Naturalienkammer der Franckeschen Stiftungen neu zu ordnen und zu gestalten. Seine Bemalung der Schränke ziert noch heute die Exponate dieser einzigartigen Sammlung. Bis 1741 arbeitete er an diesem Projekt, das jedoch unvollendet blieb. Berühmtheit erlangten auch Gründlers private Naturaliensammlung und seine Buchillustrationen, beispielsweise das Titelkupfer der deutschen Erstausgabe von Carl Linnés *Systema Naturae* (1740). 1745 – ein Jahr, bevor W. F. Bach sein hallesches Amt antrat – avancierte Gründler zum Universitätsmechanikus und Mathematikus an der Friedrichs-Universität, außerdem war er als Universitätskupferstecher tätig. 1774 wurde er zum Ehrenmitglied der Vereinigung der Naturforschenden Gesellschaft in Berlin berufen. Gründler und seine Ehefrau Christiana Sophia geb. Gießmann hatten vier Kinder, von denen drei zwischen 1749 und 1751 verstarben. Nach dem Tod seiner Ehefrau (1758) ging Gründler keine weitere Ehe ein. Über die Beziehungen Wilhelm Friedemann Bachs zu Gründler sind keine Dokumente bekannt, doch scheinen engere Kontakte durchaus naheliegend. Denn die Gleichaltrigen dürfte nicht nur das Interesse an der Kunst, sondern auch an der Mathematik verbunden haben. Seit 1729 hatte W. F. Bach neben Philosophie und Jura bei den „Herren Professoribus Haussen und Richtern die Mathematik" studiert. „Diese leztere setzte er hernach, als er im Jahre 1733 nach Dresden als Organist bey der St. Sophienkirche beruffen wurde, bey dem … sehr geschickten Hrn. Commißionsrath und Hofmathematico Herrn Walz,

---

siehe auch *Allgemeines Künstlerlexikon*, Bd. 63, München und Leipzig 2009, S. 374 (A. Spalholz).

[29] *Kurze Lebensgeschichte* (wie Fußnote 28), S. 455; siehe auch Erler III, S. 126, jeweils ohne Angabe des Studienfaches.

[30] *Kurze Lebensgeschichte* (wie Fußnote 28), S. 456.

[31] C. L. Preuß, *Matrikel der Martin-Luther-Universität Halle-Wittenberg*, Bd. 2, Halle 1994, S. 105.

annoch fort, und übte sich besonders in der Algebra."[32] Möglicherweise begegneten Bach und Gründler sich bereits 1732/33 als Kommilitonen in Leipzig. Mit großer Wahrscheinlichkeit erlebte Gründler auch Johann Sebastian Bach bei kirchenmusikalischen Aufführungen oder im Zimmermannschen Kaffeehaus mit dem studentischen Collegium musicum, vielleicht mit Wilhelm Friedemann als Solist.

Von den anderen Bewohnern des Grundstückes Nr. 959 wissen wir nur wenig. Maria Sophia Schultze war recht wohlhabend, sie hatte die höchste Kontributionszahlung zu leisten. 1764 gehörte ihr das gesamte Anwesen,[33] die Nikolaistraße Nr. 9 hatte sie schon 1762 erworben.[34] Zuvor – also in der Zeit, als Bach hier lebte – gehörten beide Häuser Peter Daniel du Four.[35] Da dieser in den Kontributionslisten zum Grundstück Nr. 959 nicht aufgeführt ist, wohnte er hier wohl nicht. Zu Wohlstand brachte es auch der Pfefferkuchenbäcker Gottfried Beckert (auch Becker), denn sein Sohn und Nachfolger Johann August kaufte 1770 das Eckhaus Nikolaistraße 8.[36] Die weiteren Nachbarn waren ein Schuster und wohl die Witwe eines Pfänners, also eines Mitinhabers der Halleschen Saline. Wieviele Familienmitglieder zu den in den Listen aufgeführten Personen gehörten, ist generell nicht vermerkt.

Große Klausstraße 12

Bachs Umzug von der Großen Nikolaistraße in die Große Klausstraße erfolgte 1762 oder 1763, jedenfalls noch vor der Kündigung seiner Anstellung als Organist und Musikdirektor der Marktkirche. Der Nachweis seiner Wohnung in einem „Quartiere der Clausbadstube" stammt aus einer Annonce, die Bach in die *Wöchentlichen Hallischen Anzeigen* setzte:[37]

Der durchgängige Beyfall, den eine, von mir seit 10 Jahren herausgegebene Sonato

---

[32] F. W. Marpurg, *Historisch-Kritische Beyträge zur Aufnahme der Musik*, Bd. 1, Berlin 1754, S. 431.

[33] *Grund- und Hypothekenbücher* (wie Fußnote 6), S. 1166, zur Grundstücksnummer 959: „Die Frau Schultzin hat dieses Hauß und Zubehör laut Kauff Contract de confirm: d. 8. May 1764 von Sieur Peter Daniel Du Four … erkauffet".

[34] Stadtarchiv Halle, *Grundbuch der Stadt Halle von 1750 bis zum Jahr 1785/86*, Signatur: *C 3,1*, unter Nikolaiviertel Nr. 959 (bezieht sich auf die alte Nr. 542 = Große Nikolaistraße 9): „Frau Marie Sophie Schultzin 1762".

[35] Ebenda; siehe auch *Grund- und Hypothekenbücher* (wie Fußnote 6), S. 1166. Bis 1751 gehörte das Anwesen Marie du Four.

[36] *Grund- und Hypothekenbücher* (wie Fußnote 6), S. 1173. Das Eckhaus mit anteiligem Hof und Seitengebäude wird nun als Nr. 959b bezeichnet, siehe auch Bauakte *Nicolaistraße 8*.

[37] *Wöchentliche Hallische Anzeigen*, Num. L, 12. Dezember 1763, Sp. 896, unter „Avertissement". Siehe auch Zehler, S. 111 und Serauky (wie Fußnote 1), S. 19.

erhalten, und das beständige Ansinnen guter Freunde haben mich auf die Entschließung gebracht, dieselbe aufs neue zu ediren. Druck und Papier werden bey deren Herausgebung, so sorgfältig beobachtet werden, daß man im voraus versichert ist, daß die gegenwärtige Herausgabe gleichen Beyfall erhalten werde. Dieselbe wird in meinem Quartiere der Clausbadstube für 2 preußl. Drittel zu bekommen seyn. Der Herausgeber empfiehlet sich allen Liebhabern der Music bestens, und ist erböthig, einem jeden mit der größten Bereitwilligkeit zu dienen.
Halle, den 28. Nov. 1763. Bach.

Die Clausbadstube befand sich auf einem Eckgrundstück mit der Bezeichnung Nr. 883 (nach durchgehender Zählung).[38] Um 1765 wurde das Grundstück beschrieben als „Ein Hauß und Hoff nebst der daran haftenden Bade Stuben Gerechtigkeit und Gärtgen so gegenüber an der Stadtmauer lieget" im Wert von 1100 Reichstalern.[39] Von der unmittelbaren Umgebung mit Klaustor und Klausbrücke, wo zwei Saalearme zusammenflließen, und der „Neuen Residenz", die noch kurz vor der Reformation von Kardinal Albrecht erbaut worden war, sind mehrere Abbildungen erhalten.[40] Doch von Bachs Wohnhaus ist keine Darstellung aus dem 18. Jahrhundert bekannt. Immerhin ist auf einem Grundstücksplan aus der Zeit um 1850 die Fläche des Eckgrundstückes ersichtlich,[41] und ein Teil der alten Bausubstanz ist heute noch erhalten: von dem zur Großen Klausstraße hin gelegenen Flügel des Hauses der Keller, das Erdgeschoß und das erste Obergeschoß mit Bohlenstube. Dieser Teil gehörte zu dem einst größeren, 1551 erbauten Eckgebäude, an dem er im 19. Jahrhundert gravierende Veränderungen vorgenommen wurden: Der zur Saale hin liegende Teil des Hauses wurde 1834 abgerissen und dafür ein direkt anschließender Neubau entlang des heutigen Hallorenrings errichtet. Dieser Neubau erstreckte sich über die gesamte Breite des Grundstückes und bezog ein zuvor abgerissenes kleines Nebenhaus ein.[42] Wie aus dem Protokoll einer Begehung 1832 hervorgeht, gab es für den Teilabriß des Eckhauses gute Gründe:

Die Lokalbesichtigung des Dehnschen Hauses hat ergeben, daß der Giebel von der Straße vom Klausthor nach der Halle [gemeint sind die unweit südlich gelegenen

---

[38] Nach der älteren Viertelzählung hatte das Grundstück die Bezeichnung Nikolaiviertel Nr. 386. Daneben war schon seit dem Mittelalter der Straßenname Große Klausstraße üblich, seit 1855 mit der Hausnummer 18, seit 1987 mit der Hausnummer 12.
[39] Stadtarchiv Halle (Dauerleihgabe Landeshauptarchiv Magdeburg), *Grund- und Hypothekenbücher der Stadt Halle (Saale), Nr. 357*, S. 465. Siehe auch Serauky (wie Fußnote 1), S. 19.
[40] Beispielsweise im Stammbuch von Paulus Serrè (1748–1784), Stadtarchiv Halle.
[41] Stadtarchiv Halle, Karten- und Plansammlung *C 3 C*, Flächenplan von Halle, Lithographie von L. Fernow, um 1850.
[42] Stadtarchiv Halle, *Bauakte Große Klaußstraße 12*, Bl. 13: „Zeichnung des der verwittweten Frau Gastgeber Dähne gehörenden hierselbst am Clausthor sub No. 883. belegenen Gehöftes mit Umgebungen … 27. Mai 1834".

Siedehütten] gelegen in der ersten Etage von 3 fuß starken Mauer erbaut, die aber so schlecht beschaffen ist, daß der Einsturz derselben leicht zu befürchten steht, wenn vorzüglich auf die vielen und theils sehr schwer beladenen Wagen, die hier Tag und Nacht paßiren ...[43]

1833 reichte die Hausbesitzerin, die Witwe Marie Dorothee Dähne, den Antrag für den Neubau ein. Zuvor beabsichtige sie, „diesen Theil ... [des Gebäudes] nebst den dahinter belegenen, mir gleichfalls gehörenden Neben Hause, nieder[zu]brechen".[44] Die mit dem Schreiben eingereichte Bauzeichnung[45] zeigt die Lage des „abgeschnittenen" Teils des Eckhauses und des kleinen Nebenhauses, das etwas eingerückt lag (siehe Abbildung 3). Der Neubau sollte nun die Straßenflucht begradigen, wobei die Eigentümerin an Grundstück gewann. Als Ausgleich dafür gab sie einen Streifen von ihrem gegenüberliegenden Gartengrundstück an die Stadt ab. 1835 war das Bauvorhaben beendet. Daß es sich dabei um einen völligen Neubau handelte, bestätigte kürzlich der Hallesche Bauforscher Maurizio Paul. Denn auch im Kellerbereich, wo am ehesten Reste alter Bausubstanz zu erwarten gewesen wären, konnten keine Spuren des Vorgängerbaus aufgefunden werden.[46] Wo sich Bachs Wohnung innerhalb des Gebäudekomplexes befand, läßt sich wiederum nicht ermitteln. Daß er in der besten Wohnung des Hauses – mit der noch erhaltenen Bohlenstube – lebte, ist nicht wahrscheinlich. Denn Bachs finanzielle Lage war in dieser Zeit bekanntermaßen nicht die beste. Außerdem wurden die bequemsten und schönsten Räume zumeist von den Hausbesitzern – seit 1765 dem Bader Johann Emanuel Bergner (auch Bergener)[47] – bewohnt. Die Lage der Badestube bleibt ebenfalls ungewiß. Zu denken wäre vielleicht an das kleine, eingerückte Nebenhaus. Andererseits spricht einiges dafür, daß sie im Erdgeschoß des erhaltenen alten Hausteils an der Großen Klausstraße gelegen haben könnte. Denn dort befinden sich noch heute in Richtung Hof ein Schornstein und eine Feuerungsstelle, die entweder aus dem 18. Jahrhundert stammen oder älter sind. Außerdem führten die alten Wasserleitungen zu diesem Teil des Hauses.[48]

In Halle gab es mehrere Badestuben. Die Clausbadstube war eine von der Stadt schon seit 1554 genehmigte Einrichtung.[49] Als Bach hier einzog, betrieb

---

[43] Ebenda, Bl. 2v.
[44] Ebenda, Bl. 4.
[45] Ebenda, Bl. 13.
[46] Für das beratende Gespräch danke ich M. Paul (Halle).
[47] *Grundbuch* (wie Fußnote 34), unter Nicolai Viertel, Nr. 883 (alte Viertelnummer 386). Zuvor gehörte das Haus Friedrich Golde.
[48] Nach mündlicher Mitteilung von M. Paul (Halle).
[49] Eher zufällig wird über den Bau der Badestube 1554 in *Thomas Cresses Annalen*, Halle 1624 (Stadtarchiv Halle), berichtet. Da Bauarbeiter einen vorbeigehenden Mönch spöttisch attackiert hatten, fand die Begebenheit Einzug in die offizielle Be-

der Bader Johann Emanuel Bergener die Badestube – damals allerdings noch nicht als Hausbesitzer. Ob es neben Bergener und Bach weitere Bewohner im Hause gab, ist nicht ersichtlich. Kontributionsgeld hatte jedenfalls nur Bergener zu zahlen: von 1759 bis 1763 (ausgenommen 1762) die stattliche Summe von insgesamt 21 Talern, 3 Groschen und 1 Pfennig.[50] Nach dem zeitgenössischen Zedler-Lexikon wird als Bader „derjenige genennet, welcher die Freyheit hat eine Bade-Stube zu halten, und von Baden, Schröpffen, wie auch von Bein- und Bruch-Curen Profession macht."[51] Der medizinische Aspekt spielte in der Clausbadstube offenbar keine unwichtige Rolle. Bergeners Sohn Johann Carl, der das Grundstück später erbte, brachte es sogar bis zum Professor der Medizin.[52]

Direkt vor dem Wohnhaus lag ein Verkehrsknotenpunkt der Stadt, denn über die Klausbrücke und durch das Klaustor führte die für Halle wichtigste Ost-Westverbindung, zudem kreuzte hier eine Straße in Nord-Süd-Richtung. So spiegelt dieser Wohnort auch etwas von Bachs Lebenssituation wider, denn nach seiner Kündigung der Anstellung als Musikdirektor an der Marktkirche im Mai 1764 unternahm er ausgedehnte Konzertreisen. Seine Frau Dorothea Elisabeth und die Tochter Friederica Sophia werden wohl weit mehr Zeit in dieser Wohnung verbracht haben als Wilhelm Friedemann Bach.

Im 19. und 20. Jahrhundert wurde der Gebäudekomplex noch mehrmals verändert und es entstanden weitere Anbauten bis hin zum Graseweg. Eine deutliche Veränderung am alten Teil des Hauses erfolgte 1874: Der Renaissanceflügel erhielt ein zweites Obergeschoß, wodurch sich der Charakter des Hauses wesentlich wandelte. Eine Photographie,[53] die noch vor Beginn der Bauarbeiten entstand, zeigt eine mit Schaufenstern bereits modernisierte Fassade, doch das Haus besitzt noch das alte, steile Dach mit Gaube und Dachfenster. Außerdem ist ein Rest des gegenüberliegenden ehemaligen Gartens zu sehen. Eine von Walter Serauky initiierte Gedenktafel an die ehemalige Wohnstätte Bachs befindet sich seit 1950 an dem zum Hallorenring gelegenen, 1834 neu erbauten Teil des Hauses.[54]

---

richterstattung. Siehe auch J. C. von Dreyhaupt, *Ausführliche ... Beschreibung des ... Saal-Creyses*, Halle 1749, Bd. 1, S. 797.

[50] *Haupt-Buch* (wie Fußnote 2), unter Nikolaiviertel Nr. 883, S. 425.
[51] Zedler, Bd. 3, Sp. 240, unter Balneator = Bader.
[52] *Grund- und Hypothekenbücher* (wie Fußnote 39), S. 465.
[53] Stadtarchiv Halle, *1874, BK 8465*.
[54] Serauky (wie Fußnote 1), S. 19: „Eine Gedenktafel an diesem Friedemann Bach-Hause dürfte eine würdige Ehrung des hallischen Meisters sein!"

Abb. 1. Große Nikolaistraße (rechts Mitte: Nr. 8, rechts daneben Nr. 9)
Photographie von Gottfried Riehm, um 1900
Stadtarchiv Halle, *Riehm Nr. 339*.

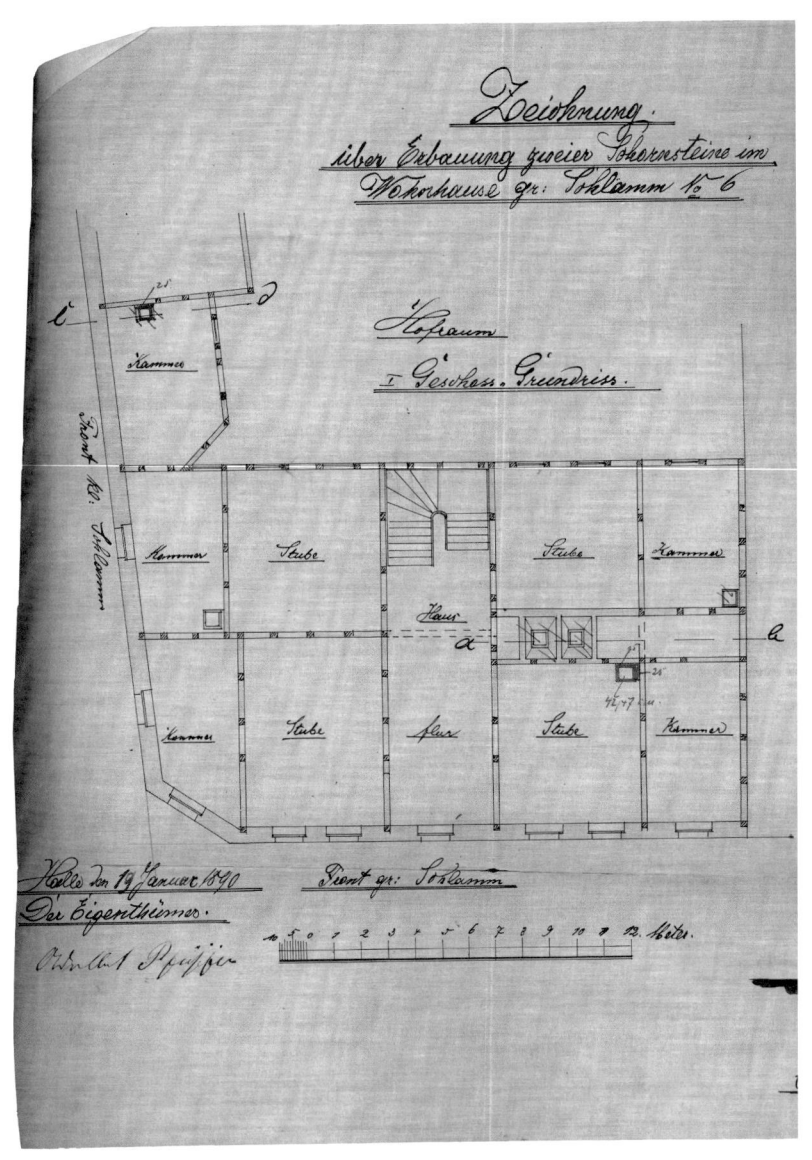

Abb. 2. Große Nikolaistraße 8 (ehemals Großer Schlamm Nr. 6)
Grundriß des Erdgeschosses, 1890
Stadtarchiv Halle, *Bauakte Nicolaistraße 8*, Bl. 56

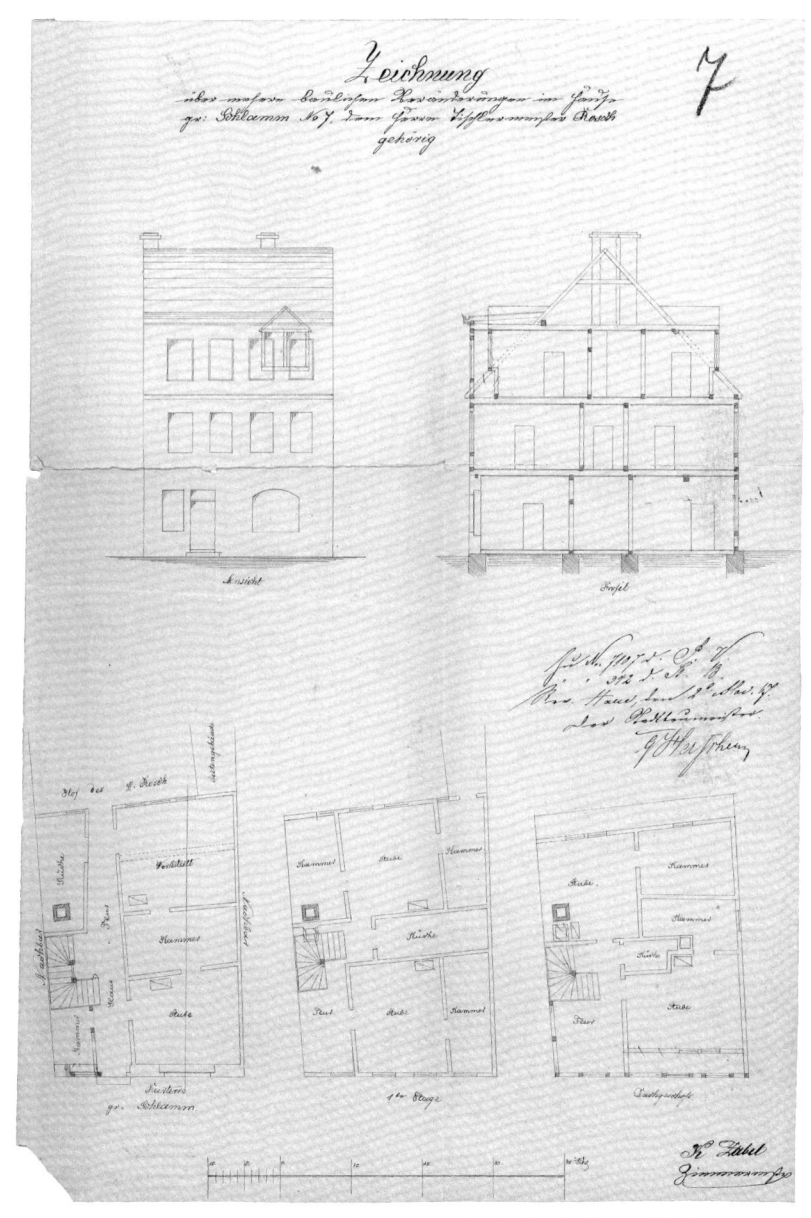

Abb. 3. Große Nikolaistraße 9 (ehemals Großer Schlamm Nr. 7)
Grundrisse, Durchschnitt und Fassadenansicht, 1867
Stadtarchiv Halle, *Bauakte Nicolaistraße 9*, Bl. 7

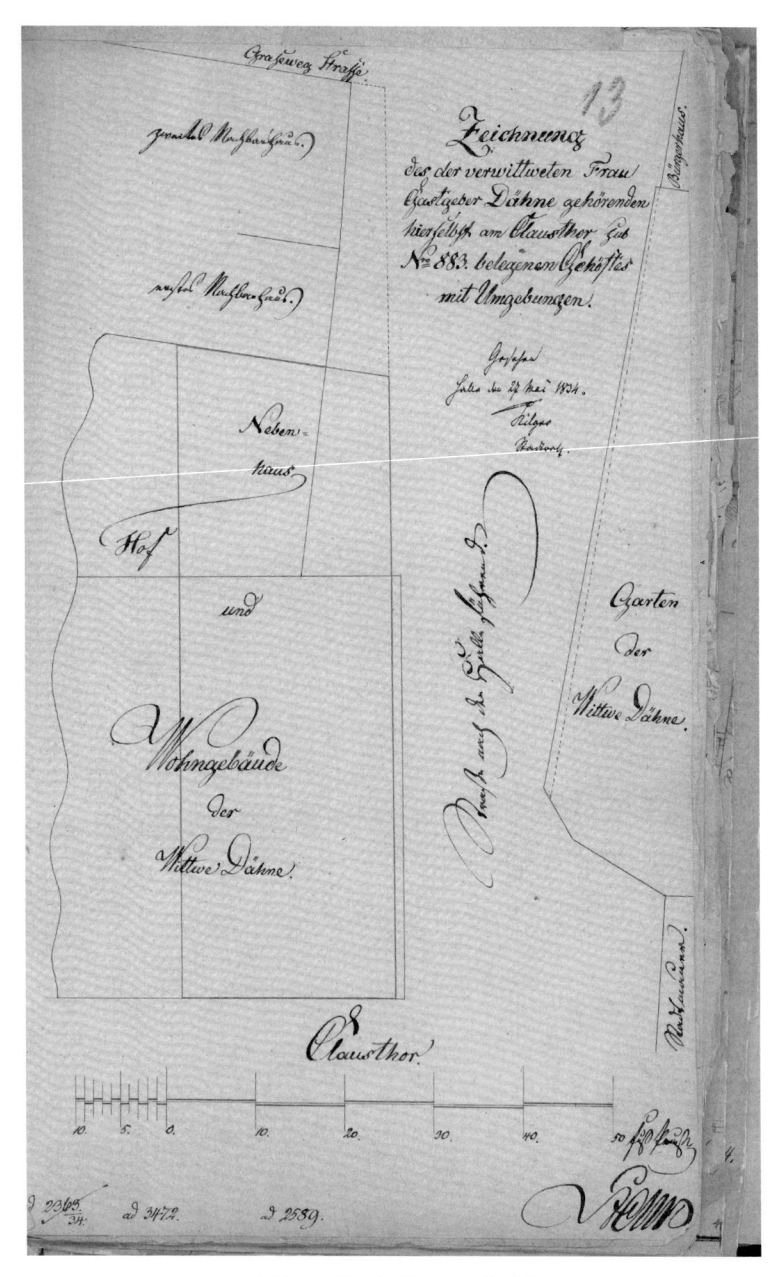

Abb. 4. Große Klausstraße 12
Teilgrundriß, 1834
Stadtarchiv Halle, *Bauakte Große Klausstraße 12*, Bl. 13

Das Bach-Schrifttum 2001–2005

Zusammengestellt von Marion Söhnel (Leipzig)

Die nachstehende Bibliographie des internationalen Bachschrifttums der Jahre 2001 bis 2005 (Buchtitel, Zeitschriftenaufsätze, Besprechungen) basiert im wesentlichen auf der Bach-Bibliographie von Yo Tomita im Internet (http://www.music.qub.ac.uk/tomita/bachbib/index.html), dem Opac der Bibliothek des Bach-Archivs Leipzig sowie der Datenbank des Répertoire international de littérature musicale (RILM).
Inhaltlich bildet sie die Fortsetzung der in den Bach-Jahrbüchern 1967, 1973, 1976, 1980, 1984, 1989, 1994, 2000 und 2005 vorgelegten Bibliographien, formal wurde die Gliederung von 2005 wieder aufgenommen. Entsprechend den bislang geltenden Ausnahmebedingungen wurden auch Titel und Besprechungen einbezogen, die vor oder nach dem Berichtszeitraum entstanden sind und in den früheren Verzeichnissen fehlen. Tageszeitungen, Besprechungen von Tonträgern und CD-Booklets wurden nicht berücksichtigt. Angesichts der Fülle von Veröffentlichungen zu Leben und Werk von Johann Sebastian Bach ist für die gedruckte Bibliographie eine wertende Auswahl unumgänglich. So wurde auf Literatur zu Zeitgenossen und zu den Söhnen verzichtet, wenn die Darstellungen nicht ausdrücklich einen Bezug zu Johann Sebastian Bach haben. Ebenso wurden einzelne Beiträge aus Programmbüchern, Lexika, populärwissenschaftlichen Schriften, Newslettern, Magazinen u.ä. nur ausnahmsweise verzeichnet. Die Nennung von Internet-Beiträgen beschränkt sich auf einige wenige Datenbanken, die für die Forschung bedeutend geworden sind. Die letzte Sachgruppe verzichtet auf die Erfassung von Gedichten.
Inhaltliche Ergänzungen und Erläuterungen, Übersetzungen fremdsprachiger Titel und andere Zutaten wurden in eckige Klammern gesetzt. Namen der Rezensenten von Büchern sind in Klammern nach den Angaben zur Rezension angeführt. Auch diesmal sind Bücher aus vorhergehenden Jahren erfaßt, und zwar in Hinsicht auf die im Berichtszeitraum entstandenen Besprechungen. Die Namen dieser Autoren und Rezensenten erhalten in diesem Fall im Register den Zusatz „x", die Besprechungen sind ohne eigene Numerierung und in Kursivdruck unter der vorhergehenden Nummer aufzufinden. Angestrebt wurde eine wertende, wenn auch möglichst umfassende Zusammenstellung.
Mit Dank sei hervorgehoben, daß Plan und Erarbeitung der Bibliographie nicht zustande gekommen wären ohne die großzügige und weitreichende Hilfe des Bach-Archivs Leipzig. Besonderer Dank gilt Herrn Prof. Dr. Hans-Joachim

Schulze für zahlreiche Hinweise und Anregungen. Ich danke auch der Leiterin der Bibliothek des Bach-Archivs, Frau Kristina Funk-Kunath für die Erstellung einer Übersicht der Literatur von 2001 bis 2005 mit Crystal Reports. Diese ersetzt die chronologische Zettel-Kartei, die nur bis zum Jahr 2000 geführt wurde. Für wertvolle Hilfe bei der Erfassung fremdsprachiger Literatur danke ich Herrn Manuel Bärwald (Bach-Archiv Leipzig), Frau Viera Lippold (Bach-Archiv Leipzig), Frau Natalia Volosin (Leipzig) und Frau Zdravka Andreeva (Sofia). Im Interesse einer umfassenden und korrekten Titelverzeichnung werden Nutzer der Bibliographie und insbesondere Autoren um Hinweise auf einschlägige Veröffentlichungen gebeten sowie nach Möglichkeit um Einsendung eines Belegstückes an die Redaktion.

ABKÜRZUNGEN

AfMw	Archiv für Musikwissenschaft
AmOrg	The American Organist
Bach J	Bach. Journal of the Riemenschneider Bach Institute
BachNotesABS	Bach Notes. The Newsletter of the American Bach Society
BachNotesLBS	Bach Notes. The Journal of the London Bach Society.
BJ	Bach-Jahrbuch
EM	Early Music
EMR	Early Music Review
FMB	Forum Musikbibliothek
GM	Gewandhaus-Magazin
JAMS	Journal of the American Musicological Society
Jb SIM	Jahrbuch des Staatlichen Instituts für Musikforschung Preußischer Kulturbesitz
LBzBF	Leipziger Beiträge zur Bach-Forschung
Mf	Die Musikforschung
ML	Music and Letters
MT	The Musical Times
MuG	Musik und Gottesdienst
MuK	Musik und Kirche
NBG	Neue Bachgesellschaft
NMZ	Neue Musikzeitung, Regensburg 1969ff.
NL ABS	Newsletter der American Bach Society
NZM	Neue Zeitschrift für Musik
ÖMZ	Österreichische Musikzeitschrift
Orchester	Das Orchester: Magazin für Musiker und Management
OYb	The Organ Yearbook
SMZ	Schweizer Musikzeitung
Tonkunst	Die Tonkunst
WüKi	Württembergische Blätter für Kirchenmusik

INHALT

I. Bibliographien, Verzeichnisse, Kataloge, Ausstellungsführer, Lexika (Nr. 1–39)
II. Forschung
    A. Sammelwerke, Festschriften, Konferenzberichte, Jahrbücher (Nr. 40–70)
    B. Forschung, Quellen, Edition, Faksimiles (Nr. 71–146)
    C. Theologische Bach-Forschung (Nr. 147–194)
III. Leben und Werk (Nr. 195–214)
IV. Das Leben
    A. Dokumente, Ikonographie (Nr. 215–219)
    B. Gesamtdarstellungen (Nr. 220–230)
    C. Darstellung einzelner Lebensabschnitte (Nr. 231–247)
    D. Umfeld, Zeitgenossen (Nr. 248–297)
    E. Wirkungsstätten (Nr. 298–306)
    F. Familie (Nr. 307–327)
V. Die Werke
    A. Allgemeine Abhandlungen, Werkgruppen, Bearbeitungen (Nr. 328–434)
    B. Texte, Textfragen (Nr. 435–450)
    C. Kantaten (Nr. 451–525)
    D. Motetten, Messen, Magnificat, Passionen, Oratorien, Choräle (Nr. 526–573)
    E. Orgelwerke (Nr. 574–628)
    F. Klavier- und Lautenwerke (Nr. 629–730)
    G. Orchester- und Kammermusik (Nr. 731–770)
    H. Kunst der Fuge, Musikalisches Opfer, Kanons (Nr. 771–791)
VI. Aufführungspraxis
    A. Aufführungspraxis, Interpretation (Nr. 792–885)
    B. Instrumente (Nr. 886–921)
VII. Wirkungsgeschichte
    A. 18. und 19. Jahrhundert (Nr. 922–1022)
    B. 20. Jahrhundert (Nr. 1023–1059)
    C. Persönlichkeiten (Nr. 1060–1133)
    D. Länder, Orte, Vereinigungen, Institutionen, Veranstaltungen (Nr. 1134–1192)
VIII. Bach-Feste und andere Bach-Veranstaltungen 2001–2005 (Nr. 1193–1246)
IX. Belletristik, Tanz, Theater, Bildende Kunst (Nr. 1247–1270)

Register: Autoren und Herausgeber

I. Bibliographien, Verzeichnisse, Kataloge, Ausstellungsführer, Lexika

1. 200 Jahre C. F. Peters. „Bach war schon immer unsere Nummer 1". 47. Kabinettausstellung im Johann-Sebastian-Bach-Museum, in Verbindung mit C. F. Peters Frankfurt – Leipzig – London – New York, vom 4. Dezember 2000 bis 4. März 2001. Ausstellungskonzeption: Karen Lehmann, Norbert Molkenbur. – Leipzig: Bach-Archiv Leipzig 2000. 16 S.
2. Allgegenwärtig aber unbegreiflich. Der Französische Stil bei Bach. 52. Kabinettausstellung im Johann-Sebastian-Bach-Museum vom 24. April 2002 bis 11. August 2002. Ausstellungskonzeption: Claudia Marks. – Leipzig: Bach-Archiv Leipzig 2002. 12 S.
3. Aufgeführte Werke Johann Sebastian Bachs und anderer Komponisten. Zusammengestellt von Marlis Mauersberger, Hans-Joachim Schulze und Ulla Zacharias. – In: 100 Jahre NBG ... (2001), S. 147–238. [Vgl. Nr. 1134]. [Betr. Aufführungen bei Bachfesten der NBG].
4. Bach-Jahrbuch 1904–2004. Inhaltsverzeichnis der Jahrgänge 1–90. Zusammengestellt von Hans-Joachim Schulze. – In: BJ 90 (2004), S. 251–355. [Vgl. Nr. 47].
5. „Bach-Kultus" in Berlin um 1800. Sara Levy und ihr musikalisch-literarischer Salon. Ausstellung im Gartenhaus des Mendelssohn-Hauses Leipzig vom 30. Oktober bis 15. Dezember 2002. Ausstellungskonzeption: Peter Wollny, Dagmar Paetzold. – Leipzig: Bach-Archiv Leipzig und Internationale Mendelssohn-Stiftung e.V. 2002. 24 S.
6. Bach-Rezeption in der Schweiz. Ausstellung im Lesesaal der Musikabteilung während des Symposiums vom 26. bis 29. März 2003. Katalog mit einer Einführung von Urs Fischer. Hrsg. von der Zentralbibliothek Zürich, Musikabteilung. – Zürich 2003. 25 S.
7. Bachs Nachbarn. Die Familie Bose. [64.] Kabinettausstellung im Johann-Sebastian-Bach-Museum vom 1. September 2005 bis 11. Januar 2006. Ausstellungskonzeption: Kerstin Wiese, Anja Fritz, Verena Klapczynski. – Leipzig: Bach-Archiv Leipzig 2005. 24 S.
8. Bach unterwegs. [63.] Kabinettausstellung im Johann-Sebastian-Bach-Museum vom 7. April 2005 bis 23. August 2005. Ausstellungskonzeption: Maria Hübner. – Leipzig: Bach-Archiv Leipzig 2005. 24 S.
9. Das Alt-Bachische Archiv. Geistliche Musik der Vorfahren Johann Sebastian Bachs. 54. Kabinettausstellung im Johann-Sebastian-Bach-Museum vom 20. November 2002 bis 5. Januar 2003. Ausstellungskonzeption: Peter Wollny. – Leipzig: Bach-Archiv Leipzig 2002. 20 S.

Das Bach-Lexikon, hrsg. von Michael Heinemann unter Mitarbeit von Stephan Franke, Sven Hiemke und Hans-Joachim Hinrichsen.

– *Laaber: Laaber-Verlag 2000.* [Vgl. BJ 91 (2005), Bibliographie Nr. 13].
Besprechungen: (1)–(8) siehe ebenda. (9) EMR 57 (2000), S. 5–6 (Clifford Bartlett). (10) Literatur in Bayern 60 (2000), S. 16–17 (Dietz-Rüdiger Moser). (11) The Organ 3/4 (2000), S. 65 (Christian Ekowski). (12) Die Tonkunst 2 (2004) (Joachim Roller).

10. „… diese Sachen muß man oft spielen". Das Bach-Bild von Fanny Hensel und Clara Schumann. Sonderausstellung im Schumann-Haus Leipzig vom 30. Oktober bis 31. Dezember 2005. Katalog von Petra Dießner. – Leipzig: Bach-Archiv Leipzig 2005. 40 S.

11. „… der vivaldi der berühmte componist und violinspiehler." Antonio Vivaldi (1678–1741) zum 325. Geburtstag. 55. Kabinettausstellung im Johann-Sebastian-Bach-Museum vom 8. Januar 2003 bis 6. April 2003. Ausstellungskonzeption: Brigitte Braun. – Leipzig: Bach-Archiv Leipzig 2003. 28 S.

12. Die Bach-Feste der Neuen Bachgesellschaft. Zusammengestellt von Wolfgang Schmidt – In: 100 Jahre NBG … (2001), S. 135–237. [Vgl. Nr. 1134].

13. Die Bach-Sammlung aus dem Archiv der Sing-Akademie zu Berlin. Katalog und Einführung zur Mikrofiche-Edition. Herausgegeben von der Sing-Akademie zu Berlin. Bearbeitet von Axel Fischer und Matthias Kornemann. – München: K. G. Saur 2003. 162 S. (Die Bach-Sammlung. Supplement II.)
Besprechungen: (1) BJ 89 (2003), S. 271–274 (Hans-Joachim Schulze).

14. Die Bach-Sammlung. Katalog und Register. Nach Paul Kast – Die Bachhandschriften der Berliner Staatsbibliothek, 1958 – vollständig erweitert und für die Mikrofiche-Edition ergänzt. Herausgegeben von der Staatsbibliothek zu Berlin – Preußischer Kulturbesitz. Teil 1: Die Bach-Sammlung.). – München: K. G. Saur 2003. XXIII, 219 S. (Musikhandschriften der Staatsbibliothek zu Berlin – Preußischer Kulturbesitz. Teil 1: Die Bach-Sammlung.)
Besprechungen: (1) BJ 89 (2003), S. 271–274 (Hans-Joachim Schulze).

15. Die Leitungsgremien der Neuen Bachgesellschaft. Zusammengestellt von Wolfgang Schmidt. – In: 100 Jahre NBG … (2001), S. 139–146. [Vgl. Nr. 1134].

Dürr, Alfred; Kobayashi, Yoshitake; Beißwenger, Kirsten: Bach-Werke-Verzeichnis: Kleine Ausgabe (BWV^{2a}) nach der von Wolfgang Schmieder vorgelegten 2. Ausgabe, hrsg. von Alfred Dürr und Yoshitake Kobayashi unter Mitarbeit von Kirsten Beißwenger. Wiesbaden: Breitkopf & Härtel 1998. [Vgl. BJ 91 (2005), Bibliographie Nr. 16].
Besprechungen: (1)–(7) siehe ebenda. (8) EMR 42 (1998), S. 5–6 (Clifford Bartlett). (9) MuG 53/2 (1999), S. 68–69 (Matthias Hochhuth).

(10) AmOrg 33 (1999), S. 70–71 (Frank Morana). (11) OYb 29 (2000), S. 195–196 (Peter Williams). (12) ÖMZ 33/4 (2000), S. 40 (Hans-Joachim Hinrichsen).

16. Die Quellen der Bach-Werke (Göttinger Bach-Katalog). Datenbankaufbau, detaillierte Quellenbeschreibungen und Internetgestaltung: Christine Blanken. – (http://www.bach.gwdg.de/index.html). Online seit 2002.
17. Goethe und Bach. Berührungspunkte. 53. Kabinettausstellung im Johann-Sebastian-Bach-Museum vom 14. August 2002 bis 20. Oktober 2002. Ausstellungskonzeption: Maria Hübner. – Leipzig: Bach-Archiv Leipzig 2002. 12 S.
18. „Ich habe fleißig seyn müssen ...". Johann Sebastian Bach und seine Kindheit in Eisenach. [Katalog zur Sonderausstellung im Bachhaus Eisenach], hrsg. von Franziska Nentwig. – Eisenach: Edition Bachhaus 2004. 43 S.
19. Johann Sebastian Bach in Leipzig: ein Kinderführer durch das Bach-Museum Thomaskirchhof 16. Konzeption und Text: Beate Kaiser. – Leipzig: Bach-Archiv Leipzig 2005. 39 S.
20. Johann Sebastians Frau Liebste. Anna Magdalena Bach zum 300. Geburtstag. 50. Kabinettausstellung im Johann-Sebastian-Bach-Museum vom 12. September 2001 bis 13. Januar 2002. Ausstellungskonzeption: Maria Hübner. – Leipzig: Bach-Archiv Leipzig 2001. 12 S.
21. Kabinettausstellung im Bach-Archiv. „Leipziger Instrumentenbauer der Bachzeit" [19.11.2003–18.04.2004, Ausstellungskonzeption: Brigitte Braun]. – In: Bach Magazin 2 (2003), S. 35.
22. Kennelly, Laura: The Willard Palmer Collection at the Riemenschneider Bach Institute. – In: Bach J 34/1 (2003), S. 72–89. [Vgl. Nr. 48].
23. Kleine Erwachsene. Kinder zur Bachzeit. [61.] Kabinettausstellung im Johann-Sebastian-Bach-Museum vom 9. September 2004 bis 9. Januar 2005. Ausstellungskonzeption: Beate Kaiser und Kathrin Winkler. – Leipzig: Bach-Archiv Leipzig 2004. 24 S.
24. Köpcke, Sebastian und Franziska Nentwig: Johann Sebastian Bach: Ansichtssache [Postkartensammlung. Einzelkarten im Fächer mit Buchschraube]. Eisenach: Edition Bachhaus 2005. [46] S.
25. Leipzigs Bachianer der Romantik. Sammler, Verleger, Virtuosen. [59.] Kabinettausstellung im Johann-Sebastian-Bach-Museum vom 13. Mai 2004 bis 4. Juli 2004. [Ausstellungskonzeption: Anselm Hartinger]. – Leipzig: Bach-Archiv Leipzig 2004. 20 S.

Leisinger, Ulrich und Peter Wollny: Die Bach-Quellen der Bibliotheken in Brüssel. Katalog. – Hildesheim [u.a.]: Olms 1997. [Vgl. BJ 91 (2005), Bibliographie Nr. 26].

Besprechungen: (1)–(2) siehe ebenda. (3) Concerto 14:128 (1997), S. 15 (Thomas Synofzik).

26. Mendelssohns „Sebastianstadt". Berliner und Leipziger Bach-Traditionen begegnen sich. Ausstellung im Gartenhaus des Mendelssohn-Hauses Leipzig vom 31. Oktober bis 30. November 2003. Ausstellungskonzeption: Peter Wollny, Anselm Hartinger. – Leipzig: Bach-Archiv Leipzig und Internationale Mendelssohn-Stiftung e.V. 2003. 20 S.

Nentwig, Franziska: siehe Nr. 24.

27. Papier, Tinte, Schreiber. Detektivische Spuren zu Bach. 48. Kabinettausstellung im Johann-Sebastian-Bach-Museum vom 8. März 2001 bis 13. Mai 2001. Ausstellungskonzeption: Claudia Seidel. – Leipzig: Bach-Archiv Leipzig 2001. 8 S.

28. Reipsch, Brit: Telemann-Werke im BWV – eine Übersicht. – In: Magdeburger Telemann-Studien 18 (2005), S. 120–125. [Vgl. Nr. 68].

29. Resonanzräume. Fotografien von Bianca Hobusch. [56.] Kabinettausstellung im Johann-Sebastian-Bach-Museum vom 10. April 2003 bis 10. August 2003. Ausstellungskonzeption: Bianca Hobusch, Kerstin Wiese. – Leipzig: Bach-Archiv Leipzig 2003. 16 S.

30. Roe, Stephen: The Kohn Collection of music – autograph manuscripts, letters, printed music, books and iconography. – [New York]: Sotheby's 2001. 135 S.

31. Söhnel, Marion: Das Bach-Schrifttum 1996 bis 2000. – In: BJ 91 (2005), S. 125–280. [Vgl. Nr. 47].

32. The century of Bach and Mozart. Perspectives on Historiography, Composition, Theory & Performance. Harvard College library exhibitions on the occasion of an conference dedicated to Professor Christoph Wolff, September 23–December 23, 2005. Houghton Library: Matthias Röder; Eda Kuhn Loeb Music Library: Sarah Adams. – Cambridge (MA): Harvard University 2005. 40 S.

33. Thomaskantoren zwischen Barock und Romantik. [60.] Kabinettausstellung im Johann-Sebastian-Bach-Museum vom 22. April 2004 bis 5. September 2004. Ausstellungskonzeption: Maria Hübner. – Leipzig: Bach-Archiv Leipzig 2004. 20 S.

34. Tomita, Yo: Bach Bibliographie for the global community of Bach scholars. http://www.music.qub.ac.uk/tomita/bachbib/index.html (seit 1997, 1. August 2011: 46.665 Datensätze).

35. Vega Cernuda, Daniel: Bach: Repertorio completo de la música vocal [Span., Werkverzeichnis der Vokalwerke Bachs]. – Madrid: Ediciones Cátedra 2004. 1005 S. (Clásica).
Besprechungen: (1) Scherzo: Revista de musica 21:208 (2006), S. 154 (Pablo J. Vayón). (2) Revista de musicología 29/1 (2006) 383–384 (José Sierra Pérez).

36. Veröffentlichungen und Mitgliedsgaben der Neuen Bachgesellschaft. Zusammengestellt von Ulla Zacharias. – In: 100 Jahre NBG ... (2001), S. 239–251. [Vgl. Nr. 1134].
37. Vom Lakaien zum Organisten. Bach in Arnstadt. [57.] Kabinettausstellung im Johann-Sebastian-Bach-Museum vom 4. September 2003 bis 16. November 2003. Ausstellungskonzeption: Maria Hübner. – Leipzig: Bach-Archiv Leipzig 2003. 16 S.
38. Vom Sammeln, Bewahren und Erschließen. Kostbarkeiten aus dem Bach-Archiv Leipzig. 51. Kabinettausstellung im Johann-Sebastian-Bach-Museum vom 16. Januar 2002 bis 21. April 2002. Ausstellungskonzeption: Cornelia Krumbiegel, Ulrich Leisinger. – Leipzig: Bach-Archiv Leipzig 2002. 16 S.
39. Weber, Édith: Bibliographie sommaire J.-S. Bach. [Frz.]. – In: Ostinato rigore 16 (2001), S. 355–365. [Vgl. Nr. 59].

II. Forschung

A. Sammelwerke, Festschriften, Kongreßberichte

40. Augsburger Bach-Vorträge. Zum 250. Todesjahr von Johann Sebastian Bach. Hrsg. von Marianne Danckwardt. – München: Ernst Vögel 2002. 148 S. (Schriften der Philosophischen Fakultäten der Universität Augsburg. 66.). (Beiträge siehe Nr. 533, 550, 595, 664, 735, 742, 915, 930, 1019).
41. Bach. Das Wohltemperierte Klavier I. Tradition · Entstehung · Funktion · Analyse. Ulrich Siegele zum 70. Geburtstag. Hrsg. von Siegbert Rampe. – München [u. a.]: Katzbichler 2002. 520 S. (Beiträge siehe Nr. 666, 706, 709, 713, 715, 759, 926, 950, 1085).
Besprechungen: (1) http://www.music.qub.ac.uk/tomita/bachbib/review/bb-review_Rampe-WK1.html (Yo Tomita, 8. 12. 2003). (2) Concerto 20:187 (2003), S. 17 (Reinhard Goebel). (3): Eighteenth-century Music 3/1 (2006), S. 155–157 (Yo Tomita).
42. Bach en de theologie – een verkenning van geloof en gevoel. Hrsg. von Theodorus Henricus Maria Akerboom. – Nijmegen: Valkhof Pers 2001. 127 S. (Publiekslezingen Theologische Faculteit Tilburg. 1.). (Beiträge siehe Nr. 147, 152, 191, 220, 437).
Bach für Kenner und Liebhaber. Festschrift zum 70. Geburtstag von Diethard Hellmann. Hrsg. von Martin Petzoldt. Stuttgart: Carus 1998. [Vgl. BJ 91 (2005), Bibliographie Nr. 37].
Besprechungen: (1)–(2) siehe ebenda. (3) NMZ 48/9 (1999), S. 16 (Eckart Rohlfs). (4) MuG 54/1 (2000), S. 34–36 (Ulrich Wilhelm).

43. Bach im Mittelpunkt – Botschaften an die Aufführungspraxis. Symposion, Graz 1999. Bericht. Hrsg. von Johann Trummer. – Regensburg: ConBrio 2001. 176 S. (Neue Beiträge zur Aufführungspraxis. 4.). (Beiträge siehe Nr. 71, 111, 120, 406, 603, 830, 854, 876, 880, 1165, 1169, 1172).

44. Bach – In Salzburg. Festschrift zum 25-jährigen Bestehen der Salzburger Bachgesellschaft. Eine Dokumentation des Symposiums zum Bach-Jahr 2000 in Salzburg, nach einer Idee von Albert F. Hartinger und Siegfried Mauser mit ergänzenden Beiträgen. Hrsg. von Thomas Hochradner im Auftrag der Salzburger Bachgesellschaft. – Salzburg: Tauriska 2002. 125 S. (Beiträge siehe Nr. 163, 425, 593, 877, 1072, 1139, 1190).

    Besprechungen: (1) Musicologica austriaca 22 (2003), S. 145–148 (Theophil Antonicek).

45. Bach-Interpretationen. Eine Zürcher Ringvorlesung zum Bach-Jahr 2000. Hrsg. von Hans-Joachim Hinrichsen und Dominik Sackmann. – Bern [u.a.]: Peter Lang 2003. 221 S. (Zürcher Musikstudien. Forschung und Entwicklung an der HMT Zürich. 3.). (Beiträge siehe Nr. 114, 828, 855, 865, 870, 881, 951).

    Besprechungen: (1) MuG 58/4 (2004), S. 170–171 (A. M.). (2) BJ 93 (2007), S. 267–271 (Anselm Hartinger).

46. Bach-Interpretation und -Rezeption seit dem 18. Jahrhundert. Bach-Fest 2000 in St. Jacobi Hamburg; 9. Internationales Orgelfestival Hamburg von 19.–26. März 2000 [Vorträge]. Hrsg. von Raliza Nikolov. – Schneverdingen: Musikalienhandlung Karl Dieter Wagner 2003. 182 S. + 1 CD. (Beiträge siehe Nr. 161, 970, 979, 995, 1078, 1121, 1142, 1156, 1166).

47. Bach-Jahrbuch. Im Auftrag der Neuen Bachgesellschaft hrsg. von Hans-Joachim Schulze und Christoph Wolff (Jg. 87–90); Peter Wollny (Jg. 91).– Leipzig: Evangelische Verlagsanstalt [Vgl. BJ 91 (2005), Bibliographie Nr. 39];

    Jg. 87 (2001). 189 S. (Beiträge siehe Nr. 127, 278, 312, 316, 405, 427, 475, 506, 579, 772, 822, 904, 922).

    Jg. 88 (2002). 261 S. (Beiträge siehe Nr. 134, 140, 179, 296, 303, 313, 428, 447, 470, 498, 884, 1001).

    Jg. 89 (2003). 274 S. (Beiträge siehe Nr. 105, 108, 109, 112, 123, 129, 133, 135, 146, 272, 295, 445, 507, 538, 588).

    Jg. 90 (2004). 355 S. (Beiträge siehe Nr. 4, 92, 115, 270, 292, 293, 302, 318, 319, 424, 736, 743, 937, 975, 1153).

    Jg. 91 (2005). 315 S. (Beiträge siehe Nr. 31, 106, 231, 268, 279, 306, 567, 944, 1018).

48. Bach. Journal of the Riemenschneider Bach Institute. Baldwin-Wallace College. Hrsg. von Melvin P. Unger – Berea, Ohio: The Riemenschneider Bach Institute, Baldwin-Wallace College.
Jg. 32 (2001): No. 1. III, 79 S. (Beiträge siehe Nr. 488, 719, 1062, 1110). – No. 2. II, 118 S. (Beitrag siehe. Nr. 509).
Jg. 33 (2002): No. 1. III, 84 S. (Beiträge siehe Nr. 249, 328, 776, 798). – No. 2. III, 79 S. (Beiträge siehe. Nr. 93, 187, 778).
Jg. 34 (2003): No. 1. III, 92 S. (Beiträge siehe Nr. 22, 471). – No. 2. III, 109 S. (Beiträge siehe Nr. 585, 710).
Jg. 35 (2004): No. 1. III, 88 S. (Beiträge siehe Nr. 157, 198, 890). – No. 2. II, 72 S. (Beitrag siehe. Nr. 232).
Jg. 36 (2005): No. 1. II, 103 S. (Beiträge siehe Nr. 440, 671, 841). No. 2. II, 124 S. (Beitrag siehe. Nr. 362).

49. Bach, Lübeck und die norddeutsche Musiktradition. Bericht über das Internationale Symposion der Musikhochschule Lübeck April 2000. Hrsg. von Wolfgang Sandberger. – Kassel [u.a.]: Bärenreiter 2002. 288 S. (Beiträge siehe Nr. 234, 239, 253, 264, 273, 275, 291, 297, 380, 407, 592, 624, 675, 727, 842, 885, 909).
Besprechungen: (1) Concerto 10:187 (2003), S. 19 (Thomas Synofzik). (2) OYb 32 (2003), S. 199–200 (Peter Williams). (3) Singen und Musizieren im Gottesdienst 128 (2003), S. 165 (Erwin Mattmann). (4) Ars Organi 53 (2005), S. 266–267 (Birger Petersen).

50. Bach Perspectives.
Vol. 4: The Music of J. S. Bach. Analysis and Interpretation. Hrsg. von David Schulenberg. – Lincoln: University of Nebraska Press 1999
[Vgl. BJ 91 (2005), Bibliographie Nr. 41]
Besprechungen: (1)–(2) siehe ebenda. (3) OYb 29 (2000), S. 202–204 (Peter F. Williams).
Vol. 5: Bach in America. Hrsg. von Stephen A. Crist. – Urbana and Chicago: University of Illinois Press 2003. XIV, 227 S. (Beiträge siehe Nr. 322, 326, 429, 1063, 1076, 1140, 1145, 1152, 1171).
Besprechungen: (1) EM 31/4 (2003), S. 621 (Howard Schott). (2) OYb 32 (2003), S. 206–207 (Peter Williams). (3) ML 85 (2004), S. 280–281 (J. Bunker Clark). (4) Zeitschrift für Lateinamerika 85/2 (2004), S. 280–281 (J. Bunker Clark).

51. Bach-Rezeption im 19. und frühen 20. Jahrhundert. Hrsg. von Felix Friedrich, Frank-Harald Greß und Johannes Roßner. [Beiträge des Symposiums der Gottfried-Silbermann-Gesellschaft Freiberg e.V. vom 15. 4. 2000 in Altenburg]. – Altenburg: E. Reinhold 2003. 160 S. (Freiberger Studien zur Orgel. 7.). (Beiträge siehe Nr. 899, 1003, 1083, 1092, 1103, 1120, 1141, 1154).
Besprechungen: (1) AmOrg 38/5 (2004), S. 74 (James L. Wallman).

52. Bach Studies from Dublin: Selected papers presented at the ninth biennial conference on Baroque music, held at Trinity College Dublin from 12th to 16th July 2000. – Hrsg. von Anne Leahy und Yo Tomita. – Dublin: Four Courts Press 2004. 270 S. (Irish Musical Studies. 8.). (Beiträge siehe Nr. 166, 412, 652, 668, 746, 811, 927, 1025, 1055, 1149, 1188).
Besprechungen: (1) http://www.music.qub.ac.uk/tomita/bachbib/review/bb-review_IMS8.html (Teri Noel Towe, 15.4.2005). (2) EMR 103 (2004), S. 23–24 (Clifford Bartlett). (3) Bach J 36/1 (2005), S. 97–100 (Kerry McCarthy). (4) BachNotesABS 6 (Fall/Winter 2006), S. 9–11 (Evan Scooler).
Bach und die Stile. Bericht über das 2. Dortmunder Bach-Symposium 1998. Hrsg. von Martin Geck in Verbindungmit Klaus Hofmann. Witten:Klangfarben Musikverlag 1999. (Dortmunder Bach-Forschungen. 2.) [Vgl. BJ 91 (2005), Bibliographie Nr. 45].
Besprechungen: (1) Mf 51/4 (1998), S. 446 (Peter Wollny).

53. Bach und seine mitteldeutschen Zeitgenossen. Bericht über das internationale musikwissenschaftliche Kolloquium, Erfurt und Arnstadt 13. bis 16. Januar 2000. Hrsg. von Rainer Kaiser. – Eisenach: Verlag der Musikalienhandlung Karl Dieter Wagner 2001. XXVIII, 251 S. (Schriften zur Mitteldeutschen Musikgeschichte. 4.). (Beiträge siehe Nr. 100, 250, 251, 255, 281–283, 446, 598, 730, 815, 862, 977, 1004, 1021).

54. Bach 2000. Music between Virgin Forest and Knowledge Society. Beiträge des Kongresses Regensburg 2000. Hrsg. von Jiří Fukač [u.a.]. – Santiago de Compostela 2002. 308 S. (Compostela Prize. 2.). [Kurze Beiträge in engl. oder franz. Sprache von Jiří Fukač, Widmar Hader, Jan Slovák, Petr Osolsobě, Miguel Ángel Quintana Paz, Alina Mądry, Torsten Fuchs, Undine Wagner, Rainer Noll, Ingo Schultz, Detlef Felix, Jürgen Christian Mahrenholz, Izabela Bogdan, Patryk Miernikiewicz, Jaroslaw Mianowski, Mikuláš Bek, Naďa Hrčková, Norbert Adamov, Yvetta Kajanová und Lenka Stránská].

55. Cöthener Bach-Hefte. Veröffentlichungen der Bachgedenkstätte Schloß Köthen und des Historischen Museums für Mittelanhalt. – Köthen.
Heft 10/XXIV: Mit Beiträgen aus dem Symposium zum Thema „Das Wohltemperirte Clavier I" vom 12. bis 15. Oktober 2000 sowie mit Beiträgen zu BWV 615, Andreas Werckmeister, „Kabbala paragrammatica". Fürstin Gisela Agnes von Anhalt-Köthen. [Red.: Günther Hoppe]. – Köthen 2002. 206 S. (Beiträge siehe Nr. 262, 372, 628, 685, 720, 1195).
Heft 11/XXVI: Beiträge zum Symposium „Bachs Köthener Jahre zwischen Kontinuität und Wandel" am 3. und 4. September 2002 im Rahmen der 19. Köthener Bach-Festtage vom 29. August bis 8. September

2002. Wissenschaftliche Leitung des Symposiums: Prof. Dr. Hans-Joachim Schulze. Festspielleitung: Hans Georg Schäfer, Intendant. [Red.: Günther Hoppe]. – Köthen 2003. 208 S. (Beiträge siehe Nr. 237, 240, 263, 457, 483, 500, 679, 724).
Heft 12/XXIX: Beiträge zum Symposium „Suiten und Partiten im Werk Johann Sebastian Bachs und seiner Zeitgenossen" am 8. November 2003 im Rahmen des 4. „Köthener Herbstes". Wissenschaftliche Leitung des Symposiums: Prof. Dr. Werner Breig. [Red.: Andreas Waczkat]. – Köthen 2004. 124 S. (Beiträge siehe Nr. 241, 311, 647, 739, 763).
Besprechungen: (1) ML 88 (2007), S. 328–330 (Steven Zohn).

56. „Die Zeit, die Tag und Jahre macht". Zur Chronologie des Schaffens von Johann Sebastian Bach. Bericht über das Internationale Wissenschaftliche Colloquium aus Anlaß des 80. Geburtstages von Alfred Dürr. Göttingen, 13.–15. März 1998. Hrsg. von Martin Staehelin. – Göttingen: Vandenhoeck & Ruprecht 2001. 218 S. (Abhandlungen der Akademie der Wissenschaften zu Göttingen. Philologisch-Historische Klasse. Dritte Folge. Nr. 240.). (Beiträge siehe Nr. 77, 79, 83, 86, 95, 99, 119, 126, 137, 433, 580, 678, 756).
Besprechungen: (1) http://www.music.qub.ac.uk/tomita/bachbib/review/bb-review_Staehelin-Zeit.html (Yo Tomita, 4. 12. 2002).

57. Dortmunder Bach-Forschungen. Hrsg. von Martin Geck. – Dortmund: Klangfarben Musikverlag.
Band 3: Bachs 1. Leipziger Kantatenjahrgang. Bericht über das 3. Dortmunder Bach-Symposium 2000. 2002. 404 S. (Beiträge siehe Nr. 153, 453, 461, 465, 469, 479, 480, 482, 492, 499, 508, 510, 513, 517, 525, 816, 858, 889, 901).
Band 4: J. S. Bach: Das sechste Brandenburgische Konzert. Besetzung, Analyse, Entstehung. (Siehe Nr. 757).
Band 5: Bach's Choral Ideal. (Siehe Nr. 859).
Band 6: Bachs Musik für Tasteninstrumente. Bericht über das 4. Dortmunder Bach-Symposium 2002. 2003. 400 S. (Beiträge siehe Nr. 366, 382, 399, 416, 422, 589, 591, 599, 607, 611, 651, 660, 667, 672, 676, 702, 716, 725, 996, 1005, 1007, 1086, 1160).
Besprechungen: (1) OYb 33 (2004), S. 167–168 (Peter F. Williams).

58. Eggebrecht, Hans Heinrich: Geheimnis Bach. Hrsg. von Albrecht von Massow, Matteo Nanni und Simon Obert – Wilhelmshaven: Florian Noetzel 2001. 216 S. (Taschenbücher zur Musikwissenschaft. 142.). (Beiträge siehe Nr. 78, 155, 156, 222, 236, 349–353, 535).

59. Jean-Sébastien Bach. Hrsg. von Jean-Claude Teboul. – Paris: Jean-Michel Place 2001. 392 S. (Ostinato rigore. Revue internationale d'études musicales. 16.). (Beiträge siehe Nr. 39, 132, 167, 335, 342, 360, 361, 367–369, 490, 610, 634, 674, 697, 733, 794, 933, 956, 957, 1174).

60. Johann Sebastian Bach: Beiträge des Kongresses in Stuttgart 2000 und des Seminars in Hildesheim 2001. Hrsg. von EPTA (European Piano Teachers Association), Sektion der Bundesrepublik Deutschland. – Düsseldorf: Staccato-Verlag 2002. 160 S. (Beiträge siehe Nr. 432, 793, 819, 857, 992, 998, 1045).
61. Johann Sebastian Bach. Das wohltemperierte Clavier [Kroat.]. Hrsg. von Eva Sedak. – Zagreb: Hrvatski Glazbeni Zavod 2004. 24 S. (HGZova biblioteka. 7.). (Beiträge siehe Nr. 631, 645).
62. J. S. Bach: ta iogo epocha v istoriji svitovoi muzičnoi kul'turi. [Ukrain., Bach und seine Epoche in der Geschichte der Weltmusikkultur]. Referate der 1. Wissenschaftlichen Konferenz der Bachgesellschaft Donezk/ Ukraine am 26./27. Mai 2000. [Hrsg.vom Ministerium für Kultur (Ukraine); der Donezker Staatlichen Musikakademie und der Neuen Bachgesellschaft (Leipzig)] – Donezk: Jugo Wostok 2003. 235 S. (Musične Misteztwo. 3.). [Kurze Beiträge von W. Protopopow, L. Reschetnjak, M. Tscherepanin, S. Serenko, W. Terestschenko, S. Stasjuk, L. Gnatjik, I. Gamowa, A. Mizitowa, K. Shabinski, G. Zawgorodnaja, W. Iwantschenko, E. Ponomarenko, W. Olendarjow, L. Wasiljewna, N. Tarasowa, O. Tjurikowa, I. Balaschowa, I. Tukowa, J. Kowalenko, S. Lepilina, A. Sawtschenko, W. Bojkow, L. Rjazanzewa, T. Morgunowa, W. Medwedjewa, S. Sawari, N. Lawrik, N. Stritschan, Sh. Skobzowa und A. Oristschuk.].
Küster, Konrad (Hrsg.): Bach-Handbuch. – Kassel: Bärenreiter; Stuttgart, Weimar: J. B. Metzler 1999.[Vgl. BJ 91 (2005), Bibliographie Nr. 54].
Besprechungen: (1)–(6) siehe ebenda. (7) MuK 70/1 (2000), S. 51–52 (Ingeborg Allihn). (8) Das Orchester 48/4 (2000), S. 77 (Jakob Lustig). (9) Het Orgel 96/6 (2000) (Jan R. Luth). (10) Organ 3/4 (2000), S. 65 (Christian Ekowski). (11) MuG 54/6 (2000), S. 283–284. (12) OYb 30 (2001), S. 231–232 (Peter F. Williams).
63. L'Arte della fuga di Johann Sebastian Bach. Progretto di rielaborazione e completamento. (Hrsg. von Francesco Corrias und Paola Sarcina). – Atti del Convegno Internazionale di Studi (Spoleto, 23 marzo 2000), Spoleto 2001. 92 S. (Beiträge Siehe Nr. 771, 781, 791, 861).
64. Leipziger Beiträge zur Bach-Forschung. Hrsg. vom Bach-Archiv Leipzig. – Hildesheim [u.a.]: Olms [Vgl. BJ 91 (2005), Bibliographie Nr. 55];
Band 3: Die Briefentwürfe des Johann Elias Bach (1705–1755). Herausgegeben und kommentiert von Evelin Odrich und Peter Wollny. Zweite, erweiterte Auflage. – Hildesheim [u.a.]: Olms 2005. (Siehe Nr. 320). [1. Aufl. vgl. BJ 91 (2005), Bibliographie Nr. 55]

Band 5: Bach in Leipzig – Bach und Leipzig. Konferenzbericht Leipzig 2000. Hrsg. von Ulrich Leisinger. – Hildesheim [u.a.] 2002. 624 S. (Beiträge siehe Nr. 103, 122, 145, 215, 242, 246, 269, 325, 356, 387, 390, 423, 464, 468, 476, 478, 481, 536, 541, 556, 569, 587, 617, 646, 714, 741, 773, 823, 824, 974, 1006, 1158, 1173).
Besprechungen: (1) OYb 31 (2002), S. 191–193 (Peter Williams). (2) NMZ 53/3 (2004), S. 52 (Marion Mirwald). (3) EM 30/1 (2005), S. 121–124 (Tanya Kevorkian).
Band 6: Karen Lehmann: Die Anfänge einer Bach-Gesamtausgabe 1801–1865. (Siehe Nr. 976).
Band 7: Musik, Kunst und Wissenschaft im Zeitalter J. S. Bachs. Hrsg. von Ulrich Leisinger und Christoph Wolff. – Hildesheim [u.a.]: Olms 2005. 197 S. (Beiträge siehe Nr. 227, 265, 274, 276, 277, 290, 344, 409, 426).
Besprechungen: (1) FMB 26/3 (2005), S. 330–331 (Inga Mai Groote). (2) OYb 36 (2007), S. 211–212 (Peter Williams). (3) Mf 60 (2008), S. 288 f. (Michael Heinemann).

65. Messe und Parodie bei Johann Sebastian Bach. Hrsg. von Peter Tenhaef und Walter Werbeck. – Frankfurt am Main: Peter Lang 2004. 218 S. (Greifswalder Beiträge zur Musikwissenschaft. 12.). (Beiträge siehe Nr. 178, 364, 402, 403, 419, 444, 448, 517, 528, 540, 562, 565, 570, 581).

66. Nähe aus Distanz. Bach-Rezeption in der Schweiz. Hrsg. von Urs Fischer und Hans-Joachim Hinrichsen. – Winterthur: Amadeus 2005. 338 S. (Veröffentlichungen des Forschungsprojekts „Musik in Zürich – Zürich in der Musikgeschichte" an der Universität Zürich). (Beiträge des Symposiums „Bach-Rezeption in der Schweiz" 2003). [Beiträge siehe Nr. 934, 1030, 1039, 1044, 1071, 1093, 1098, 1105, 1109, 1122, 1124, 1180, 1187, 1191, 1260).
Besprechungen: Musiktheorie 22 (2007), S. 377–379 (Reinmar Emans). (2) MuG 61 (2007), S. 158–159 (Martin Huggel). (3) Fontes Artis Musicae 55 (2008), S. 89–91 (Joachim Jaenecke). (4) Ars Organi 56 (2008), S. 130 (Birger Petersen). (5) Mf 61 (2008), S. 410–411 (Karsten Mackensen).

67. Ovunque lontano dal mondo: Elogio della fantasia [Ital., Nicht von dieser Welt. Eine Lobrede auf die Fantasie]. Hrsg. von Enzo Restagno. – Milano: Longanesi 2001. XX, 361 S. (Beiträge siehe Nr. 637–644, 661, 991, 1024, 1034).

68. Telemann und Bach. [sowie:] Telemann-Beiträge. Hrsg. von Brit Reipsch und Wolf Hobohm. – Hildesheim: Olms 2005. 286 S. (Magdeburger Telemann-Studien. 18.). (Beiträge siehe Nr. 28, 261, 285, 434, 441, 443, 467, 496, 1106).

Besprechungen: (1) BachNotesABS 6 (2006), S. 11–12 (Jeanne Swack). (2) OYb 38 (2009), S. 200 (Peter Williams).
69. Teoretichna konferentsiya, posvetena na 250-godishninata ot smartta na Johann Sebastian Bach Oktomvri 2000, Akademiya za muzikalno i tantsovo izkustvo, Plovdiv [Bulg., Theoretische Konferenz zum 250. Todestag von Johann Sebastian Bach. Oktober 2000. – Akademie für Musik und Tanzkunst, Plovdiv] 2001. 96 S. [Kurze Beiträge von Iliya Kozhuharov, Hans-Georg Mühe, Prof. Dr. Nikolai Davidov, Ivan Hlebarov, Heidrun Miller, Angel Angelov, Hristo Krotev, Adelina Kaludova, Dora Slavcheva, Alyoscha Karabelyov, Nikolina Kroteva, Tsanka Andreeva, Arno Hovagimyan, Maria Boyadzhieva, Valentina Gyuleva, Malina Malinova und Nikolai Andriyanov in bulg. Sprache.].
70. Vom Klang der Zeit. Besetzung, Bearbeitung und Aufführungspraxis bei Johann Sebastian Bach. Klaus Hofmann zum 65. Geburtstag. Hrsg. von Ulrich Bartels und Uwe Wolf. – Wiesbaden [u.a.]: Breitkopf & Härtel 2004. 199 S. (Beiträge siehe Nr. 378, 454, 466, 515, 578, 633, 707, 825, 894, 919, 1016).
Besprechungen: (1) Tonkunst (online) 0406 (2004) (Joachim Roller). (2) Ars Organi 53 (2005), S. 193 (Birger Petersen). (3) BJ 92 (2006), S. 311–314 (Markus Rathey).

B. Forschung, Quellen, Edition, Faksimiles

71. Allihn, Ingeborg: Schreiben über Johann Sebastian Bach: Möglichkeiten und Grenzen einer verbalen Annäherung. – In: Bach im Mittelpunkt … Symposium Graz 1999 (2001), S. 58–66. [Vgl. Nr. 43].
72. Bach, Johann Sebastian: Neue Ausgabe sämtlicher Werke, hrsg. vom Johann-Sebastian-Bach-Institut Göttingen und vom Bach-Archiv Leipzig. Kritische Berichte. – Kassel, Basel [u.a.]: Bärenreiter. [Vgl. BJ 91 (2005), Bibliographie Nr. 64].
Serie II, Band 1a (siehe Nr. 573); Band 5b (siehe Nr. 539);
Serie III, Band 3 (siehe Nr. 568);
Serie IV, Band 9 (siehe Nr. 626); Band 11 (siehe Nr. 575);
Serie VII, Band 4 (siehe Nr. 734).
73. Bach, Johann Sebastian: Sonate G-Dur für Violine und Basso continuo (BWV 1021) und Präludium Cis-Dur (BWV 848/1). [Wiedergabe der Handschrift Go. S. 3 im Besitz des Bach-Archivs Leipzig. Zum Gedenken an den 300. Geburtstag von Anna Magdalena Bach, Hauptschreiberin der Quelle zu BWV 1021]. Mit einer Einführung von Hans-Joachim Schulze. – Frankfurt am Main: C. F. Peters und Evangelische Verlagsanstalt 2001. 16 S. (Faksimile-Reihe Bachscher Werke und Schriftstücke. Neue Folge. 1.).

74. Bach, Johann Sebastian: Orgelbüchlein BWV 599–644. Faksimile nach dem Autograph in der Staatsbibliothek zu Berlin Preußischer Kulturbesitz [Mus. ms. autogr. Bach P 283]. Mit einer Einführung von Sven Hiemke. – Laaber: Laaber-Verlag 2004. XXIX, 188 S. (Meisterwerke der Musik im Faksimile. 6.).
Besprechungen: (1) OYb 33 (2004), S. 158–159 (Peter Williams). (2) MuG 61/5 (2007), S. 203–204 (A. M.).

75. Bach, Johann Sebastian: Aria „Alles mit Gott und nichts ohn' ihn" BWV 1127 [Huldigungsgedicht mit autogr. nachgetragener Komposition, Herzogin Anna Amalia Bibliothek, Weimar]. Einleitung von Michael Maul. Geleitwort von Christoph Wolff. – Kassel [u.a.]: Bärenreiter 2005. 8 S. Faksimile, 15 S. Text + CD. (Documenta Musicologica. 2.33.). (Faksimile-Reihe Bachscher Werke und Schriftstücke. Neue Folge. [2.]).
Besprechungen: (1) http://www.music.qub.ac.uk/tomita/bachbib/review/bb-review_BWV1127.html (Yo Tomita, 10. 5. 2006).

76. Bach, Johann Sebastian: „Michitarita Puraize no Machi" BWV 216 [Jap., „Vergnügte Pleißenstadt". BWV 216]. Faksimileausgabe der Originalstimmen mit Einführung und Gutachten, hrsg. von Tadashi Isoyama [Einführung] und Yoshitake Kobayashi [Gutachten]. – Tokyo: Tokyo Shoseki 2005. 47 S. (Text), 12 S. (Faksimile).

77. Bartels, Ulrich: „Zur Entstehung der Komposition". Forschungsergebnisse zu Chronologie und Werkentstehung in den Kritischen Berichten der Neuen Bach-Ausgabe. – In: „Die Zeit …" (2001), S. 21–38. [Vgl. Nr. 56].

78. Eggebrecht, Hans Heinrich: Mythos Bach. [Vortrag für das Internationale Bachfest Freiburg 1996, erschienen in: Hans Heinrich Eggebrecht, Texte über Musik. Bach, Beethoven, Schubert, Mahler. Essen: Die Blaue Eule 1997, S. 9–17]. – In: Geheimnis Bach, S. 104–116. [Vgl. Nr. 58 und BJ 91 (2005), Bibliographie Nr. 1340].

79. Emans, Reinmar: Gedanken zu Bachs Accompagnato-Rezitativ. – In: „Die Zeit …" (2001), S. 103–120. [Vgl. Nr. 56].

80. Emans, Reinmar: Quellenmischung von Partitur und Stimmen in der Neuen Bach-Ausgabe: Ein legitimes Verfahren der Edition? – In: Musikedition: Mittler zwischen Wissenschaft und musikalischer Praxis, hrsg. von Helga Lühning, Tübingen: Max Niemeyer 2002, S. 97–106.

81. Emans, Reinmar: Die Neue Bach-Ausgabe. – In: Bach und die Nachwelt 4 (2005), S. 289–303. [Vgl. Nr. 1042].

82. Geck, Martin: Köthen 11. bis 15. Oktober 2000: Internationales Bach-Symposion aus Anlaß des 70. Geburtstages von Ulrich Siegele: „Das Wohltemperirte Clavier I" – In: Mf 54 (2001), S. 446–447.

83. Glöckner, Andreas: Bachs vor-Leipziger Kantaten – zwei Exkurse. – In: „Die Zeit ..." (2001), S. 47–58. [Vgl. Nr. 56].
84. Greenberg, Bernard: Experiments in musical intelligence and Bach. – In: Virtual music: Computer synthesis of musical style, hrsg. von David H. Cope. – Cambridge (MA): MIT Press 2001, S. 221–235.
85. Hell, Helmut: „Geschwister" finden zueinander. Das Musikarchiv der Sing-Akademie zu Berlin als Depositum in der Musikabteilung der Staatsbibliothek zu Berlin. – In: Jb SIM 2002, S. 18–24.
86. Heller, Karl: Zur Chronologie des Bachschen Konzertschaffens. Versuch einer Bestandsaufnahme. – In: „Die Zeit ..." (2001), S. 185–208. [Vgl. Nr. 56].
87. Heyder, Bernd: Bachs Generalbass auf der Spur. Symposium zur Continuopraxis (20./21. 2. 2004). Im Rahmen der Stuttgarter Bachwoche. – In: Concerto 21:192 (2004), S. 6–7.
88. Heyder, Bernd: Bach-Bilder zwischen Werk und Mythos. Das Dortmunder Bach-Symposium (30. 6.–3. 7. 2004). – In: Concerto 21:196 (2004), S. 5–6.
89. Higuchi, Ryuichi: Matai Junankyoku (Shokiko) BWV 244b: gi-Altnickol Shahon no Seiritsu to Ongakuteki Tokucho [Jap., Pseudo-Altnickol-Abschrift der Frühfassung der Mattäuspassion BWV 244b und ihre musikalischen Züge]. – In: Geijutsugaku kenkyu 13 (2003), S. 27–36.
90. Hofmann, Klaus: Die rätselhaften Flötenstimmen des Bach-Schreibers Anonymus Vn. Drei Studien. – In: Musikalische Quellen – Quellen zur Musikgeschichte. Festschrift für Martin Staehelin zum 65. Geburtstag, hrsg. von Konrad Ulrich, Göttingen: Vandenhoeck & Ruprecht 2002, S. 247–268.
91. Holborn, Hans Ludwig: Bach and pietism. The relationship of the church music of Johann Sebastian Bach to eighteenth century Lutheran orthodoxy and pietism with special reference to the „Saint Matthew Passion" – Ann Arbor (MI): UMI 2003. XII, 180 S. [Diss., School of Theology Claremont (CA), 1976].
92. Isoyama, Tadashi: Wiederaufgefundene Originalstimmen zur Hochzeitskantate „Vergnügte Pleißenstadt" BWV 216. – In: BJ 90 (2004), S. 199–208. [Vgl. Nr. 47].
93. Jerold, Beverly: Editorial Decisions for Ornaments in Bach's Works. – In: Bach J 33/2 (2002), S. 1–14. [Vgl. Nr. 48].
94. Kaiser, Rainer: Einige Bemerkungen zum Alt-Bachischen Archiv. – In: Bachfest-Buch Eisenach 2001, S. 115–118. [Vgl. Nr. 1196].
95. Kobayashi, Yoshitake: Bachs Eingriffe in wiederaufgeführte Werke. Aufführungspraktische Aspekte. – In: „Die Zeit ..." (2001), S. 89–102. [Vgl. 56].

96. Kobayashi, Yoshitake: Bach to no Taiwa: Bach Kenkyu no Saizensen [Jap., Unterhaltung mit Bach. Bach-Forschung.]. – Tokyo: Shogakukan 2002. 412 S.
Besprechungen: (1) http://booklog.kinokuniya.co.jp/imaiakira/archives/2006/05/post_14.html (Akira Imai, 25. 5. 2006).
97. Kostka, Violetta: Rękopisy z muzyką uczniów Jana Sebastiana Bacha w zbiorach Biblioteki Gdańskiej PAN [Poln., Musikhandschriften mit Werken von Bach-Schülern in der Danziger Bibliothek der Polnischen Akademie der Wissenschaften]. – In: Europejski repertuar muzyczny na ziemiach Polski, hrsg. von Elżbieta Wojnowska, Ludwik Bielawski u. a., Warschau 2003, S. 141–146.
98. Krüger, Ekkehard und Tobias Schwinger: eNoteHistory – Identifizierung von Schreiberhänden in historischen Notenhandschriften mit Werkzeugen der modernen Informationstechnologie. – In: FMB 25/1 (2004), S. 16–43.
99. Krummacher, Friedhelm: Chronologie und Interpretation. Chorsätze in Bachs erstem Kantatenjahrgang. – In: „Die Zeit …" (2001), S. 59–88. [Vgl. Nr. 56].
100. Küster, Konrad: Bachs Umgang mit Vokalmusik Thüringer Komponisten. – In: Bach und seine mitteldeutschen … Kolloquium 2000 (2001), S. 112–126. [Vgl. Nr. 53].
101. Küster, Konrad: Zum Umgang mit Musikeranekdoten des 18. Jahrhunderts: Das Beispiel Bach. – In: Biographie und Kunst als historiographisches Problem. Bericht über die internationale wissenschaftliche Konferenz anläßlich der 16. Magdeburger Telemann-Festtage; Magdeburg, 13. bis 15. März 2002, hrsg. von Joachim Kremer, Wolf Hobohm und Wolfgang Ruf, Hildesheim: Olms 2004 (Telemann-Konferenzberichte. 14.), S. 142–160.
102. Leaver, Robin A.: Ms. Bach P 271, a Unified Collection of Choralebased pieces for Organ? – In: BachNotesABS 1 (2004), S. 1–4.
103. Leisinger, Ulrich: Die Handschriftensammlung der Sing-Akademie zu Berlin im „Archiv-Museum für Literatur und Kunst der Ukraine" in Kiew und ihre Bedeutung für künftige Forschungsvorhaben. (Round Table). – In: LBzBF 5 (2002), S. 333–384. [Vgl. Nr. 64].
104. Marx, Hans Joachim: Bericht über das Gesprächskonzert: „Finderglück: Eine neue Kantate von J. S. Bach? von G. F. Händel? – Meine Seele soll Gott loben (BWV 223)". – In: Göttinger Händel-Beiträge 10 (2005), S. 179–204.
105. Maul, Michael und Peter Wollny: Quellenkundliches zu Bach-Aufführungen in Köthen, Ronneburg und Leipzig zwischen 1720 und 1760. – In: BJ 89 (2003), S. 97–141. [Vgl. Nr. 47].

106. Maul, Michael: „Alles mit Gott und nichts ohn' ihn" – Eine neu aufgefundene Aria von Johann Sebastian Bach. – In: BJ 91 (2005), S. 7–34. [Vgl. Nr. 47].
107. [Maul, Michael]: Oh Gott, das sieht ja aus wie Bach! – In: Bach Magazin 6 (2005), S. 16–19.
108. Melamed, Daniel R.: Bach und Palestrina – Einige praktische Probleme I. – In: BJ 89 (2003), S. 221–224. [Vgl. Nr. 47].
109. Milka, Anatoli P.: Zur Herkunft einiger Fugen in der Berliner Bach-Handschrift P 296. – In: BJ 89 (2003), S. 251–258. [Vgl. Nr. 47].
110. Morton, Wyant: Questions of authenticity in three motets attributed to Johann Sebastian Bach – Ann Arbor (MI): UMI 2003. 46 S. [Diss., The University if Arizona, Tucson (AZ) 1992].
111. Prinz, Ulrich: Quellen – Edition – Aufführungspraxis. – In: Bach im Mittelpunkt ... Symposium Graz 1999 (2001), S. 42–57. [Vgl. Nr. 43].
112. Rempp, Frieder: J. S. Bach oder ...? Zu zwei Johann Sebastian Bach zugeschriebenen Rezitativen aus einem apokryphen Kantatenpasticcio. – In: BJ 89 (2003), S. 233–250. [Vgl. Nr. 47].
113. Renwick, William: The Langloz Manuscript: Fugal Improvisation through Figured Bass. – Oxford, New York: Oxford University Press 2002. XVII, 190 S.
Besprechungen: (1) http://www.music.qub.ac.uk/tomita/bachbib/review/bb-review_Renwick-Langloz.html (Yo Tomita, 5. 8. 2002). (2) EM 29 (2001), S. 452–453 (David Yearsley). (3) The Tracker 46/4 (2002), S. 3–4 (Frank Morana). (4) ML 83/2 (May 2002), S. 287–289 (Glen Wilson). (5) The American Organist 37/1 (2003), S. 51–52 (Frank Morana). (6) The Diapason 97/12 (2006), S. 16 (Lynn Cavanagh).
114. Rust, Wilhelm: Bearbeitung des Duetts aus der Kanate BWV 37. [Faksimile, hrsg. von Hans-Joachim Hinrichsen.] – In: Bach-Interpretationen ... Zürcher Ringvorlesung 2000 (2003), S. 207–214. [Vgl. Nr. 45].
115. Schabalina, Tatjana: Ein weiteres Autograph Johann Sebastian Bachs in Rußland: Neues zur Entstehungsgeschichte der verschiedenen Fassungen von BWV 199. – In: BJ 90 (2004), S. 11–39. [Vgl. Nr. 47].
116. Schabalina, Tatjana: Jeschtjo odin avtograf Jochanna Sebastiana Bacha [Russ., Noch ein Autograph von Johann Sebastian Bach]. – In: Starinnaja Musyka 3–4 (2004), S. 8–14.
117. Schabalina, Tatjana: Isvestnyj i neizvestnyj avtograf I. S. Bacha [Russ., Ein bekanntes und ein unbekanntes Autograph von Johann Sebastian Bach]. – In: Jezhegodnik Rukopisnogo otdela Pushkinskogo Doma, St Petersburg: D. Bulanin 2004, S. 5–32.
118. Schulze, Hans-Joachim: Vorträge und Konferenzen anläßlich der Bach-Feste der Neuen Bachgesellschaft. – In: 100 Jahre NBG ... (2001), S. 56–66. [Vgl. Nr. 1134].

119. Schulze, Hans-Joachim: Probleme der Werkchronologie bei Johann Sebastian Bach. – In: „Die Zeit ..." (2001), S. 11–20. [Vgl. Nr. 56].
120. Schulze, Hans-Joachim: Über die Wechselwirkung von Forschung und Aufführungspraxis. – In: Bach im Mittelpunkt ... Symposium Graz 1999 (2001), S. 35–41. [Vgl. Nr. 43].
121. Schulze, Hans-Joachim: Hamburger Passionsmusiken in der Bibliothek der Sing-Akademie zu Berlin. Ein vorläufiger Nachtrag zu Heinrich Miesners „Carl Philipp Emanuel Bach in Hamburg". – In: Critica musica. Studien zum 17. und 18. Jahrhundert. Festschrift Hans Joachim Marx zum 65. Geburtstag. Hrsg. von Nicole Ristow, Wolfgang Sandberger und Dorothea Schröder. Stuttgart [u.a.]: J.B. Metzler 2001, S. 271–279.
122. Schulze, Hans-Joachim: Zur Kritik des Bach-Bildes im 20. Jahrhundert. – In: LBzBF 5 (2002), S. 13–25. [Vgl. Nr. 64].
123. Schulze, Hans-Joachim: Eine verschollene Choralpartita Johann Sebastian Bachs? – In: BJ 89 (2003), S. 229–232. [Vgl. Nr. 47].
124. Schulze, Hans-Joachim: „Vierstimmige Choraele, aus den Kirchen Stücken des Herrn J.S. Bachs zusammen getragen". Eine Handschrift Carl Friedrich Faschs in der Bibliothek der Sing-Akademie zu Berlin. – In: Jb SIM 2003, S. 9–30.

Schwinger, Tobias: siehe Nr. 98.

125. Siegele, Ulrich: Im Blick von Bach auf Telemann: Arten, ein Leben zu betrachten. – In: Biographie und Kunst ... (2004), S. 46–89. [Vgl. Nr. 101].
126. Staehelin, Martin: Laudatio auf Alfred Dürr, anläßlich der öffentlichen Feierstunde für Alfred Dürr. – In: „Die Zeit ..." (2001), S. 209–214. [Vgl. Nr. 56].
127. Stanley, Glenn: Arnold Scherings Bach – Symbol eines Zeitalters. – In: BJ 87 (2001), S. 99–116. [Vgl. Nr. 47].
128. Svobodov, Valerij Aleksandrovič: Violončel'nye sjuity I.S. Baha: Avtograf, problemy tekstologii, osobennosti ispolnitel'skoj interpretacii [Russ.; Die Violoncello-Suiten J.S. Bachs. Das Autograph, Lesarten-Probleme, Besonderheiten der Ausgabe hinsichtlich der Interpretation]. – Sankt-Peterburg: Rossijskij Institut Istorii Iskusstv, Sektor Instrumentovedenija 2003. 103 S. [Enth. Faksimile von BWV 1007].
129. Talle, Andrew: Nürnberg, Darmstadt, Köthen – Neuerkenntnisse zur Bach-Überlieferung in der ersten Hälfte des 18. Jahrhunderts. – In: BJ 89 (2003), S. 143–172. [Vgl. Nr. 47].
130. Unger, Melvin P.: Uncovering Text-Music Connections with a Relational Database: Towards an Objective Measurement of Melodic Pitch Diversity in Relation to Literary Themes in Bach's Church Cantata Recitatives. – In: Computers and the Humanities 38/3 (2004), S. 271–297.

131. Voß, Egon: Fast die Quadratur des Kreises: Zur Edition der Suiten für Violoncello solo von Johann Sebastian Bach BWV 1007–1012. – In: Schrift – Text – Edition. Hans Walter Gabler zum 65. Geburtstag, hrsg. von Christiane Henkes, Tübingen: Max Niemeyer 2003 (Beihefte zu Editio. 19.), S. 305–312.
132. Weber, Édith: Bach: signature, idée musicale et hommage. – In: Ostinato rigore 16 (2001), S. 7–16. [Vgl. Nr. 59].
133. Werbeck, Walter: Bach und der Kontrapunkt. Neue Manuskript-Funde. – In: BJ 89 (2003), S. 67–95. [Vgl. Nr. 47].
134. Wiermann, Barbara: Bach und Palestrina. Neue Quellen aus Johann Sebastian Bachs Notenbibliothek. – In: BJ 88 (2002), S. 9–28. [Vgl. Nr. 47].
135. Wiermann, Barbara: Bach und Palestrina – Einige praktische Probleme II. – In: BJ 89 (2003), S. 225–227. [Vgl. Nr. 47].
136. Williams, Peter F.: Recent questionable approaches to J. S. Bach. – In: Fiori musicologici. Studi in onore di Luigi Ferdinando Tagliavini nella ricorrenza del suo LXX compleanno, hrsg. von François Seydoux, Giuliano Castellani und Axel Leuthold, Bologna: Pàtron 2001, S. 553–572.
137. Wolf, Uwe: Eine zukünftige „elektronische NBA" als Arbeitsmittel werkchronologischer Forschung. – In: „Die Zeit …" (2001), S. 39–46. [Vgl. Nr. 56].
138. Wolff, Christoph: Das Bach-Jahrbuch. – In: 100 Jahre NBG … (2001), S. 49–53. [Vgl. Nr. 1134].
139. Wolff, Christoph: Recovered in Kiev: Bach et al. A Preliminary Report on the Music Archive of the Berlin Sing-Akademie. – In: Notes 58/2 (2001), S. 259–271.
140. Wolff, Christoph und Mitarbeiter des Bach-Archivs: Zurück in Berlin: Das Notenarchiv der Sing-Akademie. Bericht über eine erste Bestandaufnahme. – In: BJ 88 (2002), S. 165–180. [Vgl. Nr. 47].
141. Wolff, Christoph: Wiederentdeckt und wiedergewonnen. Das Notenarchiv der Sing-Akademie aus der Perspektive der Musikforschung. – In: Jb SIM 2002, S. 9–17.
142. Wolff, Christoph: Totes Papier – lebendige Noten?: Restaurierung der Bach-Autographen. – In: Jahrbuch Preußischer Kulturbesitz 40 (2003), S. 303–311.
143. Wolff, Christoph: A New Bach Source via the Internet and Regular Mail. – In: BachNotesABS 1 (2004), S. 11.
144. Wolff, Christoph: Images of Bach in the Perspective of Basic Research and Interpretative Scholarship. – In: The Journal of Musicology (2005), S. 503–520.

145. Wollny, Peter: Ein Quellenfund in Kiew. Unbekannte Kontrapunktstudien von Johann Sebastian und Wilhelm Friedemann Bach. – In: LBzBF 5 (2002), S. 275–287. [Vgl. Nr. 64].
146. Wollny, Peter: siehe Nr. 105.

→ Siehe auch folgende Nummern aus anderen Rubriken: 241, 269, 895.

C. Theologische Bach-Forschung, Geisteswissenschaftliche Betrachtungen

147. Akerboom, Dick: Bach en de traditie. Soli Deo Gloria. – In: Bach en de theologie ... (2001), S. 11–39. [Vgl. Nr. 42].
148. Andersen, Håkon: Bach-kantaten som prekenmusikk og som kunst [Norweg., Bach-Kantaten als Predigtmusik oder als Kunst]. Hovedoppgave ved Avdeling for musikkvitenskap, Institutt for musikk og teater, universitet i Oslo. – Oslo: Høsten 2002. 155 S.
149. Arnold, Markus: Magnifikat: Der Lobgesang der Maria – Gedanken zur Vertonung von Johann Sebastian Bach. – Dornhan: Fischbach 2001. 36 S.
150. Bangert, Mark P.: The Meaning of the Great Three Days as Context for the Passions of Bach. – In: Passion, Affekt und Leidenschaft in der Frühen Neuzeit (Band 2), hrsg. von Johann Anselm Steiger, Wolfenbüttel: Herzog August Bibliothek 2005, S. 591–605. (Wolfenbütteler Arbeiten zur Barockforschung. 43.).
151. Blankenburg, Walter: Theologische Bachforschung heute – In: Bach und die Nachwelt 4 (2005), S. 375–389. [Vgl. Nr. 1042].
152. Clement, Albert: Bach en de theologie. – In: Bach en de theologie ... (2001), S. 74–115. [Vgl. Nr. 42].
153. Crist, Stephen A.: Historische Theologie und Hymnologie als Interpretationshilfen für Bachs Kantate „Ich elender Mensch, wer wird mich erlösen" (BWV 48). – In: Dortmunder Bach-Forschungen 3 (2002), S. 303–323. [Vgl. Nr. 57].
154. Crist, Stephen A.: Historical Theology and Hymnology as Tools for Interpreting Bach's Church Cantatas: The Case of „Ich elender Mensch, wer wird mich erlösen", BWV 48. – In: Historical Musicology: Sources, Methods, Interpretations. Festschrift for Robert L. Marshall, hrsg. von Stephen A. Crist und Roberta Montemorra Marvin, Rochester (NY): University of Rochester Press 2004, S. 57–81. (Eastman Studies in Music. 28.).
155. Eggebrecht, Hans Heinrich: Religiosität. – In: Bach und die Moderne, hrsg. von Dieter Schnebel, Wiesbaden: Harrassowitz 1995, S. 37–46. [Vgl. BJ 86 (2000), Bibliographie Nr. 138]. – Wiederabdruck in: Hans Heinrich Eggebrecht: Geheimnis Bach (2001), S. 179–193. [Vgl. Nr. 58].

156. Eggebrecht, Hans Heinrich: „Nicht gebe ich euch, wie die Welt gibt" – Bachs Theologie. [Vortrag für die Internationale Bachakademie Stuttgart 1998]. – In: Geheimnis Bach (2001), S. 194–203. [Vgl. Nr. 58].
157. Elferen, Isabella van: „Recht bitter und doch süße". Textual and Musical Expression of Mystical Love in German Baroque Meditations of Christ's Passion. – In: Bach J 35/1 (2004), S. 1–28. [Vgl. Nr. 48].
158. Fischer, Ulrich: „Herr, wenn die stolzen Feinde schnauben". Predigt über die 6. Kantate des Weihnachtsoratoriums von J. S. Bach. – In: Gotteslob im Klang der Zeit. Rolf Schweizer zum 65. Geburtstag, hrsg. von Jan Badewien und Michael Nüchtern, München: Strube 2001, S. 61–65.
159. Gottwald, Clytus: Bach, Kagel und die Theologie des Atheismus. – In: Bach und die Nachwelt 4 (2005), S. 59–80. [Vgl. Nr. 1042].
160. Groves, Peter: „Something Glorious": Describing Redemption with Wittgenstein and Bach. – In: Theology 104:817 (2001), S. 26–33.
161. Hiemke, Sven: Bach und die kirchenmusikalische Erneuerungsbewegung. – In: Bach-Interpretation … Konferenzbericht Hamburg 2000 (2003), S. 163–172. [Vgl. Nr. 46].
162. Hofreiter, Paul W.: Bach and the Divine Service: The B Minor Mass. – In: Concordia Theological Quarterly 66/3 (2002), S. 221–254.
163. Horn, Werner: Johann Sebastian Bach als Theologe. – In: Bach – In Salzburg … Symposium 2000 (2002), S. 19–33. [Vgl. Nr. 44].
164. Leaver, Robin A.: Luther and Bach, the „Deutsche Messe" and the Music of Worship. – In: The Lutheran quarterly 15/3 (2001), S. 317–335.
165. Leaver, Robin A.: Johann Sebastian Bach and the Lutheran Understanding of Music. – In: The Lutheran quarterly 16 (2002), S. 21–47.
166. Leaver, Robin A.: Eschatology, theology and music. Death and beyond in Bach's vocal music. – In: Bach Studies from Dublin … (2004), S. 129–147. [Vgl. Nr. 52].
167. Lyon, James: La place du Kirchengesangbuch dans la pensee et l'œuvre de Johann Sebastian Bach. – In: Ostinato rigore 16 (2001), S. 125–145. [Vgl. Nr. 59].
168. Mahrenholz, Jürgen Christian: Die hermeneutische Morphologie mit den Verkündigungsinhalten des Johannis- und des Michaelisfestes im Kantatenwerk Joh. Seb. Bachs. – Uchte: Druck Wichmann 2003. 155 S.
169. Marissen, Michael: The Character and Sources of the Anti-Judaism in Bach's Cantata 46. – In: The Harvard Theological Revue 96 (2003), S. 63–99.
170. Marissen, Michael: Blood, People, and Crowds in Matthew, Luther, and Bach. – In: The Lutheran Quarterly 19 (2005), S. 1–22.
171. Medňanský, Karol: Tradícia Lutherovej reformácie v tvorbe Johanna

Sebastiana Bacha [Slowak.]. – In: Slovenská hudba 31 (2005), S. 281–292.
172. Morris, Clayton Leslie: The Saint Matthew passion of Johann Sebastian Bach. An examination of the composer's theological interpretation of the passion narrative. – Ann Arbor (MI): UMI 2003. III, 3, 320 S. [Diss., Graduate Theological Union, Berkeley (CA) 1986].
173. Petersen-Mikkelsen, Birger: Praedicatio sonora. Musik und Theologie bei Johann Sebastian Bach. – In: Kirchenmusik und Verkündigung – Verkündigung als Kirchenmusik: die Referate des Symposions zum Verhältnis von Theologie und Kirchenmusik, hrsg. von Birger Petersen-Mikkelsen und Astri Podsiadlowski, Norderstedt: Books on Demand 2003. (Eutiner Beiträge zur Musikforschung. 4.), S. 45–60.
174. Petzoldt, Martin: Theologisches Todesverständnis und seine musikalische Umsetzung in der mitteldeutschen Kulturlandschaft am Beispiel der „Musikalischen Exequien" von Heinrich Schütz und der Kantate „Christ lag in Todes Banden" von Johann Sebastian Bach. – In: Tod und Musik im 17. und 18. Jahrhundert, hrsg. von Günter Fleischhauer, Wolfgang Ruf, Bert Siegmund und Frieder Zschoch, Michaelstein: Stiftung Kloster Michaelstein 2001. (Michaelsteiner Konferenzberichte. 59.), S. 15–29.
175. Petzoldt, Martin: Die Liebe als Existenzform des Glaubens. Beobachtungen an der Kantate BWV 49. – In: MuK 72 (2002), S. 362–371.
176. Petzoldt, Martin: Mitten in den Leiden ein Trostwort. Bachs Verständnis des „De profundis". – In: MuK 73 (2003), S. 300–309.
177. Petzoldt, Martin: Bach-Kommentar. Theologisch-musikalische Kommentierung der geistlichen Vokalwerke Johann Sebastian Bachs. Band I: Die geistlichen Kantaten des 1. bis 27. Trinitatis-Sonntages. Musikwissenschaftliche Beratung: Don O. Franklin. – Stuttgart: Internationale Bachakademie; Kassel [u.a.]: Bärenreiter 2004. 726 S. (Schriftenreihe der Internationalen Bachakademie Stuttgart. 14.1.). Besprechungen: (1) BJ 70 (2004), S. 245–249 (Hans-Joachim Schulze). (2) MuK 74 (2004), S. 328 (Meinrad Walter). (3) Concerto 21:199 (2004/2005), S. 23–24 (Bernd Heyder). (4) Notes 61 (2005), S. 1008–1010 (Robin A. Leaver). (5) SMZ 6/Nr. 11 (2004), S. 31 (Bernhard Billeter). (6) Tonkunst (2005, online) (Joachim Roller). (7) Il Saggiatore Musicale 13 (2006), S. 436–438 (Raffaele Mellace).
178. Petzoldt, Martin: Bachs Bemühung um das Ordinarium des Gottesdienstes. – In: Greifswalder Beiträge zur Musikwissenschaft 12 (2004), S. 117–122. [Vgl. Nr. 65].
179. Rathey, Markus: Ästhetik eines „Fragments" – Anmerkungen zur Tradition des Schlußsatzes der Kantate „Nun komm der Heiden Heiland" BWV 61. – In: BJ 88 (2002), S. 105–117. [Vgl. Nr. 47].

180. Rink, Beat: Jauchzet, frohlocket ... Die Botschaft des Weihnachtsoratoriums von Johann Sebastian Bach. – Giessen: Campus für Christus 2003. 47 S.
181. Rothaug, Diana: „Mit Freuden zum Himmlischen Schaffstall": Hirtenmetaphorik in der lutherischen Orthodoxie und in Bachs Kantaten BWV 85 und 104. – In: Das Motiv des guten Hirten in Theologie, Literatur und Musik, Tübingen: Francke 2002. (Mainzer Hymnologische Studien. 5.), S. 141–179.
182. Scheide, William H.: Johann Sebastian Bach as a biblical interpreter. – Ann Arbor (MI): UMI 2003. 40 S. [Repr. der Ausgabe Princeton (NJ), 1952. [Vgl. BJ 40 (1953), Bibliographie Nr. 163].
183. Smend, Rudolf: Von der Klugheit. Predigt über Matthäus 25, 1–13 im Anschluß an die Kantate Nr. 140 „Wachet auf, ruft uns die Stimme" von Johann Sebastian Bach am 24. November 1985 (Letzter Sonntag des Kirchenjahres) im Universitätsgottesdienst in der St. Albanikirche in Göttingen. – In: Musikalische Quellen ... (2002), S. 493–495. [Vgl. Nr. 90].
184. Steiger, Lothar: „Kommt, ihr Töchter, helft mir klagen". Predigt zur Matthäuspassion Johann Sebastian Bachs. – In: Gotteslob im Klang der Zeit ... Festschrift Schweizer 2001. S. 66–74. [Vgl. Nr. 158].
185. Steiger, Lothar: Bach als Prediger der Reformation [betr. BWV 9]. – In: Der Freund des Menschen. Festschrift für Georg Christian Macholz zur Vollendung des 70. Lebensjahres, hrsg. von Arndt Meinhold und Angelika Berlejung, Neukirchen-Vluyn: Neukirchener Verlag 2003, S. 269–282.
186. Steiger, Renate: Gnadengegenwart. Johann Sebastian Bach im Kontext lutherischer Orthodoxie und Frömmigkeit. – Stuttgart-Bad Canstett 2002. XXIII, 397 S. + 2 CDs. (Doctrina et Pietas, Abteilung II, Varia, Band 2).
Besprechungen: (1) BJ 88 (2002), S. 257–261 (Markus Rathey). (2) Bach J 35/2, S. 60–68 (Mark Bangert).
187. Steiger, Renate: Dialogue Structures in J. S. Bach's Cantatas: The Basic Form of Worship as a Model for Artistic Shaping. – In: Bach J 33/2 (2002), S. 35–70. [Vgl. Nr. 48].
188. Steiger, Renate: Johann Sebastian Bachs Kantaten zum 10. Sonntag nach Trinitatis und die Frage nach dem Antijudaismus. – In: Der Freund des Menschen ... Festschrift Macholz (2003), S. 283–323. (Vgl. Nr. 185].
189. Steiger, Renate: Affektdarstellung und Allegorese in Johann Sebastian Bachs Passionen. – In: Passion, Affekt ... (Band 1, 2005), S. 39–107. [Vgl. Nr. 150].

190. Tovey, Donald Francis: J. A. Fuller Maitland: The age of Bach and Handel (1903). – In: The classics of music: talks, essays, and other writings previously uncollected Donald Francis Tovey, hrsg. von Michael Tilmouth, David Kimbell und Roger Savage, New York: Oxford Univ. Press 2001, S. 275–278.
191. Vernooij, Anton: Bach en de muziek. Bach en rooms-katholieke liturgie – In: Bach en de theologie ... (2001), S. 40–64. [Vgl. Nr. 42].
192. Walter, Meinrad: Johann Sebastian Bachs musikalische Auslegung der Bibel. – In: Gotteslob im Klang der Zeit ... Festschrift Schweizer 2001. S. 50–55. [Vgl. Nr. 158].
193. Walter, Meinrad: Theologische Bachforschung. Was die Theologie an Bach erforschen kann – In: Bach und die Nachwelt 4 (2005), S. 391–427. [Vgl. Nr. 1042].
194. Weber, Martin: „Aus der Tiefen rufe ich dich". Die Theologie von Psalm 130 und ihre Rezeption in der Musik. – Leipzig: Evangelische Verlagsanstalt 2003. 379 S. + 2 CDs. (Arbeiten zur Bibel und ihrer Geschichte. 13.). [Diss. Neuendettelsau, Augustana-Hochschule 2002]. [Betr. BWV 131].
Besprechungen: (1) BJ 90 (2004), S. 241–244 (Markus Rathey). (2) MuK 74 (2004), S. 186–187 (Konrad Klek).

→ Siehe auch folgende Nummern aus anderen Rubriken: 218, 331, 354, 438, 471, 485, 501, 555, 583.

III. Leben und Werk

195. Akiyama, Motoo: Bach Zuiso [Japan., Essays über J. S. Bach und seine Musik]. – Tokyo: Bungei sha 2004. 273 S.
Besprechungen: (1) http://www.music.qub.ac.uk/tomita/bachbib/review-j/bb-review-j_Akiyama.html (Yo Tomita, 20. 5. 2006).
Emery, Walter: siehe Nr. 208.
Forchert, Arno: Johann Sebastian Bach und seine Zeit. – Laaber: Laaber-Verlag 2000. 380 S. (Große Komponisten und ihre Zeit). [Vgl. BJ 91 (2005), Bibliographie Nr. 206].
Besprechungen: (1)–(3) siehe ebenda. (4) Freiburger Universitätsblätter 39/149 (2000), S. 154–155 (Thomas Seedorf). (5) WüKi 67/5 (2000), S. 37 (Konrad Klek). (6) ForumKirchenmusik 51/6 (2000), S. 40 (Andreas Rockstroh). (7) Dissonanz = Dissonance 70 (2001), S. 49 (Hanns-Werner Heister).
196. Forkel, Johann Nikolaus: Ueber Johann Sebastian Bachs Leben, Kunst und Kunstwerke. Reprint der Erstausgabe Leipzig 1802. Hrsg. von Axel

Fischer. – Kassel: Bärenreiter 2. Aufl. 2004. 144 S. [1. Aufl. siehe BJ 91 (2005), Bibliographie Nr. 207].

Forkel, Johann Nikolaus: Ueber Johann Sebastian Bachs Leben, Kunst und Kunstwerke, hrsg. von Claudia Maria Knispel. – Berlin: Henschel 2000. [Vgl. BJ 91 (2005), Bibliographie Nr. 208].
Besprechungen: (1)–(2) siehe ebenda. (4) Das Orchester 48/11 (2000), S. 67 (Jakob Lustig). (5) OYb 29 (2000), S. 194–195 (Michael Heinemann). (6) Musiktheorie 16 (2001), S. 275–277 (Wolfgang Horn).

197. Geck, Martin: Johann Sebastian Bach. [Japan., hrsg. von Yoshitake Kobayashi, übers. von Fumio Narumi und Kinya Osumi]. – Tokyo: Tokyo Shoseki 2001. 1542 S. [Ausgabe in 4 Bänden]. [Originaltitel vgl. BJ 91 (2005), Bibliographie Nr. 217].
Besprechungen: (1) Orugan Kenkyu 31 (2003), S. 58–60 (Naoya Otsuka).
Geck, Martin: Bach. Leben und Werk. – Reinbek bei Hamburg: Rowohlt 2000. 798 S. [Vgl. BJ 91 (2005), Bibliographie Nr. 217].
Besprechungen: (1)–(9) siehe ebenda. (10) Das Orchester 48/11, S. 67–68 (Peter Gülke).

198. Geck, Martin: The Ultimate Goal of Bach's Art. – In: Bach J 35/1 (2004), S. 29–41 [Vgl. Nr. 48].

199. Gim, Jin-a: Baheu neun nugu'inga? [Korean., Wer ist Bach?]. – In: Seoyang eum'aghag 9 (2005), S. 165–190.

200. Johann Sebastian Bach. Documentos sobre su vida y su obra. Hrsg. von Hans-Joachim Schulze. Prólogo, traducción y revisión de Juan José Carreras. – Madrid: Alianza Editorial 2001. 272 S. [Span., Originaltitel siehe BJ 66 (1980), Bibliographie Nr. 29].
Besprechungen: (1) http://www.music.qub.ac.uk/tomita/bachbib/review/bb-review_Schulze-Carreras-JSB.html (Yo Tomita, 5. 12. 2002).

201. Korff, Malte: Johann Sebastian Bach. [Ungar., übers. von Zoltán András Bán] – Budapest: Magyar Könyvklub 2001. 160 S. [Originaltitel vgl. BJ 91 (2005), Bibliographie Nr. 224].
Korff, Malte: Johann Sebastian Bach. – München: Deutscher Taschenbuch-Verlag 2000. 159 S. [Vgl. BJ 91 (2005), Bibliographie Nr. 224].
Besprechungen: (1) siehe ebenda. (2) Das Orchester 18/11 (2000), S. 68–69 (Friedemann Otterbach).

Leisinger, Ulrich: siehe Nr. 208.

202. Milka, Anatoli und Tatjana Schabalina: Sanimatelnaja bachiana [Russ., Interessante Bachiana]. – 2., überarb. Auflage, St. Petersburg: Kompositor 2001.
Band 1: Ob Ioganne Sebast'jane, Anne Magdalene i nekotorych zanjatnych nedorazumenijach [Bd. 1: Über Johann Sebastian Bach, Anna Magdalena und einige amüsante Mißverständnisse]. 204 S.

Band 2: O znamenitych epizodach iz žizni Ioganna Sebast'jana Bacha i nekotorych zanjatnych nedorazumenijach [Russ., Über bekannte Episoden aus dem Leben J. S. Bachs und über einige amüsante Mißverständnisse]. 300 S.

Roe, Stephen: siehe Nr. 208.

203. Rueb, Franz: 48 Variacões sobre Bach. [Portug., übersetzt von João Azenha Jr.]. – Sao Paulo [Bras.]: Companhia das Letras 2001. 375 S. [Dt. Originalausgabe siehe BJ 91 (2005), Bibliographie Nr. 230].
Rueb, Franz: Achtundvierzig Variationen über Bach. – Leipzig: Reclam 2000. 275 S. [Vgl. BJ 91 (2000), Bibliographie Nr. 230].
Besprechungen: (1)–(2) siehe ebenda. (3) Das Orchester 18/12 (2000), S. 74 (Friedemann Otterbach). (4) MuG 56/6 (2002), S. 267 (A. M.).

204. Schabalina, Tatjana: Chronograf zhisni i tvortschestva J. S. Bacha, sostavlenie i kommentarii T. Schabalinoj. – In: Albert Schweitzer, Johann Sebastian Bach … (2002), S. 684–745. [Vgl. Nr. 205].

Schabalina, Tatjana: siehe Nr. 202.

205. Schweitzer, Albert: Johann Sebastian Bach [Russ.], perevod J. Druskina i C. Strekalowskoj, Moskva: Klassika-XXI 2002, 801 S.

206. Tovey, Donald Francis: Johann Sebastian Bach (1685–1750). – In: The classics of music … (2001), S. 318–326. [Vgl. Nr. 190].

207. Wilbur, Gregory: Glory and Honor: The Music And Artistic Legacy of Johann Sebastian Bach. – Nashville (Ten.): Cumberland House 2005. 260 S. (Leaders in Action).

208. Wolff, Christoph, Walter Emery, Peter Wollny, Ulrich Leisinger und Stephen Roe: Bach. – In: The New Grove Dictionary of Music and Musicians, second Edition, ed. by Stanley Sadie, London: Macmillan 2001, (Band 2), S. 297–429.

209. Wolff, Christoph: Johann Sebastian Bach: El músico sabio. Band I: La juventud creadora. Band II: La madurez del genio. [Span., aus dem Dt. von Armando Luigi Castaneda]. – Teia: Ma Non Troppo 2002 und 2003. 290, 371 S. [Vgl. Bibliographie BJ 91 (2005) Nr. 237].
Besprechungen: (1) Scherzo 190 (2004) (Daniel S. Vega Cernuda).

210. Wolff, Christoph: Johann Sebastian Bach: la scienza della musica. [Ital., Übers. aus dem Amerik. von Andrea Silvestri]. – Milano: Saggi Bompiani 2003. 656 S. [Vgl. BJ 91 (2005), Bibliographie Nr. 238].
Besprechungen: (1) Nuova rivista musicale italiana37 (2993), S. 567–568 (Oscar Mischiati). (2) L'indice dei libri del mese. 21/6 (2004), S. 29 (Alberto Rizzuti).

211. Wolff, Christoph: Johann Sebastian Bach: a tudós zeneszerző. [Ungar., aus dem Amerik. von János Széky]. – Budapest: Park Könyvkiadó 2004. 675 S. [Vgl. Bibliographic BJ 91 (2005) Nr. 239].

Besprechungen: (1) Élet és irodalom 48/49 (2004) (Tibor Pintér) (2) Muzsika 48/7 (2005), S. 36–39 (Judit Péteri). (3) Zenekar 12/1 (2005), S. 33 (Katalin Fittler).

212. Wolff, Christoph: Johann Sebastian Bach. Gakushiki aru Ongakuka [Japan., Übers. von Satoyo Akimoto. Originaltitel siehe BJ 91 (2005), Bibliographie Nr. 234]. – Tokyo: Shunju sha 2004. 812, 117 S.
Wolff, Christoph: Johann Sebastian Bach. [Dt., aus dem Amerik. von Bettina Obrecht]. – Frankfurt am Main: S. Fischer 2000. XV, 622 S. [Vgl. BJ 91 (2005), Bibliographie Nr. 235].
Besprechungen: (1)–(3) siehe ebenda. (4) Musik und Ästhetik 4/16 (2000), S. 42–50 (Peter Gülke). (5) Arte organaria e organistica 8/2 (2001), S. 58 (Wijnand de Pol). (6) Das Orchester 49/1 (2001), S. 64–65 (Peter Gülke). (7) Organ: Journal für die Orgel 4/2 (2001), S. 56 (Volker Ellenberger).

213. Wolff, Christoph: Johann Sebastian Bach. [Dt., aus dem Amerik. von Bettina Obrecht]. Aktualisierte Neuausgabe – Frankfurt am Main: Fischer Taschenbuchverlag 2005. XV, 625 S. [1. Ausgabe vgl. BJ 91 (2005), Bibliographie Nr. 235].

Wollny, Peter: siehe Nr. 208.

214. Zavarský, Ernest: Johann Sebastian Bach: Das Leben. Das Werk. Das Leben des Werkes. [Dt., Sprachliche Gestaltung des dt. Manuskripts: Julia Laukova.] – Bratislava: Relax Agency 2004. 702 S.

IV. Das Leben

A. Dokumente, Ikonographie

215. Altner, Stefan: Wiedergewonnene Dokumente über „gangbare" Legate für die Thomasschule zur Bach-Zeit. – In: LBzBF 5 (2002), S. 455–463. [Vgl. Nr. 64].

216. Beschi, Luig: Alcune note iconografiche su Johann Sebastian Bach [Ital., Anmerkungen zur Ikonographie]. – In: Arte Musica Spettacolo 4 (2003), S. 27–40.

217. Lüddemann, Heike: Zwillinge aus einer Hand: Die Bachportraits von Elias Gottlob Haussmann. – In: Bach Magazin 2 (2003), S. 5–8.

218. Rossin, Thomas Donald: The Calov Bible of Johann Sebastian Bach. An analysis of the composer's markings. – Ann Arbor (MI): UMI 2003. IV, 309 S. [Diss., University of Minnesota 1992].

219. Towe, Teri Noel: The Portrait of Bach that Belonged to Kittel. – In: The Tracker 46/4 (2002), S. 14–18.

B. Gesamtdarstellungen

220. Akerboom, Dick: Kleine kroniek van het leven van Johann Sebastian Bach. – In: Bach en de theologie ... (2001), S. 117–125. [Vgl. Nr. 42].

221. Austin, Jack Vosseller: Johann Sebastian Bach. An appreciation. – Ann Arbor (Michigan): UMI 2003. 53 S. [Hochschulschrift, Carson, California State Univ., Dominguez Hills 1993].

222. Eggebrecht, Hans Heinrich: Thomaskantor Bach. [Vortrag anläßlich der Berliner Bach-Tage 1990, erschienen in: MuK 61 (1991), S. 63–72. [Vgl. BJ 86 (2000), Bibliographie Nr. 242]. – Wiederabdruck in: Hans Heinrich Eggebrecht, Bach – wer ist das?, München 1992, S. 104–120. [Vgl. BJ 86 (2000), Bibliographie Nr. 306]. – sowie in: Geheimnis Bach (2001), S. 76–96. [Vgl. Nr. 58].

223. Geck, Martin: Bach. [Engl., Übers. von Anthea Bell]. Mit einer Einführung von John Butt. – London: House Publishing 2003. 176 S. (Life and Times: the Modern Library of Biography). [Originalausgabe siehe BJ 86 (2000), Bibliographie Nr. 100].

224. Geck, Martin: Johann Sebastian Bach [Kroat., Übers. von Nikola Prodanović]. – Jastrebarsko: Slap 2005. 182 S. [Originalausgabe siehe BJ 86 (2000), Bibliographie Nr. 100].
Besprechungen: (1) Theoria [Zagreb] 7 (2005), S. 24 (Tihomir Petrović).

225. Knispel, Claudia Maria: Johann Sebastian Bach: Leben und Zeit im Bild. Mit einem Geleitwort von Alfred Dürr. – Laaber: Laaber-Verlag 2001. 206 S.
Besprechungen: Das Orchester 49/10 (2001), S. 73 (Friedemann Otterbach).

226. Pancella, Peggy: Johann Sebastian Bach. – Chicago : Heinemann Library 2005. 32 S. (Lives and Times).

227. Schulze, Hans-Joachim: „Diese Wißenschaften sind mit ihm abgestorben ...". Über das Empirische bei Johann Sebastian Bach. – In: LBzBF 7 (2005), S. 169–182. [Vgl. Nr. 64].

228. Siegele, Ulrich: Bach und Händel: Zwei Lebensläufe. – In: Händel-Jahrbuch 47 (2001), S. 317–334.

229. Whiting, Jim: The Life and Times of Johann Sebastian Bach. – Hockessin/Delaware: Mitchell Lane Publishers 2003. 48 S. (Masters of Music).

230. Williams, Peter F.: The Life of Bach. – Cambridge: Cambridge Univ. Press 2004. VIII, 219 S. (Musical Lives).
Besprechungen: (1) MT 145 (2004), S. 116–118 (Wilfrid Mellers). (2) http://www.music.qub.ac.uk/tomita/bachbib/review/bb-review_Williams-life.html (Yo Tomita, 9. 5. 2006). (3) Magyar zene 42 (2004), S. 214–216 (Katalin Komlós). (4) EMR 101 (2004), S. 11 (Clifford

Bartlett). (5) BachNotesLBS (2004), S. [4] (Margaret Steinitz). (6) Notes. The Quarterly Journal of the Music Library Association 61 (2005), S. 772–774 (Daniel Boomhower). (7) BachNotesABS 3 (2005), S. 7–9 (Jan-Piet Knijff). (8) The Weekly Standard 12/23 (2007) (George B. Stauffer).

→ Siehe auch folgende Nummern aus anderen Rubriken: 101, 125.

C. Darstellung einzelner Lebensabschnitte

231. Börner, Walter und Karl H. Schubert: Zu Johann Sebastian Bachs Aufenthalt in Weißensee (Thüringen). – In: BJ 91 (2005), S. 287–289. [Vgl. Nr. 47].

232. Botwinick, Sara: From Ohrdruf to Mühlhausen: A Subversive Reading of Bach's Relationship to Authority. [Mit Korrekturen in Bach J 36/2, S. 123] – In: Bach J 35/2 (2004), S. 1–59. [Vgl. Nr. 48].

233. Botwinick, Sara: Fear not the Zippel Fagottist! A Tale of Avoidance and Prejudice. – In: BachNotesABS 4 (2005), S. 8–9.

234. Breig, Werner: Bachs kompositorische Erfahrungen mit der norddeutschen Musikkultur. – In: Bach, Lübeck ... Konferenzbericht Lübeck 2000 (2002), S. 27–42. [Vgl. Nr. 49].

235. Dadelsen, Georg von: Eine Woche in Bachs Leben, oder: Praktizierte Utopie. – In: Festschrift für Siegfried Schmalzriedt zum 60. Geburtstag, hrsg. von Susanne Mautz und Jörg Breitweg, Frankfurt am Main [u. a.]: Peter Lang 2001, S. 93–103.

236. Eggebrecht, Hans Heinrich: Bach in Köthen. – In: Geheimnis Bach (2001), S. 58–75. [Vgl. Nr. 58].

237. Glöckner, Andreas: Vom anhalt-köthenischen Kapellmeister zum Thomaskantor – Köthener Werke in Leipziger Überlieferung. – In: Cöthener Bach-Hefte 11 (2003), S. 78–96. [Vgl. Nr. 55].

238. Kaiser, Rainer: Neues über Johann Sebastian Bachs Schulzeit in Eisenach von 1693 bis 1695. – In: Bachfest-Buch Eisenach 2001, S. 89–98. [Vgl. Nr. 1196].

239. Sandberger, Wolfgang: Bachs Reise nach Lübeck – zwischen Mythos und Wirklichkeit. – In: Bach, Lübeck ... Konferenzbericht Lübeck 2000 (2002), S. 43–59. [Vgl. Nr. 49].

Schubert, Karl H.: siehe Nr. 231.

240. Schulze, Hans-Joachim: Vom Weimar nach Köthen – Risiken und Chancen eines Amtswechsels. – In: Cöthener Bach-Hefte 11 (2003), S. 9–27. [Vgl. Nr. 55].

241. Schulze, Hans-Joachim: Johann Sebastian Bach und Köthen – Wege und Irrwege der Forschung. – In: Cöthener Bach-Hefte 12 (2004), S. 9–27. [Vgl. Nr. 55].

242. Siegele, Ulrich: Wandlungen der Politik – Wandlungen Bachs. – In: LBzBF 5 (2002), S. 465–477. [Vgl. Nr. 64].
243. Szeskus, Reinhard: Bach in Leipzig. Beiträge zu Leben und Werk von Johann Sebastian Bach.– Wilhelmshaven: Noetzel 2003. 254 S. (Taschenbücher zur Musikwissenschaft. 146.).
244. Tonner, Philipp: Bachs Bewerbung in Hamburg – eine Frage des Geldes? – In: Beiträge zur Musikgeschichte Hamburgs vom Mittelalter bis in die Neuzeit, hrsg. von Hans-Joachim Marx, Frankfurt am Main [u. a.]: Peter Lang 2001. (Hamburger Jahrbuch für Musikwissenschaft. 18.), S. 207–231.
245. Wolff, Christoph: Defining Genius: Early Reflections of J. S. Bach's Self-Image. – In: Proceedings of the American Philosophical Society 145 (2001), S. 474–481.
246. Wolff, Christoph: Miscellanea musico-biographica zu Johann Sebastian Bach. – In: LBzBF 5 (2002), S. 443–453. [Vgl. Nr. 64].
247. Zegers, Richard H. C.: The Eyes of Johann Sebastian Bach. – In. Archives of ophthalmology 123 (2005), S. 1427–1430. Übers. ins Niederl. (De ogen van Johann Sebastian Bach). – In: Nederlands Tijdschrift voor Geneeskunde 149/52, S. 2927-2932.

→ siehe auch folgende Nummern aus anderen Rubriken: 472, 473.

D. Umfeld, Zeitgenossen

248. Andrés, Ramón: Johann Sebastian Bach. Los días, las ideas y los libros. [Span., Tage, Ideen, Bücher]. – Barcelona: Acantilado 2005. 340 S. (El acantilado. 106.).
Besprechungen. (1) Variaciones Goldberg: Suplemento mensual de „Goldberg" magazine, Nr. 7 (2006), S. 33. (2) Goldberg 34 (2005), S. 4 (Juan Ángel Vela del Campo). (3) Scherzo 21 (2006), S. 138 (Pablo J. Vayón).
249. Ahrens, Christian: Johann Sebastian Bach and „The New Gusto" in Music Around 1740. – In: Bach J 33/1 (2002), S. 69–83. [Vgl. Nr. 48].
250. Bayreuther, Rainer: Bach und Sperontes. Zur Geburt des Bürgerlichen aus dem Geist der Innerlichkeit. – In: Bach und seine mitteldeutschen ... Kolloquium 2000 (2001), S. 65–84. [Vgl. Nr. 53].
251. Belotti, Michael: Johann Pachelbel als Lehrer. – In: Bach und seine mitteldeutschen ... Kolloquium 2000 (2001), S. 8–44. [Vgl. Nr. 53].
252. Döring, Detlef: Leipzig in der Zeit Bachs als Stadt der Aufklärung. [Dt. und Engl.]. – In: Bachfest-Buch Leipzig 2003, S. 19 33. [Vgl. Nr. 1216].

253. Edler, Arnfried: Phantastik und Gelehrsamkeit. Orgel- und Klaviermusik für die städtische Gesellschaft um 1700. – In: Bach, Lübeck ... Konferenzbericht Lübeck 2000 (2002), S. 60–71. [Vgl. Nr. 49].
254. Gaines, James: Evening in the Palace of Reason: Bach meets Frederick the Great in the Age of Enlightenment. – London, New York: Fourth Estate 2005. 352 S.
Besprechungen: (1) The Sunday Times 16. Jan. 2005 (Hugh Canning). (2) telegraph.co.uk 29. Jan. 2005 (Tom Payne). (3) The Times literary supplement 5323 (8. Apr. 2005), S. 20 (Martin J. Smith). (4) The Diapason 94/8:1149 (2005), S. 10 (Larry Palmer).
255. Geyer, Helen: Bemerkungen zu Jacob Adlungs ästhetischer Position. – In: Bach und seine mitteldeutschen ... Kolloquium 2000 (2001), S. 85–94. [Vgl. Nr. 53].
256. Grohs, Gernot: Die Musikfamilie Abel in Köthen: Neue Erkenntnisse im Umfeld der Familie Bach. – In: Das Orchester 49 (2001), Nr. 19, S. 23–26.
257. Grohs, Gernot Maria: Augustin Reinhard Stricker, Hofkapellmeister vor Johann Sebastian Bach: Neue Erkenntnisse im Umfeld Bachs in Köthen. – In: Concerto 20:188 (2003), S. 26–30.
258. Grohs, Gernot Maria und Klaus Kreth: Gottfried Kirchhoff 1685–1746. Komponist und Organist: ein Mühlbecker kreuzt die Wege von Georg Friedrich Händel und Johann Sebastian Bach. – Dessau und Göppingen: Kinzel 2004. 58 S.
259. Heinemann, Michael: Et in Sarmatia ego. Bacha spojrzenie na Polske. Et in Sarmatia ego. Bachs Blick nach Polen [Poln. und Dt.]. – In: Kronika Zamkowa 46 (2003), S. 123–138.
260. Hill, Robert Stephen: The Möller manuscript and the Andreas Bach Book. Two keyboard anthologies from the circle of the young Johann Sebastian Bach. – Ann Arbor (MI): UMI 2003. XVII, 754 S. [Diss., Harvard University Cambridge (MA), 1987].
261. Hobohm, Wolf: Berührungspunkte in den Biographien Georg Philipp Telemanns und Johann Sebastian Bachs sowie ihrer Familien. – In: Magdeburger Telemann-Studien 18 (2005), S. 11–23. [Vgl. Nr. 68].
262. Hoppe, Günther: „Marches", „heurige Venetianische Opern" und andere Spuren einer militärischen und einer frühen Italien-Begeisterung bei Zerbster und Köthener Prinzen. – In: Cöthener Bach-Hefte 10 (2002), S. 181–198. [Vgl. Nr. 55].
263. Hoppe, Günther: Die konfessionellen Gegensätze zur Bach-Zeit in Köthen, Paulus Berger und Johann Conrad Lobetahn. – In: Cöthener Bach-Hefte 11 (2003), S. 136–208. [Vgl. Nr. 55].

264. Jaacks, Gisela: Trostlose Düsternis oder unvergeßliche Werte? Lübecks Kultur um 1700. – In: Bach, Lübeck ... Konferenzbericht Lübeck 2000 (2002), S. 9–26. [Vgl. Nr. 49].
265. Jackson, Myles W.: „Elektrisierte" Theologie. Johann Heinrich Winckler und die Elektrizität in Leipzig in der Mitte des 18. Jahrhunderts. – In: LBzBF 7 (2005), S. 51–65. [Vgl. Nr. 64].
266. Jäger, Hagen: Herzog Johann Wilhelm, ein Eisenacher Herrscher und seine Frömmigkeit. – In: Bachfest-Buch Eisenach 2001, S. 68–87. [Vgl. Nr. 1196].
267. Jeschonnek, Bernd: Frankreich, Deutschland und Thüringen zur Zeit von Johann Sebastian Bach. – In: Bachfest-Buch Eisenach 2001, S. 63–67. [Vgl. Nr. 1196].
268. Jung, Hans Rudolf: Der Bach-Schüler Bernhard Christian Kayser als Bewerber um die Hof- und Stadtorganistenstelle in Schleiz. – In: BJ 91 (2005), S. 281–285. [Vgl. Nr. 47].
269. Kobayashi, Yoshitake: Zedlers Lexikon als Quelle für die Bach-Forschung. Ansätze zu kulturhistorischen Untersuchungen. – In: LBzBF 5 (2002), S. 481–494. [Vgl. Nr. 64].
270. Koch, Ernst: Johann Sebastian Bachs Musik als höchste Kunst. Ein unbekannter Brief aus Leipzig vom 9. August 1723. – In: BJ 90 (2004), S. 215–220. [Vgl. Nr. 47].
271. Kock, Hermann: 20.000 km auf der Spur des Johann Sebastian Bach [Dt., Span. und Engl.]. – Santiago (Chile): Concepcíon 2001. 70 S.
272. Köpp, Kai: Johann Adolph Scheibe als Verfasser zweier anonymer Bach-Dokumente. – In: BJ 89 (2003), S. 173–196. [Vgl. Nr. 47].
273. Kremer, Joachim: Johann Sebastian Bachs Erfahrungshorizont in Norddeutschland. Die Frühgeschichte des Oratoriums (1692–1710) zwischen Oper und Konzert. – In: Bach, Lübeck ... Konferenzbericht Lübeck 2000 (2002), S. 72–85. [Vgl. Nr. 49].
Kreth, Klaus: siehe Nr. 258.
274. Kreutzer, Hans Joachim: Weltalldichtung und Vollendung der Natur. Aspekte der Literaturtheorie der Bach-Zeit. – In: LBzBF 7 (2005), S. 67–98. [Vgl. Nr. 64].
275. Küster, Konrad: Entwicklung oder Epigonentum? Zur Situation norddeutscher Orgelkunst nach 1700. – In: Bach, Lübeck ... Konferenzbericht Lübeck 2000 (2002), S. 132–153. [Vgl. Nr. 49].
276. Leisinger, Ulrich: Biedermann und Bach – Vordergründe und Hintergründe eines gelehrten Streites im 18. Jahrhundert. – In: LBzBF 7 (2005), S. 141–167. [Vgl. Nr. 64].
277. Lundgreen, Peter: Schulhumanismus, pädagogischer Realismus und Neuhumanismus. Die Gelehrtenschule zur Zeit J. S. Bachs. – In: LBzBF 7 (2005), S. 25–38 [Vgl. Nr. 64].

278. Maul, Michael: „Dein Ruhm wird wie ein Demantstein, ja wie ein fester Stahl beständig sein". Neues über die Beziehungen zwischen den Familien Stahl und Bach. – In: BJ 87 (2001), S. 7–22. [Vgl. Nr. 47].
279. Maul, Michael: Zur zeitgenössischen Verbreitung von Bachs Vokalwerken in Mitteldeutschland. – In: BJ 91 (2005), S. 95–107. [Vgl. Nr. 47].
280. Neschke, Karla: Der Bachschüler Friedrich Christian Samuel Mohrheim (1719–1780) als Danziger Kapellmeister und Konzertveranstalter. – In: Vom rechten Thon der Orgeln und anderer Instrumenten: Festschrift Christian Ahrens zum 60. Geburtstag, hrsg. von Birgit Abels, Köstritz 2003 (Köstritzer Schriften. 2.), S. 210–221.
281. Oefner, Claus: Musik der Barockzeit in Mitteldeutschland. – In: Bach und seine mitteldeutschen ... Kolloquium 2000 (2001), S. XIX–XXIV. [Vgl. Nr. 53].
282. Petzoldt, Martin: Bach und die theologischen Einflüsse seiner Zeit. – In: Bach und seine mitteldeutschen ... Kolloquium 2000 (2001), S. 226–234. [Vgl. Nr. 53].
283. Poetzsch, Ute: Gelegenheitsgedichte von Picander und anderen Leipzigern in den Verirrten Musen Gottfried Behrndts. – In: Bach und seine mitteldeutschen ... Kolloquium 2000 (2001), S. 218–225. [Vgl. Nr. 53].
284. Rampe, Siegbert: Abendmusik oder Gottesdienst? Zur Funktion norddeutscher Orgelkompositionen des 17. und frühen 18. Jahrhunderts. – In: Schütz-Jb 25 (2003), S. 7–11; 26 (2004), S. 155–204; 27 (2005), S. 53–127.
285. Rathje, Jürgen: Telemanns „Sonnet auf weyland Herrn Capellmeister Bach". – In: Magdeburger Telemann-Studien 18 (2005), S. 24–33. [Vgl. Nr. 68].
286. Reischert, Alexander: „Was will das Pürschgen hier?" Zum 250. Todestag von Johann Georg Pisendel. – In: Concerto 22:205 (2005/2006), S. 20.
287. Rivinus, David Lloyd: Baroque ties: an exploration of the relationships between Johann Sebastian Bach and members of the Rivinus family in Leipzig from 1723 to 1735. – Newberg (OR): Selbstverlag 2002. 60 S.
288. Rose, Stephen: Daniel Vetter and the domestic keyboard chorale in Bach's Leipzig. – In: EM 33/1 (2005), S. 39–53.
289. Schenkman, Walter: The Goldberg Mystery. – In: Clavier 44 (2005), S. 12–14, 17–19.
290. Schindel, Ulrich: Johann Matthias Gesners aufgeklärte Pädagogik. – In: LBzBF 7 (2005), S. 39–49. [Vgl. Nr. 64].
291. Schneider, Matthias: Die „Fried- und Freudenreiche Hinfarth" und die „Franzosche Art": Zur deutschen Rezeption des Tombeau im 17. Jahrhundert. – In: Bach, Lübeck ... Konferenzbericht Lübeck 2000 (2002), S. 114–131. [Vgl. Nr. 49].

292. Schulze, Hans-Joachim: Friedrich Wilhelm Marpurg, Johann Sebastian Bach und die „Gedanken über die welschen Tonkünstler" (1751). – In: BJ 90 (2004), S. 121–132. [Vgl. Nr. 47].
293. Schulze, Hans-Joachim: Johann Sebastian Bach und Zerbst 1722: Randnotizen zu einer verlorenen Gastmusik. – In: BJ 90 (2004), S. 209–213. [Vgl. Nr. 47].
294. Voss, Steffen: Did Bach perform Sacred Music by Johann Mattheson in Leipzig? – In: BachNotesABS 3 (2005), S. 1–5.
295. Wiermann, Barbara: Altnickol, Faber, Fulde – drei Breslauer Choralisten im Umfeld Johann Sebastian Bachs. – In: BJ 89 (2003), S. 259–265. [Vgl. Nr. 47].
296. Wilhelm, Rüdiger: Eine Arnstädter Orgeltabulatur mit Choralvorspielen von Johann Pachelbel, Johann Michael Bach und einem unbekannten Komponisten J. F. – In: BJ 88 (2002), S. 217–228. [Vgl. Nr. 47].
297. Zehnder, Jean-Claude: Zur freien Spielweise im Umfeld des jungen Bach. – In: Bach, Lübeck ... Konferenzbericht Lübeck 2000 (2002), S. 161–175. [Vgl. Nr. 49].

→ Siehe auch folgende Nummern aus anderen Rubriken: 885.

E. Wirkungsstätten

298. Die Bäche von Arnstadt. Über Generationen gab die Bach-Familie in Arnstadt den Ton an. Vor 300 Jahren erhielt Johann Sebastian Bach dort seine erste Anstellung als Berufsmusiker. – In: Bach Magazin 2 (2003), S. 29–31.
299. Dießner, Petra und Anselm Hartinger: Bach, Mendelssohn und Schumann: Spaziergänge durch das musikalische Leipzig. – Leipzig: Edition Leipzig 2005. 128 S. [Veröffentlichung im Rahmen des Forschungsprojekts „Bach-Mendelssohn-Schumann" von Bach-Archiv, Mendelssohn-Haus, Schumann-Haus und Museum für Musikinstrumente der Universität Leipzig]
Besprechungen: (1) Bach Magazin 6 (2005), S. 43 (Marianne Stars). (2) Gewandhaus Magazin 53 (2006), S. 53 (Hagen Kunze).
Gildersleeve, Susan: siehe Nr. 300.
Hartinger, Anselm: siehe Nr. 299.
300. Humbach, Rainer, Michael Imhof und Susan Gildersleeve: Reisewege zu Bach. Ein Führer zu den Wirkungsstätten des Johann Sebastian Bach (1685–1750). – Petersberg: Imhof 2003. 128 S.
Imhof, Michael: siehe Nr. 300.
301. Iwata, Makoto: No to ongaku [Japan., Hirntätigkeit und Musik]. – Tokyo: Medikaru rebyusha 2001. 340 S. [Mit einer jap. Übers. von Wil-

helm His, Johann Sebastian Bach. Forschungen über dessen Grabstätte, Gebeine und Antlitz, Leipzig, 1895, vgl. BJ 2 (1905), S. 81].
302. Maul, Michael: Johann Sebastian Bachs Besuche in der Residenzstadt Gera. – In: BJ 90 (2004), S. 101–119. [Vgl. Nr. 47].
303. Melamed, Daniel R.: Die alte Chorbibliothek der Kirche Divi Blasii zu Mühlhausen. – In: BJ 88 (2002), S. 209–216. [Vgl. Nr. 47].
304. Petzoldt, Martin: Bach no Machi: Ongaku to Ningen o oimotomeru nagai Tabi e no Gaido [Jap.]. Übers. von Shinji Koiwa und Natsuko Asayama. Director: Masaaki Suzuki. – Tokyo: Tokyo Shoseki, 2005. 320, IVII S. [Originaltitel vgl. BJ 91 (2005), Bibliographie Nr. 408].
305. Tasini, Francesco: Gli atti di collaudo di Johann Sebastian Bach [Ital., J. S. Bachs Orgelprüfungen]. – Bergamo: Carrara 2002. 52 S.
306. Wollny, Peter: Über die Hintergründe von Johann Sebastian Bachs Bewerbung in Arnstadt. – In: BJ 91 (2005), S. 83–94. [Vgl. Nr. 47].

F. Familie

307. Brück, Helga: Die Bach-Familien in Amerika. Nachkommen des Veit Bach aus Wechmar. – Günthersleben-Wechmar 2004. 23 S.
308. Eidam, Klaus: Die vergessene Jubilarin. Am 22. 9. 2001 jährte sich zum 300. Mal der Geburtstag von Anna Magdalena Bach. – In: Concerto 19:170 (2002), S. 11–12.
309. Geck, Martin: Die vier Brüder Bach. – In: Die Geschichte der Musik. II: Die Musik der Klassik und Romantik. Hrsg. von Matthias Brzoska und Michael Heinemann, Laaber: Laaber-Verlag 2001, S. 80–96.
310. Geck, Martin: Die Bach-Söhne. – Reinbek bei Hamburg: Rowohlt 2003. 160 S. (Rowohlts Monographien. 50654.).
Besprechungen: MuK 73 (2003), S. 253 (Johannes Mundry). (2) Tonkunst 2 (Juni 2004), (Katija Kleindopf). (3) Orchester 52/2 (2004), S. 70–71 (Klemens Fiebach).
311. Hoppe, Günther: Zur Haustrauung Johann Sebastians und Anna Magdalenas und zur „Nottaufe" Christiana Sophia Henriette Bachs. – In: Cöthener Bach-Hefte 12 (2004), S. 29–55. [Vgl. Nr. 55].
312. Hübner, Maria: „Eine große Liebhaberin von der Gärtnerey". Anna Magdalena Bach zum 300. Geburtstag. – In: BJ 87 (2001), S. 173–177. [Vgl. Nr. 47].
313. Hübner, Maria: Zur finanziellen Situation der Witwe Anna Magdalena Bach und ihrer Töchter. – In: BJ 88 (2002), S. 245–255. [Vgl. Nr. 47].
314. Hübner, Maria: Anna Magdalena Bach. Ein Leben in Dokumenten und Bildern. Zusammengestellt und erläutert von Maria Hübner. Mit einem biographischen Essay von Hans-Joachim Schulze. – Leipzig: Evan-

gelische Verlagsanstalt 2004. 156 S., 63 Abb. (Edition Bach-Archiv Leipzig). (Siehe auch Nr. 323).
Besprechungen: (1) MuK 75 (2005), S. 51–52 (Ingeborg Allihn). (2) GM 48 (2005), S. 54 (Claudius Böhm). (4) Fono Forum 7/2005, S. 54 (Reinmar Emans). (4) OYb 35 (2006), S. 167–168 (Peter Williams).

315. entfällt.
316. Kaiser, Rainer: Johann Christoph Bachs „Choräle zum Präambulieren" – Anmerkungen zu Echtheit und Überlieferung. – In: BJ 87 (2001), S. 185–189. [Vgl. Nr. 47].
317. Leisinger, Ulrich: Carl Philipp Emanuel Bach und das Magnificat seines Vaters. – In: Jb SIM 2004 (2005), S. 89–96.
318. Lobenstein, Albrecht: Die Akte Johann Günther Bach (1703–1756). – In: BJ 90 (2004), S. 221–227. [Vgl. Nr. 47].
319. Maul, Michael: Frühe Urteile über Johann Christoph und Johann Nikolaus Bach, mitgeteilt anläßlich der Besetzung der Organistenstelle an der Jenaer Kollegienkirche (1709). – In: BJ 90 (2004), S. 157–168. [Vgl. Nr. 47].
320. Odrich, Evelin und Wollny, Peter (Hrsg.): Die Briefentwürfe des Johann Elias Bach (1705–1755). Zweite, erweiterte Auflage. – Hildesheim [u. a.]: Olms 2005, 286 S. (LBzBF 3). [Mit drei neu aufgefundenen Briefen]. (Beiträge siehe BJ 91 (2005), Bibliographie Nr. 303, 436, 438, 446). [Vgl. Nr. 64].
Besprechungen (1) OYb 30 (2001), S. 233–234 (Peter Williams) [Betr. 1. Aufl.]. (2) OYb 36 (2007), S. 211–212 (Peter Williams) [Betr. 2. Aufl.].
321. Reischert, Alexander: Zwei von zehn: Johann Christoph und Johann Nikolaus Bach zum 300. und 250. Todestag. – In: Concerto 20:188 (2003), S. 13.
322. Schulze, Hans-Joachim: „A Lineal Descendant of the Great Musician, John Sebastian Bach"? Bach Descendants in the United States and the Problem of Family Oral Tradition. – In: Bach Perspectives 5 (2003), S. 115–122. [Vgl. Nr. 50].
323. Schulze, Hans-Joachim: „Zumahln meine itzige Frau gar einen sauberen Soprano singet …". Ein biographischer Essay. – In: Hübner, Maria: Anna Magdalena Bach. Ein Leben in Dokumenten und Bildern … (2004), S. 11–24. [Vgl. Nr. 314].
324. Szeskus, Reinhard: „Gelbe Nelcken vor unsere Frau Muhme". Zum 300. Geburtstag Anna Magdalena Bachs am 22. September. – In: Leipziger Blätter 39 (2001), S. 23–25, ebenso in: Sächsische Heimatblätter 47/6 (2001), S. 363–368.
325. Szeskus, Reinhard: „und mich daher in den betrübtesten WittbenStand zu setzen" – Zum Schicksal Anna Magdalena Bachs und ihrer Töchter.

(Bibliographischer Nachweis, siehe BJ 91 (2005), Bibliographie Nr. 439) – In: LBzBF 5 (2002), S. 479. [Vgl. Nr. 64].
326. Wolff, Christoph: Descendants of Wilhelm Friedemann Bach in the United States. – In: Bach Perspectives 5 (2003), S. 123–130. [Vgl. Nr. 50].
327. Wollny, Peter: Geistliche Musik der Vorfahren Johann Sebastian Bachs. Das „Altbachische Archiv". – In: Jb SIM 2002, S. 41–59.
Wollny, Peter: siehe Nr. 320.

→ Siehe auch folgende Nummern aus anderen Rubriken: 566.

V. Die Werke

A. Allgemeine Abhandlungen, Werkgruppen, Bearbeitungen

328. Ahrens, Christian: Johann Sebastian Bach and the „New Gusto" in music around 1740. – In: Bach J 33/1 (2002), S. 69–83. [Vgl. Nr. 48].
329. Altschuler, Eric Lewin: Were Bach's Toccata and Fugue BWV 565 and the Ciaccona from BWV 1004 lute pieces? – In: MT 146:1893 (2005), S. 77–86.
330. Bailey, Louie Lee: The sacred vocal duets of Heinrich Schütz and Johann Sebastian Bach. An introduction and an annotated listing. – Ann Arbor (MI): UMI 2003. VI, 102 S. [Diss., University of Louisville (KY), The Southern Baptist Theological Seminary 1976].
331. Balz, Martin: Ludwig Czaczkes und die Fugenkunst von J. S. Bach. Eine Fuge ist eine Fuge ist eine Fuge. – In: Ars Organi 51/3 (2003), S. 164–169.
332. Beach, David W.: Aspects of Unity in J. S. Bach's Partitas and Suites: An Analytical Study. – University of Rochester Press 2005, XIII, 92 S. Besprechungen: (1) Journal of Music Theory 49 (2005), S. 181–188 (Robert P. Morgan). (2) EMR 111 (2006), S. 33 (Clifford Bartlett). (3) Theory and practice 32 (2007), S. 203–212 (David Gagné). (4) Music analysis 26 (2007), S. 217–245 (Matthew McDonald). (5) Journal of Schenkerian studies 3 (2008), S. 159–210 (Olli Väisälä).
333. Benjamin, Thomas: The craft of tonal counterpoint. – London: Routledge 2003. XXIV, 404 S. [2., überarbeitete Ausgabe von Counterpoint in the style of J. S. Bach (1986), vgl. BJ 86 (2000), Bibliographie Nr. 287].
334. Bertolini, Vittorio: Le trascrizioni per clavicembalo solo ed organo solo di Johann Sebastian Bach [Ital.]. – In: Hortus Musicus 2 (2001), Nr. 8, S. 28–29.
335. Bluteau, Olga: De Josquin des Prés à Johann-Sebastian Bach: la per-

manence du grand Contrepoint. [Frz.]. – In: Ostinato rigore 16 (2001), S. 295–316. [Vgl. Nr. 59].

336. Bockmaier, Claus: Die instrumentale Gestalt des Taktes: Studien zum Verhältnis von Spielvorgang, Zeitmaß und Betonung in der Musik. – Tutzing: Schneider 2001. 335 S. (Münchner Veröffentlichungen zur Musikgeschichte. 57.).
Besprechungen: (1) Musik in Bayern 65 (66 (2003), S. 165–169 (Ann-Katrin Zimmermann). (2) Mf 56 (2003), S. 104–105 (Beate Hennenberg).

337. Braunschweig, Karl: Expanded dissonance in the music of J. S. Bach. – In: Theory and practice 28 (2003), S. 79–113.

338. Braunschweig, Karl: Rhetorical types of phrase expansion in the music of J. S. Bach. – In: Intégral 18–19 (2004), S. 71–111.

339. Bridges, Robert S.: Bach and Bach again: Lost J. S. Bach concerto – A work of musical scholarship or a flight of artistic license? – In: Strings 27/3:105 (2002), S. 34–39.

340. Burk, James Mack: Band transcriptions of the organ music of Johann Sebastian Bach. A development of a methodology for transcribing, an appraisal of available transcriptions, and three model transcriptions. – Ann Arbor (MI): UMI 2003. V, 47, 24 S. [Diss., The University of Oklahoma 1967].

341. Butler, H. Joseph: The Premier livre d'orgue of Nicolas de Grigny and the Revisions by J. S. Bach and J. G. Walther. An Overview and Appraisal. – In: OYb 33 (2004), S. 73–90.

342. Cantagrel, Gilles: Tempéraments, tonalité, affects. Un example: si mineur. [Frz.]. – In: Ostinato rigore 16 (2001), S. 31–55. [Vgl. Nr. 59].

343. Chabora, Robert J.: Canonic techniques of the „Goldberg Variations", the „Canonic Variations" ant die „Fourteen Canons" of Johann Sebastian Bach. – Ann Arbor (MI): UMI 2003. 203 S. [Diss., University of Kentucky 1988].

344. Christensen, Thomas S.: Die Kunst des Möglichen. Bach, Musiktheorie und musikalische Mannigfaltigkeit. – In: LBzBF 7 (2005), S. 99–126. [Vgl. Nr. 64].

345. Corrao, Vincenzo: Curiosando Bach. Appunti di studio su alcune formule armoniche di Johann Sebastian Bach nella prassi compositiva dei corali [Ital.]. – Bologna: Ut Orpheus Edizioni 2004. 80 S. (Teoria e didattica della musica. 21.).

346. Daniel, Thomas: Bach und die Funktionstheorie. – In: Musiktheorie 16 (2001), S. 325–332.

347. Dequevauviller, Vincent: La Clavier Übung de Bach. Essai de reconstitution [Frz.]. – Paris: Association pour la connaissance de la Musique Ancienne 2001. 115 S.

348. Dombi, Józsefine und Noémi Maczelka (Hrsg.): A barokk kor interdiszciplináris megközelítése a Bach évforduló jegyében. [Ungar., Eine interdisziplinäre Annäherung an die Barock-Zeit zum Bach-Jubiläum. Essays.]. – Szeged: Szegedi Tudomanyegyetem 2001. 95 S.
   Besprechungen: (1) Revue de Musicologie 88 (2002), S. 214–219 (S. Gut).
349. Eggebrecht, Hans Heinrich: Geheimnis Bach. [Vortrag für die Internationale Bachakademie Stuttgart 1998]. – In: Geheimnis Bach (2001), S. 9–26. [Vgl. Nr. 58].
350. Eggebrecht, Hans Heinrich: Musik als Bild in Bachs Kompositionen. [Vortrag für die Internationale Bachakademie Stuttgart 1998]. – In: Geheimnis Bach (2001), S. 27–45. [Vgl. Nr. 58].
351. Eggebrecht, Hans Heinrich: Bach in der Geschichte (I). [Vortrag für die Internationale Bachakademie Stuttgart 1998]. – In: Geheimnis Bach (2001), S. 46–57. [Vgl. Nr. 58].
352. Eggebrecht, Hans Heinrich: X. [Vortrag im Rahmen der musikwissenschaftlichen Freizeit in Camogli bei Genua 1999, erschienen in: Passion, hrsg. von Andreas Keller, Stuttgart [u.a.]: Kühlen 2000, S. 15–18.]. – sowie in: Geheimnis Bach (2001), S. 97–103. [Vgl. Nr. 58].
353. Eggebrecht, Hans Heinrich: Bach in der Geschichte (II). [Vortrag für die Fundació la Caixa in Barcelona 1994, erschienen in spanischer Sprache unter dem Titel Bach en la historia, in: Anuario Musical, Vol. 49, 1994, S. 179–190. [Vgl. BJ 86 (2000), Bibliographie Nr. 137], in verkürzter Form unter dem Titel Bach in der Tradition, in: Jb SIM 1995, S. 41–52 [vgl. BJ 86 (2000), Bibliographie Nr. 1081]. – In: Geheimnis Bach (2001), S. 158–178. [Vgl. Nr. 58].
354. Ellis, Johan Robert: Treatment of the trumpet in the Bible and its relationship to the sacred solo arias with obbligato Trumpet by Johann Sebastian Bach. – Ann Arbor (MI): UMI 2003. 79 S. [Tempe, Arizona State Univ., Research paper, 1984].
355. Emans, Reinmar: Gedanken zur Devise in Arien mit einem Obligatinstrument bei J. S. Bach. – In: Vom rechten Thon der Orgeln … Festschrift Ahrens (2003), S. 188–204. [Vgl. Nr. 280].
356. Eppstein, Hans: Fragen der Ordnungsprinzipien in Bachs Köthener und Leipziger Instrumentalsammlungen. – In: LBzBF 5 (2002), S. 131–135. [Vgl. Nr. 64].
357. Falke, Gustav-Hans H.: Johann Sebastian Bach. Philosophie der Musik. – Berlin: Lukas 2001. 211 S.
358. Fanselau, Clemens: Latente Mehrstimmigkeit als Moment des Individualstils bei J. S. Bach. – In: Individualität in der Musik, hrsg. Oliver Schwab-Felisch, Christian Thorau und Michael Polth, Stuttgart: Metz-

ler 2002, S. 129–154. (M-&-P-Schriftenreihe für Wissenschaft und Forschung: Musik).

359. Farrachi, Armand: Bach: Dernière fugue [Franz.]. – Paris: Gallimard 2004. X, 102 S.

360. Fichet, Laurent: Bach: Le sens de l'exception. [Franz.]. – In: Ostinato rigore 16 (2001), S. 89–96. [Betr. BWV 21 und BWV 1080]. [Vgl. Nr. 59].

361. Fischer, Michel: Bach selon Dupré: la réécriture des Chorals-Préludes, préalable à l'étude de l'Orgelbüchlein. [Franz.]. – In: Ostinato rigore 16 (2001), S. 263–281. [Vgl. Nr. 59].

362. Flindell, E. Frederick: Bach and the Middle Ages. – In: Bach J 36/2 (2005), Nr. 2, S. 1–119. [Vgl. Nr. 48].

363. entfällt.

364. Göllner, Marie Louise: Grundlagen der Parodie im 16. Jahrhundert und die Anwendung des Terminus auf Bach. – In: Greifswalder Beiträge zur Musikwissenschaft 12 (2004), S. 9–21. [Vgl. Nr. 65].

365. Gottschewski, Hermann: Metrum und Takt in der Kleinform bei Johann Sebastian Bach. – In: AfMw 58 (2001), S. 144–177.

366. Grapenthin, Ulf: Bach und sein „Hamburgischer Lehrmeister" Johann Adam Reincken. – In: Dortmunder Bach-Forschungen 6 (2003), S. 9–50. [Vgl. Nr. 57].

367. Guillard, Georges: J. S. Bach: une voix très humaine… [Frz.]. – In: Ostinato rigore 16 (2001), S. 97–109. [Vgl. Nr. 59].

368. Guillot, Matthieu: J.-S. Bach: Passio Secundum Auditorem. [Frz.]. – In: Ostinato rigore 16 (2001), S. 73–88. [Vgl. Nr. 59].

369. Guillot, Pierre: Vater unser im Himmelreich: une transcendance de la faute? [Frz.]. – In: Ostinato rigore 16 (2001), S. 181–194. [Vgl. Nr. 59].
Heller, Karl: NBA, Serie V, Band 11: Bearbeitungen fremder Werke. Kritischer Bericht. – Kassel [u.a.]: Bärenreiter 1997. 180 S. [Vgl. BJ 91 (2005), Bibliographie Nr. 495].
Besprechungen: (1) ebenda. (2) Mf 54 (2001), S. 215–216 (Werner Breig).

370. Hill, David Stuart: The persistence of memory. Mode, trope and difference in the passion chorale. – Ann Arbor (MI): UMI 2003. VI, 293 S. [Diss., New York, State Univ. of New York at Stony Brook 1994].

371. Hofmann, Hans-Georg: „Die Deutsche Nation hat ja schon zum Theil den Sieg erhalten […] vor allen Händel". Musikalische Patrioten in Mitteldeutschland vor 1750. – In: Händel-Jahrbuch 47 (2001), S. 157–176.

372. Hoppe, Günther: Zum Pythagoricus Werckmeister und zur „Kabbala" paragrammatica. Bemerkungen zur Diskussionslandschaft um Bach. – In: Cöthener Bach-Hefte 10 (2002), S. 83–140. [Vgl. Nr. 55].

373. I, Nae-seon: 2-seongbu tegseuceoro salpyeobon Baha yi seonyul gwa hwaseong yi gwangye [Korean., Die Beziehung zwischen Melodie und Harmonie in den zweistimmigen Strukturen bei Bach]. – In: Eum'ag iron yeon'gu 6 (2001), S. 175–205.

Jenne, Natalie: siehe Nr. 384.

374. Kimura, Sachiko: Bach no ongaku wa Shizen ka: Shaibe no Bach Hihan to Birunbaumu no Hanron o tooshite [Jap., Ist Bachs Musik natürlich? Scheibes Bach-Kritik und Birnbaums Widerspruch]. – In: Tokyo Geijutsu Daigaku Ongaku Gakubu Kiyo 27 (2002), S. 43–60.

375. Kimura, Sachiko: Shaibe ni yoru Bach Hihan Saiko [Jap., Scheibes Kritik an Bach]. – In: Tenkanki no Ongaku: Shinseiki no Ongaku Gaku Foramu; Sumikura Ichiro Sensei Koki Kinen Ronbunshu, Tokyo: Ongaku no Tomosha 2002, S. 148–161.

376. Kobayashi, Yoshitake: Die Seufzermotivik in J. S. Bachs Werken als Ausdruck der Melancholie und anderer Affekte. – In: Martin Geck. Festschrift zum 65. Geburtstag, hrsg. von Ares Rolf und Ulrich Tadday, Dortmund: Klangfarben-Musikverlag 2001, S. 285–300.

377. Kobayashi, Yoshitake: Bach ni okeru „Tameiki no Doki" [Jap., Das Seufzermotiv bei J. S. Bach]. – In: Bigaku Bijutsushi Ronshu 13 (2001), S. 74–100.

378. Kobayashi, Yoshitake: Die Darstellung von Instrumenten in der Vokalmusik Bachs: Ein Teilaspekt des Fragenkomplexes Musik in der Musik. – In: Vom Klang … Festschrift Hofmann (2004), S. 97–113. [Vgl. Nr. 70].

379. Krummacher, Friedhelm: Bachs Weg in der Arbeit am Werk: Eine Skizze. – Göttingen: Vandenhoeck & Ruprecht 2001. 81 S. (Veröffentlichung der Joachim Jungius-Gesellschaft der Wissenschaften Hamburg. 89.).

380. Krummacher, Friedhelm: Bach und die norddeutsche Tradition. Klangverbindung im kontrapunktischen Choralsatz. – In: Bach, Lübeck … Konferenzbericht Lübeck 2000 (2002), S. 201–219. [Vgl. Nr. 49].

381. Ledbetter, David: Les goûts réunis and the music of J. S. Bach. – In: Basler Jahrbuch für Historische Musikpraxis 28 (2004), S. 63–80.

382. Leisinger, Ulrich: Idiomatischer Clavierstil in Johann Sebastian Bachs Konzertbearbeitungen für Tasteninstrumente. – In: Dortmunder Bach-Forschungen 6 (2003), S. 73–86. [Vgl. Nr. 57].

383. Lester, Joel: Heightening Levels of Activity and J. S. Bach's Parallel-Section Constructions. – In: JAMS 54/1, S. 49–96.

384. Little, Meredith und Natalie Jenne: Dance and the Music of J. S. Bach. – Bloomington: Indiana University Press 2001. XII, 337 S. [Revidierte und erweiterte Ausgabe, zur 1. Ausgabe siehe BJ 86 (2000), Bibliographie Nr. 330].

Besprechungen: (1) http://www.music.qub.ac.uk/tomita/bachbib/review/bb-review_Little-Dance.html (Yo Tomita, 1. 4. 2002).

385. Lyon, James: Johann Sebastian Bach: Chorals. Sources hymnologiques des mélodies, des textes et des théologies [Franz.]. – Paris: Édition Beauchesne 2005. XXIII, 336 S. (Guides Musicologiques. 6.).

Maczelka, Noémi: siehe Nr. 348.

386. Mansure, Victor Newell: The Allemandes of Johann Sebastian Bach: a stylistic study. – Ann Arbor (MI): UMI 2003. 268 S. [Diss., University of Oregon 1992].

387. Melamed, Daniel R.: Bachs Aufführung der Hamburger Markus-Passion in den 1740er Jahren. – In: LBzBF 5 (2002), S. 289–308. [Vgl. Nr. 64].

388. Mortensen, John Joseph: Thirty-two transcriptions for piano of organ chorales of J. S. Bach. – Ann Arbor (MI): UMI 2003. XVIII, 237 S. [Diss., University of Maryland 1995].

389. Mutschelknauss, Eduard: Das Volkslied „Wie er mit ihm verwachsen war": Kontrastierende historiografische Perspektiven zu Bachs Volksliedintegration. – In: Lied und populäre Kultur (Jahrbuch des Deutschen Volksliedarchivs Freiburg) 49 (2004), S. 153–179.

390. Oechsle, Siegfried: Johann Sebastian Bachs Auseinandersetzung mit dem Stylus antiquus und die musikalisch-liturgischen Traditionen in Leipzig. – In: LBzBF 5 (2002), S. 413–425. [Vgl. Nr. 64].

391. Ogawa, Isaku: Fuga Bunseki Shiron: J. S. Bach; Heikinritsu Dai-1-Kan Dai-1-Ban BWV 846 no Fuga o Rei ni mikuro-teki Bunseki [Japan., Über das Analysieren der Fugen Bachs, mit einer Analyse der Fuge C-Dur BWV 846]. – In: Oita Kenritsu Geijutsu Bunka Tanki Daigaku kenkyu kiyo 41 (2003), S. 105–119.

392. Peters, Manfred: Johann Sebastian Bach. Was heißt „Klang=Rede"? – München: edition text + kritik 2003. 138 S. (Musik-Konzepte. 119.). (Beiträge siehe Nr. 393, 394, 705).
Besprechungen : (1) FonoForum 6 (2003), S. 48 (Reinmar Emans). (2) Concerto 21:192 (2004), S. 19–20 (Thomas Synofzik).

393. Peters, Manfred: Das Zeugnis des Johann Abraham Birnbaum oder Die Form der Instrumentalfuge bei J. S. Bach. – In: Johann Sebastian Bach … Musik-Konzepte 119 (2003), S. 5–28. [Vgl. Nr. 392].

394. Peters, Manfred: Die Rede über die Synkope als Verstoß gegen die Zeitordnung und deren Wiederherstellung oder *Eine historische Nachricht* des J. J. Froberger von J. S. Bachs *vorhabender Materie*. – In: Johann Sebastian Bach … Musik-Konzepte 119 (2003), S. 67–137. [Vgl. Nr. 392].

395. Peters, Manfred: Johann Sebastian Bach als Klang-Redner. Die Dispositio der römischen Oratorie als Beitrag zum Formverständnis aus-

gewählter Instrumentalfugen. – Saarbrücken: Pfau 2005. XX, 321 S. [Diss., TU Dresden 2004]
Besprechungen: (1) NZM 167/6 (2006), S. 90 (Peter Becker). (2) ÖMZ 63/7 (2008), S. 86–87 (Peter Schleuning).

396. Prautzsch, Ludwig: Die verborgene Symbolsprache Johann Sebastian Bachs. Band 1: Zeichen und Zahlenalphabet auf den Titelseiten der kirchenmusikalischen Werke. – Kassel: Edition Merseburger 2004. 280 S. (Edition Merseburger. 1580.). [Band 2 siehe Nr. 497].
Besprechungen: (1) http://www.die-tonkunst.de/dtk-archiv/online/0407-Die_verborgene_Symbolsprache_Bachs.pdf (Joachim Roller, 1.7. 2004).

397. Ringhandt, Ute: Sunt lacrimae rerum: Untersuchungen zur Darstellung des Weinens in der Musik. – Sinzig: Studio 2001. 244 S. (Berliner Musik-Studien. 24.). [Diss., Hochschule der Künste Berlin 2001].
Besprechungen: ML 84 (2003), S. 278–280 (Amanda Glauert). (2) Mf 61 (2006), S. 429–430 (Thomas Schipperges).

398. Roueché, Michelle Renée: An idiomatic piano reduction of the orchestral accompaniment to Bach's „Magnificat" – Ann Arbor (MI): UMI 2003. VI, 69 S. [Research Project, Tempe, Arizona State Univ. 1996].

399. Sackmann, Dominik: Konzerte des/für den Prinzen. Zu Funktion und Datierung von Bachs Konzertbearbeitung BWV 595–984. – In: Dortmunder Bach-Forschungen 6 (2003), S. 133–143. [Vgl. Nr. 57].

400. Sackmann, Dominik: „Französischer Schaum und deutsches Grundelement" – Französisches in Bachs Musik. – In: Basler Jahrbuch für Historische Musikpraxis 28 (2004), S. 81–93.

401. Sackmann, Dominik: Bach und der Tanz. – Stuttgart: Carus 2005. 64 S. (Jahresgabe 2005 der Internationalen Bach-Gesellschaft Schaffhausen).
Besprechungen: (1) Ars Organi 54/3 (2006), S. 192–193 (Hans Musch).

402. Schneider, Matthias: Sprachlos: Von der Parodie in Bachs Instrumentalmusik. – In: Greifswalder Beiträge zur Musikwissenschaft 12 (2004), S. 81–96. [Vgl. Nr. 65].

403. Schneider, Matthias: Bach und die Messen. – In: Greifswalder Beiträge zur Musikwissenschaft 12 (2004), S. 97–115.

404. Schultz, John Ahern: The soli-tutti concept in the choral works of Johann Sebastian Bach – Ann Arbor (MI): UMI 2003. 156 S. [Diss., University of Illinois at Urbana-Champaign (IL) 1980].

405. Schulze, Hans-Joachim: Vom Landgut in die Stadtbibliothek: Zur Überlieferung der Bach-Kantate „Ach Herr, mich armen Sünder". – In : BJ 87 (2001), S. 179–183. [Vgl. Nr. 47].

406. Schulze, Hans-Joachim: Verschlüsselte Botschaften hinter Bachs Notentext? Wanderungen in Grenzbereichen zwischen Zahlenmystik, Kompositionsrezepten, Temperaturproblemen und Aufführungspraxis.

– In: Bach im Mittelpunkt … Symposium Graz 1999 (2001), S. 21–34. [Vgl. Nr. 43].
407. Schulze, Hans-Joachim: Johann Sebastian Bach und die norddeutsche Fugenkunst. – In: Bach, Lübeck … Konferenzbericht Lübeck 2000 (2002), S. 272–279. [Vgl. Nr. 49].
408. Seidel, Elmar: Hans Leo Haßlers „Mein Gmüth ist mir verwirret" und Paul Gerhardts „O Haupt voll Blut und Wunden" in Bachs Werk. – In: AfMw 58 (2001), S. 61–89.
409. Seidel, Wilhelm: Natur, Stil, Kunst. Bach aus der Sicht der zeitgenössischen Musikästhetik. – In: LBzBF 7 (2005), S. 127–140. [Vgl. Nr. 64].
410. Severus, Julia: Staccato wider die Wollust. Die Beziehung zwischen Wort und Artikulation in den Instrumentalstimmen von Johan Sebastian Bachs Vokalwerken. – In: Concerto 19:171 (2002), S. 30–33 und 19:172, S. 30–32.
411. Shiina, Yuichiro: J. S. Bach no Orugan Tsuso Teion – Rekishiteki Shiryo o Chushin ni [Jap., J. S. Bachs Orgel-Contunuo – seine historischen Wurzeln]. – In: Orugan Kenkyu 32 (2004), S. 14–29.
412. Stephen, J. Drew: Bach's horn parts. Alternatives to nodal venting and hand stopping. – In: Bach Studies from Dublin … (2004), S. 149–160. [Vgl. Nr. 52].
413. Stewart, John D.: The pedagogy of transition: Issues of composition and craft in the Bach chorales and Bach fugues. – Ann Arbor (MI): UMI 2003. 231 S. [Diss., Harvard University Cambridge (MA), 1994].
414. Swain, Joseph P.: Harmonic Rhythm in Bach's Ritornellos. – In: Journal of Musicological Research 22/3 (2003), S. 183–222.
415. Synofzik, Thomas: Arpeggio, Coulé und Separez. Zur Problematik Bach'scher Ornamentsymbole. – In: Concerto 18:162 (2001), S. 10–14.
416. Synofzik, Thomas: Avec des Agréments – Beobachtungen zur Verzierungspraxis des Bachkreises. – In: Dortmunder Bach-Forschungen 6 (2003), S. 51–71. [Vgl. Nr. 57].
417. Toro, David: Johann Sebastian Bach. Dialoghi e divertimenti [Ital.]. – Varese: Zecchini 2005. 122 S.
418. Unger, Melvin P.: J. S. Bach's Major Works for Voices and Instruments: A Listener's Guide. – Lenham (MD): Scarecrow Press 2005. X, 141 S.
Besprechungen: (1) AmOrg 39/10 (2005), S. 98–99 (Haig Mardirosian).
419. Waczkat, Andreas: Tradition und Innovation in Parodiemessen mitteldeutscher Komponisten des 17. Jahrhunderts. – In: Greifswalder Beiträge zur Musikwissenschaft 12 (2004), S. 23–30. [Vgl. Nr. 65].
420. Wagner, Günther: Johann Sebastian Bach und der „Berliner Geschmack". – In: Jb SIM 2004 (2005), S. 75–88.

421. Walter, Meinrad: Katholische Marien-Musik – mit Seitenblicken auf Johann Sebastian Bach. – In: Jb SIM 2004 (2005), S. 43–50.
422. Williams, Peter F.: Some further Thoughts. – In: Dortmunder Bach-Forschungen 6 (2003), S. 371–388. [Vgl. Nr. 57].
423. Wolf, Uwe: Johann Sebastian Bach und die sächsische Motette in der zweiten Hälfte des 18. Jahrhunderts. – In: LBzBF 5 (2002), S. 427–440. [Vgl. Nr. 64].
424. Wolff, Christoph: Johann Sebastian Bachs Regeln für den fünfstimmigen Satz. – In: BJ 90 (2004), S. 87–99. [Vgl. Nr. 47].
425. Wolff, Christoph: „Newtons Geist" und die Grundlagen Bachscher Kompositionskunst. – In: Bach – in Salzburg … Symposium 2000 (2002), S. 7–18 [Vgl. Nr. 44].
426. Wolff, Christoph: „Newtons Geist" und die Grundlagen Bachscher Kompositionskunst. – In: LBzBF 7 (2005), S. 11–23. [Vgl. Nr. 64].
427. Wollny, Peter: Johann Christoph Friedrich Bach und die Teilung des väterlichen Erbes. – In: BJ 87 (2001), S. 55–70. [Vgl. Nr. 47].
428. Wollny, Peter: Tennstedt, Naumburg, Halle – Neuerkenntnisse zur Bach-Überlieferung in Mitteldeutschland. – In: BJ 88 (2002), S. 29–60. [Vgl. Nr. 47].
429. Wollny, Peter: On Miscellaneous American Bach Sources. – In: Bach Perspectives 5 (2003), S. 131–150. [Vgl. Nr. 50].
430. Wuidar, Laurence: De l'emblème au canon: Étude iconographique et essai herméneutique de Kircher à Bach [Franz., betr. BWV 1078]. – In: Imago musicae 21/22 (2004/05), S. 263–287.
431. Yearsley, David: Bach and the Meanings of Counterpoint. – Cambridge: Cambridge Univ. Press 2002. XVI, 257 S.
Besprechungen. (1) http://www.music.qub.ac.uk/tomita/bachbib/review/bb-review_Yearsley-BMCpt.html (Yo Tomita, 23. 4. 2003). (2) Tijdschrift voor Muziektheorie 8 (2003), S. 168–169 (Thomas Op de Coul). (3) MT144:1883 (2003), S. 64–66 (Peter Williams). (4) EM 31 (2003), S. 275–276 (David Humphreys). (5) Journal of Musicological Research 22 (2003) S. 387–402 (David Schulenberg). (6) College music symposium 44 (2004) (Jane Solose). (7) Musicologica austriaca 27 (2004), S. 135–138 (Denis Collins). (8) Eighteenth-century Music 1/1 (2004), S. 100–104 (James Currie). (9) Music Educators Journal 90/4 (Mar 2004), S. 77–78 (Michelle Barnes). (10) Canadian University Music Review 24/2 (2004), S. 87–90 (Janette Tilley). (11) BachNotes-ABS 3 (2005), S. 6–7 (Paul M. Walker). (12) Music Theory Spectrum 27/1 (2005), S. 113–117 (Daniel K. L. Chua). (13) JAMS 58 (2005), S. 710–717 (Georges B. Stauffer). (14) Music Theory Online 12 (2006) (Peter Schubert).

432. Zech-Günther, Barbara: Die Tanzmusik Johann Sebastian Bachs und der französische Hoftanz. – In: Johann Sebastian Bach … Stuttgart und Hildesheim 2001 (2002), S. 25–48. [Vgl. Nr. 60].
433. Zehnder, Jean-Claude: Auf der Suche nach chronologischen Argumenten in Bachs Frühwerk (vor etwa 1707). – In: „Die Zeit …" (2001), S. 143–156. [Vgl. Nr. 56].
434. Zohn, Steven: Bach's Borrowings from Telemann. – In: Magdeburger Telemann-Studien 18 (2005), S. 111–119. [Vgl. Nr. 68].

B. Texte

435. [Bach, Johann Sebastian]: The Extant Texts of the Vocal Works in English Translations with Commentary by Z. Philip Ambrose, Volume 1: BWV 1–200, 628 S.; Volume 2: BWV 201–, 564 S., Philadelphia (PA): Xlibris Corporation 2005.
436. Dinyes, Soma: Szoveg es zene kapcsolata Johann Sebastian Bach elso lipcsei kantataevfolyamanak karteteleiben [Ung., Das Verhältnis von Text und Musik in den Chorälen von Bachs erstem Leipziger Kantaten-Jahrgang]. – In: BachTanulmanyok 7 (2000), S. 19–53. [Vgl. BJ 91 (2005), Bibliographie Nr. 42].
437. Goedegebuure, Jaap: Bach en de tekst. De zwoele smaak van tranen; Picander als tekstdichter van Bach – In: Bach en de theologie … (2001), S. 65–73. [Vgl. Nr. 42].
438. Haselböck, Lucia: Bach-Textlexikon: Ein Wörterbuch der religiösen Sprachbilder im Vokalwerk von Johann Sebastian Bach. – Kassel [u. a.]: Bärenreiter 2004. 225 S.
Besprechungen: (1) Musik & Liturgie (Schweiz) 129 (2004), S. 35 (Erwin Mattmann). (2) Die Tonkunst 2 (2004) (Joachim Roller). (3) MuK 75/1 (2005), S. 52 (Christoph Albrecht). (4) Bach Magazin 6 (2005), S. 40 (Jörg Clemen). (5) EMR 106 (2005), S. 23 (Clifford Bartlett). (6) Mf 58 (2005), S. 437–438 (Andreas Pfisterer). (7) BJ 92 (2006), S. 315–318 (Markus Rathey). (8) EM 35/1 (2007), S. 118–120 (Stephen Rose).
439. Peters, Mark A.: Christiana Mariana von Ziegler's sacred cantata texts and their settings by Johann Sebastian Bach. – Ann Arbor (MI): UMI 2003. XV, 384 S. [Diss., University of Pittsburgh (PA) 2003].
440. Peters, Mark A.: A Reconsideration of Bach's Role as Text Redactor in the Ziegler Cantatas. – In: Bach J 36/1 (2005), S. 25–66. [Vgl. Nr. 48].
441. Poetzsch-Seban, Ute: Bach und Neumeister – Bach und Telemann. In: Magdeburger Telemann-Studien 18 (2005), S. 54–62. [Vgl. Nr. 68].
442. Rathey, Markus: Textsyntax und Prosodie in der Aufklärung und bei Johann Sebastian Bach. – In: Musik & Ästhetik 8/30 (2004), S. 24–39.

443. Reipsch, Brit: Annotationen zu Georg Philipp Telemann, Johann Friedrich Helbig und Johann Sebastian Bach. – In: Magdeburger Telemann-Studien 18 (2005), S. 63–85. [Vgl. Nr. 68].
444. Rienäcker, Gerd: Schwierigkeiten, Wort-Ton-Relation in Bachs Werken fest zu machen. – In: Greifswalder Beiträge zur Musikwissenschaft 12 (2004), S. 31–48. [Vgl. Nr. 65].
445. Scheitler, Irmgard: Neumeister versus Dedekind. Das deutsche Rezitativ und die Entstehung der madrigalischen Kantate. – In: BJ 89 (2003), S. 197–220. [Vgl. Nr. 47].
446. Schulze, Hans-Joachim: Christian Friedrich Henrici („Picander") zum 300. Geburtstag am 14. Januar 2000. – In: Bach und seine mitteldeutschen … Kolloquium 2000 (2001), S. 1–7. [Vgl. Nr. 53].
447. Schulze, Hans-Joachim: Johann Sebastian Bachs dritter Leipziger Kantatenjahrgang und die Meininger „Sonntags- und Fest-Andachten" – In: BJ 88 (2002), S. 193–199. [Vgl. Nr. 47].
448. Schulze, Hans-Joachim: Parodie und Textqualität in Werken Johann Sebastian Bachs. – In: Greifswalder Beiträge zur Musikwissenschaft 12 (2004), S. 49–57. [Vgl. Nr. 65].
449. Streubel, Stefan: Die Texte zu den Choralvorspielen Joh. Seb. Bachs. – Dorfen: Streubel 2004. 63 S.
450. Teske, Armina und Andrzeja: Teksty Kantat Jana Sebastiana Bacha w polskim przekładzie [Poln., Bachs Kantatentexte in polnischer Übersetzung]. – Lublin: Polihymnia, 2004. 151 S.

C. Kantaten

451. Anderseck, Klaus: Steuern und Strafen. Die monetären Aspekte der „Bauernkantate" von Johann Sebastian Bach. – In: Concerto 18:160 (2001), S. 16–17.
452. entfällt.
453. Beißwenger, Kirsten: Die zweiteiligen Kantaten Johann Sebastian Bachs. Aspekte zur Besetzung als konzeptionellem Mittel. – In: Dortmunder Bach-Forschungen 3 (2002), S. 41–68. [Vgl. Nr. 57].
454. Beißwenger, Kirsten: Der Chorsatz als Zentrum – Form und Besetzung in ausgewählten Kantaten. – In: Vom Klang … Festschrift Hofmann (2004), S. 27–43. [Vgl. Nr. 70].
455. Bowman, Joseph L.: The sacred trumpet cantatas of Johann Sebastian Bach (1685–1750). – In: National Association of College Wind and Percussion Instructors Journal 49/4 (2001), S. 4–11.
456. Boyer, Henri: Les mélodies de chorals dans les cantates de Jean-Sébastien Bach. – Paris: L'Harmattan 2003. 441 S. (Univers musical).

457. Breig, Werner: Zur Gestalt der Eingangs-Sinfonia von Bachs Kantate „Ich habe meine Zuversicht" (BWV 188). – In: Cöthener Bach-Hefte 11 (2003), S. 41–60. [Vgl. Nr. 55].
458. Cron, Matthew: The obbligato organ cantatas of J. S. Bach in the context of 18th-century practice [2 Bde.]. – Ann Arbor (MI): UMI 2005. XIC, 830 S. [Diss., Brandeis University, Waltham (MA) 2004].
459. Davis, Richard Carroll: Self parody among the cantatas of Johann Sebastian Bach. – Ann Arbor (MI): UMI 2003. 552 S. [Diss., Boston University, Boston (MA) 1962].
460. Denton, John William: The use of oboes in the church cantatas of Johann Sebastian Bach – Ann Arbor (MI): UMI 2003. 207 S. [Diss., University of Rochester (NY), Eastman School of Music 1977].
461. Dirksen, Pieter: Die Kantate „Erfreute Zeit im neuen Bunde" BWV 83 und die Rolle der Violine in Bachs erstem Leipziger Jahrgang. – In: Dortmunder Bach-Forschungen 3 (2002), S. 135–156. [Vgl. Nr. 57].
462. Dürr, Alfred: Kantaty Jana Sebastiana Bacha [Übers. der 4. Aufl. (1981) ins Poln. von Andrzej A. Teske, Originaltitel der 1. Aufl. vgl BJ 62 (1976), Bibliographie Nr. 238]. – Lublin: Wydawnictwo Muzyczne Polihymnia 2004. 784 S.
463. Dürr, Alfred: The Cantatas of J. S. Bach. With their Librettos in German-English Parallel Text. Revised and translated by Richard Jones.– Oxford: Oxford University Press 2005. XVI, 967 S.
Besprechungen: (1) http://www.music.qub.ac.uk/tomita/bachbib/review/bb-review_Durr-Cantatas.html (Yo Tomita, 3. 12. 2006). (2) EMR 108 (2005), S. 35–36 (Clifford Bartlett). (3) Early Music Performer 18 (2006), S. 44–45 (Peter Holman). (4) Goldberg 39 (2006), S. 14–16 (Brian Robins), (5) EM 35 (2007), S. 118–120 (Stephen Rose). (6) ML 89 (2008), S. 620–622 (Matthew Dirst).
464. Emans, Reinmar: Die solistischen Choralbearbeitungen Bachs. Erneute Überlegungen zu Ansätzen einer stilkritischen Theorie. – In: LBzBF 5 (2002), S. 139–154. [Vgl. Nr. 64].
465. Emans, Reinmar: Methodische Alternativen? Ansätze der literaturwissenschaftlichen Stilkritik in Bezug auf die Nachtwachen von Bonaventura. – In: Dortmunder Bach-Forschungen 3 (2002), S. 253–272. [Vgl. Nr. 57].
466. Emans, Reinmar: Zu den Arien mit einem obligaten Flöteninstrument. – In: Vom Klang ... Festschrift Hofmann (2004), S. 73–85. [Vgl. Nr. 70].
467. Falletta, Martina: Die Kantaten „Tritt auf die Glaubensbahn" von Georg Philipp Telemann und Johann Sebastian Bach. – In: Magdeburger Telemann-Studien 18 (2005), S. 94–110. [Vgl. Nr. 68].
468. Geck, Martin: Bachs Leipziger Kirchenmusik. Diskurs zwischen Komponist und Kirchgängern. – In: LBzBF 5 (2002), S. 403–411. [Vgl. Nr. 64].

469. Geck, Martin: Kontingent und kohärent: Bachs erster Leipziger Kantatenjahrgang. – In: Dortmunder Bach-Forschungen 3 (2002), S. 9–22. [Vgl. Nr. 57].
470. Glöckner, Andreas: „In Fine Intrada con Trombe e Tamburi". Trompeten und Pauken in den Schlußchorälen von Festkantaten – eine weitere Beobachtung. – In: BJ 88 (2002), S. 201–207. [Vgl. Nr. 47].

Glöckner, Andreas: siehe Nr. 510.

471. Greer, Mary: Embracing Faith: The Duet as Metaphor in Selected Sacred Cantatas by J. S. Bach. – In: Bach J 34/1 (2003), S. 1–71. [Vgl. Nr. 48].
472. Heinemann, Michael: „Bleibt, ihr Engel, bleibt bei mir": Zur Konvergenz von historischem und ästhetischem Subjekt in Bachs Kantate BWV 19. – In: Musik und Biographie: Festschrift für Rainer Cadenbach, hrsg. von Cordula Heymann-Wentzel und Johannes Laas, Würzburg: Königshausen und Neumann 2004, S. 270–276.
473. Heinemann, Michael: Dekonstruowanie biografii Jana Sebastiana Bacha [Poln.]. – In: Muzyka 49/4 (2004), S. 3–25.
474. Hernández Bellido, José Ramón: La flauta de pico en las cantatas de J. S. Bach [Span.]. – In: Revista de flauta de pico 18 (2002), S. 20–43.
475. Hofmann, Klaus: Über die Schlußchoräle zweier Bachscher Ratswahlkantaten. – In : BJ 87 (2001), S. 151–162. [Vgl. Nr. 47].
476. Hofmann, Klaus: Anmerkungen zum Problem „Picander-Jahrgang". – In: LBzBF 5 (2002), S. 69–87. [Vgl. Nr. 64].
477. Isoyama, Tadashi: Bach. Kantata no Mori o ayumu. I. Maria no 3 Shukujitsu [Jap., Bach. Die Kantaten.]. – Tokyo: Tokyo Shoseki 2004. 159 S.
478. Krummacher, Friedhelm: Nachträge oder Alternativen? Über Bachs späte Choralkantaten. – In: LBzBF 5 (2002), S. 183–205. [Vgl. Nr. 64].
479. Krummacher, Friedhelm: Die Chorsätze: Einleitung. – In: Dortmunder Bach-Forschungen 3 (2002), S. 175–176. [Vgl. Nr. 57].
480. Krummacher, Friedhelm: Harmonik im Kontrapunkt. Quintschrittsequenzen in Chorsätzen Bachs 1714–1724. – In: Dortmunder Bach-Forschungen 3 (2002), S. 195–238. [Vgl. Nr. 57].
481. Küster, Konrad: Konzertvorlage oder Originalkomposition? Zu den obligaten Orgelanteilen in Bachs Kantaten aus dem Jahr 1726. – In: LBzBF 5 (2002), S. 45–58. [Vgl. Nr. 64].
482. Küster, Konrad: Zum Verhältnis von Kompositions- und Aufführungsrhythmus in Bachs 1. Kantatenjahrgang. – In: Dortmunder Bach-Forschungen 3 (2002), S. 69–94. [Vgl. Nr. 57].
483. Leisinger, Ulrich: Vokale Kammermusik im Köthener Umfeld Johann Sebastian Bachs. Amore traditore BWV 203 im Kontext von Strickers italienischen Kantaten. – In: Cöthener Bach-Hefte 11 (2003), S. 28–40. [Vgl. Nr. 55].

484. Märker, Michael: Fuge – Konzert – Motette: Zum Eingangschor der Kantate „Wer sich selbst erhöhet, der soll erniedriget werden" BWV 47 von Johann Sebastian Bach. – In: Musikästhetik und Analyse. Festschrift für Wilhelm Seidel zum 65. Geburtstag, hrsg. von Michael Märker und Lothar Schmidt, Laaber: Laaber-Verlag 2002, S. 99–103.
485. Marissen, Michael: On the Musically Theological in J. S. Bach's Cantatas. – In: The Lutheran quarterly 16/1, S. 48–64.
486. Medňanský, Karol: Viola da gamba v kantátach Johanna Sebastiana Bacha [Slowak.]. – In: Slovenská hudba 31/2 (2005), S. 155–179.
487. Meier, Siegfried: „… solche Helden, solche Waffen …" Gottes Engel und Johann Sebastian Bachs Kantaten zum Michaelisfest. – In: Lutherische Beiträge 10/3 (2005), S. 167–178.
488. Melamed, Daniel R.: The Text of „Gott ist mein König" BWV 71. – In: Bach J 32/1 (2001), S. 1–16. [Vgl. Nr. 48].
489. Milner, Scott Carroll: The „blessed death" in the church cantatas of Johann Sebastian Bach. – Ann Arbor (MI): UMI 2003. 357 S. [Diss., Brandeis University, Waltham (MA) 1995].
490. Moysan, Bruno: L'image de la mort et de la résurrection du Christ dans la Cantate BWV 4 de Jean-Sébastien Bach. [Frz.]. – In: Ostinato rigore 16 (2001), S. 147–179. [Vgl. Nr. 59].
491. Nieden, Hans-Jörg: Die frühen Kantaten von Johann Sebastian Bach: Analyse – Rezeption. – München, Salzburg: Katzbichler 2005. 134 S. (Musikwissenschaftliche Schriften. 40.).
Besprechungen: (1) MuK 77/1 (2007), S. 48–49 (Sven Hiemke). (2) Mf 60 (2007), S. 179–180 (Ulrich Bartels). (3) Eighteenth-century Music 5 (2008), S. 119–121 (Yo Tomita).
492. Oechsle, Siegfried: Doppelte Historisierung des Komponierens. Die motettischen Chorfugen in Bachs I. Jahrgang. – In: Dortmunder Bach-Forschungen 3 (2002), S. 239–251. [Vgl. Nr. 57].
493. Paczkowski, Szymon: Der polnische Stil und Bachs Bauern-Kantate. – In: Arolser Beiträge zur Musikforschung 9 (2002), S. 181–194.
494. Paczkowski, Szymon: Über die Funktionen der Polonaise und des polnischen Stils am Beispiel der Arie „Glück und Segen sind bereit" aus der Kantate „Erwünschtes Freudenlicht" BWV 184 von Johann Sebastian Bach. – In: Johann Adolf Hasse in seiner Epoche und in der Gegenwart. Studien zur Stil- und Quellenproblematik, hrsg. von Szymon Paczkowski und Alina Zórawska-Witkowska, Warschau 2002, S. 207–224.
495. Paczkowski, Szymon: Johann Sebastian Bachs „Nun ist das Heil und die Kraft" BWV 50. Form und Bedeutung. – In: Musica Baltica. Im Umkreis des Wandels – von den cori spezzati zum konzertierenden Stil, hrsg. von Danuta Szlagowska, Gdańsk 2004, S. 224–236. – In poln.

Sprache in: Muzyka wobec tradycji. Idee – Dzielo – Recepcja, hrsg. von Szymon Paczkowski, Warszawa 2004, S. 291–304.

496. Poetzsch-Seban, Ute: Wann wurde „Ich hatte viel Bekümmernis" BWV 21/BC 99a erstaufgeführt? – In: Magdeburger Telemann-Studien 18 (2005), S. 86–93. [Vgl. Nr. 68].

497. Prautzsch, Ludwig: Die verborgene Symbolsprache Johann Sebastian Bachs. Band 2: Zeichen und Psalmhinweise in der Kantate „Mein Herze schwimmt im Blut". [BWV 199] – Kassel: Edition Merseburger, 2005. 142 S. (Edition Merseburger. 1581.). [Band 1 siehe Nr. 396].
Besprechungen: (1) http://www.die-tonkunst.de/dtk-archiv/online/0607N-Prautsch_Symbolsprache_Bachs_Bd2.pdf (Joachim Roller, 1.7.2006).

498. Rampe, Siegbert: „Monatlich neüe Stücke" – Zu den musikalischen Voraussetzungen von Bachs Weimarer Konzertmeisteramt. – In: BJ 88 (2002), S. 61–104. [Vgl. Nr. 47].

499. Rathey, Markus: „Singet dem Herrn ein neues Lied" (BWV 190). Johann Sebastian Bachs Auseinandersetzung mit dem Te Deum laudamus. – In: Dortmunder Bach-Forschungen 3 (2002), S. 287–301. [Vgl. Nr. 57].

500. Rathey, Markus: Instrumentaler Satz und Orchesterbehandlung in den Köthener Glückwunschkantaten. – In: Cöthener Bach-Hefte 11 (2003), S. 116–135. [Vgl. Nr. 55].

501. Reed, Roy Alonso: Spenerian pietism and the cantatas of Johann Sebastian Bach. – Ann Arbor (MI): UMI 2003. 271 S. [Diss., Boston University, Boston (MA) 1968].

502. Reimer, Erich: Die Technik des Vokaleinbaus in den Arien der Weimarer Kantaten Johann Sebastian Bachs (1714–1716). – In: AfMw 61/3 (2004), S. 163–189.

503. Robscheit, Wolfgang: Bachs „Thüringer" Kantaten. – In: Bachfest-Buch Eisenach 2001, S. 99–106. [Vgl. Nr. 1196].

504. Röhring, Klaus: „Lass dein Engel mit mir fahren auf Elias Wagen rot". J. S. Bachs Michaelskantate „Es erhub sich ein Streit" BWV 19 als Auslegung apokalyptischer Engel-Tradition. – In: MuK 71 (2001), S. 212–217.

505. Rolik, Géza P.: Sacred Cantatas of J. S. Bach. – Pittsburgh: RoseDog Books 2005. 116 S.

506. Scheide, William H.: Nochmals BWV 50 „Nun ist das Heil und die Kraft". – In: BJ 87 (2001), S. 117–130. [Vgl. Nr. 47].

507. Scheide, William H.: Die Choralkantaten von 1724 und Bachs Köthener Besuch. – In: BJ 89 (2003), S. 47–65. [Vgl. Nr. 47].

508. Schlage, Thomas: Form-Modelle in den Chorsätzen des 1. Leipziger Kantatenjahrgangs. – In: Dortmunder Bach-Forschungen 3 (2002), S. 177–194. [Vgl. Nr. 57].

509. Schulze, Hans-Joachim: Ey! How Sweet the Coffee Tastes. Johann Sebastian Bach's Coffee Cantata in its Time. [Übers. aus dem Dt. von Alfred Mann, Originaltitel siehe BJ 75 (1989), Bibliographie Nr. 450] – In: Bach J 32/2 (2001), S. 1–34. [Vgl. Nr. 48]. [Faksimile der Originalausgabe auf S. 35–117].
510. Schulze, Hans-Joachim; Glöckner, Andreas: Die Leipziger Bedingungen: Einleitung. – In: Dortmunder Bach-Forschungen 3 (2002), S. 273–285. [Vgl. Nr. 57].
511. Schulze, Hans-Joachim: Ey! Wie schmeckt der Coffee süße. Johann Sebastian Bachs Kaffee-Kantate. – Leipzig: Evangelische Verlagsanstalt 2005. 80 S. + CD.
512. Sharp, Nan Ellen Orthmann: The use of flutes and recorders in the church cantatas of Johann Sebastian Bach. – Ann Arbor (MI): UMI 2003. XXXIII, 406 S. [Diss., University of Rochester (NY) 1975].
513. Siegele, Ulrich: Planungsverfahren in Kantaten J. S. Bachs. – In: Dortmunder Bach-Forschungen 3 (2002), S. 95–120. [Vgl. Nr. 57].
514. Simon, Carl Geoffrey: Musical iconography in the sacred cantatas of Johann Sebastian Bach. – Ann Arbor (MI): UMI 2003. 255 S. [Diss., University of Baltimore (MD) 1980].
515. Staehelin, Martin: Klang der Glocken und Lauf der Zeit in den Kantaten Johann Sebastian Bachs. – In: Vom Klang … Festschrift Hofmann (2004), S. 131–155. [Vgl. Nr. 70].
516. Tatlow, Ruth: Text, the Number Alphabet and Numerical Ordering in Bach's Church Cantatas. – In: Dortmunder Bach-Forschungen 3 (2002), S. 121–133. [Vgl. Nr. 57].
517. Tenhaef, Peter: Wie vieldeutig ist Bachs Rhetorik? Bemerkungen zu zwei weltlichen Kantaten und deren Parodieproblematik. – In: Greifswalder Beiträge zur Musikwissenschaft 12 (2004), S. 59–79. [Vgl. Nr. 65].
518. Thyssen, Peter: Bach Juleoratorium. Libretto, baggrund og fortolkning [Dän., Bachs Weihnachtsoratorium. Text, Hintergrund und Interpretation]. – København: Det Danske Bibelskab 2004. 95 S.
519. Tovey, Donald Francis: Johann Sebastian Bach. I: Cantata: Geist und Seele wird verwirret (BWV 35) for alto, organ obbligato, and orchestra. – In: The classics of music … (2001), S. 3–4. [Vgl. Nr. 190].
520. Tovey, Donald Francis: Johann Sebastian Bach. II: Cantata: Jauchzet Gott in allen Landen (BWV 51) for soprano, trumpet obbligato, and strings. – In: The classics of music … (2001), S. 4–10. [Vgl. Nr. 190].
521. Tovey, Donald Francis: Johann Sebastian Bach. III: Cantata: Ich bin vergnügt (BWV 84) for soprano, with oboe and violin obbligati. – In: The classics of music … (2001), S. 10–13. [Vgl. Nr. 190].

522. Unger, Melvin P.: „Ich elender Mensch": Bach on the Soul's Torment. – In: Passion, Affekt ... (Band 2, 2005), S. 543–558. [Vgl. Nr. 150].
523. Wolff, Christoph: Bach = Kantata no Sekai [Jap., Die Welt der Bach-Kantaten, Originaltitel siehe BJ 91 (2005), Bibliographie Nr. 677, deutsche Ausgabe mit Aufzählung der Beiträge siehe ebenda, Nr. 678].]
I: Kyokai Kantata. Leipzig Jidai. Übers. und hrsg. von Tadashi Isoyama. – Tokyo: Tokyo Shoseki 2001. 387 S.
II: Sezoku Kantata. Übers. und hrsg. von Tadashi Isoyama. – Tokyo: Tokyo Shoseki 2002. 405 S.
III: Kyokai Kantata. Leipzig Jidai. Übers. und hrsg. von Tadashi Isoyama. – Tokyo: Tokyo Shoseki 2002. 445 S.
524. Wolff, Christoph: siehe Nr. 525.
525. Wollny, Peter und Christoph Wolff: Allgemeine Strategien in Bachs I. Leipziger Kantatenjahrgang: Einleitung. – In: Dortmunder Bach-Forschungen 3 (2002), S. 23–40. [Vgl. Nr. 57].

→ Siehe auch folgende Nummern aus anderen Rubriken: 79, 83, 92, 99, 169, 180, 181, 186, 188, 194, 237, 278, 526, 529, 530, 914, 919, 1050.

D. Motetten, Messen, Magnificat, Passionen, Oratorien, Choräle

526. Bauch, Volker (Hrsg.): Jauchzet, frohlocket. Das Weihnachtsoratorium von Johann Sebastian Bach. Mit einer Einführung von Albert Schweitzer. – Leipzig: St. Benno 2002, 64 S.
527. Bockholdt, Rudolf: Das „Crucifixus" der „h-Moll-Messe" von Johann Sebastian Bach: Zur Frage des Verhältnisses von Musik und Inhalt. – In: Music in the world of ideas, Poznan: Ars Nova 2001, S. 63–79.
528. Bockholdt, Rudolf: Die Arien der Lutherischen Messen von Johann Sebastian Bach. Form, Ausdehnung und Textdisposition im Vergleich mit den Vorlagen. – In: Greifswalder Beiträge zur Musikwissenschaft 12 (2004), S. 153–179. [Vgl. Nr. 65].
529. Bossuyt, Ignace: Het Weihnachts-Oratorium (BWV 248) van Johann Sebastian Bach. – Leuven: Universitaire Pers Leuven, 2002. 179 Seiten + Notenbeilagen.
Besprechungen: (1) http://www.music.qub.ac.uk/tomita/bachbib/review/bb-review_Bossuyt-WO.html (Yo Tomita, 19. 12. 2002). (2) EM 31 (2003), S. 290–291 (Graham Dixon). (3) BachNotesABS (Fall 2003), S. 3 (Jan-Piet Knijff).
530. Bossuyt, Ignace: Johann Sebastian Bach: Christmas Oratorio. BWV 248. [Engl., Übers. von Stratton Bull. – Leuven: University Press, 2004. 185 S. [Originaltitel siehe Nr. 529].

Besprechungen: (1) http://www.music.qub.ac.uk/tomita/bachbib/review/bb-review_Bossuyt-CO.html (Yo Tomita, 11. 10. 2006). (2) Bach 37/1 (2006), S. 78–81 (Kerry McCarthy). (3) ML 87 (2006), S. 654–656 (John Butt).

531. Carl, Beate: Georg Gadamers philosophische Hermeneutik. Eine Hilfe zur Interpretation und zum Verstehen von Kunstwerken? – In: Quellenstudium und musikalische Analyse. Festschrift Martin Just zum 70. Geburtstag, hrsg. von Peter Niedermüller, Cristine Urchueguía, und Oliver Wiener, Würzburg: Ergon 2001, S. 159–167. [Betr. Bachs Vertonung von Paul Gerhardts Choral „O Haupt voll Blut und Wunden"].

532. Chafe, Eric: Pasija po Mateju Johana Sebastijana Baha: Aspekti planiranja, strukture i hronologije [Serb.]. – In: Muzički talas 9/30–31 (2002), S. 90–118.

533. Danckwardt, Marianne: Zur Sprachvertonung in den Motetten Johann Sebastian Bachs. – In: Augsburger Bach-Vorträge … 66 (2002), S. 113–132. [Vgl. Nr. 40].

534. Déri, Balázs: Jesu, meine Freude: Szövegábrázolás Bach korálfeldolgozásában [Ungar., Textdarstellung in Bachs Choralwerken]. – In: Magyar Egyházzene 9/3–4 (2001), S. 461–480.

535. Eggebrecht, Hans Heinrich: Bachs Matthäus-Passion. [Vortrag für die Fundació la Caixa in Barcelona 1996, erschienen in: Hans Heinrich Eggebrecht, Texte über Musik. Bach, Beethoven, Schubert, Mahler. Essen: Die Blaue Eule 1997, S. 18–41]. – In: Geheimnis Bach (2001), S. 117–157. [Vgl. Nr. 58].

536. Franklin, Don O.: Aspekte von Proportion und Dimension in Johann Sebastian Bachs Missa von 1733. – In: LBzBF 5 (2002), S. 235–272. [Vgl. Nr. 64].

537. Gim, Jeong-sug: Baheu yi Mate sunangog: jeontong, byeonwha, grigo saero'um [Korean., Eine Studie über Bachs Matthäus-Passion]. – In: Seoyang eum'aghag 9 (2005), S. 135–164.

538. Glöckner, Andreas: Bachs Es-Dur-Magnificat BWV 243a – eine genuine Weihnachtsmusik? – In: BJ 89 (2003), S. 37–45. [Vgl. Nr. 47].

539. Glöckner, Andreas: NBA, Serie II, Band 5b: Matthäus-Passion. Frühfassung BWV 244b. Kritischer Bericht. – Kassel [u.a.]: Bärenreiter 2004. 87 S. [Vgl. Nr. 72].
Besprechungen: (1) Notes 63 (2007), S. 690–697 (Daniel F. Boomhower).

540. Göllner, Theodor: Sprache und Spiel in Bachs Gratias-Parodien. – In: Greifswalder Beiträge zur Musikwissenschaft 12 (2004), S. 137–151. [Vgl. Nr. 65].

541. Grüß, Hans: Eine neue Hypothese zur Entstehung der Matthäus-Passion und weitere quellenkundliche Anmerkungen zu den Trauermusiken

BWV 198 und BWV 244a. – In: LBzBF 5 (2002), S. 59–68. [Vgl. Nr. 64].

542. Gülke, Peter: Zwischen Botschaft, Newton und Theodizee. Zur Dramaturgie in Bachs Matthäus-Passion. – In: Peter Gülke: Die Sprache der Musik. Essays zur Musik von Bach bis Holliger. – Stuttgart [u. a.]: Metzler 2001, S. 150–169.

543. Harasim, Clemens: Die Magnificat-Vertonungen von Johann Sebastian und Carl Philipp Emanuel Bach. – In: Bachfest-Buch Frankfurt (Oder) 2003, S. 130–136. [Vgl. Nr. 1210].

544. Havsteen, Sven Rune: Bach Matthæuspassion. Originalteksten med dansk oversættelse. Baggrund og fortolkning af Sven Rune Havsteen [Dän.]. – København: Det Danske Bibelselskab 2005. 150 S.

545. Hengel, Eduard van und Kees van Houten: „Et incarnatus": an afterthought? Against the „Revisionist" view of Bach's B-Minor Mass. – In: Journal of Musicological Research 23/1 (2004), S. 81–112.

546. Higuchi, Ryuichi: „Yohane Junankyoku" (1725-Nen Ko) Joen Noto [Jap., Zur Aufführung der Fassung 1725 der Johannes-Passion]. – In: Geijutsugaku kenkyu 14 (2004), S. 45–54.

547. Hofmann, Friedhelm: Die h-Moll-Messe von Johann Sebastian Bach als liturgische Feier. – Brückenschlag: Wolfgang Bretschneider zum 60. Geburtstag, hrsg. von Stefan Klöckner, Matthias Kreuels und Günther Massenkeil, Regensburg: ConBrio 2001, S. 62–65.

548. Hofmann, Klaus: Johann Sebastian Bach: Die Motetten. Kassel [u. a.]: Bärenreiter 2003. 263 S.
Besprechungen: (1) http://www.music.qub.ac.uk/tomita/bachbib/review/bb-review_HofmannMot.html (Yo Tomita, 16. 3. 2004) (2) MuK 73 (2003), S. 251–252 (Sven Hiemke). (3) Tonkunst 1 (2003) (Klaus Langrock). (4) OYb 33 (2004), S. 177 (Peter Williams). (5) WüKi 71/5 (2004), S. 30. (6) MuG 58/2 (2004), S. 74 (A. M.). (7) FMB 27/1 (2006), S. 77–78 (Marianne Noeske).

549. Houten, Kees van: De Hohe Messe van J. S. Bach: „propter magnam gloriam tuam" [Niederl.]. – Boxtel: van Houten 2002. 428 S.

Houten, Kees van: siehe Nr. 545.

550. Hoyer, Johannes: Die Turbae-Chöre in Johann Sebastian Bachs Johannes-Passion BWV 245 zwischen Tradition und Innovation. – In: Augsburger Bach-Vorträge ... 66 (2002), S. 21–38. [Vgl. Nr. 40].

551. Jaskulsky, Hans: Zum Crucifixus in J. S. Bachs h-moll Messe. – In: Vom rechten Thon der Orgeln ... Festschrift Ahrens (2003), S. 175–187. [Vgl. Nr. 280].

552. Kettling, Siegfried und Eberhard Tzschoppe: „Herr, unser Herrscher": die Johannes-Passion von Johann Sebastian Bach theologisch und musikalisch erklärt. – Holzgerlingen: Hänssler 2002. 279 S.

553. Kisiel, Anna: Koncepcja retoryczna „Pasji według św. Mateusza" Jana Sebastiana Bacha próba rekonstrukcji procesu przygotowania oracji muzycznej [Poln.]. – Poznan: Akad. Muzyczna Im. I. J. Paderewskiego 2003. 234 S. (musica practica, musica theoretica. 5.).
554. Körndle, Franz: Konfessionelles Komponieren bei Johann Sebastian Bach: Anmerkungen zur letzten Umarbeitung des Credo in der h-moll-Messe. – In: Neues Musikwissenschaftliches Jahrbuch 13 (2005), S. 25–40.
555. Krummacher, Friedhelm: Affekt als Struktur – Über Solosätze aus Bachs Matthäus-Passion. – In: Passion, Affekt … (Band 2, 2005), S. 519–541. [Vgl. Nr. 150].
556. Leisinger, Ulrich: Die zweite Fassung der Johannes-Passion von 1725: Nur ein Notbehelf? – in: LBzBF 5 (2002), S. 29–44. [Vgl. Nr. 64].
557. Lü, Changle: Bahe matai shounanyue de xiju jiegou [Chin., Die dramatische Struktur von Bachs Matthäuspassion]. – In: Zhongyangyin yuexueyuan xuebao 1:94 (2004), S. 20–28 und 2:95 (2004), S. 70–74.
557a. Lü, Changle: Bahe matai shounanyue kuangjiaxing hechang de yunyong [Chin., Die Verwendung des Chores in Bachs Matthäus-Passion]. – In: Tianlai 1:80 (2005), S. 64–69; 77.
558. Medňanský, Karol: Analyticko-interpretačné aspekty recitatívu Mein Jesus schweigt zu falschen Lügen stille a árie Geduld, Geduld! z Matúšových pašií Johanna Sebastiana Bacha [Slowak.]. – In: Slovenská hudba 30/3 (2004), S. 348–379.
559. Meister, Hubert: „Singt der Hl. Geist Alt?" Zur Frage nach einer sinnbildlichen Deutung der vokalen Solopartien in J. S. Bachs geistlichen Werk. – In: Musikgeschichte als Verstehensgeschichte: Festschrift für Gernot Gruber zum 65. Geburtstag, hrsg. von Joachim Brügge, Franz Födermayr u. a., Tutzing: Schneider 2004, S. 663–682.
560. Melamed, Daniel R.: Hearing Bach's Passions. – New York: Oxford University Press 2005. VII, 178 S.
Besprechungen: (1) http://www.music.qub.ac.uk/tomita/bachbib/review/bb-review_Melamed-HearingBPas.html (Yo Tomita, 6. 1. 2008). (2) EMR 108 (2005), S. 34–35 (Clifford Bartlett). (3) The Diapason 96 (2005), S. 16 (James B. Hartman). (4) Early music performer 16 (2005), S. 20–21 (Bryan White). (5) College music symposium 46 (2006), S. 136–142 (Matthew C. Harden). (6) H-Net (2006) (Janette Tilley). (7) Notes 62 (2006), S. 724–727 (Daniel F. Boomhower). (8) BachNotes-ABS 5 (2006), S. 14–15 (Jason B. Grant). (9) EM 34 (2006), S. 296–298 (John Butt). (10) Goldberg 42 (2006), S. 20–21 (Uri Golomb). (11) H-Net Reviews (2006) (Janette Tilley). (12) ML 88/1 (2007), S. 141–144 (Alan Howard). (13) Eighteenth-century Music 4 (2007), S. 147–149 (Robin A. Leaver). (14) British journal for eighteenth century studies 31 (2008), S. 168–169 (Rebecca Lloyd).

561. Melamed, Daniel R.: The Passions: Versions and Problems/Las pasiones: versiones y problemas. [Engl./Span.]. – In: Goldberg 34 (2005), S. 30–37.
562. Modeß, Jochen A.: Bachs „Missa" g-Moll und ihre Erweiterung – ein Werkstattbericht. – In: Greifswalder Beiträge zur Musikwissenschaft 12 (2004), S. 181–195. [Vgl. Nr. 65].
563. Mosewius, Johann Theodor: Johann Sebastian Bachs Matthäus-Passion. Musikalisch-ästhetisch dargestellt. Johann Sebastian Bach in seinen Kirchen-Kantaten und Choralgesängen: Mit Musikbeilagen. Nachdruck der Ausgaben Berlin 1852 und Berlin 1845. Hrsg. und mit einem Nachwort versehen von Michael Heinemann. – Hildesheim: Olms 2001. VI, 70, 7 S. Noten; VIII, 31, 26 S. Noten; Nachwort S. 27–36.
564. Paczkowski, Szymon: Motet „Singet dem Herrn ein neues Lied" BWV 225 Johanna Sebastiana Bacha – Styl, Forma i Znaczenie [Poln.]. – In: Muzyka 50/2:197 (2005), S. 17–43.
565. Petzoldt, Martin: Wie hat Bach seine Kyrie-Gloria-Messen theologisch strukturiert? – In: Greifswalder Beiträge zur Musikwissenschaft 12 (2004), S. 123–136. [Vgl. Nr. 65].
566. Petzoldt, Martin: Carl Philipp Emanuel Bach und die Kirchenmusik seines Vaters: Bemerkungen zu den zwei Magnifikat-Kompositionen BWV 243 und Wq 215. – In: Jb SIM 2004 (2005), S. 32–42.
567. Rathey, Markus: Weimar, Gotha oder Leipzig. Zur Chronologie der Arie „Himmel, reiße" in der zweiten Fassung der Johannes-Passion (BWV 245/11+). – In: BJ 91 (2005), S. 291–300. [Vgl. Nr. 47].
568. Rempp, Frieder: NBA, Serie III, Band 3: Motetten, Choralsätze und Lieder zweifelhafter Echtheit. Kritischer Bericht. Mit Berichten über Johann Sebastian Bach irrtümlich zugeschriebene Werke und einem Nachtrag zum Kritischen Bericht III/2.2. – Kassel [u.a.]: Bärenreiter 2002. 144 S. [Vgl. Nr. 72].
Besprechungen: (1) Mf 58 (2005), S. 211–213 (Werner Breig). (2) OYb 35 (2006), S. 154–155 (Peter F. Williams).
569. Rifkin, Joshua: Eine schwierige Stelle in der h-Moll-Messe. – In: LBzBF 5 (2002), S. 321–331. [Vgl. Nr. 64].
570. Schneider, Matthias: Bach und die Messen. – In: Greifswalder Beiträge zur Musikwissenschaft 12 (2004), S. 97–115. [Vgl. Nr. 65].
571. Seidel, Wilhelm: Die Kadenz als Figur ihrer selbst. – In: Gestik und Affekt in der Musik des 17. und 18. Jahrhunderts. Hrsg. von Bert Siegmund. Michaelstein: Stiftung Kloster Michaelstein und Verlag Janos Stekovics 2003 (Michaelsteiner Konferenzberichte. 63.), S. 169–184. [Betr. „Es ist vollbracht" aus BWV 245].
572. Thyssen, Peter: Bach: Johannespassion – Libretto, baggrund og fortolkning. [Dän.]. – København: Det Danske Bibelselskab 2005. 93 S.

Tzschoppe, Eberhard: siehe Nr. 552.
573. Wolf, Uwe. NBA, Serie II, Band 1 a: Frühfassungen zur h-Moll-Messe BWV 232. Kritischer Bericht. – Kassel [u. a.]: Bärenreiter 2005. 113 S. [Vgl. Nr. 72].
Besprechungen: (1) Notes 63 (2007) S. 690–697 (Daniel F. Boomhower). (2) Mf 60 (2007), S. 426–427 (Andreas Pfisterer).

→ Siehe auch folgende Nummern aus anderen Rubriken: 91, 149, 150, 170, 173, 317, 805, 849, 1250.

E. Orgelwerke

574. Albrecht, Timothy Edward: Musical rhetoric in selected organ works of Johann Sebastian Bach. – Ann Arbor (MI): UMI 2003. XI, 211 S. [Diss., University of Rochester (NY) 1978].
575. Bartels, Ulrich und Peter Wollny: NBA, Serie IV, Band 11: Freie Orgelwerke [U. Bartels] und Choralpartiten [P. Wollny] aus unterschiedlicher Überlieferung. Kritischer Bericht. Mit Berichten über ehemals Johann Sebastian Bach zugeschriebene Werke. – Kassel [u.a.]: Bärenreiter 2004. 248 S. [Vgl. Nr. 72].
Besprechungen: (1) MuK 75 (2005), S. 136 (Sven Hiemke). (2) OYb 34 (2005), S. 175–177 (Peter Williams). (3) Ars Organi 53 (2005), S. 122 (Joachim Schreiber).
576. Billeter, Bernhard: Bachs Toccata und Fuge d-Moll für Orgel BWV 565: ein Cembalowerk? – In: Bernhard Billeter. Musiktheorie und musikalische Praxis. Gesammelte Aufsätze, hrsg. von Dominik Sackmann, Bern [u.a.]: Peter Lang 2004, S. 159–163. (Zürcher Musikstudien. 4.).
577. Billeter, Bernhard: Verzierungs- und Artikulationszeichen in Johann Sebastian Bachs Triosonaten für Orgel. Untersuchungen von Walter Frey an den Inventionen und Sinfonien. – In: Musiktheorie ... (2004), S. 145–158. [Vgl. Nr. 576].
578. Blanken, Christine: Orgelwerke der „Sammlung Scholz" in ihrer Beziehung zu Nürnberger Instrumenten. – In: Vom Klang ... Festschrift Hofmann (2004), S. 44–68. [Vgl. Nr. 70].
579. Breig, Werner: Das „Thema Legrenzianum elaboratum per Joan. Seb. Bach" und die Frühgeschichte der Doppelfuge. – in: BJ 87 (2001), S. 141–150. [Vgl. Nr. 47].
580. Breig, Werner: „[...] das Fehlerhafte gut, das Gute besser und das Bessere zum Allerbesten machen". Zum Umarbeitungsprozeß in einigen Orgelkompositionen Bachs (BWV 535, 572 und 543). – In: „Die Zeit ..." (2001), S. 121–142. [Vgl. Nr. 56].

581. Breig, Werner: Bachs „Orgel-Missa" und der III. Teil der „Clavierübung". – In: Greifswalder Beiträge zur Musikwissenschaft 12 (2004), S. 197–213. [Vgl. Nr. 65].
582. Butler, Lynn Edwards: Manual Designations as Registration Indicators in the Organ Chorales of J. S. Bach. – In: Litterae organi: Essays in honor of Barbara Owen, hrsg. von John Ogasapien, Scot Huntington u. a., Richmond (VA): Organ Historical Society 2005, S. 125–147.
583. Charru, Philippe und Christoph Theobald: J. S. Bach: Une lecture musicale et théologique des Variations canoniques sur Vom Himmel hoch da komm ich her (BWV 769a) [Franz.]. – In: Analyse musicale 39 (2001), S. 57–66.
584. Charru, Philippe und Christoph Theobald: L'esprit créateur dans la pensée musicale de Jean-Sébastien Bach: Les chorals pour orgue de „l'Autographe de Leipzig" [Franz.]. – Sprimont: Mardaga 2002. 311 S.
Besprechungen: (1) Analyse Musicale 45 (2002), S. 94–98 (Vincent Genvrin). (2) Zeitschrift für katholische Theologie 125 (2003), S. 336–338 (Rudolf Pacik). (3) Les Samedis d'Entretemps 5 (2003) (Vincent Decleire). (4) Les Samedis d'Entretemps 5 (2003) (François Nicolas). (5) Arte organaria e organistica 13/2 (2006), S. 54 (Francesco Tasini).
585. Clement, Albert: On the Inner Correlation of the Six Chorales BWV 645–650 and its Significance. – In: Bach J 34/2 (2003), S. 1–62. [Vgl. Nr. 48].
586. Dequevauviller, Vincent: La Passacaille de Bach. – In: Musurgia 9/3–4, S. 25–42.
587. Dirksen, Pieter: Bachs „Acht Choralfughetten". Ein unbeachtetes Leipziger Sammelwerk? – In: LBzBF 5 (2002), S. 155–182. [Vgl. Nr. 64].
588. Dirksen, Pieter: Ein verschollenes Weimarer Kammermusikwerk Johann Sebastian Bachs? Zur Vorgeschichte der Sonate c-Moll für Orgel (BWV 528). – In: BJ 89 (2003), S. 7–36. [Vgl. Nr. 47].
589. Emans, Reinmar: Orgelchoräle von Johann Sebastian Bach oder Johann Ludwig Krebs? – In: Dortmunder Bach-Forschungen 6 (2003), S. 323–332. [Vgl. Nr. 57].
590. Faulkner, Quentin: More than meets the eye: Slurs and Metrical Ambiguities in Bach's Prelude and Fugue in E-flat (BWV 552). – AmOrg 36/10 (2002), S. 68–71. Ebenso in: Organists review 89/1:349 (2003), S. 18–21.
591. Heinemann, Michael: Historisches und ästhetisches Subjekt in Bachs Choralvorspielen. – In: Dortmunder Bach-Forschungen 6 (2003), S. 281–285. [Vgl. 57].

592. Hill, Robert: „Streng" versus „Frei". Ein Beitrag zur Analyse der frühen Tastenfugen von Johann Sebastian Bach. – In: Bach, Lübeck ... Konferenzbericht Lübeck 2000 (2002), S. 176–184. [Vgl. Nr. 49].
593. Hintermaier, Ernst: Das Orgelbüchlein des Mattseer Stiftsorganisten Johann Anton Graf aus dem Jahre 1738. [Betr. BWV 914]. – In: Bach – In Salzburg ... Symposium 2000 (2002), S. 84–99 [Vgl. Nr. 44].
594. Holopova, Valentina Nikolaevna: Passakalija c-moll I. S. Baha v nimbe evangel'skogo sjužzeta [Russ.]. – In: Naučnye trudy Moskovskoj Gosudarstvennoj Konservatorii im. P. I. Čajkovskogo 32 (2001), S. 64–77.
595. Jacob, Andreas: Der III. Teil der Klavierübung von Johann Sebastian Bach: Genese, Kontext und kompositorische Strukturen. – In: Augsburger Bach-Vorträge ... 66 (2002), S. 99–111. [Vgl. Nr. 40].
596. Kern, Nancy: Bach's Fantasia super Komm, heiliger Geist, Herre Gott, BWV 651a and 651: Which came first? – In: Fermata 4 (2002), S. 1–12.
597. Kloppers, Jacobus: Musical rhetoric and other symbols of communication in Bach's organ music. – In: Ars Nova 33/34 (2001/02), S. 11–29.
598. Kube, Michael: Modelle und Lösungen. Überlegungen zu den Choralbearbeitungen über „Wie schön leuchtet der Morgenstern" von Pachelbel, Buttstett/Armsdorf und Bach. – In: Bach und seine mitteldeutschen ... Kolloquium 2000 (2001), S. 190–198. [Vgl. Nr. 53].
599. Kube, Michael: Satztyp und Kontrapunkt. Einige Anmerkungen (nicht nur) zu Bachs Choralbearbeitungen über „Vom Himmel hoch, da komm ich her". – In: Dortmunder Bach-Forschungen 6 (2003), S. 309–322. [Vgl. Nr. 57].
600. Leite, Zilei de Oliveira: Applications of reductive analytical techniques in the Phrygian settings of the Orgelbüchlein by J. S. Bach. – Ann Arbor (MI): UMI 2003. 116 S. [Diss., University of North Texas, Denton (TX) 1995].
601. Lyon, James: Le cantus firmus dans les sept chorals „mystiques" de l'Orgelbüchlein de Johann Sebastian Bach. – In: Le cantus firmus: Exploitation à travers les siècles, hrsg. von Édith Weber, Paris: Presses de l'Université de Paris-Sorbonne 2004, S. 51–73. (Itinéraires du cantus firmus. 6.).
602. McAfee, Kay Roberts: Rhetorical analysis of the sonatas for organ in E Minor, BWV 528, and G Major, BWV 530, by Johann Sebastian Bach, a lecture recital, together with three recitals of selected works of J. Alain, D. Buxtehude, C. Franck and others. – Ann Arbor (MI): UMI 2003. 56 S. [Diss., University of North Texas, Denton (TX) 1986].
603. Meister, Hubert: Zur musikalischen Rhetorik und ihrer Umsetzung in der Aufführungspraxis – speziell der Orgelwerke J. S. Bachs. – In: Bach im Mittelpunkt ... Symposium Graz 1999 (2001), S. 127–144. [Vgl. Nr. 43].

604. Na, Jin-gyu: Baheu yi oreugangog Fantasi wa Fuga g danjo BWV 542 yeongu [Korean., Eine Studie über Bachs Fantasie und Fuge g-Moll BWV 542 für Orgel]. – In: Eum'ag gwa Minjog 28 (2004), S. 282–302.
605. Na, Jin-gyu: Baheu yi prelude wa fuga c-jangjo BWV 547 yi jaggog gibyeobjeog yeongu [Korean., Eine Studie über Bachs Präludium und Fuge C-Dur BWV 547]. – In: Seoyang eum'aghag 9 (2005), S. 191–219.
606. Pedersen, Lotte Vibe: Musik og teologi i Johann Sebastian Bachs Orgelbüchlein. – In: Dansk kirkesangs arsskrift 2001, S. 65–100.
607. Rampe, Siegbert: Bachs *Piece d'Orgve* G-Dur BWV 572: Gedanken zu ihrer Konzeption. – In: Dortmunder Bach-Forschungen 6 (2003), S. 333–369. [Vgl. Nr. 57].
608. Rampe, Siegbert: Abendmusik oder Gottesdienst? Zur Funktion norddeutscher Orgelkompositionen des 17. und frühen 18. Jahrhunderts. – In: Schütz-Jahrbuch 25 (2003), S. 7–70 (Teil 1: Die gottesdienstlichen Aufgaben des Organisten); 26 (2004), S. 155–204 (Teil 2 und 3); 27 (2005), S. 53–127 (Schluß).
609. Schäfertöns, Reinhard: Das Orgelrezitativ bei Dietrich Buxtehude und Johann Sebastian Bach. Ein Vergleich. – In: Musiktheorie 16/3 (2001), S. 221–237.
610. Schauerte-Maubouet, Helga: La singularité des „Manieren" chez J. S. Bach à travers le choral „O Mensch, bewein dein Sünde gross" BWV 622. [Frz.]. – In: Ostinato rigore 16 (2001), S. 111–124. [Vgl. Nr. 59].
611. Schneider, Matthias: Bachs „Arnstädter Choräle" – komponiert in Weimar? – In: Dortmunder Bach-Forschungen 6 (2003), S. 287–308. [Vgl. Nr. 57].
612. Schnorr, Klemens: Litanei und Ostinato in Bachs Passacaglia c-moll BWV 582. – In: Anuario Musical 56 (2001), S. 163–172.
613. Schubert, Klaus: Johann Sebastian Bachs Präludium und Fuge C-moll für Orgel BWV 546 und die beiden Orgeltriosätze C-moll nach Johann Friedrich Fasch BWV 585: Eine bislang unbekannte Werkbeziehung.– In: Perspectives on organ playing and musical interpretation: Pedagogical, historical, and instrumental studies – A Festschrift for Heinrich Fleischer at 90, hrsg. vom Martin Luther College, New Ulm (MN) 2002, S. 108–137. (Veröffentlichungen der Gesellschaft der Orgelfreunde. 191.).
614. Speerstra, Joel: Bach and the pedal clavichord. An organist's guide. – Rochester (NY): University of Rochester Press, 2004. 280 S. (Eastman studies in music. 26.).
Besprechungen: (1) BachNotesABS 2 (Fall-winter 2004), S. 6–7 (Lynn Edwards Butler). (2) AmOrg 38/11 (2004), S. 78–80 (Quentin Faulkner). (3) Orgelkrant 8 (2004), S. 7–8. (4) Clavichord International 8/2 (2004), S. 60 (Francis Knights). (5) OYb 33 (2004), S. 179 (Peter Wil-

liams). (6) Notes 61 (2005), S. 760–763 (Brian Doherty). (7) EM 33/1 (2005), S. 124–128 (John Koster). (8) Eighteenth-century Music 2/2 (2005), S. 337–340 (Stewart Pollens). (9) Het Orgel 102/1 (2006) (Hans Fidom) (10) EMR 111 (2006), S. 33–34 (Clifford Bartlett). (11) Informazione organistica 18/3:15 (2006), S. 277–279 (Massimiliano Guido).

615. Speerstra, Joel: Were J. S. Bach's Trio Sonatas written for the pedal clavichord? – In: BIOS: Journal of the British Institute of Organ Studies 28 (2004), S. 26–46.
616. Stinson, Russell: J. S. Bach's Great Eighteen Organ Chorales. – Oxford [u. a.]: Oxford University Press 2001. XII, 171 S.
Besprechungen: (1) http://www.music.qub.ac.uk/tomita/bachbib/review/bb-review_Stinson18c.html (Yo Tomita, 26. 8. 2001). (2) EM 29 (2001), S. 637–640 (David Humphreys). (3) ML 83 (2002), S. 286–287 (Stephen Rose). (4) OYb 31 (2002), S. 185–186 (Peter F. Williams). (5) AmOrg 37 (2003), S. 51–52 (Frank Morana). (6) Early Keyboard Journal 21 (2003), S. 103–113 (David Yearsley).
617. Stinson, Russell: Neues über Bachs Leipziger Orgelchoräle. – In: LBzBF 5 (2002), S. 109–129. [Vgl. 64].
618. Stinson, Russell: New Perspectives on Bach's Great Eighteen Chorales. – In: Historical Musicology … (2004), S. 40–56. [Vgl. Nr. 154].
619. Taesler, Martin: Leserbrief [zu Nr. 621]. – In: Concerto 18:160 (2001), S. 8.

Theobald, Christoph: siehe Nr. 583, 584.

620. Umstaedt, Monica Johanna: The early organ preludes, fugues, toccatas and fantasias of Johann Sebastian Bach as a culmination of Italian and German organ literature of the 15th to 17th centuries. – Ann Arbor (MI): UMI 2003. 168 S. [Columbus, The Ohio State Univ., DMA, 1980].
621. Waczkat, Andreas: The Unanswered Question. [Betr. BWV 565]. – In: Concerto 17:159 (2000/2001), S. 44. [Vgl. Nr. 619].
622. Williams, Peter F.: The Organ Music of J. S. Bach. [2. Aufl., 1. Aufl. vgl. BJ 70 (1984), Bibliographie Nr. 233]. – Cambridge: Cambridge University Press 2003. X, 624 S.
Besprechungen (1) http://www.music.qub.ac.uk/tomita/bachbib/review/bb-review_Williams-org.html (Ian Mills, 31. 3. 2008). (2) EMR 97 (2004), S. 9 (Clifford Bartlett). (3) Magyar Zene 42/2 (2004), S. 214–216 (Katalin Komlós). (4) Notes 61 (2004), S. 430–432 (Lawrence Archbold). (5) Bach J 35/2 (2004), S. 69–71 (Markus Rathey).
623. Williams, Peter F.: More on the question, Is there a „Toccata and Fugue in D minor for Organ" by J. S. Bach? – In: OYb 33 (2004), S. 139–143.
624. Wolff, Christoph: Zum norddeutschen Kontext der Orgelmusik des jugendlichen Bach. Das Scheinproblem der Toccata d-Moll BWV 565. –

In: Bach, Lübeck ... Konferenzbericht Lübeck 2000 (2002), S. 220–230. [Vgl. Nr. 49].
625. Wolff, Christoph: Bach's organ toccata in D-minor and the issue of its authenticity. – In: Festschrift for Heinrich Fleischer ... (2002), S. 85–107. [Vgl. Nr. 613].
626. Wolff, Christoph: NBA, Serie IV, Band 9: Orgelchoräle der Neumeister-Sammlung. Kritischer Bericht. – Kassel [u. a.]: Bärenreiter 2003. 90 S. [Vgl. Nr. 72].
Besprechungen: (1) http://www.music.qub.ac.uk/tomita/bachbib/review/bb-review_NBA-4-9.html (Yo Tomita, 18. 3. 2004). (2) Mf 58 (2005), S. 213–214 (Werner Breig). (3) OYb 34 (2005), S. 188–189 (Peter Williams).

Wollny, Peter: siehe Nr. 575.

627. Zehnder, Jean-Claude: Johann Sebastian Bachs Choraltrio über „Jesus Christus, unser Heiland, der von uns den Gotteszorn wandt" (BWV 688). – In: Martin Geck. Festschrift ...(2001), S. 269–284. [Vgl. Nr. 376].
628. Zimpel, Herbert: „In dir ist Freude" (BWV 615) – vom Wortbild zum Klangbild. – In: Cöthener Bach-Hefte 10 (2002), S. 69–81. [Vgl. Nr. 66].

→ Siehe auch folgende Nummern aus anderen Rubriken: 102, 795.

F. Klavier- und Lautenwerke

629. Arnecke, Jörn: Idee, Umkehrung, Synthese: Das Thema der Fuge dis-Moll aus Johann Sebastian Bachs Wohltemperiertem Klavier. – In: Melodie und Harmonie: Festschrift für Christoph Hohlfeld zum 80. Geburtstag, hrsg. von Reinhard Bahr, Berlin: Weidler 2002, S. 85–103.
630. Bachs „Wohltemperiertes Klavier" in Perspektiven. Hrsg. von Volker Kalisch. – Essen: Die Blaue Eule 2002. 73 S.(Musik-Kultur. 10.). (Beiträge siehe Nr. 632, 684, 696, 708).
631. Bačić, Marcel: Clavis temperantiae [Kroat.]. – In: Johann Sebastian Bach, Das wohltemperierte Clavier ... (2004), S. 13–20. [Vgl. Nr. 61].
632. Ballstaedt, Andreas: Handwerk – Kunstwerk - Stückwerk: Bemerkungen über den Umgang mit Bachs Wohltemperiertem Klavier. – In: Bachs „Wohltemperiertes ... (2002), S. 43–57. [Vgl. Nr. 630].
633. Bartels, Ulrich: Bearbeitungsproblematik und Echtheitszweifel. Überlegungen zur Sonate BWV 964 und zum Adagio BWV 968. – In: Vom Klang ... Festschrift Hofmann (2004), S. 9–26. [Vgl. Nr. 70].
634. Bérard, Sabine: Quel(s) sujet(s) pour une Fugue? La Fugue et le Prélude en la mineur, numéro 20 BWV 865, du premier livre du Clavier Bien Tempéré [Franz.]. – In: Ostinato rigore 16 (2001), S. 239–261.

635. Berčenko, Roman Eduardovič: V pojskah utračennogo smysla: Boleslav Javorskij o „Horošo temperirovannom klavire" [Russ., Auf der Suche nach verlorenen Ansichten: Boleslav Yavorsky über das „Wohltemperierte Klavier"]. – Moskva, izdatel'stvo „Klassika-XXI" 2005. 372 S.
636. Best, Terence: Der französische Einfluss auf die deutsche Klaviermusik in der Barockzeit – Froberger, Bach, Händel. – In: Händel-Jahrbuch 50 (2004), S. 65–90.
637. Bietti, Giovanni: Ritmo e forma nelle partite di J. S. Bach. – In: Ovunque lontano dal mondo … Milano 2001, S. 47–65. [Vgl. Nr. 67].
638. Bietti, Giovanni: J. S. Bach: Suite inglese n. 6 in re minore, BWV 811. – In: Ovunque lontano dal mondo … Milano 2001, S. 318–320. [Vgl. Nr. 67].
639. Bietti, Giovanni: J. S. Bach: Capriccio sopra la lontananza del suo fratello dilettissimo, BWV 992. – In: Ovunque lontano dal mondo … Milano 2001, S. 320. [Vgl. Nr. 67].
640. Bietti, Giovanni: J. S. Bach: Concerto italiano, BWV 971. – In: Ovunque lontano dal mondo … Milano 2001, S. 320–323. [Vgl. Nr. 67].
641. Bietti, Giovanni: J. S. Bach: Fantasia cromatica e fuga, BWV 903. – In: Ovunque lontano dal mondo … Milano 2001, S. 323–325. [Vgl. Nr. 67].
642. Bietti, Giovanni: J. S. Bach: Fantasia e fuga in la minore, BWV 904. – In: Ovunque lontano dal mondo … Milano 2001, S. 325–327. [Vgl. Nr. 67].
643. Bietti, Giovanni: J. S. Bach: Fantasia (con fuga incompiuta) in do minore, BWV 906. – In: Ovunque lontano dal mondo … Milano 2001, S. 327–328. [Vgl. Nr. 67].
644. Bietti, Giovanni: J. S. Bach: Toccate. – In: Ovunque lontano dal mondo … Milano 2001, S. 329–332. [Vgl. Nr. 67].
645. Billić, Franjo: Dobro ugođeni Clavier Johanna Sebastiana Bacha [Kroat.]. – In: Johann Sebastian Bach, Das Wohltemperierte Clavier … (2004), S. 3–11. [Vgl. Nr. 61].
646. Breig, Werner: Beobachtungen an einigen späten Klavierfugen Bachs. – In: LBzBF 5 (2002), S. 207–218. [Vgl. Nr. 64].
647. Breig, Werner: Französische Ouvertüre und „Stile francese" in Bachs Werken für Tasteninstrumente. – In: Cöthener Bach-Hefte 12 (2004), S. 101–124. [Vgl. Nr. 55].
648. Brendel, Alfred: Bach and the piano. – In: Alfred Brendel on music. Collected essays, Chicago, (IL): A Cappella 2001, S. 375–379.
649. Brino, Paola: Le fughe per liuto di J. S. Bach. III: Fuga in Sol minore BWV 1000 [Ital.]. – In: Fronimo 29:113 (2001), S. 35–39.
650. Brino, Paola: Le fughe per liuto di J. S. Bach. IV: Preludio in Sol minore BWV 995 [Ital.]. – In: Fronimo 29:115 (2001), S. 35–41.

651. Butler, Gregory G.: Toward an Aesthetic and Pedagogical Context for J. S. Bach's Italian Concerto BWV 971. – In: Dortmunder Bach-Forschungen 6 (2003), S. 223–230. [Vgl. Nr. 57].
652. Butler, Gregory G.: The prelude to the third English Suite BWV 808. An allegro concerto movement in ritornello form. – In: Bach Studies from Dublin ... (2004), S. 93–101. [Vgl. Nr. 52].
653. Casanova, Fermina: Análisis de la Fuga en do menor de El clave bien temperado, Libro I, de Johann Sebastian Bach [Span., Analyse der Fuge c-Moll BWV 847/2]. – In: Musica e investigacion 4/7–8 (2001), S. 117–129.
654. Čivinskaja, N. P.: Ritoričeskaja dispozicija v preljudii I. S. Bacha gis-moll (II tom WTK). Opyt analiza [Russ., Die rhetorische Disposition im Präludium Nr. 18 gis-Moll aus Bachs Wohltemperierten Klavier, Bd. 2. Analytische Studie]. – Sankt Petersburg: Konservatorium N. A. Rimski-Korsakow 2001, 61 S.
655. Čivinskaja, N. P.: Ritoričeskie figury v preljudijah i fugah Horoso temperirovannogo klavira I. S. Baha [Russ., Die rhetorischen Figuren in den Präludien und Fugen des Wohltemperierten Klaviers von J. S. Bach]. – Sankt Petersburg: Konservatorium N. A. Rimski-Korsakow 2001. 41 S.
656. Corduban, Mihaela: La rhétorique des idées musicales dans les Inventions à deux voix de Jean-Sébastien Bach. Proposition d'un modèle analytique [Franz.]. – In: Musurgia 12 (2005), S. 9–34.
657. Dammann, Rolf: Bachs Praeludium XII, f-moll (Wohltemperirtes Clavier II). – In: Musik und Szene – Festschrift für Werner Braun zum 75. Geburtstag, hrsg. von Bernhard R. Appel, Karl W. Geck und Herbert Schneider, Saarbrücken 2001, S. 551–573. (Saarbrücker Studien zur Musikwissenschaft. Neue Folge . 9.).
658. Danuser, Hermann: Dom und Strom. Bachs cis-Moll-Fuge (BWV 849) und die Ästhetik des Erhabenen. – In: Musikästhetik ... (2002), S. 105–134. [Vgl. Nr. 484].
659. Dilaghi, Francesco: Pedagogia, didattica e retorica nelle „Invenzioni a due voci" di J. S. Bach [Ital.] – In: Rivista Italiana di Musicologia 39/1 (2004), S. 107–145.
660. Dirksen, Pieter: Überlegungen zu Bachs Suite f-Moll BWV 823. – In: Dortmunder Bach-Forschungen 6 (2003), S. 119–131. [Vgl. Nr. 57].
661. Dreyfus, Richard: Bach e i modelli dell'invenzione. – In: Ovunque lontano dal mondo ... Milano 2001, S. 7–46. [Vgl. Nr. 67].
662. Edler, Arnfried: Prolegomena zu einer Geschichte des Concertos für unbegleitetes Cembalo. – In: Critica musica ... Festschrift Hans Joachim Marx (2001). [Vgl. Nr. 121], S. 59–81.

663. Edler, Arnfried: Thematik und Figuration in der Tastenmusik des jungen Bach. – In: Musik zwischen Mythologie und Sozialgeschichte. Ausgewählte Aufsätze aus den Jahren 1972 bis 2000, hrsg. von Wolfgang Horn und Günter Katzenberger, Augsburg: Wißner 2003 (Publikationen der Hochschule für Musik und Theater Hannover. 13.), S. 81–99.
664. Eppelsheim, Jürgen: Praeludium es-Moll und Fuge dis-Moll. Tonarten im Wohltemperierten Klavier. – In: Augsburger Bach-Vorträge ... 66 (2002), S. 9–20. [Vgl. Nr. 40].
665. Fernández, Eduardo: Essays on J. S. Bach's works for lute. – Montevideo (Uruguay): Ediciones ART 2003. 82 S.
Besprechungen: (1) http://www.music.qub.ac.uk/tomita/bachbib/review/bb-review_fernandez.html (Yo Tomita, 26. 12. 2003).
666. Franklin, Don O.: Das Verhältnis zwischen Taktart und Kompositionstechnik im Wohltemperierten Klavier I. – In: Bach. Das Wohltemperierte Klavier ... Festschrift Siegele (2002), S. 147–160. [Vgl. Nr. 41].
667. Franklin, Don O.: Viewing the Goldberg Variations as a musico-mathematical matrix. – In: Dortmunder Bach-Forschungen 6 (2003), S. 231–250. [Vgl. Nr. 57].
668. Franklin, Don O.: Composing in time. Bach's temporal design for the Goldberg Variations. – In: Bach Studies from Dublin ... (2004), S. 103–128. [Vgl. Nr. 52].
669. Fujimoto, Itsuko: J. S. Bach Sakkyoku „3-Sei Sinfonia" no Gakkyoku Bunseki to Enso Kaishaku – Dai-4-Ban Ni-Tancho BWV 790 [Jap., Analyse und Interpretation von BWV 790]. – In: Kenkyu Kiyo/Bulletin of Toyohashi Sozo Junior College 22 (2005), S. 65–81.
670. Galloway, Robert James: From continuo to obligato cembalo. A study of the changing role of the harpsichord in J. S. Bach's harpsichord concertos and solo sonatas with obligato cembalo. – Ann Arbor (MI): UMI 2003. 340 S. [Diss., Michigan State University, East Lansing (MI) 1995].
671. Garcia, Federico: The Nature of Bach's Italian Concerto BWV 971. – In: Bach J 36/1 (2005), S. 1–24. [Vgl. Nr. 48].
672. Geck, Martin: Bachs Inventionen und Sinfonien im galanten Diskurs. – In: Dortmunder Bach-Forschungen 6 (2003), S. 159–180. [Vgl. Nr. 57].
673. Groocock, Joseph: Fugal Composition: A Guide to the Study of Bach's „48". Edited by Yo Tomita. – Westport [u.a.]: Greenwood Press 2003. XIII, 230 S. (Contributions to the Study of Music and Dance. 65.).
Besprechungen: (1) http://www.music.qub.ac.uk/tomita/bachbib/review/bb-review_Groocock.html (Timothy A. Smith, 23. 6. 2003). (2) The American music teacher (2003), (Andrew Cooperstock).

674. Gut, Serge: Les ambiguïtés de la structure dans l'Invention à deux voix en la mineur de J. S. Bach (BWV 784). [Frz.]. – In: Ostinato rigore 16 (2001), S. 207–217. [Vgl. Nr. 59].
675. Heller, Karl: Überlegungen zur Datierung der Reinken-Fugen Johann Sebastian Bachs. – In: Bach, Lübeck ... Konferenzbericht Lübeck 2000 (2002), S. 231–244. [Vgl. Nr. 49].
676. Heller, Karl: Johann Sebastian Bach und Gottlieb Muffat: Zum stilistischen Profil der Componimenti musicali, gesehen aus der Perspektive der Klaviersuiten Bachs. – In: Dortmunder Bach-Forschungen 6 (2003), S. 251–264. [Vgl. Nr. 57].
677. Hicks, Eric Michael: A historical perspective on unity in the keyboard Partitas of Johann Sebastian Bach. – Ann Arbor (MI): UMI 2003. 306 S. [Diss., The University of Texas, Austin (TX) 1993].
678. Hofmann, Klaus: Die Klangflächenpräludien des „Wohltemperierten Klaviers" I. Überlegungen zur Frühgeschichte der Sammlung. – In: „Die Zeit ..." (2001), S. 157–168. [Vgl. Nr. 56].
679. Hofmann, Klaus: „Kammermusikalisches" in Bachs Klavierwerken. Anmerkungen zu einigen Cembalokompositionen in Triosonatenmanier. – In: Cöthener Bach-Hefte 11 (2003), S. 61–77. [Vgl. Nr. 55].
680. Ide, Yumiko: A structural and stylistic analysis of selected inventions and sinfonias of Johann Sebastian Bach. – Ann Arbor (MI): UMI 2003. 257 S. [Diss., Columbia University, New York (NY), Teachers College, 1980].
681. Javorskij, Boleslav L. und Vera B. Nosina: Sjuty Baha dlja klavira. O simvolike Francuzskih sjuit [Russ., Die Klaviersuiten Bachs. Über die Symbolik der Französischen Suiten]. – Moskau: Klassika-XXI 2002. 156 S.
682. Johann Sebastian Bach. Las variaciones Goldberg [Span., Übers. von José Luis Gil Aristu]. Hrsg. von Heinz-Klaus Metzger und Rainer Riehn. – Barcelona: Idea Books 2003. 121 S. (Colección Idea música). [1. Ausgabe 1992, vgl. BJ 86 (2000), Bibliographie Nr. 23. Dt. Originalausgabe = Musik-Konzepte 42 (1985), vgl. BJ 75 (1989), Bibliographie Nr. 611, einzelne Beiträge Nr. 404, 624 und 841].
Besprechungen: (1) Música y Educación 7/2:18 (1994), S. 154 (Mariano Pérez Gutiérrez).
683. Kačic, Ladislav: Fúga je aj harmónia protikladov: Rozhovor s Mirom Bázlikom o Temperovanom klavíri J. S. Bacha [Slowak., Interview mit Miro Bázlik über Bachs Wohltemperiertes Klavier]. – In: Slovenská hudba 31/2 (2005), S. 195–204.
684. Kalisch, Volker: Für wen hat Bach das Wohltemperierte Klavier komponiert? – In: Bachs „Wohltemperiertes ... (2002), S. 59–73. [Vgl. Nr. 630].

685. Kellner, Herbert Anton: Die Temperirungstonart H-Dur und deren Stücke im Wohltemperirten Clavier. – In: Cöthener Bach-Hefte 10 (2002), S. 27–67. [Vgl. Nr. 55].
686. Kerman, Joseph: On BWV 849/2. – In: Eighteenth-century Music 1/1 (2004), S. 79–84.
687. Kerman, Joseph: The Art of Fugue. Bach Fugues for Keyboard, 1715–1750. – Berkeley, Los Angeles, London: University of California Press 2005. XXIII, 173 S.
Besprechungen: (1) EMR 109 (2005), S. 32 (Clifford Bartlett). (2) Musicology Australia 28 (2005), S. 143–146 (Denis Collins). (3) EM 34 (2006), S. 489–492 (David Yearsley). (4) London review of books 28/18 (2006) S. 27–29 (David Matthews). (5) Music research forum 21 (2006), S. 71–76 (Kristy Swift). (6) Il saggiatore musicale 14/2 (2007), S. 413–425 (Mario Carrozzo). (7) ML 88 (2007), S. 505–507 (Paul Walker). (8) Eighteenth-Century Studies 31/1 (2008), S. 186–189 (Bettina Varwig).
688. Kim, Munsook Cho: Extemporization of Bach's Goldberg Variations BWV 988. The varying of a reprise with improvised embellishments. – Ann Arbor (MI): UMI 2003. 323 S. [Diss., Boston University, Boston (MA) 1996].
689. Kuznecova, Natalia Markovna: Semantika muzykal'nogo dialoga v p'esah Notnoj tetradi Anny Magdaliny Bah [Russ., Semantik des musikalischen Dialogs im Klavierbüchlein für Anna Magdalena Bach]. – In: Muzykal'nyi tekst I ispolnitel, Ufa: Gosudarstvennaâ Akademiâ Isskustv im. Z. Ismagilova 2004, S. 39–57. (Laboratorija Muzykal'noj Semantiki).
690. Leahy, Anne: Bach's Prelude, Fugue and Allegro for lute (BWV 998): a Trinitarian Statement of Faith? – In: Journal of the Society for Musicology in Ireland 1 (2005), S. 33–51.
691. Ledbetter, David: Bach's Well-tempered Clavier: The 48 Preludes and Fugues. – New Haven and London: Yale University Press 2002. XVI, 414 S.
Besprechungen: (1) http://www.music.qub.ac.uk/tomita/bachbib/review/bb-review_Ledbetter-WTC.html (Yo Tomita, 10. 2. 2003). (2) EMR 87 (2003), S. 3–4 (Clifford Bartlett). (3) The American Bach Society Newsletter (Spring 2003), S. 4 (Matthew Dirst). (4) MT 144:1883 (2003), S. 64–66 (Peter Williams). (5) ML 85 (2004), S. 278–280 (Stephen Rose). (6) Early Keyboard Journal 20 (2004), S. 104–108 (David Yearsley). (7) Journal of Musicological Research 22 (2003), S. 387–402 (David Schulenberg). (8) The American music teacher 52 (2003) 98 (Andrew Hisey). (9) Zeitschrift für Lateinamerika (Wien) 85 (2004), S. 278–280 (Stephen Rose).

692. Lehman, Bradley: Bach's extraordinary temperament: our Rosetta Stone – In: EM 33 (2005), S. 3–24; S. 211–232. Mit Diskussionsbeiträgen in EM 33(2005) von David Ponsford (S. 545), Daniel Jencka (S. 545), Richard Maunder (S. 545–546), Carl Sloan (S. 546), Mark Lindley (S. 546), Kenneth Mobbs und Alexander Mackenzie of Ord (S. 546–547), Stuart Isacoff (S. 547) sowie in EM 34 (2006) von John R. Catch (S. 350).
693. Lehman, Bradley: „The Bach temperament" and the clavichord. – In: Clavichord International 9/2 (2005), 41–46.
694. Leonova, G. A.: Muzykal'nye affekty v Horošo temperirovannom klavire I. S. Baha [Russ.]. – In: Naučnye trudy Moskovskoj Gosudarstvennoj Konservatorii im. P. I. Čajkovskogo 32 (2001), S. 110–138.
695. Lessing, Wolfgang: Eine Klavierschule? Überlegungen zum didaktischen Selbstverständnis des Clavierbüchlein for [sic!] Wilhelm Friedemann. – In: Wilhelm Friedemann Bach: der streitbare Sohn, hrsg. von Michael Heinemann und Jörg Strodthoff, Dresden: Sandstein 2005, S. 72–82.
696. Lütteken, Laurenz: Inventio und Varietas: Anmerkungen zur Intention des Wohltemperirten Claviers. – In: Bachs „Wohltemperiertes ... (2002), S. 11–28. [Vgl. Nr. 630].
697. Marschall, Gottfried R.: La notion de syntaxe dans le Clavecin bien tempéré de J.-S. Bach. [Frz.]. – In: Ostinato rigore 16 (2001), S. 219–237. [Vgl. Nr. 59].
698. Martínez Ruiz, Sergio: La teoría de la disonancia y la afinación en la obra de „El clave bien temperado" de J. S. Bach [Span.]. – In: Revista de musicología 27 (2004), S. 895–932.
699. Miron, Ruth Hannah: A stylistic and structural analysis of representative keyboard suites of Johann Sebastian Bach. – Ann Arbor (MI): UMI 2003. 258 S. [Diss., Columbia University, New York (NY), Teachers College, 1983].
700. Mortensen, Lars Ulrik: J. S. Bach: Keyboard Partita in A minor after BWV 1004. – In: The Keyboard in Baroque Europe [Festschrift für Gustav Leonhardt zum 75. Geburtstag], hrsg. von Christopher Hogwood, Cambridge: Cambridge University Press 2003, S. 218–236.

Nosina, Vera B.: siehe Nr. 681.

701. Oberacker, Betty: The preludes of „The well-tempered clavier", volume I, of Johann Sebastian Bach. – Ann Arbor (MI): UMI 2003. 58 S. [Diss., The Ohio State University, Columbus (OH) 1993].
702. Oechsle, Siegfried: Zum Formbegriff einiger Fugen des Wohltemperierten Klaviers. – In: Dortmunder Bach-Forschungen 6 (2003), S. 199–212. [Vgl. Nr. 57].
703. Öhm-Kühnle, Christoph: Bach spricht: Musikalische Rhetorik als Inter-

pretationsgrundlage der Werke für Tasteninstrumente von Johann Sebastian Bach unter besonderer Beachtung des modernen Klaviers. – Stuttgart: Cornetto 2002. 100 S. [Zugl. Diss. University of Miami (FL) 2000: Musical Rhetoric in J. S. Bach's Two-Part Inventions and Implications for Their Performance on the Modern Piano. 88 S. – Ann Arbor (MI): University Microfilms International, 2000.]

704. Otsuka, Naoya: J. S. Bach no Shukenban no tame no Toccata Kenkyu: BWV 910–916 no Seiritsu to Klavier no Gainen ni tsuite no Kosatsu [Jap., Studie über Bachs Klaviertoccaten]. – Diss., Tokyo National University of Fine Arts and Music 2001.

705. Peters, Manfred: Zwei Fugen Bachs als instrumentale Klangreden über sein christliches Verständnis des Menschen. – In: Johann Sebastian Bach ... Musik-Konzepte 119 (2003), S. 29–66. [Vgl. Nr. 392].

706. Rampe, Siegbert: Sozialgeschichte und Funktion des Wohltemperierten Klaviers I. – In: Bach. Das Wohltemperierte Klavier ... Festschrift Siegele (2002), S. 53–66. [Vgl. 41].

707. Rempp, Frieder: Überlegungen zu den Fantasien und Fughetten B-Dur und D-Dur BWV 907 und 908. – In: Vom Klang ... Festschrift Hofmann (2004), S. 114–130. [Vgl. Nr. 70].

708. Roch, Eckhard: Temperatur und Charakter: Johann Sebastian Bachs Wohltemperiertes Klavier aus der Sicht seines Schülers Kirnberger. – In: Bachs „Wohltemperiertes ... (2002), S. 29–41. [Vgl. Nr. 630].

709. Sackmann, Dominik: „À la recherche du Prélude perdu". Die Präludien im Wohltemperierten Klavier I und ihre Stellung in der Geschichte der Gattung. – In: Bach. Das Wohltemperierte Klavier ... Festschrift Siegele (2002), S. 161–180. [Vgl. Nr. 41].

710. Schenkman, Walter: Tatlow's Bach and Bach's Signatures in the Goldberg Variations. – In: Bach J 34/2 (2003), S. 63–106. [Vgl. Nr. 48].

711. Schulenberg, David: Bach no Kenban Ongaku [Japan., aus dem Amerik. von Nozomi Sato und Sachiko Kimura]. – Tokyo: Shogakukan 2001. 727 S. [Originaltitel siehe BJ 86 (2000), Bibliographie Nr. 789]. Besprechungen: (1) Orugan Kenkyu XXIX (2001), S. 34–36 (Yukiko Hayakawa). (2) http://www.music.qub.ac.uk/tomita/bachbib/review-j/bb-review-j_Schulenberg.html (Yo Tomita, 12. 5. 2002).

712. Schulenberg, David: „Towards the most elegant taste": Developments in keyboard accompaniment from J. S. to C. P. E. Bach. – In: The Keyboard ... Festschrift Gustav Leonhardt (2003), S. 157–168. [Vgl. Nr. 700].

713. Schmoll-Barthel, Jutta: Wege, eine Fuge Bachs zu verstehen. – In: Bach. Das Wohltemperierte Klavier ... Festschrift Siegele (2002), S. 235–320. [Vgl. Nr. 41].

714. Seidel, Wilhelm: Wie rhythmisch ist Bachs Musik? Erwägungen über die Französische Suite in c-Moll BWV 813. – In: LBzBF 5 (2002), S. 219–233. [Vgl. Nr. 64].
715. Siegele, Ulrich: Kategorien formaler Konstruktion in den Fugen des Wohltemperierten Klaviers. – In: Bach. Das Wohltemperierte Klavier … Festschrift Siegele (2002), S. 321–471. [Vgl. Nr. 41].
716. Siegele, Ulrich: Werkplan und Fugenkomposition im Wohltemperierten Klavier von J. S. Bach. – In: Dortmunder Bach-Forschungen 6 (2003), S. 181–198. [Vgl. Nr. 57].
717. Snoj, Jurij: Temperirani klavir Johanna Sebastiana Bacha in zamisel harmonske tonalnosti [Slowen., Das Wohltemperierte Klavier von Johann Sebastian Bach und das Konzept der harmonischen Tonalität]. – In: In memoriam Danilo Pokorn, hrsg. von Nataša Cigoj Krstulović, Tomaž Faganel u. a., Ljubljana: Slovenska Akademija Znanosti in Umetnosti, Znanstvenoraziskovalni Center 2004, S. 45–66.
718. Synofzik, Thomas: „Fili Ariadnæi": Entwicklungslinien zum Wohltemperierten Klavier. – In: Das Wohltemperierte Klavier I … Festschrift Siegele (2002), S. 109–146. [Vgl. Nr. 41].
719. Tomita, Yo: Psalm and the *Well-Tempered Clavier* II: Revisiting the Old Question of Bach's Source of Inspiration. – In: Bach J 32/1 (2001), S. 17–43. [Vgl. Nr. 48].
720. Waczkat, Andreas: Formelemente des Concerto in Fugen des Wohltemperirten Claviers I. – In: Cöthener Bach-Hefte 10 (2002), S. 9–26. [Vgl. Nr. 55].
721. Williams, Peter F.: Bach: The Goldberg Variations. – Cambridge: Cambridge University Press 2001. 101 S. (Cambridge music handbooks). Besprechungen: (1) MT 142:1877 (2001), S. 65–66 (Yo Tomita). (2) http://www.music.qub.ac.uk/tomita/bachbib/review/bb-review_Williams-GV.html (Yo Tomita, 25. 2. 2002) (3) Notes 59 (2002), S. 346–348 (Matthew Dirst). (4) Times Literary Supplement Nr. 5163 (15. März 2002), S. 21 (Martin J. Smith). (5) Early Keyboard Journal 21 (2003), S. 113–118 (William Cowdery). (6) ML 84 (2003), S. 95–97 (Stephen Rose). (7) Eighteenth-century Music 1 (2004), S. 318–319 (Denis Collins).
722. Williams, Peter F.: Is there an anxiety of influence discernible in J. S. Bach's „Clavierübung I"? – In: The Keyboard … Festschrift Gustav Leonhardt (2003), S. 140–156. [Vgl. Nr. 700].
723. Williams, Peter F.: Some observations on three keyboard-composers: Frescobaldi, J. S. Bach and Domenico Scarlatti. – In: Litterae organi … (2005), S. 53–71. [Vgl. Nr. 582].
724. Wolf, Uwe: Johann Sebastian Bachs „Chromatische Fantasie" BWV 903/1 – ein Tombeau auf Maria Barbara Bach? – In: Cöthener Bach-Hefte 11 (2003), S. 97–115. [Vgl. Nr. 55].

725. Wolf, Uwe: Fassungsgeschichte und Überlieferung der Chromatischen Fantasie BWV 903/1. – In: Dortmunder Bach-Forschungen 6 (2003), S. 145–158. [Vgl. Nr. 57].
726. Wolff, Christoph: Invention, composition and the improvement of nature: apropos Bach the teacher and practical philosopher. – In: The Keyboard ... Festschrift Gustav Leonhardt (2003), S. 133–139. [Vgl. Nr. 700].
727. Wollny, Peter: Traditionen des phantastischen Stils in Johann Sebastian Bachs Toccaten BWV 910–916. – In: Bach, Lübeck ... Konferenzbericht Lübeck 2000 (2002), S. 245–255. [Vgl. Nr. 49].
728. Yamada, Masahiro: J. S. Bach no Clavier Kumikyokushu ni okeru Allemand to Courante: Kifu ni yoru Bunrui to Tempo no Kankei [Jap., Die Allemanden und Couranten in J. S. Bachs Klaviersuiten]. – In: Kenkyu Kiyo. Dai 1 Bunsatsu, Jinbungakubu 15 (2004), S. 91–98.
729. Yearsley, David: Death Everyday: The Anna Magdalena Bach Book of 1725 and the Art of Dying. – In: Eighteenth-century Music 2/2 (2005), S. 231–249.
730. Zehnder, Jean-Claude: „Phantastisches" beim jungen Bach. – In: Bach und seine mitteldeutschen ... Kolloquium 2000 (2001), S. 127–145. [Vgl. Nr. 53].

→ Siehe auch folgende Nummern aus anderen Rubriken: 391, 926, 950, 1005, 1007, 1085.

G. Orchester- und Kammermusik

731. Abe, Hiromitsu: Johann Sebastian Bach no Furuto sakuhin no Seiritsu to Shingan Mondai: J. S. Bach Botsugo 250-Nen o Kinen shite [Jap., Das Problem der Originalität und Authentizität von Bachs Werken für Flöte. Zum Gedenken an Bachs 250. Todestag]. – In: Nenpo Iwamizawa: Shoto-kyoiku, Kyoshi Kyoiku Kenkyu 22 (2001), S. 65–79.
732. Bačić, Marcel: Bachovi alegorijski koncerti [Kroat., Die Beziehung der Brandenburgischen Konzerte zur Bildenden Kunst]. – In: Theoria: Glasilo Hrvatskog Društva Glazbenih Teoretičara 3 (2001), S. 30–31.
733. Barthe, Vincent: Les enjeux de la modernité dans la musique orchestrale de J. S. Bach. Réflexions sur le Concertos Brandebourgeois. [Frz.] – In: Ostinato rigore 16 (2001), S. 341–353. [Vgl. Nr. 59].
734. Breig, Werner: NBA, Serie VII, Band 4: Konzerte für Cembalo. Kritischer Bericht. – Kassel [u. a.]: Bärenreiter 2001. 224 S. [Vgl. Nr. 72].
735. Breig, Werner: Bachs Instrumentalkonzerte: Komposition – Transkription – Rekonstruktion. – In: Augsburger Bach-Vorträge ... 66 (2002), S. 39–55. [Vgl. Nr. 40].

736. Breig, Werner: Zur Vorgeschichte von Bachs Ouvertüre h-Moll BWV 1067. – In: BJ 90 (2004), S. 41–63. [Vgl. Nr. 47].
737. Dequevauviller, Vincent: Des Concertos Brandebourgeois aux Variations Goldberg de Bach - Jeux de lettres et de chiffres dans les œuvres de Bach. – In: Revue de musicologie 86 (2001), S. 265–288.
738. Erickson, Raymond: Secret Codes, Dance and Bach's Great „Ciaccona". – In: Early Music America 8/2 (2002), S. 34–43.
739. Glöckner, Andreas: Französische Ouvertüren (Suiten) in Bachs Aufführungsrepertoire. – In: Cöthener Bach-Hefte 12 (2004), S. 83–100. [Vgl. Nr. 55].
740. Heller, Karl: „Nach Italiaenischen Gusto". Annotationen zur kompositorischen Rezeption des instrumentalen Concerto durch Johann Sebastian Bach. – In: Rezeption als Innovation. Untersuchungen zu einem Grundmodell der europäischen Kompositionsgeschichte. Festschrift für Friedhelm Krummacher zum 65. Geburtstag, hrsg. von Bernd Sponheuer, Siegfried Oechsle und Helmut Well, Kassel [u.a.]: Bärenreiter 2001, S. 37–52. (Kieler Schriften zur Musikwissenschaft).
741. Heller, Karl: Eine Leipziger Werkfassung und deren unbekannte Vorlagen. Thesen zur Urform des Konzerts BWV 1063. – In: LBzBF 5 (2002), S. 89–108. [Vgl. Nr. 64].
742. Heller, Karl: Bach und das Konzert für Tasteninstrumente. – In: Augsburger Bach-Vorträge ... 66 (2002), S. 73–97. [Vgl. Nr. 40].
743. Hofmann, Klaus: Zur Echtheit der Triosonate G-Dur BWV 1038. – In: BJ 90 (2004), S. 65–85. [Vgl. Nr. 47].
744. Kačic, Ladislav: Koncertantný štýl a jeho inovácie v baroku [Slowak., betr. BWV 1046–1051]. – In: Slovenská hudba 31 (2005), S. 270–280.
745. Kan, Rebecca: Vivaldi, Bach and their concerto slow movements. – In: Bach Studies from Dublin ... (2004), S. 65–91. [Vgl. Nr. 52].
746. *Kirchner, Gerhard: Der Generalbass in der Kammermusik Johann Sebastian Bachs. – Berlin: Verlag Neue Musik 2000. Textband 161 S., Notenband 121 S.* [Vgl. BJ 91 (2005), Bibliographie Nr. 907].
Besprechungen: (1) Concerto 19:173 (2002), S. 14–15 (Thomas Synofzik).
747. Lester, Joel: The Presto from Bach's G-Minor Sonata for Violin Solo: Style, Rhythm, and Form in a Baroque Moto Perpetuo. – In: Engaging Music: Essays in Music Analysis, hrsg. von Deborah Stein, New York, Oxford: Oxford University Press 2004, S. 167–179.
748. Mains, Ronda Miller: An investigation of the articulations found in the primary sources of the flute sonatas of Johann Sebastian Bach resulting in a composite edition for analysis and a second edition for practical performance. – Ann Arbor (MI): UMI 2003. 267 S. [Diss., University of Oregon 1993].

749. Mather, Betty Bang: Johann Sebastian Bach: Partita in A minor with emphasis on the allemande – Historical clues and new discoveries for performers. – Nashua (NH): Falls House 2004. 68 S.
Besprechungen: (1) The Recorder Magazin 25 (2005), S. 62–63 (Andrew Robinson). (2) National Association of College Wind and Percussion Instructors Journal 54/2 (2005), S. 25–26 (Julianna Moore). (3) Tibia 30 (2006), S. 135 (Peter Thalheimer). (4) The Recorder Magazin 27 (2007), S. 71–72 (Andrew Robinson).
750. Mednaňský, Karol: Duchovné árie a piesne v kontexte „Druhej Klavírnej knižky pre Annu Magdalénu Bachovú". [Slowak., Geistliche Arien und Lieder im Kontext des „Zweiten Klavierbüchleins für Anna Magdalena Bach"]. – In: Duchovná hudba v premenách času. [Geistliche Musik im Wandel der Zeit. Sammelband. Beiträge aus der musikwissenschaftlichen Konferenz 24.–25. 10. 2000 in Prešov], Súzvuk 2001, S. 105–116. [Dt Resümee S. 113].
751. Morris, Ralph Eugene: A performance edition of Bach's violoncello suites, transcribed for viola. – Ann Arbor (MI): UMI 2003. XI, 149 S. [Diss., Arizona State University, Tempe (AZ) 1991].
752. Nakura, Yoshiko: J. S. Bach sakkyoku Mubanso Violin Sonata to Partita: Sakuhin Seiritsu no Haikei to Partita Dai-2-Ban no Gakkyoku Bunseki [Jap., J. S. Bachs Sonaten und Partiten für Violine solo. Analyse von Partita Nr. 2]. – In: Ferris Jogakuindaigaku Ongakugakubu Kiyo 7 (2005), S. 3–14.
753. Nesterov, Sergej: Sonata ili fantaziâ: Socineniâ I. S. Baha i G. F. Telemana dljâ skripki solo [Russ., Sonate oder Fantasie: die Werke Bachs und Telemanns für Violine solo]. – In: Starinnaâ muzyka sevodnâ, hrsg. vom Gosudarstvennaâ Konservatoriâ imeni S. V. Rahmaninova, Rostov-na-Donu 2004, S. 92–101.
754. Perl, Helmut: Leserzuschrift zu: Artikulationsprobleme in Joh. Seb. Bachs Suiten für Violoncello. – In: Concerto 18:161 (2001), S. 10–11. [Vgl. BJ 91 (2005), Bibliographie Nr. 875].
755. Petri, Hasso Gottfried: Das Motiv als formbildende Kraft der inneren und äußeren Gestalt des musikalischen Kunstwerkes. Dargestellt an den Sechs Brandenburgischen Konzerten Johann Sebastian Bachs. – Frankfurt am Main [u.a.] 2004. 239 S. = 3 Mikrofiches. (Deutsche Hochschulschriften. 2797.).
Rampe, Siegbert und Dominik Sackmann (Hrsg.) Bachs Orchestermusik. Entstehung – Klangwelt – Interpretation. Ein Handbuch. – Kassel: Bärenreiter 2000. 507 S. [Vgl. BJ 91 (2005), Bibliographie Nr. 920].
Besprechungen: (1)–(3) siehe ebenda. (4) Concerto 19:175 (2002), S. 20–21 (Bernhard Schrammek).

756. Rempp, Frieder: Überlegungen zur Chronologie der drei Fassungen der Sonate G-Dur für Violine und konzertierendes Cembalo (BWV 1019). – In: „Die Zeit ..." (2001), S. 169–184. [Vgl. Nr. 56].
757. Rolf, Ares: J. S. Bach: Das sechste Brandenburgische Konzert. Besetzung, Analyse, Entstehung. – Dortmund: Klangfarben-Musikverlag 2002. 172 S. (Dortmunder Bach-Forschungen. 4.). [Diss. Dortmund 2001]. [Vgl. Nr. 57].
758. Rolf, Ares: Vom „wilden Wesen" in der Musik. Versuch über das dritte Brandenburgische Konzert. – In: Martin Geck. Festschrift ... (2001), S. 255–268. [Vgl. Nr. 376].
759. Ruf, Wolfgang: Polyphonie in Bachs Sonaten für Violine solo. – In: Bach. Das Wohltemperierte Klavier ... Festschrift Siegele (2002), S. 219–233. [Vgl. Nr. 41].

Sackmann, Dominik: siehe Nr. 755.

760. Schleuning, Peter: Johann Sebastian Bach: Die Brandenburgischen Konzerte. – Kassel [u.a.]: Bärenreiter 2003. 196 S. (Bärenreiter-Werkeinführungen).
Besprechungen: (1) Das Orchester 51/7-8 (2003), S. 80 (Friedemann Otterbach).
761. Schleuning, Peter: Die Brandenburgischen Konzerte – nicht aufzuklären. – In: Bachfest-Buch Frankfurt (Oder) 2003, S. 147–155. [Vgl. Nr. 1210].
762. Schleuning, Peter: Sind die Brandenburgischen Konzerte ein Zyklus? – In: Jb SIM 2004 (2005), S. 62–74.
763. Schulze, Hans-Joachim: Zum geschichtlichen Umfeld von Bachs Orchestersuiten. – In: Cöthener Bach-Hefte 12 (2004), S. 67–82. [Vgl. Nr. 55].
764. Stevens, Jane R.: The Bach Family and The Keyboard Concerto: The Evolution of a Genre. – Warren (MI): Harmonie Park Press 2001. XVIII, 269 S. (Detroit Monographs in Musicology/Studies in Music. 31.).
Besprechungen: (1) NL ABS (Fall 2002) 5, S. 8–9 (James A. Brokaw II). (2) http://www.music.qub.ac.uk/tomita/bachbib/review/bb-review_Stevens-BFKC.html (Yo Tomita, 19. 10. 2001).
765. Stott, Alan (Hrsg.): Bach and the Dance of Heaven and Earth. – Weobley: Anastasi 2003. 31 S. [Betr. BWV 1001–1006].
766. Thoene, Helga: Johann Sebastian Bach, Ciaccona - Tanz oder Tombeau? Eine analytische Studie. – Oschersleben: Ziethen [2002]. 168 S. + CD.
Besprechungen: Opus Musicum 39/3 (2007), S. 59–61 (Rudolf Pečman).
767. Thoene, Helga: Johann Sebastian Bach, Sonata A-Moll, BWV 1003 – eine wortlose Passion: analytische Studie. – Oschersleben: Ziethen 2005. 168 S.

768. Tovey, Donald Francis: Johann Sebastian Bach. IV: Brandenburg concerto no. 2 in F major (BWV 1047) for trumpet, flute [recorder], oboe, violin, and orchestra. – In: The classics of music ... (2001), S. 13–17. [Vgl. Nr. 190].
769. Wen, Eric: Stripped of the G string: Bach's Air from the Suite no. 3 in D. – In: Theory and practice 26 (2001), S. 87–98:
770. Williams, Janet Leslie: An analytical study of three flute sonatas by Johann Sebastian Bach. – Ann Arbor (MI): UMI 2003. 169 S. [Diss., Duquesne University Pittsburgh (PA) 1969].

H. Kunst der Fuge, Musikalisches Opfer, Kanons

771. Basso, Alberto: Una chiave di lettura delle ultime opere bachiane. Il „sapere segreto". – In: L'Arte della fuga ... Konferenz Spoleto 2000 (2001), S. 7–21. [Vgl. Nr. 63].
772. Billeter, Bernhard: Modernismen in Johann Sebastian Bachs Kunst der Fuge. – In: BJ 87 (2001), S. 23–53. [Vgl. Nr. 47] sowie in: Musiktheorie ... (2004), S. 165–202. [Vgl. Nr. 576].
773. Butler, Gregory G.: Eine neue Interpretation der Druckgeschichte des Musikalischen Opfers. – In: LBzBF 5 (2002), S. 309–320. [Vgl. Nr. 64].
774. Butler, Gregory G.: The Printing History of J. S. Bach's Musical Offering: New Interpretations. – In: The Journal of Musicology 19 (2002), S. 306–331.
775. entfällt.
776. Butler, Gregory G.: The Galant Style in J. S. Bach's Musical Offering: Widening the Dimensions. – In: Bach J 33/1 (2002), S. 57–68. [Vgl. Nr. 48].
777. Collins, Denis und Andrew Schloss: An Unusual Effect in the Canon per Tonos from J. S. Bach's Musical Offering. – In: Music perception 19/2 (2001), S. 141–153.
778. Collins, Denis: Bach's Occasional Canon BWV 1073 and „Stacked" Canonic Procedure in the Eighteenth Century. – In: Bach J 33/2 (2002), S. 15–34. [Vgl. Nr. 48].
779. Cori, Luca: Bach e L'arte della Fuga VI., VII., VIII. – In: Hortus Musicus 4/13, 14, 15 (2003), S. 17–23, 88–92, 92–96; IX., X., XI. ebenda, 5/17, 18, 19 (2004), S. 42–47, 132–135, 50–57.
780. Demeyere, Ewald: Die Kunst der Fuge: Exemplarisch of experimenteel? In: Tijdschrift voor Muziektheorie 10/2 (2005), S. 174–189.
781. Dentler, Hans-Eberhard: L'Arte della fuga di Johann Sebastian Bach. Un' opera pitagorica e la sua realizzazione. – In: L'Arte della fuga ... Konferenz Spoleto 2000 (2001), S. 22–41. [Vgl. Nr. 63].

782. Dentler, Hans-Eberhard: Johann Sebastian Bachs „Kunst der Fuge". Ein pythagoreisches Werk und seine Verwirklichung. [Ital. Ausgabe vgl. Vgl. BJ 91 (2005), Bibliographie Nr. 952]. – Mainz: Schott 2004. 220 S. Besprechungen: (1) MuK 74 (2004), S. 249–250 (Christoph Albrecht). (2) Forum Mbibliothek 25 (2004), S. 503–506 (Frank Hilberg). (3) MuG 58 (2004), S. 220–221.
783. Eggebrecht, Hans Heinrich: Bachovo Umijeće fuge: Pojava i tumačenje [Kroat., Übers.: Nikša Gligo, Die Kunst der Fuge. Erscheinung und Deutung]. – Zagreb: Hrvatsko Društvo Glazbenih Teoretičara 2005. 117 S. (Biblioteka Hrvatskog Društva Glazbenih Teoretičara. 2.). [Originalausgabe siehe BJ 75 (1989), Bibliographie Nr. 690].

Jena, Günter: Ich lebe mein Leben in wachsenden Ringen. Die Kunst der Fuge von Johann Sebastian Bach. Gedanken und Erfahrungen eines Interpreten. – Eschbach: Verlag am Eschbach 2000. 160 S., mit 2 CDs. [Vgl. BJ 91 (2005), Bibliographie Nr. 960].
Besprechungen: (1) siehe ebenda. (2) MuK 71 (2001), S. 44–45 (Klaus Röhring).

784. Kellner, Herbert Anton: Die Kunst der Fuga: How incomplete is the Fuga a 3 sogetti? (BWV 1080/19, Contrapunctus 14). – Darmstadt: Autor 2002. 40 S.
785. Maliaras, Nikos: J. S. Bach, I téchni tis foúgkas [Griech., J. S. Bach, Die Kunst der Fuge]. – In: Polyfonia 6 (2005), S. 53–63.
786. Markham, Michael: „The usefulness of such artworks". Expression, analysis, and nationalism in The art of fugue. – In: Repercussions 9/1 (2001), S. 33–75.
787. Overduin, Jan: Johann Sebastian Bach's „Die Kunst der Fuge" BWV 1080 for Organ or Keyboard with Commentary. – New York: Edwin Mellen Press 2001. 204 S. (Studies in the History and Interpretation of Music. 67.).

Schloss, Andrew: siehe Nr. 777.

788. Siegele, Ulrich: Technik des Komponisten vor der Größe des Herrschers: Das dreistimmige Ricercar aus dem Musikalischen Opfer von J. S. Bach. – In: Musik als Klangrede. Festschrift zum 70. Geburtstag von Günter Fleischhauer, hrsg. von Wolfgang Ruf, Köln [u.a.]: Böhlau 2001, S. 156–193. – ins Korean. übers. von Eun-ha Gim – In: Seoyang eum'aghag 9 (2005), S. 87–133.
789. Tovey, Donald Francis: Donald Francis Tovey. VI: Two fugues for strings (for Bach's Art of fugue). – In: The classics of music ... (2001), S. 229–232. [Vgl. Nr. 190].
790. Tovey, Donald Francis: Johann Sebastian Bach. V: Six-part fugue (ricercar) and trio sonata from Das musikalische Opfer (BWV 1079). – In: The classics of music ... (2001), S. 18–20. [Vgl. Nr. 190].

791. Zignani, A.: Le versioni sinfoniche dell'Arte della fuga. Cosmologie a confronto. – In: L'Arte della fuga … Konferenz Spoleto 2000 (2001), S. 42–75. [Vgl. Nr. 63].

→ Siehe auch folgende Nummern aus anderen Rubriken: 647, 941, 1059.

VI. Aufführungspraxis

A. Aufführungspraxis, Interpretation

792. Abravaya, Ido: Bach's tempo practices, the tempo theories of his time – and ours. – In: Orbis musicae 13 (2003), S. 81–90.
793. Adorf-Kato, Uta-Sophie: Umgang mit Notenausgaben von Johann Sebastian Bach. Ein Praxisbericht. – In: Johann Sebastian Bach … Stuttgart und Hildesheim 2001 (2002), S. 75–86. [Vgl. Nr. 60].
794. Alain, Marie-Claire: Réflexions sur la Passacaille de J.-S. Bach. [Frz.]. – In Ostinato rigore 16 (2001), S. 195–205. [Vgl. Nr. 59]..
795. Alain, Marie-Claire: Überlegungen zur Passacaglia von J. S. Bach. – In: Gedanken zur Musikkritik: Festschrift zum 75. Geburtstag von Wolf-Eberhard von Lewinski, hrsg. von Rita Wilhelm, Jena: IKS Garamond 2002, S. 15–25.
796. Anderszewski on playing Bach on the piano. [Interview]. – In: Gramophone 80:962 (2003), S. 28–31.
797. Bärtschi, Werner, Rolf Mäser, Johann Sonnleitner und Bernhard Billeter: Tempo giusto – Zur Tempowahl in Werken von J. S. Bach. – In: Schweizer Musikzeitung 6, Nr. 3 (2003), S. 7–9 und 11–12.

Billeter, Bernhard: siehe Nr. 797.

798. Baumgartner, Nicholas: European Bach Interpretation at the Turn of the Millennium. – In: Bach J 33/1 (2002), S. 1–56. [Vgl. Nr. 48].
799. Benary, Peter: J. S. Bachs Wohltemperiertes Klavier: Text – Analyse – Wiedergabe. – Aarau: HBS Nepomuk 2005. 160 S.
800. Böhmer, Karl: „Von keiner Sünde weiß er nicht": Einige unvorgreifliche Bedenken gegen die historische Ausführungsart Alter Musik. – In: Gedanken … (2002), S. 164–172. [Vgl. Nr. 795].
801. Borém, Fausto: Livre ornamentação por adição e subtração em duas danças de J. S. Bach [Port., Freie Verzierungen in zwei Sätzen aus BWV 1007]. – In: Per musi: Revista de performance musical 9 (2004), S. 47–65.
802. Bouchard, Antoine: Quelques réflexions sur le jeu de l'orgue. [Franz.] – Sainte-Foy: Université Laval 2003. 129 S.
    Besprechungen: (1) AmOrg 40/2 (2006), S. 86 (James L. Wallmann).

803. Bovet, Guy: Jouer Bach au 21e siècle. [Franz.] – In: La tribune de l'orgue 53/2, S. 17–20.
804. Bülow, Gert von: Johann Sebastian Bach: Suites a Violoncello solo senza Basso – Gedanken zur Interpretation der fünften Suite c-moll BWV 1011. – In: Glücksmomente. Zur Einweihung des neuen Hauses der Hochschule für Musik und Theater Rostock, Rostock: Reich 2001, S. 44–56.
805. Cammarota, Robert M.: On the Performance of „Quia respexit ... omnes generations" from J. S. Bach's Magnificat. – In: The Journal of Musicology 18 (2001), S. 458–489.
806. Dube, Michelle Claire: Prelude of suite V for cello solo by J. S. Bach. Options for performance. – Ann Arbor (MI): UMI 2003. 57 S. [Diss., The University of Arizona, Tucson (AZ) 1993].
807. Eder, Terry Edward: A conductor's guide to the performance of cantata No. 21, „Ich hatte viel Bekümmernis", by Johann Sebastian Bach. – Ann Arbor (MI): UMI 2003. 235 S. [Diss., The University of Oklahoma 1979].
808. Eötvös, József: Gondolatok J. S. Bach zenéjéről és lantműveinek előadásáról [Ungar., Gedanken über Bach und die Aufführung seiner Werke für Flöte]. – Pécs: Pécsi Tudományegyetem (PTE) 2005. 168 S. (A PTE Művészeti Karának kiadványai. 3.).
809. Fábián, Dorottya: Bach Performance Practice, 1945-1975: A Comprehensive Review of Sound Recordings and Literature. – Aldershot: Ashgate 2003. XIV, 314 S.
Besprechungen. (1) http://www.music.qub.ac.uk/tomita/bachbib/review/bb-review_Fabian-BPP.html (Yo Tomita, 2. 4. 2004). (2) EMR 96 (2003), S. 2–3 (Clifford Bartlett). (3) MT 145:1887 (2004); S. 107–110 (Peter Williams). (4) ARSC Journal 35 (2004), S. 249–252 (Rob Haskins). (5) Magyar Zene 43 (2005), S. 94–98 (Miklós Spányi). (6) Muzsika 58 (2005), S. 43 (Gergely Fazekas). (7) Musicae Scientiae 10 (2006), S. 138–143 (David Milsom).
810. Fábián, Dorottya und Emery Schubert: Expressive devices and perceived musical character in 34 performances of Variation 7 from Bach's Goldberg Variations. – In: Musicae Scientiae (2003/04), S. 49–68.
811. Fábián, Dorottya: Bach performance practice in the twentieth century. Recordings, reviews and reception. – In: Bach Studies from Dublin ... (2004), S. 179–189. [Vgl. Nr. 52].
812. Fábián, Dorottya: Adalékok J. S. Bach szóló hegedűszonátáinak és – partitáinak előadástörténetéhez [Ungar., Aufführungsgeschichte der Sonaten und Partiten für Violine solo]. – In: Magyar Zene 42/3–4 (2004), S. 311–335.

813. Fábián, Dorottya: Towards a Performance History of Bach's Sonatas and Partitas for Solo Violin: Preliminary Investigations. – In: Essays in Honor of László Somfai on His 70th Birthday: Studies in the Sources and the Interpretation of Music, hrsg. von László Vikárius und Vera Lampert, Lanham (MD): Scarecrow Press 2005, S. 87–108.
814. Fábián, Dorottya und Emery Schubert: An experimental investigation of musical character portrayed by piano versus harpsichord performances of a J. S. Bach excerpt. – In: Aesthetics and experience in music performance, hrsg. von Elizabeth Mackinlay, Denis Collins und Samantha Owens, Newcastle upon Tyne: Cambridge Scholars Press 2005, S. 70–84.
815. Friedrich, Felix: Noch einmal: Aufführungspraktische Beobachtungen am Orgelschaffen von Johann Ludwig Krebs. – In: Bach und seine mitteldeutschen … Kolloquium 2000 (2001), S. 146–160. [Vgl. Nr. 53].
816. Franklin, Don O.: The Role of Time Signatures in Bach's Composition of Jahrgang I. – In: Dortmunder Bach-Forschungen 3 (2002), S. 329–356. [Vgl. Nr. 57].
817. Geck, Martin: Bachs Soprane. Eine Bestandsaufnahme. – In: Concerto 20:180 (2003), S. 13–18. [Vgl. Nr. 872].
818. Geck, Martin: Bach's art of church music and his Leipzig performance forces: contradictions in the system. – In: EM 31 (2003), S. 558–571.
819. Geisselbrecht, Peter: Klang und Bewegung: Improvisationsmodelle. – In: Johann Sebastian Bach … Stuttgart und Hildesheim 2001 (2002), S. 109–128. [Vgl. Nr. 60].
820. Gleich, Clemens-Christoph von und Johann Sonnleitner: Bach: Wie schnell? Praktischer Tempo-Wegweiser mit 200 Übungen und Beispielen. – Stuttgart: Verlag Freies Geistesleben und Urachhaus 2002. 195 S. + CD.
Besprechungen: (1) Concerto 19:178 (2002), S. 13 (Klaus Miehling). (2) MuK 73 (2003), S. 336–337 (Manfred Tessmer).
821. Gleich, Clemens-Christoph von und Johann Sonnleitner: Bach Tempo Guide. With 200 Practical Exercises. – Göteborg University 2002. 176 S. + CD. (GOArt Publications. 8.). [Originalausgabe vgl. Nr. 820]. Besprechungen: (1) http://www.music.qub.ac.uk/tomita/bachbib/review/bb-review_Gleich-BTG.html (Yo Tomita, 28. 9. 2003) (2) The American Organist 37 (2003), S. 72–73 (Quentin Faulkner).
822. Glöckner, Andreas: „… daß ohne Hülffe derer Herren Studiosorum der Herr Cantor keine vollstimmende Music würde bestellen können …" – Bemerkungen zur Leipziger Kirchenmusik vor 1723 und nach 1750. – In: BJ 87 (2001), S. 131–140. [Vgl. Nr. 47].

823. Glöckner, Andreas: „Na, die hätten Sie aber auch nur hören sollen!" Über die Unzulänglichkeiten bei Bachs Leipziger Figuralaufführungen. – In: LBzBF 5 (2002), S. 387–401. [Vgl. 64].
824. Glöckner, Andreas (Hrsg.): Aktuelle Fragen der Bach-Aufführungspraxis (Round Table). – In: LBzBF 5 (2002), S. 573–602. [Vgl. Nr. 64].
825. Glöckner, Andreas: Bemerkungen zur vokalen und instrumentalen Besetzung von Bachs Leipziger Ensemblewerken. – In: Vom Klang ... Festschrift Hofmann (2004), S. 86–96. [Vgl. Nr. 70].
826. Goebel, Reinhard: Bach und die „historische" Aufführungspraxis: Positionen, Erträge und Aussichten. – In: Gedanken ... (2002), S. 107–128. [Vgl. Nr. 795].
827. Gomme, Andor H.: Filling in for Bach: A performing version of the St. Mark Passion. – In: The consort 60 (2004), S. 61–77.
828. Gottschewski, Hermann: Takt und Metrik in Bachs Fugen. – In: Bach-Interpretationen ... Zürcher Ringvorlesung 2000 (2003), S. 81–120. [Vgl. Nr. 45].
829. Hagedorn, Volker: Gotik. Hornbrille. Sanskrit: Projektionen & Perspektiven. – In: Bach Magazin 3 (2004), S. 12–14.
830. Harer, Ingeborg: „Alte Musik" – „Aufführungspraxis" – „Authentizität": Tendenzen bei der Neudefinition der Begriffe im anglo-amerikanischen Sprachraum. – In: Bach im Mittelpunkt ... Symposium Graz 1999 (2001), S. 67–80. [Vgl. Nr. 43].
831. Harnoncourt, Nikolaus: Zene, mint párbeszéd: Monteverdi, Bach, Mozart [Ungar., Dt. Originalausgabe vgl. BJ 80 (1994), Bibliographie Nr. 107]. – Budapest: Europa 2002, 398 S.
Besprechungen: (1) Muzsika 45/8 (2002), S. 42 f. (Péteri Lóránt). (2) Zenekar 9/3 (2002), S. 28 f. (Katalin Fittler).
832. Harnoncourt, Nikolaus: El dialogo musical: Reflexiones sobre Monteverdi, Bach y Mozart [Span., Übers. von Laura Manero]. – Barcelona [u. a.]: Paidós 2003. 282 S. (Paidós de música. 6.). [Dt. Originalausgabe vgl. BJ 80 (1994), Bibliographie Nr. 107].
833. Harnoncourt, Nikolaus: Hudobný dialóg: Myšlienky k Monteverdimu, Bachovi a Mozartovi. [Slowak., Übers. von Alžbeta Rajterová]. – Bratislava: Hudobné Centrum 2003. 163 S. [Dt. Originalausgabe vgl. BJ 80 (1994), Bibliographie Nr. 107].
Besprechungen: (1) Slovenská hudba 30 (2004), S. 409–416 (Pavol Polák).
834. Hashimoto, Jun und Hideyuki Yoshino: J. S. Bach no Sakuhin ni mirareru Gengosei to sono Hyogen: Gendai ni okeru Bach no Enso ni tsunageru tame ni [Jap., Über die Aufführung von Bachschen Werken in der Gegenwart]. – In: Osaka Kyoikudaigaku Kiyo. I. Jinbun Kagaku 53/2 (2005), S. 15–39.

835. Haynes, Bruce: Sebastian Bach and pitch. – In: A history of performing pitch. The story of „A", hrsg. von Bruce Haynes, Lanham (MD): Scarecrow Press 2002, S. 229–264.
836. Hochreither, Karl: Performance Practice of the Instrumental-Vocal Works of Johann Sebastian Bach Übers. von Melvin P. Unger [Dt. Originalausgabe siehe BJ 75 (1989), Bibliographie Nr. 738]. – Lanham (MD): Scarecrow Press 2002. XIII, 217 S.
Besprechungen: (1) http://www.music.qub.ac.uk/tomita/bachbib/review/bb-review_Hochreither-UngerPP.html (Yo Tomita, 12. 12. 2002). (2) AmOrg 37/2 (2003), S. 87–88 (James L. Wallmann). (3) Diapason 94/4:1121 (2003), S. 7–8 (James B. Hartman). (4) MT 144/1883 (2003), S. 64–66 (Peter Williams). (5) Eighteenth-century Music 1/1 (2004), S. 92–93 (Yo Tomita). (6) ML 85/4 (2004), S. 629–631 (Andrew Parrott).
837. Hoekstra, Thomas Earl: Tempo considerations in the choral music of Johann Sebastian Bach. – Ann Arbor (MI): UMI 2003. 148 S. [Diss., The University of Iowa 1974].
838. Hübner, Maria: Zur Diskussion um Aufführungspraxis in der Frühzeit der Neuen Bachgesellschaft. – In: 100 Jahre NBG … (2001), S. 75–90. [Vgl. Nr. 1134].
839. Inoue, Michiko: Gentenban no Katsuyoho ni tsuite no Shiron: Bach no Clavier Sakuhin o Chushin ni [Jap., Zur Interpretation der Urtext-Ausgabe. Mit Beispielen aus den Klavierwerken von J. S. Bach]. – In: Shobi Gakuen Daigaku Geijutsujohogakubu Kiyo 4 (2004), S. 1–13.
840. Jackson, Roland: Bach and performance practice/Bach y la práctica interpretative [Engl./Span.]. – In: Goldberg 34 (2005), S. 70–79.
841. Jerold, Beverly: Bach's Lament about Leipzig's Professional Instrumentalists. – In: Bach J 36/1 (2005), S. 67–96. [Vgl. Nr. 48].
842. Junghänel, Konrad: „Solistisch, dreifach oder gar ein Vielfaches …" Zum Konzert mit Cantus Cölln. – In: Bach, Lübeck … Konferenzbericht Lübeck 2000 (2002), S. 198–200. [Vgl. Nr. 49].
843. Kohno, Yoshiharu: J. S. Bach Mubanso Violin no tame no Sonata Dai-3-Ban Ha-Chocho BWV 1005 no Soho Kenkyu [Die Interpretation der Sonate Nr. 3 C-Dur für Violine solo BWV 1005. Mit engl. Zusammenfassung]. – In: Yamagata Daigaku Kiyo. Kyoikukagaku 13 (2002), S. 31–66.
844. Kohno, Yoshiharu: J. S. Bach Mubanso Violin no tame no Sonata Dai-3-Ban Ha-Chocho BWV 1006 no Soho Kenkyu [Die Interpretation der Partita Nr. 3 E-Dur für Violine solo BWV 1006. Mit engl. Zusammenfassung]. – In: Yamagata Daigaku Kiyo. Kyoikukagaku 13 (2003), S. 95–126.
845. Kong, Joanne Lan-Funn: A comparison of the technical and interpretative qualities of the piano and harpsichord, accompanied by perform-

ance editions of the „Chromatic fantasy and fugue" by Johann Sebastian Bach. – Ann Arbor (MI): UMI 2003. 139 S. [Diss., University of Oregon, Eugene (OR) 1986].

846. Koopman, Ton (im Gespräch mit Bernhard Drobig): „Alle historischen Instrumente haben Dynamik, Nachbauten haben keine." – In: Concerto 20:189 (2003/2004), S. 31–34.

Mäser, Rolf: siehe Nr. 797.

847. Marissen, Michael: Performance Practice Issues That Affect Meaning in Two Bach Instrumental Works. – In: Historical Musicology ... (2004), S. 85–94. [Vgl. Nr. 154].

848. Meister, Hubert: Zur musikalischen Rhetorik und ihrer Umsetzung in der Aufführungspraxis: Speziell der Orgelwerke J. S. Bachs. – In: Neue Beiträge zur Aufführungspraxis 4, Graz 2001, S. 127–144.

849. Melamed, Daniel R.: The Double Chorus in J. S. Bach's St. Matthew Passion BWV 244. – In: JAMS 57/1 (2004), S. 3–50.

850. Metzger, Nancy Doris: The performer's gout. A study of rhythmic conventions and their application to selected organ works of Johann Sebastian Bach. – Ann Arbor (MI): UMI 2003. XI, 157 S. [Diss., California State University, Sacramento (CA) 1978].

851. Mil'štejn, Âkov Isaakovič: Horošo temperirovannyj klavir I. S. Baha i osobennosti ego ispolnenie [Russ., J. S. Bachs Wohltemperiertes Klavier und die Besonderheiten seiner Interpretation]. – Moskau: Klassika XXI 2001. 345 S.

852. Noehren, Robert: I: Touch at the organ; II: Musical expression, Bach, and the organ. – In: Festschrift for Heinrich Fleischer ... (2002), S. 154–177. [Vgl. Nr. 613].

853. Parrott, Andrew: Bachs Chor. Zum neuen Verständnis. Aus dem Englischen von Claudia Brusdeylins. Musikwissenschaftliche Beratung durch Rudolf Bossard [Vgl. BJ 91 (2005), Bibliographie Nr. 1046]. – Stuttgart [u.a.]: Metzler, Kassel: Bärenreiter 2003. VIII, 229 S. Besprechungen: (1) BJ 89 (2003), S. 267–270 (Hans-Joachim Schulze).

854. Petzoldt, Martin: Bachs Werk im evangelischen Gottesdienst. – In: Bach im Mittelpunkt ... Symposium Graz 1999 (2001), S. 81–95. [Vgl. Nr. 43].

855. Rampe, Siegbert: Bach-Interpretation und historische Wirklichkeit. – In: Bach-Interpretationen ... Zürcher Ringvorlesung 2000 (2003), S. 9–46. [Vgl. Nr. 45].

856. Rampe, Siegbert: Bach-Interpretation und historische Wirklichkeit – In: Bach und die Nachwelt 4 (2005), S. 121–156. [Vgl. Nr. 1042].

857. Reinhold, Günter: Zur Diskussion gestellt: Ornamentierung bei Bach. – In: Johann Sebastian Bach ... Stuttgart und Hildesheim 2001 (2002), S. 51–73. [Vgl. Nr. 60].

858. Rifkin, Joshua: Zur Aufführungspraxis: Einleitung. – In: Dortmunder Bach-Forschungen 3 (2002), S. 325–327. [Vgl. Nr. 57].
859. Rifkin, Joshua: Bach's Choral Ideal. – Dortmund: Klangfarben Musikverlag 2002. 66 S. (Dortmunder Bach-Forschungen. 5.). [Vgl. Nr. 57].
   Besprechungen: (1) http://www.music.qub.ac.uk/tomita/bachbib/review/bb-review_DortmundBf5.html (Yo Tomita, 29. 11. 2004).
860. Rifkin, Joshua: Bach's chorus: some new parts, some new questions. – In: EM 31 (2003), S. 573–580.
861. Risaliti, R.: L'interpretazione pianistica dell'Arte della fuga. – In: L'Arte della fuga … Konferenz Spoleto 2000 (2001), S. 76–81. [Vgl. Nr. 63].
862. Roller, Joachim: Besonderheiten der Generalbaßbezifferung in den Rezitativen der geistlichen Vokalwerke Johann Sebastian Bachs und deren aufführungspraktische Bedeutung. – In: Bach und seine mitteldeutschen … Kolloquium 2000 (2001), S. 179–189. [Vgl. Nr. 53].
863. Roller, Joachim: Die Ausführung des Orgelcontinuo vornehmlich in den Rezitativen der geistlichen Kantaten und Passionen von Johann Sebastian Bach. – Sinzig: Studio 2001. 218 S. (Kirchenmusikalische Studien. 6.). [Diss., Universität Bayreuth 2001.].
   Besprechungen: (1) http://www.music.qub.ac.uk/tomita/bachbib/review/bb-review_RollerAO.html (Yo Tomita, 2. 9. 2003) (2) MuK 72 (2002), S. 260–261 (Manfred Tessmer). (3) Concerto 19:173 (2002), S. 14 (Thomas Synofzik). (4) Mf 56 (2003), S. 200–201 (Alfred Dürr). (6) Het Orgel 99/6 (2003), S. 39 (Jan R. Luth). (7) Ars Organi 51 (2003), S. 199 (Andreas Lenk). (8) MuG 57 (2003), S. 75–76 (A. M.).
864. Rothfahl, Wolfgang: Nicht/nie gelöst? Oder: von der Unberechenbarkeit eines Kunstwerkes. Offene Fragen zur Interpretation der Johannespassion von Johann Sebastian Bach. – In: MuG 59/5 (2005), S. 170–175.
865. Sackmann, Dominik: Ein Plädoyer für das Projekt Aufführungspraxis – oder: Alte Quellen zur Aufführungspraxis von Bachs Orchestermusik neu gelesen. – In: Bach-Interpretationen … Zürcher Ringvorlesung 2000 (2003), S. 47–79. [Vgl. Nr. 45].

Schubert, Emery: siehe Nr. 810, 814.

866. Schulze, Hans-Joachim: Bach stilgerecht aufführen – Wunschbild und Wirklichkeit. Einige aufführungspraktische Aspekte von Johann Sebastian Bachs Leipziger Kirchenmusik. – In: Bach und die Nachwelt 4 (2005), S. 183–209. [Vgl. Nr. 1042].
867. Severus, Julia: Die Artikulationspraxis J. S. Bachs und Möglichkeiten ihrer Anwendung in den Klavierwerken. – Berlin: Mensch & Buch 2002. 192 S. [Diss. Techn. Univ. Berlin 2001].

Besprechungen: (1) http://www.music.qub.ac.uk/tomita/bachbib/review/bb-review_Severus-Artik.html (Yo Tomita, 13. 3. 2003).
868. Shimura, Takuo: J. S. Bach Orugan Shokyokushu: Enso to Kaishaku. [Jap., J. S. Bachs Orgelbüchlein: Aufführung und Interpretation] – Tokyo: Nihon Kirisutokyodan shuppankyoku 2001. 165 S.
869. Smelik, Jan: Opinies over Bach in 118 jaar HET ORGEL [Niederl., Bach-Interpretation in „Het Orgel" seit 1886]. – In: Het Orgel 100/4 (2004), S. 5–26.
870. Sonnleitner, Johann: Czernys rätselhafte Bach-Tempi oder: Versuch über die variable Art das Metronom zu gebrauchen. – In: Bach-Interpretationen … Zürcher Ringvorlesung 2000 (2003), S. 139–184. [Vgl. Nr. 45].
871. Sollenberger, Elizabeth Travis: A graded analysis of the organ preludes and fugues of Johann Sebastian Bach for teachers and students providing a compendium of increasingly difficult performance problems. The two points of emphasis are: (1) The logical relationship of these problems to the evolution of technical proficiency and (2) the progression toward a heightening of „Aesthetic perception and growth". – Ann Arbor (MI): UMI 2003. 88 S. [American University, Washington (D.C.), Master's thesis 1970].

Sonnleitner, Johann: siehe Nr. 797, 820.

872. Stolze, W.: Leserpost. [Betr. „Bachs Soprane"]. – In: Concerto 20:181 (2003), S. 9 [Vgl. Nr. 817].
873. Suzuki, Masaaki (im Gespräch mit Bernd Heyder): „Ich möchte eine schlanke Stimme, mit wenig Vibrato, aber doch kernig, strahlend klar." – In: Concerto 21:195 (2004), S. 34–37.
874. Tovey, Donald Francis: On the performance of the St Matthew Passion (1914). – In: The classics of music … (2001), S. 689–692. [Vgl. Nr. 190].
875. Troeger, Richard: Playing Bach on the Keyboard: A Practical Guide. – Pompton Plains (NJ): Amadeus 2003. 306 S.
Besprechungen: (1) MT 145:1887 (2004), S. 107–110 (Peter Williams). (2) Clavichord International 8/2 (2004), S. 60–61 (Francis Knights). (3) Early Music America 11/2 (2005), S. 45 (Tina Chancey). (4) Early Keyboard Journal 23 (2005), S. 128–132 (Joyce Lindorff).
876. Trummer, Johann: J. S. Bach und die katholische Kirchenmusik. – In: Bach im Mittelpunkt … Symposium Graz 1999 (2001), S. 96–112. [Vgl. Nr. 43].
877. Trummer, Johann: Zum gegenwärtigen Stand der Aufführungspraxis der Werke J. S. Bachs. – In: Bach – In Salzburg … Symposium 2000 (2002), S. 34–45 [Vgl. Nr. 44].
878. Tsukioka, Masaaki: An interpretation of BWV 532. – In: OYb 32 (2003), S. 99–107.

879. Veldhoven, Jos van (im Gespräch mit Michael Arntz): Revolution ohne Dogmatismus. – In: Concerto 22:201 (2005), S. 22–24.
880. Walter, Meinrad: J. S. Bachs geistliche Musik als „Sprache des Glaubens": Was bedeutet das für die Aufführungspraxis? – In: Bach im Mittelpunkt … Symposium Graz 1999 (2001), S. 113–126. [Vgl. Nr. 43].
881. Walter, Meinrad: J. S. Bachs geistliche Musik als „Sprache des Glaubens": Was bedeutet das für die Aufführungspraxis? – In: Bach-Interpretationen … Zürcher Ringvorlesung 2000 (2003), S. 121–138. [Vgl. Nr. 45].
882. Wegscheider, Kristian: H. C. Snerha und die Bach-Stimmung: Eine unglaubliche Begebenheit aus dem Jahr 1973. – In: Vom rechten Thon der Orgeln … Festschrift Ahrens (2003), S. 205–209. [Vgl. Nr. 280].
883. Wind, Thiemo: „Aus Liebe" – Mit Freuden: Zu einer neuen Interpretation von Bachs Arie aus der Matthäus-Passion. – In: Tibia 26 (2001), S. 353–362.
884. Wolf, Uwe: Von der Hofkapelle zur Stadtkantorei: Beobachtungen an den Aufführungsmaterialien zu Bachs ersten Leipziger Kantatenaufführungen. – In: BJ 88 (2002), S. 181–191. [Vgl. Nr. 47].
885. Wolff, Christoph: Aufführungspraktische Aspekte der vokal-instrumentalen Ensemblemusik. Bemerkungen zur Aufstellung bei der Kirchenmusik. – In: Bach, Lübeck … Konferenzbericht Lübeck 2000 (2002), S. 154–160. [Vgl. Nr. 49].

Yoshino, Hideyuki: siehe Nr. 834.

→ Siehe auch folgende Nummern aus anderen Rubriken: 95, 111, 120, 128, 381, 406, 454, 474, 578, 603, 615, 688, 706, 754, 924, 951, 979, 1025, 1027, 1060, 1061

B. Instrumente

886. Adolph, Wolfram: „In allen Stücken vortrefflich". Zur projektierten Rekonstruktion der „Bach-Orgel" (1720) in St. Katharinen zu Hamburg. – In: Organ 8/1 (2005), S. 28–29
887. Altschuler, Eric Lewin: Trumpet major? JS Bach and the Reiche portrait. – In: MT 142:1876 (2001), S. 29–31.
888. Baggia, Aldo J.: In the footsteps of the young Johann Sebastian Bach. [Überblick über die Orgeln im nordwestlichen Thüringen] – In: The Diapason 92:1100 (2001) S. 14–17.
889. Boresch, Hans-Werner: Besetzung und Instrumentation in Bachs erstem Leipziger Kantatenjahrgang. – In: Dortmunder Bach-Forschungen 3 (2002), S. 357–386. [Vgl. Nr. 57].

890. Butler, Lynn Edwards: Johann Christoph Bach's New Organ for Eisenach's Georgenkirche. – In: Bach J 35/1 (2004), S. 42–60. [Vgl. Nr. 48].
891. Das Schweigen der Reliquie. Die beredte Geschichte des Berliner „Bach-Cembalos" – In: Bach Magazin 6 (2005), S. 26–27.
892. Dirksen, Pieter: J. S. Bach en het Luitclavecimbel. – In: Het Clavecimbel 9/2 (2002), S. 29–33.
893. Donin, Nicolas: Problèmes d'analyse de l'interprétation: Un essai de comparaison assistée par ordinateur d'enregistrements du premier prélude du Clavier bien tempéré (Wohltemperierte Klavier). – In: Musurgia 12/4 (2005), S. 19–43.
894. Dürr, Alfred: Mutmaßungen über Bachs Violoncello piccolo. – In: Vom Klang ... Festschrift Hofmann (2004), S. 69–72. [Vgl. Nr. 70].
895. Heyder, Bernd: Ungebrochene Experimentierlust. Symposium „Das Instrumentarium Johann Sebastian Bachs" im Rahmen der 7. Stuttgarter Bachwoche (18./19. 2. 2005). – In: Concerto 22:201 (2005), S. 16–17.
896. Kory, Agnes: Die Tenor-Violine. Ein musikalischer Vortrag. – Wien: Institut für Österreichische Musikdokumentation 2003. 12 S.
897. Nedospasova, Anna: Ljutnevyj klavir [Russ., Das Lautenklavier]. – In: Starinnaja Muzyka 1–2 (2005), S. 16–22.
898. Neupert, Wolf Dieter: Erfahrungen aus dem Nachbau des Hammerflügels von Gottfried Silbermann, Freiberg 1747. – In: Jb SIM 2001, S. 224–235.
899. Oefner, Claus: Johann Christoph Bachs Eisenacher Stertzing-Orgel. – In: Bach-Rezeption ... Symposium Altenburg 2000 (2003), S. 10–18. [Vgl. Nr. 51].
900. Preller, Gottfried: Die Orgeln der Johann-Sebastian-Bach-Kirche zu Arnstadt. – In: Festschrift for Heinrich Fleischer ... (2002), S. 138–146. [Vgl. Nr. 613].
901. Prinz, Ulrich: Griffschrift – Klangschrift. Funktion und Bedeutung, Probleme heute. – In: Dortmunder Bach-Forschungen 3 (2002), S. 157–174. [Vgl. Nr. 57].
902. Prinz, Ulrich: Johann Sebastian Bachs Instrumentarium. Originalquellen · Besetzung · Verwendung. – Kassel [u. a.]: Bärenreiter 2005. 701 S. (Schriftenreihe der Internationalen Bachakademie Stuttgart. 10.).
Besprechungen: (1) Concerto 22:204 (2004), S. 26 (Bernd Heyder). (2) MuK 75 (2005), S. 295 (Markus Rathey). (3) Tonkunst 2 (2005) (Joachim Roller). (4) EMR 107 (2005), S. 28–29 (Brian Clark). (5) OYb 35 (2006), S. 173–174 (Peter F. Williams).
903. Raimo, Ciro: Metodo sistematico per ben eseguire i Preludi del libro primo del Wohltemperirte Clavier [Ital., Systematische Methode für

einen guten Vortrag der Präludien aus dem 1. Band des Wohltemperierten Klaviers]. – Bologna: CLUEB 2005. 112 S.
904. Rathey, Markus: Die Temperierung der Divi Blasii-Orgel in Mühlhausen. – In : BJ 87 (2001), S. 163–171. [Vgl. Nr. 47].
905. Restle, Conny: Gottfried Silbermann und die Hammerflügel für den preußischen Hof in Potsdam. – In: Jb SIM 2001, S. 189–203.
906. Rowland, David: Early keyboard instruments: A practical guide. – New York (NY): Cambridge University Press 2001. XI, 154 S.
Besprechungen: (1) MT 142:1876 (2001), S. 68–69 (Ann Bond). (2) The American Organist 35 (2001), S. 82–88 (John K. Ogasapian). (3) Notes 59 (2002), S. 94–97 (Tom Beghin). (4) The Consort 58 (2002), S. 83–84 (Gerald Gifford). (5) Early Keyboard Journal 20 (2002), S. 209–212 (Max H. Yount), (6) EM 30 (2002), S. 285 (John Kitchen). (7) ML 84 (2003), S. 89–91 (Dorothy De Val).
907. Schauerte-Maubouet, Helga: Die Bach-Orgel in Pontaumur. Bach „comme si l'on était à Arnstadt …" oder – frei nach Marcel Proust –: Auf der Suche nach der verlorenen Bach-Orgel. – In: Ars Organi 53/4 (2005), S. 237–239.
908. Schrammek, Winfried: Die durch Hermann Eule Orgelbau Bautzen wiederhergestellte Bach-Orgel von Zacharias Hildebrandt in der Wenzelskirche zu Naumburg. – In: Ars Organi 49/1, S. 27–30.
909. Snyder, Kerala J.: Buxtehude, Schnitger, Bach und die norddeutsche Orgel um 1700. – In: Bach, Lübeck … Konferenzbericht Lübeck 2000 (2002), S. 101–113. [Vgl. Nr. 49].
910. Sutherland, David A.: Silbermann, Bach, and the Florentine piano. – In: Early Keyboard Journal 21 (2003), S. 45–63.
911. Tarr, Edward H.: Bach and the others: Eighteenth-century trumpeter-hornists. / Bach et les autres: Trompettistes-cornistes du XVIIe siècle. / Bach und die Anderen: Trompeter-Hornisten im 18. Jahrhundert. – In: Brass Bulletin 119 (2002), S. 44–55 [Teil I] und 120 (2002), S. 38–47 [Teil II].
912. Tarr, Edward H.: An early Bach cornet and trumpet by H. M. Lewis. – In: The International Trumpet Guild journal 26/3 (2002), S. 52–54.
913. Thissen, Paul: Plädoyer für das Bach-Spiel auf gleichstufig temperierten Orgeln. – In: Ars Organi 49/2 (2001), S. 88–96.
914. Tinnin, Randy: J. S. Bach's cantata 51, Jauchzet Gott in allen Landen: Historical observations and insights for modern performance. – In: The International Trumpet Guild journal 30/1, S. 34–38.
915. Tremmel, Erich: Aus Bachs Instrumentenschrank. – In: Augsburger Bach-Vorträge … 66 (2002), S. 57–63. [Vgl. Nr. 40].
916. Wagner, Günther: Gottfried Silbermanns Hammerflügel am preußischen Hofe. – In: Jb SIM 2001, S. 236–248.

917. Wagner, Günther: Der frühe Hammerflügel – Wunsch und Wirklichkeit. – In: Jb SIM 2004 (2005), S. 145–157.
918. Watchorn, Peter: A performer's guide to the English Suites of J. S. Bach, BWV 806–11. – Ann Arbor (MI): UMI 2003. 170 S. [Diss., Boston University, Boston (MA) 1995].
919. Wolf, Uwe: Überlegungen zu den Corno-Stimmen der Choralkantaten Johann Sebastian Bachs. – In: Vom Klang ... Festschrift Hofmann (2004), S. 180–190. [Vgl. Nr. 70].
920. Wraight, Denzil: gravicembalo col piano, e forte. Eine Annährung an Bartolomeo Cristoforis Erfindung des Hammerflügels. – In: Concerto 22:201 (2005), S. 25–29.
921. Yamada, Mutsugu: Bach to Lauten-Klavier: Ushinawareta Gakki o motomete [Jap., Bach und das Lautenklavier. Auf der Suche nach einem verlorenen Instrument]. – Tokyo: Sinfonia 2001. 242 S.

→ Siehe auch folgende Nummern aus anderen Rubriken: 305, 412, 474, 578, 615, 1016.

VII. Wirkungsgeschichte

A. 18. und 19. Jahrhundert

922. Ahrens, Christian: Bearbeitung oder Einrichtung? Felix Mendelssohn Bartholdys Fassung der Bachschen Matthäus-Passion und deren Aufführung in Berlin 1829. – In: BJ 87 (2001), S.71–97. [Vgl. Nr. 47].
923. Applegate, Celia: Bach in Berlin: Nation and Culture in Mendelssohn's Revival of the „St. Matthew Passion". – Ithaca and London: Cornell University Press 2005. XII, 288 S.
Besprechungen: (1) MT 147:1895 (2006), S. 88–90 (Peter Williams). (2) American historial review. Class I. 111 (2006), S. 1616–1617 (Pamela M. Potter). (3) Sehepunkte 6 (2006) (Andreas Fahrmeir). (4) Nations and Nationalism 13 (2007), S. 355–356 (Mark-Daniel Schmid). (5) Central European History 40 (2007), S. 345–347 (Robert Benzucha). (6) http://www.music.qub.ac.uk/tomita/bachbib/review/bb-review_AppleateBiB.html (Ian Mills, 2. 7. 2007). (7) BachNotesABS 7 (2007), S. 12 (Matthew Dirst). (8) ML 88 (2007), S. 364–367 (James Garratt). (9) Zeitschrift für Geschichtswissenschaft 55 (2007), S. 681 (Hansjakob Ziemer). (10) The Times literary supplement 5423 (2007), S. 18 (Richard Coles). (11) Journal of the Royal Musical Association 133 (2008), S. 334–352 (Ryan Minor).
924. Arand, Andreas: „... von der Wahrheit weit entfernt...": Mendelssohns

Bach-Spiel im Urteil Friedrich Konrad Griepenkerls. – In: Ars Organi 49 (2001), Nr. 1, S. 11–18.
925. Barbone, Roberto: La préface de F. C. Griepenkerl à son édition de la ‚Fantaisie chromatique et fugue' de J. S. Bach (2e partie). – In: SMZ 4 (2001), Nr. 1, S. 13–15 und 17–18.
926. Beißwenger, Kirsten: Rezeption und Verbreitung des Wohltemperierten Klaviers I zu Lebzeiten Johann Sebastian Bachs. Mit einem Exkurs über den Schreiber Anonymus Vr bzw. Anonymus 12 von Yoshitake Kobayashi. – In: Bach. Das Wohltemperierte Klavier … Festschrift Siegele (2002), S. 7–25. [Vgl. Nr. 41].
927. Boydell, Barra: „This most crabbed of all earthly music". The performance and reception of Bach's vocal music in Dublin in the nineteenth and early twentieth centuries. – In: Bach Studies from Dublin … (2004), S. 229–246. [Vgl. Nr. 52].
928. Bozó, Péter: Liszt mint Bach-közreadó? [Ungar., Liszt als Bach-Editor?]. – In: Magyar zene 40/1 (2002), S. 27–38.
929. entfällt.
930. Brusniak, Friedhelm: Faszination an B-A-C-H. – In: Augsburger Bach-Vorträge … 66 (2002), S. 65–72. [Vgl. Nr. 40].
931. Ebisawa, Bin: Bach kara Chopin e. [Jap., Von Bach zu Chopin]. – Tokyo: Chuo-koron shinsha 2001. 319 S.
932. Erb-Szymanski, Markus: Wiederentdeckung oder Neubewertung? – Zur „Bach-Renaissance" am Beginn des 19. Jahrhunderts. [Dt. und Engl.]. – In: Bachfest-Buch 2004, S. 27–36. [Vgl. Nr. 1227].

Fauquet, Joël-Marie: siehe Nr. 948.

933. Favrot, Matthieu: „S'il te plaît, écris moi une Fugue". [Frz.]. – In: Ostinato rigore 16 (2001), S. 317–340. [Bachs Einfluß auf die Fugenkompositionen Mozarts]. [Vgl. Nr. 59].
934. Fischer, Urs: „Ein Vorgefühl tödtlicher Langerweile". Zur Bach-Rezeption im Zürcher Konzertleben des 19. Jahrhunderts. – In: Nähe aus Distanz … (2005), S. 24–41. [Vgl. Nr. 66].
935. Föller, Helmut: BACH. Verarbeitungen eines Motivs in der Orgelmusik des 19. Jahrhunderts. – Sinzig: Studio 2004. 309 S. (Kirchenmusikalische Studien. 9.). [Diss., Univ. Mainz 2000].
Besprechungen: (1) MuK 75 (2005), S. 54 (Sven Hiemke). (2) De orgelkrant 9/2 (2005). (3) Mf 60 (2007), S. 62–63 (Ulrich Miehe). (4) Ars Organi 57 (2009), S. 285 (Martin Weyer).
936. Geck, Martin: Dialektisches Denken: Bachs Erbe für die Wiener Klassik. – In: Musiktheorie 16 (2001), S. 239–248.
937. Glöckner, Andreas: Zelter und Mendelssohn – Zur „Wiederentdeckung" der Matthäus-Passion im Jahre 1829. – In: BJ 90 (2004), S. 133–155. [Vgl. Nr. 47].

938. Glöckner, Andreas: Bach-Aufführungen unter Johann Friedrich Doles. – In: Händel-Jahrbuch 47 (2001), S. 239–250.
939. Glöckner, Andreas: Carl Philipp Emanuel Bachs Aufführungen von Kirchenstücken seines Vaters. – In: Jb SIM 2004 (2005), S. 51–61.
940. Glöckner, Andreas: Erbteilung und musikalisches Vermächtnis – zu den Anfängen einer Bach-Rezeption nach 1750. [Dt. u. Engl.]. – In: Bachfest-Buch Leipzig 2005, S. 11–31. [Vgl. Nr. 1235].
941. Guillard, Georges: L'Art de la fugue de Johann Sebastian Bach: Une copie du XIXe siècle par A. P. F. Boëly – „Authenticités". Enjeux esthétiques et sociaux. – In: Construire le savoir musical: Enjeux épistemologiques, esthétiques et sociaux, hrsg. von Monique Desroches und Ghyslaine Guertin, Paris: L'Harmattan 2003, S. 247–262.
942. Hartinger, Anselm: Felix Mendelssohn Bartholdy und die Leipziger Bach-Pflege im Spiegel des Denkmalskonzerts vom 23. April 1843. – In: Ein Denkstein für den alten Prachtkerl ... (2004), S. 81–115. [Vgl. Nr. 1022].
943. Hartinger, Anselm: Bach, Mendelssohn und das Leipziger Musikleben der Romantik. [Dt. und Engl.]. – In: Bachfest-Buch Leipzig 2004, S. 11–26. [Vgl. Nr. 1226].
944. Hartinger, Anselm: „Eine solche Begleitung erfordert sehr tiefe Kunstkenntnis" – Neues und neu Gesichtetes zu Felix Mendelssohn Bartholdys Klavierbegleitung zu Sätzen aus Bachs Partiten für Violine solo, nebst einer Analyse der Begleitung zum Preludio in E-Dur (BWV 1006/1). – In: BJ 91 (2005), S. 35–82. [Vgl. Nr. 47].
945. Hartinger, Anselm: Bach – Mendelssohn – Schumann. Triumvirat einer Musikstadt. – In: Bach Magazin 5 (2005), 14–17.
946. Heinemann, Michael: Bach, Beethoven und Chopin: Zu Fryderyk Chopins Sonate Nr. 1 c-Moll, op. 4. – In: Chopin and his work in the context of culture: Studies. [2. Internationaler Chopin-Kongreß; Warschau 1999], Kraków: Musica Iagellonica 2003, S. 404–410.
947. Heinemann, Michael: Berlioz' Bach. – In: Hector Berlioz: Ein Franzose in Deutschland (Konferenzbericht Marburg 2003), hrsg. von Matthias Brzoska, Hermann Hofer u. a., Laaber: Laaber-Verlag 2005, S. 288–296.
Heinemann, Michael und Hans-Joachim Hinrichsen (Hrsg.): Bach und die Nachwelt.
Band 1: 750–1850. – Laaber: Laaber-Verlag 1997. 504 S. [Vgl. BJ 91 (2005), Bibliographie Nr. 1229].
Besprechungen : (1)–(8) siehe ebenda. (9) Mf 53 (2000), S. 203–205 (Ulrich Bartels). (10) MuK 70 (2000), S. 324 (Ingeborg Allihn).
Band 2 : 1850–1999. [Vgl. BJ 91 (2005), Bibliographie Nr. 1230].
Besprechungen : (1)–(5) siehe ebenda. (6) ÖMZ 55/4 (2000), S. 44–45 (Hartmut Krones).

Band 3: 1900–1950. [Vgl. BJ 91 (2005), Bibliographie Nr. 1344]. Besprechungen: (1) Concerto 18:163 (2001), S. 14 (Thomas Synofzik). (2) Mf 55 (2002), S. 447–448 (Ulrich Bartels). (3) Ars organi 51/2 (2003), S. 127–128 (Martin Weyer).

948. Hennion, Antoine und Joël-Marie Fauquet: Authority as performance. The love of Bach in nineteenth-century France. – Poetics 29/2 (2001), S. 75–88.

949. Herrgott, Gerhard: Tragische progressionen. Chopin und die Rhetorik des Wohltemperierten Klaviers. Tragic progressions. Chopin and the Rhetoric of the Well-Tempered Clavier. – Max-Planck-Institut für Wissenschaftsgeschichte 2003. 38 S. + 1 CD. [Dt. S. 1–18; Engl. S. 19–38].

950. Hinrichsen, Hans-Joachim: Zur Wirkungsgeschichte des Wohltemperierten Klaviers I. – In: Bach. Das Wohltemperierte Klavier ... Festschrift Siegele (2002), S. 27–51. [Vgl. Nr. 41].

951. Hinrichsen, Hans-Joachim: Bach-Interpretation im 19. Jahrhundert: Moritz Hauptmann, Wilhelm Rust und die Alte Bach-Gesellschaft. – In: Bach-Interpretationen ... Zürcher Ringvorlesung 2000 (2003), S. 185–206. [Vgl. Nr. 45].

952. Hinrichsen, Hans-Joachim und Dominik Sackmann: Bach-Rezeption im Umkreis Franz Liszts: Joseph Joachim Raff und Hans von Bülow. – Stuttgart: Carus 2004. 63 S. (Jahresgabe der Internationalen Bach-Gesellschaft Schaffhausen. 2004.). (Beiträge siehe Nr. 953, 954, 994).

953. Hinrichsen, Hans-Joachim und Dominik Sackmann: Franz Liszt und Johann Sebastian Bach. – In: Bach-Rezeption ... (2004), S. 6–11. [Vgl. Nr. 952].

954. Hinrichsen, Hans-Joachim: Der „Zukunftsmusiker par excellence". Zur Bach-Rezeption Hans von Bülows. – In: Bach-Rezeption ... (2004), S. 38–57. [Vgl. Nr. 952].

955. Iwata, Makoto: No to ongaku. [Japan., Hirn und Musik]. Tokyo: Medikaru rebyusha 2001. 340 S. [Enthält die japan. Übers. von Wilhelm His, Johann Sebastian Bach: Forschungen über dessen Grabstätte, Gebeine und Antlitz, Leipzig 1895].

956. Jost, Peter: „Il est la fin du monde médiéval". Jean-Sébastien Bach vu par Richard Wagner. [Frz.]. – In: Ostinato rigore 16 (2001), S. 283–293. [Vgl. Nr. 59].

957. Kalipp, Wolf: Das Ur-Motiv B-A-C-H im Spiegel zeitgenössischer fraktaler Geometrie, dargestellt an Beispielen ausgewählter Orgelmusik des 17.–20. Jahrhunderts. – In: Ostinato rigore 16 (2001), S. 56–71. [Vgl. Nr. 59].

958. Kassler, Michael und Philip Olleson: Samuel Wesley (1766–1837). A Source Book. – Aldershot: Ashgate 2001, XIII, 765 S.

Besprechungen: (1) http://www.music.qub.ac.uk/tomita/bachbib/review/bb-review_Kassler-SW.html (Yo Tomita, 2. 12. 2001) (2) The Tracker 46/4 (2002), S. 23–25 (John Ogasapian).

959. Kassler, Michael: Charles Edward Horn's Memoirs of his Father and Himself. – Aldershot: Ashgate 2003. IX, 131 S.
Besprechungen: (1) MT 145 (2004), S. 100–102 (Patricia Howard). (2) Musicology Australia 27 (2004/2005), S. 133–134 (Maria McHale). (3) ML 86 (2005), S. 297–298 (Nicholas Temperley).

960. Kassler, Michael (Hrsg.): The English Bach Awakening. Knowledge of J. S. Bach and his Music in England 1750–1830. – Aldershot: Ashgate 2004, XXI, 455 S. (Music in Nineteenth-Century Britain). (Beiträge siehe Nr. 961–966, 984, 1008–1010).
Besprechungen: (1) BJ 91 (2005), S. 311–315 (Anselm Hartinger). (2) Mf 58 (2005), S. 445–446 (Jürgen Schaarwächter). (3) http://www.music.qub.ac.uk/tomita/bachbib/review/bb-review_Kassler-EBA.html (Matthew Dirst, 20. 10. 2005). (4) MT 146:1892 (2005), S. 98–100 (Peter Williams). (5) The Organ 331 (2005), S. 50 (David Baker). (6) EMR 57 (2005), S. 30 (Clifford Bartlett). (7) BachNotesLBS (2005) [S. 4] (Margaret Steinitz). (8) Brio 42:2 (Autumn/Winter 2005), S. 39 (Katherine Hogg). (9) Musicology(AU) 28 (2005/6) S. 127–130 (Dorottya Fábián). (10) OYb 35 (2006) S. 166–167 (Peter Williams). (11) ML 87 (2006), S. 321–322 (Nicholas Temperley). (12) Eighteenth-Century Studies 40 (2007), S. 330–334 (Matthew Dirst).

961. Kassler, Michael: Chronology of the English Bach Awakening. – In: The English Bach Awakening ... 2004, S. 1–33. [Vgl. Nr. 960].

962. Kassler, Michael: Kollmann's Proof of the Regularity of Bach's Chromatic Fantasy. – In: The English Bach Awakening ... 2004, S. 211–249. [Vgl. Nr. 960].

963. Kassler, Michael: Portraits of Bach in England before 1830. – In: The English Bach Awakening ... 2004, S. 403–415. [Vgl. Nr. 960].

964. Kassler, Michael: The Bachists of 1810: Subscribers to the Wesley/Horn Edition of the „48". – In: The English Bach Awakening ... 2004, S. 315–340. [Vgl. Nr. 960].

965. Kassler, Michael: The English Translations of Forkel's Life of Bach. – In: The English Bach Awakening ... 2004, S. 169–209. [Vgl. Nr. 960].

966. Kassler, Michael: The Horn/Wesley Edition of Bach's „Trio" Sonatas. – In: The English Bach Awakening ... 2004, S. 417–429. [Vgl. Nr. 960].

967. Kevorkian, Tanya: The Reception of the Cantata during Leipzig Church Services, 1700–1750. – In: EM 30/1 (2002), S. 26–45.

968. Kinderman, William: Rückblick nach vorn: Beethovens „Kunstvereinigung" und das Erbe Bachs. – In: Beethoven und die Rezeption der Alten Musik: Die hohe Schule der Überlieferung, hrsg. von Hans-Werner

Küthen, Bonn: Beethoven-Haus 2002, S. 121–145. (Veröffentlichungen des Beethoven-Hauses Bonn. 4.).

969. Konrad, Ulrich: Johann Sebastian Bach im Wien der Schubert-Zeit. Akademievorlesung gehalten am 13. Januar 2004. – Göttingen: Hubert & Co. 2004. 36 S. (Berichte aus den Sitzungen der Joachim Jungius-Gesellschaft der Wissenschaften e.V. 22.1.).

970. Kooiman, Ewald: Bachs Schüler und Enkelschüler. – In: Bach-Interpretation … Konferenzbericht Hamburg 2000 (2003), S. 9–28. [Vgl. Nr. 46].

971. Kudrâsov, Andrej Ur'evic: Horoso temperirovannyj klavir I. S. Baha v ispolnitel'skih interpretacijah serediny i vtoroj poloviny XIX veka [Russ., Die Interpretation von Bachs Wohltemperierten Klavier in der Mitte und 2. Hälfte des 19. Jahrhunderts.]. – In: Naučnye trudy Moskovskoj Gosudarstvennoj Konservatorii im. P. I. Čajkovskogo 32 (2001), S. 152–172.

972. Küthen, Hans-Werner: „Szene am Bach" oder der Einfluss durch die Hintertür. Die Bach-Rezeption der anderen als Impuls für Beethoven. – In: Beethoven … (2002), S. 243–280. [Vgl. Nr. 968].

973. Lehmann, Karen: Bachiana unter „Tabak & Cigaretten". Die Bach-Sammlung des Leipziger Verlages C. F. Peters in der ersten Hälfte des 19. Jahrhunderts. – In: BJ 82 (1996), S. 49–76. [Vgl. BJ 91 (2005), Bibliographie Nr. 39].

974. Lehmann, Karen: „Es ist doch eine furchtbare Arbeit mit diesem großen Bach …". Der Leipziger Verlag C. F. Peters und seine Bach-Ausgabe von 1837. – In: LBzBF 5 (2002), S. 521–537. [Vgl. Nr. 64].

975. Lehmann, Karen: Forkels Handexemplar seiner Bach-Biographie. – In: BJ 90 (2004), S. 233–240. [Vgl. Nr. 47].

976. Lehmann, Karen: Die Anfänge einer Bach-Gesamtausgabe. Editionen der Klavierwerke durch Hoffmeister und Kühnel (Bureau de Musique) und C. F. Peters in Leipzig 1801–1865. Ein Beitrag zur Wirkungsgeschichte J. S. Bachs. – Hildesheim [u. a.]: Olms 2004. 584 S. (Leipziger Beiträge zur Bach-Forschung. 6.). [Diss., TU Dresden 2003]. [Vgl. Nr. 64].
Besprechungen: (1) BachNotesABS 2 (2004), S. 7–9 (Andrew Talle). (2) FMB 25 (2004), S. 499–501 (Frank Hilberg). (3) ML 86 (2005), S. 642–644 (James Garratt).

977. Leisinger, Ulrich: Johann Christian Kittel und die Anfänge der sogenannten späteren thüringischen Bach-Überlieferung. – In: Bach und seine mitteldeutschen … Kolloquium 2000 (2001), S. 235–251. [Vgl. Nr. 53].

978. Little, William A.: Felix Mendelssohn and Bach's Prelude and Fugue in E minor (BWV 533). – In: AmOrg 39/2 (2005), S. 73–83.

979. Lohmann, Ludger: Romantische Bach-Interpretation im Spiegel der Orgelschulen des 19. Jahrhunderts. – In: Bach-Interpretation ... Konferenzbericht Hamburg 2000 (2003), S. 95–108. [Vgl. Nr. 46].
980. Loy, Felix: Die Bach-Rezeption in den Oratorien von Mendelssohn Bartholdy. – Tutzing: Schneider 2003. 200 S. (Tübinger Beiträge zur Musikwissenschaft. 25.). [Magisterarbeit 2000; für den Druck rev.].
Besprechungen: MuK 73 (2003), S. 402–403 (Sven Hiemke). (2) Mf 57 (2004), S. 196–197 (Ralf Wehner). (3) ÖMZ 60/3 (2005), S. 99–100 (Friedhelm Krummacher).
981. McCrea, Andrew: Alterations, Additions and Accommodations: Bach's „48" and the early-nineteenth-century British Organist. – In: The Royal College of Organists Yearbook, London 2000/2001, S. 64–77.
982. Meylan, Raymond: Neues zum Musikaliennachlaß von Hans Georg Nägeli. – In: BJ 82 (1996), S. 23–47. [Vgl. BJ 91 (2005), Bibliographie Nr. 39].
983. Molkenbur, Norbert: C. F. Peters 1800–2000. Ausgewählte Stationen einer Verlagsgeschichte. – Leipzig: Sachsenbuch 2001. 332 S.
984. Olleson, Philip: Samuel Wesley and the English Bach Awakening. – In: The English Bach Awakening ... 2004, S. 251–313. [Vgl. Nr. 960].
985. Olleson, Philip (Hrsg.): The Letters of Samuel Wesley. Professional and Social Correspondence, 1797–1837. – Oxford: Oxford University Press 2001. LXIII, 516 S.
Besprechungen: (1) http://www.music.qub.ac.uk/tomita/bachbib/review/bb-review_Olleson-LSW.html (Yo Tomita, 24. 2. 2002) (2) The Tracker 41 (2002) S. 23–25 (John Ogasapian). (3) Times Literary Supplement 5147 (2001), S. 5–6 (Judith Weir). (4) MT 143:1879 (2002).
Olleson, Philip: siehe Nr. 958.
986. Oppermann, Annette: Musikalische Klassiker-Ausgaben des 19. Jahrhunderts: Eine Studie zur deutschen Editionsgeschichte am Beispiel von Bachs Wohltemperiertem Clavier und Beethovens Klaviersonaten. – Göttingen: Vandenhoeck & Ruprecht 2001. X, 364 S. (Abhandlungen zur Musikgeschichte. 10.). [Diss., Universität Hamburg 1999]
Besprechungen: (1) Beethoven-Journal 16/2 (2001), S. 99 (Patricia Stroh). (2) Concerto 179:36 (2002/2003), S. 36 (Georg Günther).
987. Oppermann, Annette: Die Geburt des Herausgebers aus dem Geist des Widerspruchs. Johann Nikolaus Forkel und die Œuvres complettes de Jean Sebastian Bach. – In: Schrift – Text – Edition. ... (2003), S. 171–179. [Vgl. Nr. 131].
988. Ottenberg, Hans-Günter: Zum Wirken von Georg Vierlings „Bachverein". Ein vergessenes Kapitel Frankfurter Musikgeschichte des 19. Jahrhunderts. – In: Jb SIM 2004 (2005), S. 97–109.

989. Rathey, Markus: Bach-Renaissance, Protestantismus und nationale Identität im deutschen Bürgertum des 19. Jahrhunderts. – In: Protestantische Identität und Erinnerung. Von der Reformation bis zur Bürgerrechtsbewegung in der DDR, hrsg. von Joachim Eibach and Marcus Sandl, Göttingen: Vandenhoeck & Ruprecht 2003, S. 177–190. (Formen der Erinnerung. 16.).
990. Rathey, Markus: Bach und Vogler – Überlegungen zu einem schwierigen Verhältnis und zur musikalischen Mythenbildung. – In: Mitteilungen der Arbeitsgemeinschaft für mittelrheinische Musikgeschichte 78 (2004), S. 55–64.
991. Rattalino, Piero: Wagner il tragedo e il clavicembalo ben temperato di Bach. – In: Ovunque lontano dal mondo … Milano 2001, S. 67–72. [Vgl. Nr. 67].
992. Reinhold, Günter: Das Wohltemperierte Klavier von Johann Sebastian Bach in der Ausgabe von Ferruccio Busoni. – In: Johann Sebastian Bach … Stuttgart und Hildesheim 2001 (2002), S. 87–99. [Vgl. Nr. 60].
993. Reynolds, Christopher A.: Motives for allusion: Context and content in nineteenth-century music. – Cambridge, MA: Harvard University Press 2003. XII, 230 S.
Besprechungen: (1) Music Research Forum 19/1 (2004), S. 84–89 (Kevin Burke). (2) Notes 60 (2004), S. 668–670 (Christopher Hatch). (3) JAMS 58 (2005), S. 736–748 (Raymond Knapp). (4) Journal of Musicological Research 24/1 (2005), S. 71–75 (R. Larry Todd). (5) Il saggiatore musicale 12 (2005), S. 466–467 (Andrea Malvano). (6) Music Theory Spectrum 28/1 (2006), S. 111–118 (Michael L. Klein). (7) Beethoven forum 13/2 (2006), S. 188–205 (Karen Painter). (8) Music Theory Online 14/1 (2008). (David B. Easley).
994. Sackmann, Dominik: Transkription als Treue zum Original. Die Bach-Bearbeitungen Joseph Joachim Raffs. – In: Bach-Rezeption … (2004), S. 13–37. [Vgl. Nr. 952].

Sackmann, Dominik: siehe Nr. 952, 953.

995. Sandberger, Wolfgang: „Das alte prächtige Perückengesicht prangte frei im Sonnenschein und machte mir große Freude" – Mosaiksteine zum Bach-Bild von Felix Mendelssohn Bartholdy. – In: Bach-Interpretation … Konferenzbericht Hamburg 2000 (2003), S. 47–61. [Vgl. Nr. 46].
996. Schleuning, Peter: Anton Reichas Klavierfuge G-Dur „d'après un nouveau système" über ein „Thème de J. S. Bach". – In: Dortmunder Bach-Forschungen 6 (2003), S. 265–279. [Vgl. Nr. 57].
997. Schmidt, Lothar: Brahms analysiert Goethe und Bach. – In: Musikästhetik … (2002), S. 357–378. [Vgl. Nr. 484].

998. Schroth, Gerhard: Zwischen Transkription und Neukomposition: 250 Jahre Bach-Rezeption. – In: Johann Sebastian Bach ... Stuttgart und Hildesheim 2001 (2002), S. 101–107. [Vgl. Nr. 60].

999. Söhnel, Marion: „Das Denkmal für den alten Sebastian Bach ist wunderhübsch geworden" – Felix Mendelssohn Bartholdys Wirken für ein Bach-Denkmal in Leipzig. – In: Ein Denkstein für den alten Prachtkerl ... (2004), S. 9–44. [Vgl. Nr. 1022].

1000. Sponheuer, Bernd: Zur Kategorie des „Gotischen" (nicht nur) in der Bach-Rezeption des 18. und 19. Jahrhunderts. – In: Rezeption als Innovation ... Festschrift Krummacher (2001), S. 217–246. [Vgl. Nr. 740].

1001. Stinson, Russell: Mendelssohns große Reise. Ein Beitrag zur Rezeption von Bachs Orgelwerken. – In: BJ 88 (2002), S. 120–137. [Vgl. Nr. 47].

1002. Stinson, Russell: Franz Liszt and His Early Reception of Bach's Organ Works. – In: BachNotesABS 4 (2005), S. 1–5.

1003. Streller, Friedbert: „Bach-Stil" als Tradition und Ausdrucksbereich. – In: Bach-Rezeption ... Symposium Altenburg 2000 (2003), S. 19–51. [Vgl. Nr. 51].

1004. Synofzik, Thomas: Johann Gottlieb Preller und seine Abschriften Bachscher Clavierwerke. Kopistenpraxis als Schlüssel zur Aufführungspraxis. – In: Bach und seine mitteldeutschen ... Kolloquium 2000 (2001), S. 45–64. [Vgl. Nr. 53].

1005. Talle, Andrew: Zum Vertrieb und Adressatenkreis von Bachs Clavier-Übung, Opus 1. – In: Dortmunder Bach-Forschungen 6 (2003), S. 213–222. [Vgl. Nr. 57].

1006. Tomita, Yo: Gibt es bisher unbekannte Kanons von Bach? Ergebnisse jüngster Forschungen zur Frühzeit der Bach-Bewegung in England. – In: LBzBF 5 (2002), S. 497–519. [Vgl. Nr. 64].

1007. Tomita, Yo: Streben nach Korrektheit: Samuel Wesley als Herausgeber von Bachs Klavierwerken. – In: Dortmunder Bach-Forschungen 6 (2003), S. 87–103. [Vgl. Nr. 57].

1008. Tomita, Yo: Pursuit of Perfection: Stages of Revision of the Wesley/Horn „48". – In: The English Bach Awakening ... 2004, S. 341–377. [Vgl. Nr. 960].

1009. Tomita, Yo: Samuel Wesley as Analyst of Bach's Fugues. – In: The English Bach Awakening ... 2004, S. 379–402. [Vgl. Nr. 960].

1010. Tomita, Yo: The Dawn of the English Bach Awakening Manifested in Sources of the „48". – In: The English Bach Awakening ... 2004, S. 35–167. [Vgl. Nr. 960].

1011. Trummer, Johann: Bach und Österreich: Vortrag anlässlich der 58. Greifswalder Bachwoche am 13. Juni 2004. – In: Singende Kirche 52/2 (2005), S. 81–89. Nachtrag 52/3 (2005), S. 151.

1012. Voerkel, Stefan: „Könnte aus dem Denkstein nicht ein Denkmal werden?" Zu Werden, Gestalt und künstlerischem Programm des alten Bach-Denkmals. – In: Ein Denkstein für den alten Prachtkerl ... (2004), S. 45–80. [Vgl. Nr. 1022].
1013. Wagner, Günther: Die Anfänge der Sing-Akademie zu Berlin: historisches Umfeld und ästhetisches Ideal. – In: Jahrbuch Preußischer Kulturbesitz 38 (2001), S. 367–377.
1014. Wagner, Günther: Die Anfänge der Sing-Akademie zu Berlin und ihr frühes Repertoire. – In: Jb SIM 2002, S. 25–40.
1015. Wagner, Günther: Die Sing-Akademie zu Berlin: Das geistige Umfeld ihrer Gründung, ihre frühe Geschichte und der spätere Verlauf. – In: Der Bär von Berlin 52 (2003), S. 31–46.
1016. Wendt, Matthias: Fanfaren für Bach und andere Besetzungsprobleme – Schumanns Düsseldorfer Erstaufführung der Johannes-Passion. – In: Vom Klang ... Festschrift Hofmann (2004), S. 156–179. [Vgl. Nr. 70].
1017. Wolf, Uwe: Zur Schichtschen Typendruck-Ausgabe der Motetten Johann Sebastian Bachs und zu ihrer Stellung in der Werküberlieferung. – In: Musikalische Quellen ... (2002), S. 269–285. [Vgl. Nr. 90].
1018. Wolf, Uwe: Zur Leipziger Aufführungstradition der Motetten Bachs im 18. Jahrhundert. – In: BJ 91 (2005), S. 301–309. [Vgl. Nr. 47].
1019. Wolff, Christoph: Bach und das Ende des Barock. – In: Augsburger Bach-Vorträge ... 66 (2002), S. 133–144. [Vgl. Nr. 40].
1020. Wolff, Christoph: Vor 250 Jahren erschienen: Nekrolog auf Johann Sebastian Bach. – In: Bach Magazin 4 (2004), S. 16–19.
1021. Wollny, Peter: Neue Ermittlungen zu Aufführungen Bachscher Kirchenkantaten am Zerbster Hof. – In: Bach und seine mitteldeutschen ... Kolloquium 2000 (2001), S. 199–217. [Vgl. Nr. 53].
1022. Wollny, Peter (Hrsg.): Ein Denkstein für den alten Prachtkerl. Felix Mendelssohn Bartholdy und das alte Bach-Denkmal in Leipzig. – Leipzig: Evangelische Verlagsanstalt 2004. 128 S. (Edition Bach-Archiv Leipzig). (Beiträge siehe Nr. 942, 999, 1012).
Besprechungen: (1) GM 48 (2005), S. 54–55 (Claudius Böhm). (2) Fono Forum 7/2005, S. 54 (Reinmar Emans).

→ Siehe auch folgende Nummern aus anderen Rubriken: 776, 870, 1083.

B. 20. und 21. Jahrhundert

1023. Bachem, Rolf (Hrsg.): Helmut Winschermann: Ein Lebensweg zu Johann Sebastian Bach – Gespräch mit Tonjes Reyels. – Bonn: Loon 2005. 216 S.

1024. Berio, Luciano: Il mio Bach. – In: Ovunque lontano dal mondo … Milano 2001, S. 107–108. [Vgl. Nr. 67].
1025. Butt, John: Bach in the twenty-first century. Re-evaluating him from the perspective of performance. – In: Bach Studies from Dublin … (2004), S. 191–204. [Vgl. Nr. 52].
1026. Butt, John: Bach in the twenty-first century: re-evaluating him from the perspective of performance. – In: Bach und die Nachwelt 4 (2005), S. 169–181. [Vgl. Nr. 1042].
1027. Fábián, Dorottya: Bach performance practice in the twentieth century: recordings, reviews and reception. – In: Bach und die Nachwelt 4 (2005), S. 157–167. [Vgl. Nr. 1042].
1028. Geck, Martin: Das Höchste erreicht? Hindemith im Spiegel seiner Hamburger Bach-Rede. – In: Musik-Konzepte 125/126 (2004), S. 39–48.
1029. Gojowy, Christiane und Detlef Gojowy: Das Bachfest Leipzig 1950 und Šostakovič. – In: Mf 55 (2002), S. 32–50.
1030. Graf, Norbert: Ein Vorbild für alle in schwieriger Zeit? Johann Sebastian Bachs 250. Geburtstag in der Schweizer Presse. – In: Nähe aus Distanz … (2005), S. 86–101. [Vgl. Nr. 66].
1031. Grassl, Markus: „Webern conducted Bach best of all". Die Wiener Schule und die Alte Musik. – In: Die Lehre von der musikalischen Aufführung in der Wiener Schule, hrsg. von Markus Grassl, Wien: Böhlau 2002, S. 509–530. (Wiener Veröffentlichungen zur Musikgeschichte. 3.).
1032. Halbscheffel, Bernward: Rock barock: Rockmusik und klassisch-romantische Bildungstradition. – Berlin: Halbscheffel 2001. III, 437 S. [Diss., FU Berlin 2000].
1033. Heinemann, Michael: Schostakowitschs Bach. – In: Schweizer Beiträge zur Musikforschung 3 (2005), S. 122–128.
1034. Henze, Hans Werner: Johann Sebastian Bach e la musica del nostro tempo. – In: Ovunque lontano dal mondo … Milano 2001, S. 109–114. [Vgl. Nr. 67].
1035. Henze, Hans Werner: Johann Sebastian Bach und die Musik unserer Zeit. – In: Bach und die Nachwelt 4 (2005), S. 91–97. [Vgl. Nr. 1042].
1036. Holliman, Jamesetta: A stylistic study of Max Reger's solo piano variations and fugues on themes by Johann Sebastian Bach and Georg Philipp Telemann. – Ann Arbor (MI): UMI 2003. X, 164 S. [Diss., New York University 1975].
1037. Kaufmann, Michael Gerhard: Bach und Reibach – Zur Kommerzialisierung von Person und Werk Johann Sebastian Bachs. – In: Gotteslob im Klang der Zeit … Festschrift Schweizer 2001, S. 116–121. [Vgl. Nr. 158].

1038. Kaufmann, Michael Gerhard: Bach und Reibach – Zur Kommerzialisierung von Person und Werk Johann Sebastian Bachs. – In: Bach und die Nachwelt 4 (2005), S. 437–446. [Vgl. Nr. 1042].
1039. Kelterborn, Rudolf: Exzeptionelle Einfälle und meisterliche Routine. Plädoyer für eine kritische und kreative Auseinandersetzung mit der Musik Bachs. – In: Nähe aus Distanz … (2005), S. 307–319. [Vgl. Nr. 66].
1040. Lauderdale-Hinds, Lynne Allison: Four organ chorale preludes of Johann Sebastian Bach as realized for the piano by Ferruccio Busoni (1866–1924). A comparative analysis of the piano transcriptions and the original works for organ. – Ann Arbor (MI): UMI 2003. XI, 32 S. [Diss., University of North Texas, Denton (TX) 1980].
1041. Lombardi, Marco: Appunti sulla ricezioni discografica delle suite per violoncello solo per J. S. Bach: Una nuova fase dell'epoca della riproducibilita tecnica? [Ital., Bemerkungen zur Rezeption von Aufnahmen der Suiten für Violoncello solo von J. S. Bach: eine neue Phase im Zeitalter der technischen Reproduktion]. – In: Musicaaa! 11/32 (2005), S. 5–13.
1042. Lüdtke, Joachim (Hrsg.): Bach und die Nachwelt. Band 4: 1950–2000. – Laaber: Laaber-Verlag 2005. X, 416 S. (Beiträge siehe Nr. 81, 151, 159, 193, 856, 866, 1026, 1027, 1035, 1038, 1051, 1052, 1054, 1059, 1101, 1102, 1117, 1148, 1164, 1178, 1256, 1258, 1264, 1268).
1043. Massenkeil, Günther: Zur Bach-Pflege an der Universität Mainz von 1946 bis 1966. – In: Mitteilungen der Arbeitsgemeinschaft für mittelrheinische Musikgeschichte 74/75 (2002), S. 211–216.
1044. Meyer, Felix: Bach als Fluchtpunkt und Ansporn: Drei Beispiele kompositorischer Rezeption nach 1950. – In: Nähe aus Distanz … (2005), S. 286–306. [Vgl. Nr. 66].
1045. Müller-Arp, Eberhard: Bach am Bauhaus. – In: Johann Sebastian Bach … Stuttgart und Hildesheim 2001 (2002), S. 7–23. [Vgl. Nr. 60].
1046. Mutschelknauss, Eduard: Wege und Grenzen der Politisierung. Zum Kontext der Bachjahre 1935 und 1950. – Berlin: Logos 2003. 104 S.
1047. Mutschelknauss, Eduard: Das Volkslied „Wie er mit ihm verwachsen war": Kontrastierende historiografische Perspektiven zu Bachs Volksliedintegration. – In: Lied und populäre Kultur (Jahrbuch des Deutschen Volksliedarchivs Freiburg) 49 (2004), S. 153–179.
1048. Na, Ju-ri: 20-segi baheu suyonggwan yi byeonceon [Korean., Bach-Rezeption im 20. Jahrhundert]. – In: Eum'ag gwa munhwa 9 (2003), S. 81–106.
1049. Ra, Julie: Rückblick und Erneuerung: Bachs Fuge in Klaviermusik von Reger, Busoni und Hindemith. – Frankfurt am Main: Peter Lang 2003. 244 S. (Quellen und Studien zur Musikgeschichte von der Antike bis in die Gegenwart. 40.). [Diss., Universität Leipzig 2002].

1050. Rathey, Markus: Zwischen nationaler Emphase und religiöser Innerlichkeit. Fritz Volbachs Interpretation der Kantate „Ein feste Burg ist unser Gott" (BWV 80). – In: Neues Musikwissenschaftliches Jahrbuch 12 (2004), S. 107–128.
1051. Reissinger, Marianne: Eine Zukunft auf dem Theater? Grundzüge der Interpretation Bachscher Instrumentalmusik nach dem Zweiten Weltkrieg. – In: Bach und die Nachwelt 4 (2005), S. 305–322. [Vgl. Nr. 1042].
1052. Rihm, Wolfgang: Bestechende Tradition (Nebensätze und -Bemerkungen, auch zu J. S. Bach). – In: Bach und die Nachwelt 4 (2005), S. 99–109. [Vgl. Nr. 1042].
1053. Robscheit, Wolfgang: Bachs Kantaten in der Eisenacher Georgenkirche. – In: Bachfest-Buch Eisenach 2001, S. 131–138. [Vgl. Nr. 1196].
1054. Schneider, Frank: Bach als Quelle im Strom der Moderne (Von Schönberg bis zur Gegenwart). – In: Bach und die Nachwelt 4 (2005), S. 1–17. [Vgl. Nr. 1042].
1055. Schulze, Hans-Joachim: Bach at the turn of the twenty-first century. – In: Bach Studies from Dublin … (2004), S. 247–260. [Vgl. Nr. 52].
1056. Spies, Claudio: L'orgue supplanté: Une affaire de différentations. [Frz., Arnold Schönbergs Bearbeitungen von Bachs Orgelmusik]. – In: Ostinato rigore 17 (2001), S. 235–267.
1057. Traber, Habakuk: Bach und die Zukunft. [Dt. u. Engl.]. – In: Bachfest-Buch Leipzig 2005, S. 33–53. [Vgl. Nr. 1235].
1058. Wagner, Mary H.: How Mahler brought Bach to America. – In: Naturlaut 4/2 (2005), S. 2–7.
1059. Zacher, Gerd: Die Kunst einer Fuge. Johann Sebastian Bachs „Contrapunctus I" in zehn Interpretationen. – In: Bach und die Nachwelt 4 (2005), S. 111–119. [Vgl. Nr. 1042].

→ Siehe auch folgende Nummern aus anderen Rubriken: 122, 1149, 1260.

C. Persönlichkeiten.

1060. Adolph, Wolfram: „Es ist Zeit, dass die Ästhetik an die Stelle der Geschichte trete …". Albert Schweitzer und das Ideal der „wahren Bach-Orgel". – In: Organ 8/3 (2005), S. 20–29.
1061. Anderson, Christopher: Reger in Bach's Notes: On Self-Image and Authority in Max Reger's Bach Playing. – In: The Musical Quarterly 87 (2004), S. 749–770.
1062. Barber, Elinore: Schweitzer and Bach. – In: Bach J 32/1 (2001), S. 73–76. [Vgl. Nr. 48].

1063. Baron, Carol K.: „Father Knew (and Filled Me Up with) Bach": Bach and Ives – Affinities in Lines and Spaces. – In: Bach Perspectives 5 (2003), S. 151–177. [Vgl. Nr. 50].
1064. Beyer, Richard: Georg Joseph Vogler und seine Rezeption der vierstimmigen Choralgesänge von Johann Sebastian Bach. – Mitteilungen der Arbeitsgemeinschaft für mittelrheinische Musikgeschichte 76/77 (2003), S. 359–386.
1065. Biller, Georg Christoph: 10 Jahre im Dienste Bachs: Georg-Christoph Biller über Lust und Last eines Thomaskantors. – In: Bach Magazin 1 (2003), S. 12
1066. Bittmann, Antonius: Reconciling God and Satan: Max Reger's Phantasie und Fuge über den Namen B-A-C-H, op. 46. – In: The Journal of Musicology 18 (2001), S. 490–515.
1067. Bösche, Thomas: „… des principes éternels …". Chopins Mazurka op. 50 Nr. 3 cis-Moll und einige bisher unbemerkt gebliebene Beziehungen zu J. S. Bachs Fuge dis-Moll BWV 853. – In: Werk und Geschichte. Musikalische Analyse und historischer Entwurf. Festschrift für Rudolf Stephan zum 75. Geburtstag, hrsg. von Thomas F. Ertelt, Mainz: Schott 2005, S. 229–242.
1068. Bonastre i Bertrán, Francesc: La labor de Enric Granados en el proceso de la recepción de la música de Bach en Barcelona [Span., Die Bach-Aufführungen von Enrique Granados (1867–1916) in Barcelona]. – In: Anuario musical. Revista de musicología del CSIC 56 (2001), S. 173–183.
1069. Borchmeyer, Dieter: „Lass mich hören, lass mich fühlen": Johann Sebastian Bach im Urteil Goethes. – In: Goethe Yearbook: Publications of the Goethe Society of North America 12 (2004), S. 189–195.
1070. Breig, Werner: Die cis-Moll-Fuge op. 131/1 als Dokument von Beethovens später Bach-Rezeption. – In: Rezeption als Innovation … Festschrift Krummacher (2001), S. 205–215. [Vgl. Nr. 740].
1071. Briner, Andres: Frank Martins Auseinandersetzung mit Bach. – In: Nähe aus Distanz … (2005), S. 190–197. [Vgl. Nr. 66].
1072. Brunner, Wolfgang: Bach-Rezeption beim Salzburger Mozart? – In: Bach – In Salzburg … Symposium 2000 (2002), S. 100–108 [Vgl. Nr. 44]
1073. Clemen, Jörg: Nachgefragt: Masaaki Suzuki. – In: Bach Magazin 3 (2004), S. 35.
1074. Clemen, Jörg: Interview: Sir John Eliot Gardiner. Die Pilgerreise zu Bach. – In: Bach Magazin 5 (2005), S. 4–8.
1075. Clemen, Jörg: Einstein und Bach? Ein Kommentar zum Einstein-Jahr. – In: Bach Magazin 5 (2005), S. 33.
1076. Crist, Stephen A.: The Role and Meaning of the Bach Chorale in the Music of Dave Brubeck. – In: Bach Perspectives 5 (2003), S. 179–215. [Vgl. Nr. 50].

1077. Daverio, John: Point-counter-point: Schoenberg meets Bach. – In: Liber amicorum Isabelle Cazeaux: Symbols, parallels and discoveries in her honor, Hillsdale (NY): Pendragon Press 2005, S. 237–254. (Festschrift series. 19.).
1078. Dijk, Pieter van: Die Bach-Ästhetik in Karl Straubes Edition von 1913. – In: Bach-Interpretation … Konferenzbericht Hamburg 2000 (2003), S. 137–150. [Vgl. Nr. 46].
1079. Edler, Arnfried: Hinweise auf die Wirkung Bachs im Werk Franz Schuberts. – In: Musik zwischen Mythologie und Sozialgeschichte … (2003), S. 171–182. [Vgl. Nr. 663].
1080. [Eller, Rudolf (Hrsg.)]: Predigt von Julius Smend im Festgottesdienst Wien 1914; Predigt von Friedrich Ostarhild zur Eröffnung des Reichs-Bachfestes 1935; Ansprache von Christhard Mahrenholz zum 41. Bachfest Leipzig 1966; Brief Karl Straubes an Max Schneider vom 10. April 1921; Brief von Hellmuth von Hase an Max Schneider vom 5. Mai 1921. – In: 100 Jahre NBG … (2001), S. 253–267. [Vgl. Nr. 1134].
1081. Endo, Rena: Mikokan no Brahms Jihitsu Zosho Mokuroku ni Kisai sareta J. S. Bach Kanren Bunken: Brahms ni yoru Bach Juyo ni tsuite no Kenkyu Josetsu [Jap., Dokumente über J. S. Bach aus dem unveröffentlichten autographen Bibliothekskatalog von Brahms. Einleitung zu einer Studie über die Bach-Rezeption von Brahms]. – In: Geijutsugaku 4 (2001), S. 172–188.
1082. For William H. Scheide: fifty years of collecting. 6 January 2004. – Princeton (NJ): Princeton University Library 2004. 90 S.
1083. Friedrich, Felix: Johann Ludwig Krebs als Vertreter einer frühen Bachrezeption? Grundlegende Gedanken zum Symposium am 15. April 2000 in Altenburg. – In: Bach-Rezeption … Symposium Altenburg 2000 (2003), S. 5–9. [Vgl. Nr. 51].
1084. Gebhard, Hans: Bach-Forscher und Hochschullehrer: Manfred Tessmer wird 70 – In: MuK 71 (2001), S. 336.
1085. Geck, Martin: „Gothische Tempelwerke" oder „Charakterstücke höchster Art"? Das Wohltemperierte Klavier in der Sicht Robert Schumanns. – In: Bach. Das Wohltemperierte Klavier … Festschrift Siegele (2002), S. 53–66. [Vgl. Nr. 41].
1086. Geck, Martin: Begrüßungsansprache anlässlich der Ehrenpromotion von Jean-Claude Zehnder am 31. Januar 2002 in der Universität Dortmund. – In: Dortmunder Bach-Forschungen 6 (2003), S. 389–390. [Vgl. Nr. 57].
1087. Gweon, Song-taeg: Malreo yi Baheu gwanhyeonag jogog jaeguseong eseo natananeun Goete yi mihag gwa hyeongsig yi yanggeugseong (Korean., Mahlers Fassung von Bachs Orchestersuite. Goethes Ästhetik

von der Polarität der Formen]. – In: Eum'ag gwa munhwa 9 (2003), S. 37–53.

1088. Hagedorn, Volker: Albert Schweitzer. Pionier an Bach & Fluss. – In: Bach Magazin 5 (2005), 10–13.

1089. Haimo, Ethan: Schönberg, Bach and B-A-C-H. – In: Journal of the Arnold Schönberg Center 7 (2005), S. 85–98.

1090. Hartinger, Anselm: Annäherung an Eric Ericson: – In: Bach Magazin 3 (2004), S. 18–19.

1091. Heinemann, Michael: Komponierte Geschichte: Max Regers B-A-C-H. – In: OYb 32 (2003), S. 153–161.

1092. Heinemann, Michael: „Traurig und groß". Zum Bach-Bild Franz Liszts. – In: Bach-Rezeption … Symposium Altenburg 2000 (2003), S. 134–147. [Vgl. Nr. 51].

1093. Heinemann, Michael: Zur Bach-Rezeption Theodor Kirchners. – In: Nähe aus Distanz … (2005), S. 177–189. [Vgl. Nr. 66].

1094. Heller, Karl: Zum Gedenken an Rudolf Eller (1914–2001). – In: Mf 54 (2001), S. 351.

1095. Heneghan, Áine: An Affinity with Bach. – Journal of the Arnold Schönberg Center 7 (2005), S. 99–123.

1096. Higuchi, Ryuichi: Bach to Mose no hazama de: Schoenberg no Bach juyo to sono haikei [Jap., Zwischen Bach und Moses: Schönbergs Bach-Rezeption]. – In: Gengobunka 19 (2002), S. 161–170.

1097. Hinrichsen, Hans-Joachim: Schönberg, Bach und der Kontrapunkt: Zur Konstruktion einer Legitimationsfigur. – In: Autorschaft als historische Konstruktion. Arnold Schönberg – Vorgänger, Zeitgenossen, Nachfolger und Interpreten. Stuttgart: Metzler 2001, S. 29–63.

1098. Hinrichsen, Hans-Joachim: Linearität. Bach, Ernst Kurth und Othmar Schoeck. – In: Nähe aus Distanz … (2005), S. 219–247. [Vgl. Nr. 66].

1099. Hubbert, Julie: Bach and the Rolling Stones: Scorsese and the postmodern soundtrack in Casino. – In: Tonspuren: Musik im Film – Fallstudien 1994-2001, Wien: Universal-Edition 2005, S. 43–69. (Studien zur Wertungsforschung. 46.).

1100. Hübner, Maria: Die verhinderte Rede des Hans Franck 1934. – In: 100 Jahre NBG … (2001), S. 91–99. [Vgl. Nr. 1134].

1101. Kagel, Mauricio: An Gott zweifeln – an Bach glauben. – In: Bach und die Nachwelt 4 (2005), S. 19–29. [Vgl. Nr. 1042].

1102. Kagel, Mauricio: „Sankt-Bach-Passion" für Soli, Chöre und großes Orchester: Textzusammenstellung nach Originaldokumenten, Choral- und Kantatentexten. – In: Bach und die Nachwelt 4 (2005), S. 31–57. [Vgl. Nr. 1042].

1103. Kaufmann, Michael Gerhard: „Anfang und Ende aller Musik". Max Reger als Bearbeiter von Johann Sebastian Bachs Klaviermusik für

Orgel. – In: Bach-Rezeption … Symposium Altenburg 2000 (2003), S. 148–157. [Vgl. Nr. 51].

1104. Kluge, Friedemann: Begegnungen mit Bach. Eine Anthologie zugunsten der Berliner Bach-Autographe. [Beiträge über persönliche Bach-Erfahrungen von Dorothee Sölle, Helmut Schmidt, Nikolaus Harnoncourt, Christoph Wolff, Martin Petzoldt, Ludger Udolph, Manfred Stolpe, Christian Geissler, Dieter Zimmer, Regine Hildebrandt, Hartmut von Hentig, Sabine Peters, Fritz Göttler, Hans-Klaus Jungheinrich, Friedemann Kluge, Barbara Schlick, Martin Geck, Astrid Horst, Giselher Klebe, Rolf Riehm, Georg Christoph Biller, Ruth Zechlin, Hartmut Stauder, Lothar de Maizière, Krzysztof Meyer, Ludwig Güttler, Herbert Hildebrandt, Peter Giersdorf, Dietrich Erdmann, Heinrich Magirius, Ulla Groenewold, Peter Maser, Margrit Schridde, Thomas Gabriel, Magdalene Hundertmark, Susanne Höbel, Hans-Joachim Hespos, Klaus Th. Götzelt, Heinz Knobloch, Gerald Woehl, Maria Kraa, Rainer Lechtenbrink, Reinhard Grotz, Gottfried Wagner, Theo Adam und Siegfried Matthus]. – Kassel: Bärenreiter und Stuttgart [u.a.]: Metzler 2002. 153 S.
Besprechungen: (1) http://www.music.qub.ac.uk/tomita/bachbib/review/bb-review_Kluge-Begegnungen.html (Yo Tomita, 22. 4. 2002). (2) Ars Organi 51/2 (2003), S. 129 (Christoph Dohrmann).

1105. Konrad, Ulrich: „… tout est dans Bach". Johann Sebastian Bach in Musikanschauung und Werk Arthur Honeggers. – In: Nähe aus Distanz … (2005), S. 198–218. [Vgl. Nr. 66].

1106. Kremer, Joachim: Johann Sebastian Bach und sein ‚glücklicher Rivale': Zu Romain Rollands Telemannbild. – In: Magdeburger Telemann-Studien 18 (2005), S. 34–53. [Vgl. Nr. 68].

1107. Kube, Michael: „Nicht nur die technischen Zwecke" – Max Regers 111 Kanons durch alle Dur- und Molltonarten und ihre historischen Voraussetzungen. – In: Rezeption als Innovation … Festschrift Krummacher (2001), S. 415–428. [Vgl. Nr. 740].

1108. [Leonhardt, Gustav im Gespräch]: „Spielen, das ist meine Welt." Gustav Leonhardt zum 75. Geburtstag. – In: Bach Magazin 1 (2003), S. 5–7.

1109. Lütteken, Laurenz: Bach und Willy Burkhard. – In: Nähe aus Distanz … (2005), S. 248–268. [Vgl. Nr. 66].

1110. Mann, Alfred: Gerhard Herz (September 24, 1911 – September 3, 2000). – In: Bach J 32/1 (2001), S. 77–78. [Vgl. Nr. 48].

1111. Na, Ju-ri: Regeo yi piano puga wa Baheu yi puga yangsig [Korean., Bach-Tradition in den Klavierfugen von Max Reger].– In Eum'ag gwa Minjog 25 (2003), S. 335–361.

1112. Nies-Berger, Edouard: Albert Schweitzer As I Knew Him. – Hillsdale, New York: Pendragon Press 2003. VIII, 143 S.

Besprechungen: (1) http://www.music.qub.ac.uk/tomita/bachbib/review/bb-review_Nies-Berger-AS.html (Yo Tomita, 23. 8. 2004). (2) The Diapason 95/8 (2004), S. 12–13 (James B. Hartmann).

1113. Norrington, Roger [im Interview]: „... mir gefiel der Gedanke, so etwas wie ein Bilderstürmer zu sein". – In: Bach Magazin 6 (2005), S. 5–10.
1114. Olleson, Philip: Samuel Wesley. The man and his music. – Woodbridge: Boydel Press 2003. XIX, 360 S.
Besprechungen: (1) OYb 33 (2004), S. 172–173 (Peter Williams).
1115. Oren, Benjamin: Connections between Bach and Chopin. – In: Music in Time (2003), S. 7–46.
1116. Raison du coeur [Das Denken des Herzens]. Nikolaus Harnoncourt zum 75. Geburtstag. – In: Bach Magazin 4 (2004), S. 4–10.
1117. Reich, Wieland: Bachianas Kagelians. – In: Bach und die Nachwelt 4 (2005), S. 81–89. [Vgl. Nr. 1042].
1118. Richter, Lukas: Karl Straubes Bearbeitungen Bachscher und vorbachscher Orgelwerke. – In: Momente der Musikgeschichte. III: Klassik und Trivialkunst, Tradition und Avantgarde, Anif/Salzburg: Müller-Speiser 2003, S. 210–232. (Wort und Musik: Salzburger Akademische Beiträge. 50.).
1119. Riley, Matthew: Ernst Kurth's Bach: Musical linearity and expressionist aesthetics. – In: Theoria [Texas] 10 (2003), S. 69–103.
1120. Roßner, Johannes: Zum Bach-Bild Robert Schumanns. – In: Bach-Rezeption ... Symposium Altenburg 2000 (2003), S. 120–133. [Vgl. Nr. 51].
1121. Sandberger, Wolfgang: „... wie mit der Kraft einer göttlichen Offenbarung." – das Bach-Bild Philipp Spittas. – In: Bach-Interpretation ... Konferenzbericht Hamburg 2000 (2003), S. 82–94. [Vgl. Nr. 46].
1122. Schader, Luitgard: Ernst Kurths Bach-Bild. – In: Nähe aus Distanz ... (2005), S. 102–144. [Vgl. Nr. 66].
1123. [Scheide, William H.]: Als ich aus dem Flugzeug stieg, war es, als stünde ich in meinem Wohnzimmer. – In: Bach Magazin 2 (2003), S. 10–11.
1124. Schubert, Giselher: Vermögen und Melancholie. Hindemiths Bach-Rezeption im seriellen Jahrzehnt. – In: Nähe aus Distanz ... (2005), S. 269–235. [Vgl. Nr. 66].
1125. Seibert, Kurt: Max Reger, sein Verhältnis zu J. S. Bach und seine Variationen und Fuge über ein Thema von Bach, op. 81/Magseu Regeo, Regeo wa J. S. Baheu wayi gwangye, Reogeo yi Baheu juje e yihan byeonjugog gwa puga, op. 81. – In: Eum'ag iron yeon'gu 8 (2003), S. 275–308.
1126. Seifen, Wolfgang: Karl Straube und die Orgelmusik J. S. Bachs: Mein beruflicher Werdegang und der Einfluß durch die Straube-Edition der Bachwerke. – In: Festschrift for Heinrich Fleischer ... (2002), S. 4–7. [Vgl. Nr. 613].

1127. Shiel, Alison I.: Elgar, Charles Sanford Terry, and J. S. Bach. – In: The Elgar Society Journal 13/5 (2004), S. 3–12.
1128. Streller, Friedbert: Neoklassizismus oder verordneter Traditionsbezug? Schostakowitschs Adaption Bachscher Themen und Formen. – In: Mitteilungen der internationalen Arbeitsgemeinschaft an der Technischen Universität Chemnitz/Arbeitsgemeinschaft für die Musikgeschichte in Mittel- und Osteuropa 9 (2004), S. 141–161.
1129. Sühring, Peter: Die Rekonstruktion der Sammlung Spitta. – In: Jb SIM 2004 (2005), S. 307–322.
1130. Teuber, Richard: Die Bach-Rezeption im frühen Instrumentalwerk Paul Hindemiths.– Frankfurt am Main: Peter Lang 2001. 161 S. (Europäische Hochschulschriften Reihe 36, Musikwissenschaft, Band 207). [Phil. Diss. Frankfurt am Main: Hochschule für Musik und Darstellende Kunst 1999].
1131. Ton Koopman. – In: Bach Magazin 3 (2004), S. 8–11.
1132. Vincis, Claudia: Stravinskij ricompone Bach: le Choral-Variationen über das Weihnachtslied „Vom Himmel hoch, da komm' ich her" [Ital.]. – In: Album Amicorum Albert Dunning, in occasione del suo LXV compleanno, hrsg. von Giacomo Fornari, Turnhout: Brepols 2002, S. 689–712.
1133. Voß, Egon: Stein des Anstoßes: Zu Max Regers Bach-Variationen op. 81. – In: Reger-Studien 7 (2004), S. 219–228.

→ Siehe auch folgende Nummern aus anderen Rubriken: 126, 127, 683, 1260.

D. Länder, Orte, Vereinigungen, Institutionen, Veranstaltungen

1134. 100 Jahre Neue Bachgesellschaft. Beiträge zu ihrer Geschichte. Herausgegeben von Rudolf Eller. – Leipzig: Evangelische Verlagsanstalt 2001. 288 S. (Veröffentlichung der Neuen Bachgesellschaft, Vereinsjahre 1999/2000). (Beiträge siehe Nr. 3, 12, 15, 36, 118, 138, 838, 1080, 1099, 1135, 1147, 1155, 1161, 1163, 1170).
1135. 100 Jahre Neue Bachgesellschaft – Kalendarium. Zusammengestellt von Maria Hübner. – In: 100 Jahre NBG ... (2001), S. 269–284. [Vgl. Nr. 1134].
1136. Bach. Schumann. Mendelssohn. Hrsg. vom Bach-Archiv Leipzig in Zusammenarbeit mit dem Mendelssohn-Haus und dem Schumann-Haus. – Leipzig 2003. 54 S. [Vorstellung von Bach-Archiv Leipzig, Mendelssohn-Haus und Schumann-Haus].
1137. Bach-Rezeption am Mittelrhein. Hrsg. von Christoph Hust. – Mainz: Arbeitsgemeinschaft für mittelrheinische Musikgeschichte 2001. (Mit-

teilungen der Arbeitsgemeinschaft für mittelrheinische Musikgeschichte. 73.) (Beiträge siehe Nr. 1138, 1157, 1159, 1185, 1189).

1138. Baur, Uwe: Anmerkungen zur Bach-Pflege in Koblenz im 19. Jahrhundert. – In: Mitteilungen … mittelrheinische Musikgeschichte 73 (2001), S. 95–107. [Vgl. Nr. 1137].

1139. Biba, Otto: Von der Bach-Tradition in Österreich. – In: Bach – In Salzburg … Symposium 2000 (2002), S. 46–64 [Vgl. Nr. 44].

1140. Broyles, Michael: Haupt's Boys: Lobbying for Bach in Nineteenth-Century Boston. – In: Bach Perspectives 5 (2003), S. 37–55. [Vgl. Nr. 50].

1141. Busch, Hermann J.: Sächsische Bach-Tradition im Rheinland. Eine Quelle zur Interpretationsgeschichte der Orgelmusik Johann Sebastian Bachs aus der Mitte des 19. Jahrhunderts. – In: Bach-Rezeption … Symposium Altenburg 2000 (2003), S. 111–119. [Vgl. Nr. 51].

1142. Busch, Hermann J.: Orgelbau und Bach-Interpretation in Frankreich und Deutschland im 19. Jahrhundert. – In: Bach-Interpretation … Konferenzbericht Hamburg 2000 (2003), S. 123–135. [Vgl. Nr. 46].

1143. Cook, Grant W.: III. Bach in Boston: The Emergence of the St. Matthew Passion, from 1868 to 1879. – In: The Choral Journal 41/9 (2001), S. 21–33.

1144. Corten, Walter: Germanisation musicale et catholicisme en Belgique au XIXe siècle: Quelques données concernant la réception de l'œuvre d'orgue de Bach. [Franz., Deutsche Musik und Katholizismus im 19. Jahrhundert in Belgien. Über die Rezeption von Bachs Orgelwerken]. – In: Actes du Colloque XVIIe, XIXe, XXIe siècles: Bruxelles – Carrefour européen de l'orgue, hrsg. von Sébastien van Belleghem und Jean Ferrard, Bruxelles: Carrefour europeen de l'orgue 2003, S. 95–104.

1145. Dirst, Matthew: Doing Missionary Work: Dwight's Journal of Music and the American Bach Awakening. – In: Bach Perspectives 5 (2003), S. 15–35. [Vgl. Nr. 50].

1146. Ein Bach-Haus in Weimar? Vision einer Weimarer Bachgedenkstätte. – In: Bach Magazin 6 (2005), S. 21.

1147. Eller, Rudolf: Die Neue Bachgesellschaft – Kontinuität und Wandlungen. – In: 100 Jahre NBG … (2001), S. 9–47. [Vgl. Nr. 1134].

1148. Eller, Rudolf: Die Neue Bachgesellschaft – Kontinuität und Wandlungen. – In: Bach und die Nachwelt 4 (2005), S. 239–287. [Vgl. Nr. 1042].

1149. Elste, Martin: Bach in North America during the shellac era (1900–50). Early sound documents of art and commerce. – In: Bach Studies from Dublin … (2004), S. 161–178. [Vgl. Nr. 52].

1150. Fischer, Claus: Einhundert Jahre Bachfeste in Leipzig. Kontinuität & Neuanfänge. – In: Bach Magazin 3 (2004), S. 16–17.

1151. Gojowy, Detlef: B-A-C-H, Neobarock und Neoklassizismus in der russischen Musik. – In: Mitteilungen der internationalen Arbeitsgemeinschaft an der Technischen Universität Chemnitz/Arbeitsgemeinschaft für die Musikgeschichte in Mittel- und Osteuropa 9 (2004), S. 116–140.
1152. Greer, Mary J.: „The Public … Would Probably Prefer Something that Appeals Less to the Brain and More to the Senses": The Reception of Bach's Music in New York City, 1855–1900. – In: Bach Perspectives 5 (2003), S. 57–114. [Vgl. Nr. 50].
1153. Grußworte zum 100jährigen Bestehen des Bach-Jahrbuchs von David Fallows, Detlef Altenburg und Martin Petzoldt. – In: BJ 90 (2004), S. 7–10. [Vgl. Nr. 47].
1154. Haselböck, Martin: Wiener Bachpflege. Zur Aufführungsgeschichte der Vokalwerke 1770–1908. – In: Bach-Rezeption … Symposium Altenburg 2000 (2003), S. 52–110. [Vgl. Nr. 51].
1155. Hellmann, Diethard: Neue Bachgesellschaft und Internationale Bach-Gesellschaft. – In: 100 Jahre NBG … (2001), S. 131–137. [Vgl. Nr. 1134].
1156. Hinrichsen, Hans-Joachim: Die Thomaskantoren Moritz Hauptmann, Wilhelm Rust und die Alte Bach-Gesellschaft. – In: Bach-Interpretation … Konferenzbericht Hamburg 2000 (2003), S. 63–81. [Vgl. Nr. 46].
1157. Hoffmann, Wolfgang Maria: Zur Bach-Rezeption in Trier. – In: Mitteilungen … mittelrheinische Musikgeschichte 73 (2001), S. 109–120. [Vgl. Nr. 1137].
1158. Hübner, Maria: Die Bach-Stadt Leipzig 1918 bis 1945. – In: LBzBF 5 (2002), S. 539–555. [Vgl. Nr. 64].
1159. Ihle, Tobias: Bach-Pflege im Worms des 20. Jahrhunderts: Ein Zeitzeuge berichtet. – In: Mitteilungen … mittelrheinische Musikgeschichte 73 (2001), S. 171–184. [Vgl. Nr. 1137].
1160. Isoyama, Tadashi: Bachs Musik für Tasteninstrumente in Japan. – In: Dortmunder Bach-Forschungen 6 (2003), S. 105–118. [Vgl. Nr. 57].
1161. Johnsen, Hartmut: Die Satzung von 1962 und ihre Ausführungsbestimmungen als Mittel zum Verhindern der Spaltung. – In: 100 Jahre NBG … (2001), S. 115–129. [Vgl. Nr. 1134].
1162. Kato, Takumi: Nihon ni okeru Bach „Matai Junankyoku" no Shoen [Jap., Die erste dokumentierte Aufführung der Matthäus-Passion in Japan]. – In: Ongaku Kenkyu 16 (2004), S. 1–30.
1163. Klingberg, Lars: Die Neue Bachgesellschaft in der Zeit der deutschen Teilung. – In: 100 Jahre NBG … (2001), S. 101–113. [Vgl. Nr. 1134].
1164. Klingberg, Lars: Die Neue Bachgesellschaft in der Zeit der deutschen Teilung. – In: Bach und die Nachwelt 4 (2005), S. 211–225. [Vgl. Nr. 1042].

1165. Kobayashi, Yoshitake: Bach-Rezeption und -Forschung in Japan. – In: Bach im Mittelpunkt … Symposium Graz 1999 (2001), S. 145–155. [Vgl. Nr. 43].
1166. Kooiman, Ewald: Die belgisch-französische Bach-Tradition. – In: Bach-Interpretation … Konferenzbericht Hamburg 2000 (2003), S. 109–121. [Vgl. Nr. 46].
1167. Miklaušić-Čeran, Snježana: Skladbe Johanna Sebastiana Bacha u koncertnom životu Zagreba izmedu 1862. i 1940.: Prilog istraživanju koncertnog repertoara u Zagrebu (Hrvatskoj) [Kroat., Kompositionen von Johann Sebastian Bach im Konzertrepertoire von Zagreb 1862 bis 1940. Ein Beitrag zur Erforschung des Konzertrepertoires in Zagreb (Kroatien]. – In: Arti musices 34/1–2 (2003), S. 83–131.
1168. Nixdorf, Wolfgang: Es begann im Strandkorb – Aus der Geschichte der Greifswalder Bachwochen. – In: Bachfest-Buch Greifswald 2002, S. 92–94. [Vgl. Nr. 1202].
1169. Nuchelmans, Jan: Bach – Unterricht – Festival. – In: Bach im Mittelpunkt … Symposium Graz 1999 (2001), S. 156–169. [Vgl. Nr. 43].
1170. Oefner, Claus: Das Bachhaus Eisenach 1907–2000. – In: 100 Jahre NBG … (2001), S. 67–74. [Vgl. Nr. 1134].
Orr, Lee N.: siehe Nr. 1186.
1171. Owen, Barbara: Bach Comes to America. – In: Bach Perspectives 5 (2003), S. 1–14. [Vgl. Nr. 50].
1172. Petzoldt, Martin: Die Förderung des Werkes von Johann Sebastian Bach am Beispiel der Geschichte der Neuen Bachgesellschaft und der Diskussion zur Zielsetzung im Blick auf das Jahr 2000. – In: Bach im Mittelpunkt … Symposium Graz 1999 (2001), S. 10–20. [Vgl. Nr. 43].
1173. Petzoldt, Martin: Die Neue Bachgesellschaft (NBG). Bilanz zweier Jahrhunderte. – In: LBzBF 5 (2002), S. 557–572. [Vgl. Nr. 64].
1174. Pistone, Danièle: Jean-Sébastien Bach dans la France du XIXe siècle. [Frz.]. – In: Ostinato rigore 16 (2001), S. 17–30. [Vgl. Nr 59].
1175. Pohl, Friedrich: Musik aus heiterem Himmel: Der rekonstruierte Sommersaal im Bosehaus hat wieder eine Schallkammer. – In: Bach Magazin 1 (2003), S. 8–11.
1176. Poniatowska, Irena: Einige Bemerkungen über die Rezeption Johann Sebastian Bachs in Polen im 19. Jahrhundert. – In: Arolser Beiträge zur Musikforschung 9 (2002), S. 221–232.
1177. Preyer, Klaus: Hundert Jahre Flensburger Bach-Chor. 1906–2006. – Heide: Boyens Buchverlag 2005. 191 S.
1178. Rienäcker, Gerd: Vertane Chancen: Nachdenken über Bach-Bilder in der DDR. – In: Bach und die Nachwelt 4 (2005), S. 227–237. [Vgl. Nr. 1042].

1179. [Rilling, Helmuth]: 50 Jahre Gächinger Kantorei. Ein Interview mit ihrem Gründer und Leiter Helmuth Rilling. – In: Bach Magazin 2 (2003), S. 12–15.
1180. Sackmann, Dominik: Zwei Beiträge zur Geschichte der Basler Bach-Rezeption. – In: Nähe aus Distanz … (2005), S. 42–73. [Vgl. Nr. 66].
1181. Schabalina, Tatjana: J. S. Bach in Russia. – In: Humanitas 3/2 (2002), S. 3–15.
1182. Schulze, Hans-Joachim: 50 Jahre Bach-Archiv Leipzig. – In: FMB 23/1 (2002), S. 42–51.
1183. Schulze, Hans-Joachim: Johann Sebastian Bach und Polen. Beziehungen im 18. und 19. Jahrhundert. – In: Jb SIM 2004 (2005), S. 9–21.
1184. Singet se noh …? 50 Jahre Gächinger Kantorei Stuttgart 1954–2004. Hrsg. von Andreas Bomba. – Stuttgart: Internationale Bachakademie Stuttgart 2004. 148 S. + 1 CD.
1185. Speck, Christian: Zur Bach-Rezeption in der Pfalz 1850–1950. – In: Mitteilungen … mittelrheinische Musikgeschichte 73 (2001), S. 141–170. [Vgl. Nr. 1137].
1186. Stevens, Mark und Lee N. Orr: Bach in America: The Reception of his Organ Music in the United States. – In: The Tracker 46/4 (2002), S. 5–13.
1187. Thomas, Stephan: Die Rezeption von Bachs Orgelschaffen in der Schweiz. – In: Nähe aus Distanz … (2005), S. 74–85. [Vgl. Nr. 66].
1188. Tomita, Yo: Bach's Credo in England. An early history. – In: Bach Studies from Dublin … (2004), S. 205–227. [Vgl. Nr. 52].
1189. Wagner, Günther: Zur Bach-Rezeption der Rhein-Main-Region im 19. Jahrhundert. – In: Mitteilungen … mittelrheinische Musikgeschichte 73 (2001), S. 121–140. [Vgl. Nr. 1137].
1190. Walterskirchen, Gerhard: „ … die damals noch sehr bescheidenen Kunstkräfte unserer Stadt": Die Anfänge der Bach-Rezeption in Salzburg. – In: Bach – In Salzburg … Symposium 2000 (2002), S. 109–123 [Vgl. Nr. 44].
1191. Wollny, Peter: Zur Bach-Rezeption in der Schweiz im späten 18. und frühen 19. Jahrhundert. – In: Nähe aus Distanz … (2005), S. 9–23. [Vgl. Nr. 66].
1192. Yip, Lam Christine: The performances of Bach's music in the Hong Kong arts festival: A case study of J. S. Bach reception in Hong Kong. – In: Yinyue wenhua 2 (2001), S. 306–341.

→ Siehe auch folgende Nummern aus anderen Rubriken: 838, 927, 934, 942, 943, 945, 948, 951, 960, 969, 1011, 1013, 1014, 1029, 1043, 1045.

VIII. Bach-Feste und andere Veranstaltungen 2001–2005

An erster Stelle jeder Jahresübersicht erscheinen Titel zu den Bachfesten der Neuen Bachgesellschaft, anschließend solche zu anderen Veranstaltungen, alphabetisch nach Orten.)

Nachlese: Das Bach-Jahr 2000

1193. Dorfmüller, Ingo: Das Melbourne-Festival 2000. – In: Concerto 18:160 (2001), S. 6–7.
1194. Drobig, Bernhard: Bach-Blüte in Mailand. Die Jubiläumskonzerte der Mailänder Società del Quartetto. – In: Concerto 18:160 (2001), S. 4–6.
1195. Seiffert, Eckhart: Zielstellung des multimedialen Projektes „Wohltemperirtes Clavier I" in der Bach-Gedenkstätte – Ein Lehrstück der Hochschule Anhalt (FH) für digitale Technik und alte Musik. – In: Cöthener Bach-Hefte 10 (2002), S. 199–206. [Vgl. Nr. 55].

2001

1196. Bach und Thüringen. 76. Bachfest der Neuen Bachgesellschaft. Eisenach, 23. bis 27. Mai 2001. Bachfest-Buch. Hrsg. vom Kulturamt der Stadt Eisenach. – Eisenach 2001. 151 S. (Beiträge siehe Nr. 94, 238, 266, 267, 503, 1053).
1197. Carmel Bach Festival 65th Anniversary Season 2002 [Programm]. – Carmel (CA): Carmel Bach Festival 2002. 176 S.
1198. Bach & Frankreich: 55. Greifswalder Bachwoche, 22. bis 27. Juni 2001. Programmbuch. – Greifswald: Pommersche Evangelische Kirche 2001. 135 S.
1199. Fischer, Claus: Bach-Rekonstruktionen beim Köthener Herbst (20.–23. 9. 2001). – In: Concerto 18:168 (2001), S. 8–9.
1200. 2. Nationaler Wettbewerb für junge Pianisten in Köthen (Anhalt) vom 10. bis 14. Oktober 2001. Wettbewerbsprogramm, Teilnehmer. Hrsg. von der Stadtverwaltung Köthen. – Köthen 2001. 43 S.
1201. Der junge Bach – Eine Spurensuche. Bachfest Leipzig 23. bis 27. Mai 2001. Magazin. Hrsg. vom Bach-Archiv Leipzig. – 30 S.

2002

1202. Johann Sebastian Bach. ... die Messen gesungen. 77. Bachfest der Neuen Bachgesellschaft und 56. Greifswalder Bachwoche. 25. Mai bis 2. Juni 2002. Bachfest-Buch. – Pommersche Evangelische Kirche 2002. 175 S. (Beitrag siehe Nr. 1168).

1203. 19. Köthener Bach-Festtage. 29. August bis 8. September 2002 (mit Symposium „J. S. Bachs Köthener Jahre zwischen Kontinuität und Wandel"). Festbuch. – Köthen: Köthener Bach GmbH 2002. 192 S.
1204. Killyen, Johannes: Auf Sponsorensuche. 19. Köthener Bachfest (29. 8. bis 8. 9. 2002). – In: Concerto 19:178 (2002), S. 8–9.
1205. Bach und die französische Musik. Bachfest Leipzig 3. bis 12. Mai 2002. Magazin. Hrsg. vom Bach-Archiv Leipzig. – 38 S.
1206. Felber, Gerald: Strom-Ausfall. Streiflichter vom Leipziger Bach-Fest (3.–12. 5. 2002). – In: Concerto 19:174 (2002), S. 5–6.
1207. Glossner, Herbert: Noch nicht wieder konsolidiert. Das Bachfest Leipzig 2002. – In: MuK 72 (2002), S. 278.
1208. XIII. Internationaler Johann-Sebastian-Bach-Wettbewerb für Klavier, Violine/Barockvioline, Gesang. Leipzig, 25. Juni bis 6. Juli 2002. Ausschreibung, Teilnehmerbroschüre. – Hrsg. vom Bach-Archiv Leipzig 2002.
1209. Felber, Gerald: Heim und Welt. Eindrücke von den Thüringer Bachwochen. – In: Concerto 19:173 (2002), S. 8.

2003

1210. bach > oder. Marienfeste im Werk J. S. Bachs. 78. Bachfest der Neuen Bachgesellschaft 20. bis 25. März 2003 in Frankfurt (Oder) im Rahmen der Musikfesttage an der Oder 14. März bis 5. April 2003. Programm-Buch. Hrsg. von der Messe- und Veranstaltungs-GmbH Frankfurt (Oder), der Musikgesellschaft Carl Philipp Emanuel Bach Frankfurt (Oder) e.V. und der Neuen Bachgesellschaft e.V. – [Frankfurt (Oder)] 2003. 204 S. (Beiträge siehe Nr. 543, 761).
1211. AnsBachWoche. 25. Juli bis 3. August 2003. Almanach. Hrsg. von der Bachwoche Ansbach GmbH. – Ansbach: Bachwoche Ansbach GmbH 2003. 132 S.
1212. Baldwin-Wallace College. Seventy-First Annual Bach Festival. 25.–26. April 2003. Annotated Program. – Berea (OH) 2003. 86 S.
1213. Bach in allen Jahreszeiten: 57. Greifswalder Bachwoche vom 18. bis 23. Juni 2003. Programm. – Greifswald: Pommersche Evangelische Kirche 2003. 16 S.
1214. Bach-Wochen 2003. St. Michaelis Hamburg vom 24. Oktober bis 23. November 2003. Programmheft. – Hamburg 2003. 40 S.
1215. 3. Nationaler Wettbewerb für junge Pianisten in Köthen (Anhalt) vom 8. bis 11. Oktober 2003. Wettbewerbsprogramm, Teilnehmer. Hrsg. von der Köthener Bach GmbH. – Köthen 2003. 46 S.
1216. Bach in Leipzig – zwischen Tradition und Neubeginn. Bachfest Leipzig 2003. Bach Festival Leipzig. 2003. Programmbuch. Hrsg. vom Bach-Archiv Leipzig. – 144 S. (Beitrag siehe Nr. 252).

1217. Bachfest Special: Bach in Leipzig – zwischen Tradition und Neubeginn. Termine, Veranstaltungen. 23. Mai bis 01. Juni 2003. – In: Bach Magazin 1 (2003), S. 13–34.
1218. Bachfest 2003. Impressionen. – In: Bach Magazin 2 (2003), S. 23–28.
1219. Felber, Gerald: Von Krise keine Spur. Das Bachfest in Leipzig (23. 5. bis 1. 6. 2003). – In: Concerto 20:185 (2003), S. 4–5.
1220. Glossner, Herbert: „Wer vieles gibt …". Das Bachfest Leipzig 2003. – In: MuK 73 (2003), S. 273–274.
1221. Europäisches Musikfest Stuttgart 23. August – 7. September 2003. „Bach, Brahms, Mahler". Almanach. Hrsg. von der Internationalen Bachakademie Stuttgart. – Stuttgart 2003. Lose Heft-Sammlung in Schuber.

2004

1222. Der dram(m)atische Bach. 79. Bachfest Neue Bachgesellschaft e.V., Sitz Leipzig, 29. Oktober–7. November 2004 in Hamburg. Programm-Buch. – Hamburg 2004. 240 S.
1223. Allihn, Ingeborg: Produktives Mit- und Füreinander. 79. Bachfest der Neuen Bachgesellschaft in Hamburg (29. 10.–7. 11. 2004). – In: Concerto 21:199 (2004/2005), S. 4–5.
1224. Baldwin-Wallace College. Seventy-Second Annual Bach Festival. 23.–24. April 2004. Annotated Program. – Berea (OH), 2004. 90 S.
1225. Bach und Österreich. 58. Greifswalder Bachwoche vom 9. bis 15. Juni 2004. Programm. – Greifswald: Pommersche Evangelische Kirche 2004. 20 S.
1226. 20. Köthener Bach-Festtage 1. bis 5. September 2004. Festbuch. Hrsg. von Hans-Georg Schäfer. – Köthen 2004. 132 S.
1227. Bach und die Romantik. Bachfest Leipzig 2004. Bach Festival Leipzig 2004. Programmbuch. Hrsg. vom Bach-Archiv Leipzig. – 144 S. (Beitrag siehe Nr. 932, 943).
1228. Bachfest Leipzig 2004. – In: Bach Magazin 3 (2004), 20–33.
1229. Felber, Gerald und Bernd Heyder: Bach bei Wind und Wetter. Impressionen vom Leipziger Bachfest (14.–23. 5. 2004). – In: Concerto 21:195 (2004), S. 4–6.
1230. Glossner, Herbert: Bach und die Romantik. Das Bachfest Leipzig 2004. – In: MuK 74 (2004), S. 266–268.
1231. Grossmann, Midou: Musik ist die beste Lebenshilfe. Das Leipziger Bachfest 2004. – In: Tonkunst 2 (2004).

Heyder, Bernd: siehe Nr. 1229.

1232. XIV. Internationaler Johann-Sebastian-Bach-Wettbewerb für Orgel, Gesang, Violoncello/Barockvioloncello, Leipzig, 10. bis 20. Juli 2004. Ausschreibung, Teilnehmerbroschüre. – Hrsg. vom Bach-Archiv Leipzig. Leipzig 2004.

1233. Die Stars von Morgen. XIV. Internationaler Johann-Sebastian-Bach-Wettbewerb Leipzig. – In: Bach Magazin 4 (2004), S. 21–24
1234. Schmidt, Christian: Alle müssen Bach spielen: Generalsekretärin Sabine Martin über den XIV. Internationalen Johann-Sebastian-Bach-Wettbewerb 2004. – In: Bach Magazin 2 (2003), S. 22.

2005

1235. Bach und die Zukunft. Bachfest Leipzig 2005. In Verbindung mit dem 80. Bachfest der Neuen Bachgesellschaft e.V. Bachfest-Buch. Hrsg. vom Bach-Archiv Leipzig. – Leipzig 1999. 176 S. (Beiträge siehe Nr. 940, 1057).
1236. Bachfest Special. Bach und die Zukunft. 29. April bis 8. Mai 2005. – In: Bach Magazin 5 (2005), S. 21-31.
1237. Bachfest 2005 Impressionen. – In: Bach Magazin 6 (2005), S. 23–25.
1238. Martin, Sabine [im Interview] über den Meisterkurs für den XV. Internationalen Johann-Sebastian-Bach-Wettbewerb. – In: Bach Magazin 6 (2005), S. 22.
1239. AnsBachWoche. Weltmusik Bach. 29. Juli bis 7. August 2005. Programm. Hrsg. von der Bachwoche Ansbach. – Ansbach 2005. 24 S.
1240. AnsBachwoche vom 29. Juli bis 7. August 2005. Almanach, Red.: Lotte Thaler. – Ansbach: Bachwoche Ansbach 2005. 156 S. + CD.
1241. Baldwin-Wallace College. Seventy-Third Annual Bach Festival. 22. bis 23. April 2005. Annotated Program. – Berea (OH) 2005. 76 S.
1242. 4. Nationaler Wettbewerb für junge Pianisten in Köthen (Anhalt) vom 19. bis 23. Oktober 2005. Wettbewerbsprogramm, Teilnehmer. Hrsg. von der Köthener Bach GmbH. – Köthen 2005. 46 S.
1243. Felber, Gerald: Zukunft, leicht ungewiss. Das Bachfest in Leipzig (29. 4.–8. 5. 2005). – In: Concerto 22:202 2005), S. 4–5.
1244. Mundry, Johannes: Sankt Bach und nasse Füße. Ein Wochenende beim Bachfest in Leipzig. – In: MuK 75 (2005), S. 314–315.
1245. Bopp, Thomas: Bach im falschen Film. Europäisches Musikfest Stuttgart (27. 8.–11. 9. 2005). – In: Concerto 22:205 (2005/2006), S. 16–17.
1246. Bach entlang der Seine: das 1. Europa Bach Festival beschert der Île de France superlative en gros. – In: Bach Magazin 6 (2005), S. 30–31.

IX. Belletristik, Film, Tanz, Theater, Jazz, Bildende Kunst

1247. Abend, Barbara: Das Herz kann nicht vergessen. Die fiktive Biografie der Anna Magdalena Bach. – Leipzig: BuchVerlag für die Frau 2004. 112 S.

Bayle, Jacques-Henri: siehe Nr. 1249.

1248. Begegnungen mit Bach. Erzählungen zu Johann Sebastian Bach. Hrsg. von Franziska Paul [Autoren: Georg Philipp Telemann, Johann Nikolaus Forkel, E. T. A. Hoffmann, Wladimir Odojewski, Oskar Loerke, Arnold Zweig, Ivan Goll, Esther Meynell, Hermann Hesse, Franz Werfel, Albrecht Goes, Johannes R. Becher, Johannes Rüber, Hans Franck, Johannes Bobrowski, Wolfgang Hildesheimer, Lars Gustafsson, Martin Stade, Rose Ausländer, Philippe Delelis, Martin Petzoldt, Maarten 't Hart, Franz Rueb]. – Leipzig: Evangelische Verlagsanstalt 2004. 296 S.
1249. Cantagrel, Gilles; Denis Humbert und Jaques-Henri Bayle: Comme Bach: La rencontre improbable [Franz., Wie Bach. Das ungewöhnliche Zusammentreffen]. – Paris: À Tire d'Aile 2004. 96 S. [Betr. Arrangements von Bachs Klaviermusik in Jazz und Bebop].
1250. Croese, Michele: La Commedia come partitura bachiana: Osservazioni sul cielo del sole e sul Sanctus della Messa in si minore. [Ital., Die Komödie als Bachsche Partitur. Gedanken zum Himmel, zur Sonne und zum Sanctus der h-Moll-Messe]. – Pisa: ETS 2001. 125 S.
1251. Dehnerdt, Eleonore: Anna Magdalena Bach. – Neukirchen-Vluyn: Aussaat Verlag 2001. 160 S.
1252. Dorfmüller, Ingo: „Actus tragicus" – Kirchenkantaten von Johann Sebastian Bach am Theater Basel. – In: Concerto 18:164 (2001), S. 10.
1253. Glossner, Herbert: Getanztes Gloria. Bachfest Leipzig 2001. – In: MuK 71 (2001), S. 269–270.
1254. Görner, Rüdiger: „Flöten gehen ihm voraus…": Johann Sebastian Bach in den Augen der Dichter. – In: Literarische Betrachtungen zur Musik. Achtzehn Essays, Frankfurt am Main: Insel-Verlag 2001 (Insel-Taschenbuch. 2711.); S. 27–48.
1255. Grivois, Jean-Pierre: MOI, JSB. Jean-Sébastien Bach. – Malesherbes: Autor 2003. 607 S. – Paris: Edition Héloïse d'Ormesson 2005. 584 S.
1256. Grünzweig, Werner: Handwerk, Analyse, Bild und Ton: zu Linda Schwarz' Bach-Projekt. – In: Bach und die Nachwelt 4 (2005), S. 369–373. [Vgl. Nr. 1042].
1257. Harington, Elizabeth: Bach in art: etchings on Johann Sebastian Bach's „The Well-tempered clavier". Sasol Art Museum, University of Stellenbosch, 7. Oktober–12. November 2005; University of Johannesburg Art Gallery 5.–26. April 2006. [Catalogue]. – Stellenbosch: Univ. of Stellenbosch 2005. 42 S.

Humbert, Denis: siehe Nr. 1249

1258. Hunkemöller, Jürgen: Roots and Wings: Jazz-Dialoge mit Bach im Jahr 2000. – In: Bach und die Nachwelt 4 (2005), S. 349–368. [Vgl. Nr. 1042].

1259. İpşiroğlu, Nazan: 20. yüzyil sanatinda J. S. Bach [Türk., Bach in der Kunst des 20. Jahrhunderts]. – İstanbul: Pan yayincilik 2002. 119 S.
1260. Kersten, Wolfgang: Paul Klee, Johann Sebastian Bach und Pierre Boulez. – In: Nähe aus Distanz … (2005), S. 145–176. [Vgl. Nr. 66].
1261. Ketcham, Sally: Bach's Big Adventure. Illustrations by Timothy Bush. – New York: Orchard Books. 30 gez. S. [Kinderbuch].
1262. Lynch, Wendy: Bach. – Chicago (IL): Heinemann Library. 24 S., Illustrationen von Sally Barton. (Lives and times]. [Kinderbuch].
1263. Mommsen, Katharina: Ein Gedicht Goethes zu Ehren Bachs? Plädoyer für seine Echtheit. – In: Goethe-Jahrbuch 113 (1996), S. 161–178.
1264. Neumeier, John: Texte zum Ballett der Matthäus-Passion von Johann Sebastian Bach. – In: Bach und die Nachwelt 4 (2005), S. 323–348. [Vgl. Nr. 1042].
1265. Reeves, John: The St. Matthew Passion. A text for voices. – Grand Rapids: Michigan and Cambridge: William B. Eerdmans 2001. X, 108 S. [Meditationen zur Matthäus-Passion].
Besprechungen: (1) http://www.music.qub.ac.uk/tomita/bachbib/review/bb-review_ReevesMat.html (Yo Tomita, 27. 9. 2001], (2) The American Organist 36/2 (2002), S. 79–98 (Haig Mardirosian).
1266. Tetzner, Reiner: Bach in Handschellen. – Köthen: Micado 2001. 201 S.
1267. Thomashoff, Hans-Otto: Kami to no Taiwa: Bach. Soli Gloria Deo. [Japan., Gespräch mit Gott. Bach. Soli Deo Gloria]. – Tokyo: Biken international 2001. 467 S. + CD [Bildende Kunst aus Deutschland und Japan].
1268. Wagner, Manfred: Bach und die modernen Medien. – In: Bach und die Nachwelt 4 (2005), S. 429–435. [Vgl. Nr. 1042].
1269. Weber, Derek: Bach ist meditativ, tänzerisch und therapeutisch: Zwei Bach-Kantaten [BWV 82, 199] szenisch. – In: ÖMZ 60/5 (2005), S. 33–36.
1270. Wolpe, Michael: JSB. A prologue, three stories and an epilogue. – In: Sing, Ariel. Essays and thoughts for Alexander Goehr's seventieth birthday, hrsg. von Alison Latham und Julian Anderson, Aldershot: Ashgate 2003, S. 283–290.

Autoren und Herausgeber

Abe, Hiromitsu 731
Abend, Barbara 1247
Abravaya, Ido 792
Adam, Theo 1104
Adamov, Norbert 54
Adams, Sarah 32
Adolph, Wolfram 886, 1060
Adorf-Kato, Uta-Sophie 793
Ahrens, Christian 249, 328, 922
Akerboom, Dick 147, 220
Akerboom, Theodorus Henricus Maria 42
Akiyama, Motoo 195
Alain, Marie-Claire 794, 795
Albrecht, Christoph (438), (782)
Albrecht, Timothy Edward 574
Allihn, Ingeborg (62x), 71, (314), (947x), 1223
Altenburg, Detlef 1153
Altner, Stefan 215
Altschuler, Eric Lewin 329, 887
Ambrose, Z. Philip 435
Anderseck, Klaus 451
Andersen, Håkon 148
Anderson, Christopher 1061
Anderszewski, Piotr 796
Andreeva, Tsanka 69
Andrés, Ramón 248
Andriyanov, Nikolai 69
Angelov, Angel 69
Antonicek, Theophil (44)
Applegate, Celia 923
Arand, Andreas 924
Archbold, Lawrence (622)
Arnecke, Jörn 629
Arnold, Markus 149
Ausländer, Rose 1248
Austin, Jack Vosseller 221

Bachem, Rolf 1023
Bačić, Marcel 631, 732
Bärtschi, Werner 797
Baggia, Aldo J. 888
Bailey, Louie Lee 330
Baker, David (960)
Balaschowa, I. 62
Ballstaedt, Andreas 632
Balz, Martin 331
Bangert, Mark P. 150, (186)
Barber, Elinore 1062
Barbone, Roberto 925
Barnes, Michelle (431)
Baron, Carol K. 1063
Bartels, Ulrich 70, 77, (491), 575, 633, (947x)
Barthe, Vincent 733
Bartlett, Clifford (9x), (15x), (52), (230), (332), (438), (463), (560), (614), (622), (687), (691), (809), (960)
Basso, Alberto 771
Bauch, Volker 526
Baumgartner, Nicholas 798
Baur, Uwe 1138
Bayle, Jacques-Henri 1249
Bayreuther, Rainer 250
Beach, David W. 332
Becher, Johannes R. 1248
Becker, Peter (395)
Beghin, Tom (906)
Beißwenger, Kirsten 15x, 453, 454, 926
Bek, Mikuláš 54
Belotti, Michael 251
Benary, Peter 799
Benjamin, Thomas 333
Benzucha, Robert (923)
Bérard, Sabine 634
Berčenko, Roman Eduardovič 635
Berio, Luciano 1024

Bertolini, Vittorio   334
Beschi, Luig   216
Best, Terence   636
Beyer, Richard   1064
Biba, Otto   1139
Bietti, Giovanni   637–644
Biller, Georg Christoph   1065, 1104
Billeter, Bernhard   (177), 576, 577, 772, 797
Billić, Franjo   645
Bittmann, Antonius   1066
Blanken, Christine   16, 578
Blankenburg, Walter   151
Bluteau, Olga   335
Bobrowski, Johannes   1248
Bockholdt, Rudolf   527, 528
Bockmaier, Claus   336
Böhm, Claudius   (314), (1022)
Böhmer, Karl   800
Börner, Walter   231
Bösche, Thomas   1067
Bogdan, Izabela   54
Bojkow, W.   62
Bomba, Andreas   1184
Bonastre i Bertrán, Francesc   1068
Bond, Ann   (906)
Boomhower, Daniel F.   (230), (539), (560), (573)
Bopp, Thomas   1245
Borchmeyer, Dieter   1069
Borém, Fausto   801
Boresch, Hans-Werner   889
Bossuyt, Ignace   529, 530
Botwinick, Sara   232, 233
Bouchard, Antoine   802
Bovet, Guy   803
Bowman, Joseph L.   455
Boyadzhieva, Maria   69
Boydell, Barra   927
Boyer, Henri   456
Bozó, Péter   928
Braun, Brigitte   11, 21

Braunschweig, Karl   337, 338
Breig, Werner   234, (369x), 457, (568), 579–581, (626), 646, 647, 734–736, 1070
Brendel, Alfred   648
Bridges, Robert S.   339
Briner, Andreas   1071
Brino, Paola   649, 650
Brokaw, James A. II   (764)
Broyles, Michael   1140
Brück, Helga   307
Brunner, Wolfgang   1072
Brusniak, Friedhelm   930
Bülow, Gert von   804
Burk, James Mack   340
Burke, Kevin   (993)
Busch, Hermann J.   1141, 1142
Butler, Gregory G.   651, 652, 773–776
Butler, H. Joseph   341
Butler, Lynn Edwards   582, (614), 890
Butt, John   (530), (560), 1025, 1026

Cammarota, Robert M.   805
Canning, Hugh   (254)
Cantagrel, Gilles   342, 1249
Carl, Beate   531
Carrozzo, Mario   (687)
Casanova, Fermina   653
Catch, John R.   692
Cavanagh, Lynn   (113)
Chabora, Robert J.   343
Chafe, Eric   532
Chancey, Tina   (875)
Charru, Philippe   583, 584
Christensen, Thomas S.   344
Chua, Daniel K. L.   (431)
Čivinskaja, N. P.   654, 655
Clark, Brian   (902)
Clark, J. Bunker   (50)

Clemen, Jörg   (438), 1073–1075
Clement, Albert   152, 585
Coles, Richard   (923)
Collins, Denis   (431), (687), (721), 777, 778
Cook, Grant W.   1143
Cooperstock, Andrew   (673)
Corduban, Mihaela   656
Cori, Luca   779
Corrao, Vincenzo   345
Corrias, Francesco   63
Corten, Walter   1144
Cowdery, William   (721)
Crist, Stephen A.   50, 153, 154, 1076
Croese, Michele   1250
Cron, Matthew   458
Currie, James   (431)

Dadelsen, Georg von   235
Dammann, Rolf   657
Danckwardt, Marianne   40, 533
Daniel, Thomas   346
Danuser, Hermann   658
Daverio, John   1077
Davidov, Nikolai   69
Davis, Richard Carroll   459
Decleire, Vincent   (584)
Dehnerdt, Eleonore   1251
Delelis, Philippe   1248
Demeyere, Ewald   780
Dentler, Hans-Eberhard   781, 782
Denton, John William   460
Dequevauviller, Vincent   347, 586, 737
Déri, Balázs   534
Dießner, Petra   10, 299
Dijk, Pieter van   1078
Dilaghi, Francesco   659
Dinyes, Soma   436
Dirksen, Pieter   461, 587, 588, 660, 892

Dirst, Matthew   (463), (691), (721), (923), (960), 1145
Dixon, Graham   (529)
Döring, Detlef   252
Doherty, Brian   (614)
Dohrmann, Christoph   (1104)
Dombi, Józsefine   348
Donin, Nicolas   893
Dorfmüller, Ingo   1193, 1252
Dreyfus, Richard   661
Drobig, Bernhard   1194
Dube, Michelle Claire   806
Dürr, Alfred   15x, 462, 463, (863), 894

Easley, David B.   (993)
Ebisawa, Bin   931
Eder, Terry Edward   807
Edler, Arnfried   253, 662, 663, 1079
Eggebrecht, Hans Heinrich   58, 78, 155, 156, 222, 236, 349–353, 535, 783
Eidam, Klaus   308
Ekowski, Christian   (9x), (62x)
Elferen, Isabella van   157
Ellenberger, Volker   (212x)
Eller, Rudolf   1080, 1134, 1147, 1148
Ellis, Johan Robert   354
Elste, Martin   1149
Emans, Reinmar   (66), 79–81, (314), 355, (392), 464–466, 589, (1022)
Emery, Walter   208
Endo, Rena   1081
Eötvös, József   808
Eppelsheim, Jürgen   664
Eppstein, Hans   356
Erb-Szymanski, Markus   932
Erdmann, Dietrich   1104
Erickson, Raymond   738

Fábián, Dorottya 809–814, (960), 1027
Fahrmeir, Andreas (923)
Falke, Gustav-Hans H. 357
Falletta, Martina 467
Fallows, David 1153
Fanselau, Clemens 358
Farrachi, Armand 359
Faulkner, Quentin 590, (614), (821)
Fauquet, Joël-Marie 948
Favrot, Matthieu 933
Fazekas, Gergely (809)
Felber, Gerald 1206, 1209, 1219, 1229, 1243
Felix, Detlef 54
Fernández, Eduardo 665
Fichet, Laurent 360
Fidom, Hans (614)
Fiebach, Klemens (310)
Fischer, Axel 13, 196
Fischer, Claus 1150, 1199
Fischer, Michel 361
Fischer, Ulrich 158
Fischer, Urs 6, 66, 934
Fittler, Katalin (211), (831)
Flindell, E. Frederick 362
Föller, Helmut 935
Forchert, Arno 195x
Forkel, Johann Nikolaus 1248
Franck, Hans 1248
Franklin, Don O. 536, 666–668, 816
Friedrich, Felix 51, 815, 1083
Fritz, Anja 7
Fuchs, Torsten 54
Fujimoto, Itsuko 669
Fukac, Jirí 54

Gabriel, Thomas 1104
Gagné, David (332)
Gaines, James 254

Galloway, Robert James 670
Gamowa, I. 62
Garcia, Federico 671
Garratt, James (923), (976)
Gebhard, Hans 1084
Geck, Martin 52x, 57, 82, 197, 197x, 198, 223, 224, 309, 310, 468, 469, 672, 817, 818, 936, 1028, 1085, 1086, 1104
Geisselbrecht, Peter 819
Geissler, Christian 1104
Genvrin, Vincent (584)
Geyer, Helen 255
Giersdorf, Peter 1104
Gifford, Gerald (906)
Gildersleeve, Susan 300
Gim, Jeong-sug 537
Gim, Jin-a 199
Glauert, Amanda (397)
Gleich, Clemens Christoph von 820, 821
Glöckner, Andreas 83, 237, 470, 510, 538, 539, 739, 822–825, 937–940
Glossner, Herbert 1207, 1220, 1230, 1253
Gnatjik, L. 62
Goebel, Reinhard (41), 826
Goedegebuure, Jaap 437
Göllner, Marie Louise 364
Göllner, Theodor 540
Görner, Rüdiger 1254
Goes, Albrecht 1248
Göttler, Fritz 1104
Götzelt, Klaus Th. 1104
Gojowy, Christiane 1029
Gojowy, Detlef 1029, 1151
Goll, Ivan 1248
Golomb, Uri (560)
Gomme, Andor H. 827
Gottschewski, Hermann 365, 828
Gottwald, Clytus 159

Graf, Norbert   1030
Grant, Jason B.   (560)
Grapenthin, Ulf   366
Grassl, Markus   1031
Greenberg, Bernard   84
Greer, Mary   471, 1152
Greß, Frank-Harald   51
Grivois, Jean-Pierre   1255
Groenewold, Ulla   1104
Grohs, Gernot   256–258
Groocock, Joseph   673
Groote, Inga Mai   (64)
Grossmann, Midou   1231
Grotz, Reinhard   1104
Groves, Peter   160
Grünzweig, Werner   1256
Grüß, Hans   541
Gülke, Peter   (197x), (212x), 542
Günther, Georg   (986)
Güttler, Ludwig   1104
Guido, Massimiliano   (614)
Guillard, Georges   367, 941
Guillot, Matthieu   368
Guillot, Pierre   369
Gustafsson, Lars   1248
Gut, Serge   (347), 674
Gutiérrez, Mariano Pérez   (682)
Gweon, Song-taeg   1087
Gyuleva, Valentina   69

Hader, Widmar   54
Hagedorn, Volker   829, 1088
Haimo, Ethan   1089
Halbscheffel, Bernward   1032
Harasim, Clemens   543
Harden, Matthew C.   (560)
Harer, Ingeborg   830
Harington, Elizabeth   1257
Harnoncourt, Nikolaus   831–833, 1104
Hart, Marten 't   1248

Hartinger, Anselm   25, 26, (45), 299, 942–945, (960), 1090
Hartmann, James B.   (560), (836), (1112)
Haselböck, Lucia   438
Haselböck, Martin   1154
Hashimoto, Jun   834
Haskins, Rob   (809)
Hatch, Christopher   (993)
Havsteen, Sven Rune   544
Hayakawa, Yukiko   (711)
Haynes, Bruce   835
Heinemann, Michael   9x, (64), (196x), 259, 472, 473, 591, 946, 947, 947x, 1033, 1091–1093
Heister, Hans-Werner   (195x)
Hell, Helmut   85
Heller, Karl   86, 369x, 675, 676, 740–742, 1094
Hellmann, Diethard   1155
Heneghan, Áine   1095
Hengel, Eduard van   545
Hennenberg, Beate   (336)
Hennion, Antoine   948
Hentig, Hartmut von   1104
Henze, Hans-Werner   1034, 1035
Hernández Bellido, José Ramón   474
Herrgott, Gerhard: 949
Hespos, Joachim   1104
Hesse, Hermann   1248
Heyder, Bernd   87, 88, (177), 895, (902), 1229
Hicks, Eric Michael   677
Hiemke, Sven   74, 161, (491), (548), (575), (935), (980)
Higuchi, Ryuichi   89, 546, 1096
Hilberg, Frank   (782), (976)
Hildebrandt, Herbert   1104
Hildebrandt, Regine   1104
Hildesheimer, Wolfgang   1248
Hill, David Stuart   370

Hill, Robert Stephen   260, 592
Hinrichsen, Hans-Joachim   (15x), 45, 66, 114, 947x, 950–954, 1097, 1098, 1156
Hintermaier, Ernst   593
Hisey, Andrew   (691)
Hlebarov, Ivan   69
Hobohm, Wolf   68, 261
Hobusch, Bianca   29
Hochhuth, Matthias   (15x)
Hochradner, Thomas   44
Hochreither, Karl   836
Höbel, Susanne   1104
Hoekstra, Thomas Earl   837
Hoffmann, E. T. A.   1248
Hoffmann, Wolfgang Maria   1157
Hofmann, Friedhelm   547
Hofmann, Hans-Georg   371
Hofmann, Klaus   90, 475, 476, 548, 678, 679, 743
Hofreiter, Paul W.   162
Hogg, Katherine   (960)
Holborn, Hans Ludwig   91
Holliman, Jamesetta   1036
Holman, Peter   (463)
Holopova, Valentina Nikolaevna   594
Hoppe, Günther   55, 262, 263, 311, 372
Horn, Werner   163
Horn, Wolfgang   (196x)
Horst, Astrid   1104
Houten, Kees van   545, 549
Hovagimyan, Arno   69
Howard, Alan   (560)
Howard, Patricia   )959)
Hoyer, Johannes   550
Hrčková, Nad'a   54
Hubbert, Julie   1099
Hübner, Maria   8, 17, 20, 33, 37, 312–314, 838, 1099, 1135, 1158
Huggel, Martin   (66)

Humbach, Rainer   300
Humbert, Denis   1249
Humphreys, David   (431), (616)
Hundertmark, Magdalene   1104
Hunkemöller, Jürgen   1258
Hust, Christoph   1137

I, Nae-seon   373
Ide, Yumiko   680
Ihle, Tobias   1159
Imai, Akira   (96)
Imhof, Michael   300
Inoue, Michiko   839
İpşiroğlu, Nazan   1259
Isacoff, Stuart   692
Isoyama, Tadashi   76, 92, 477, 1160
Iwantschenko, W.   62
Iwata, Makoto   301, 955

Jaaks, Gisela   264
Jackson, Myles W.   265
Jackson, Roland   840
Jacob, Andreas   595
Jäger, Hagen   266
Jaenecke, Joachim   (66)
Jaskulsky, Hans   551
Javorskij, Boleslav L.   681
Jena, Günter   783x
Jencka, Daniel   692
Jenne, Natalie   384
Jerold, Beverly   93, 841
Jeschonnek, Bernd   267
Johnsen, Hartmut   1161
Jost, Peter   956
Jung, Hans Rudolf   268
Junghänel, Konrad   842
Jungheinrich, Hans-Klaus   1104

Kačic, Ladislav   683, 744
Kagel, Mauricio   1101, 1102
Kaiser, Beate   19, 23

Kaiser, Rainer 53, 94, 238, 316
Kajanová, Yvetta 54
Kalipp, Wolf 957
Kalisch, Volker 630, 684
Kaludova, Adelina 69
Kan, Rebecca 745
Karabelyov, Alyoscha 69
Kassler, Michael 958–966
Kato, Takumi 1162
Kaufmann, Michael Gerhard 1037, 1038, 1103
Kellner, Herbert Anton 685, 784
Kelterborn, Rudolf 1039
Kennelly, Laura 22
Kerman, Joseph 686, 687
Kern, Nancy 596
Kersten, Wolfgang 1260
Ketcham, Sally 1261
Kettling, Siegfried 552
Kevorkian, Tanya (64), 967
Killyen, Johannes 1204
Kim, Munsook Cho 688
Kimura, Sachiko 374, 375
Kinderman, William 968
Kirchner, Gerhard 746x
Kisiel, Anna 553
Kitchen, John (906)
Klapczynski, Verena 7
Klebe, Giselher 1104
Klein, Michael L. (993)
Kleindopf, Katija (310)
Klek, Konrad (194), (195x)
Klingberg, Lars 1163, 1164
Kloppers, Jacobus 597
Kluge, Friedemann 1104
Knapp, Raymond (993)
Knights, Francis (614), (875)
Knijff, Jan Piet (230), (529)
Knispel, Claudia Maria 196x, 225
Knobloch, Heinz 1104
Kobayashi, Yoshitake 15x, 76, 95, 96, 269, 376–378, 1165

Koch, Ernst 270
Kock, Hermann 271
Köpcke, Sebastian 24
Köpp, Kai 272
Körndle, Franz 554
Kohno, Yoshiharu 843, 844
Komlós, Katalin (230), (622)
Kong, Joanne Lan-Funn 845
Konrad, Ulrich 969, 1105
Kooiman, Ewald 970, 1166
Koopman, Ton 846
Korff, Malte 201, 201x
Kornemann, Matthias 13
Kory, Agnes 896
Koster, John (614)
Kostka, Violetta 97
Kowalenko, J. 62
Kozhuharov, Ilya 69
Kraa, Maria 1104
Kremer, Joachim 273, 1106
Kreth, Klaus 258
Kreutzer, Hans Joachim 274
Krones, Hartmut (947x)
Krotev, Hristo 69
Kroteva, Nikolina 69
Krüger, Ekkehard 98
Krumbiegel, Cornelia 38
Krummacher, Friedhelm 99, 379, 380, 478–480, 555, (980)
Kube, Michael 598, 599, 1107
Kudrâsov, Andrej Ur'evic 971
Küster, Konrad 62x, 100, 101, 275, 481, 482
Küthen, Hans-Werner 972
Kunze, Hagen (299)
Kuznecova, Natalia Markovna 689

Langrock, Klaus (548)
Lauderdale-Hinds, Lynne Allison 1040
Lawrik, N. 62
Leahy, Anne 52, 690

Leaver, Robin A.   102, 164–166, (177), (560)
Lechtenbrink, Rainer   1104
Ledbetter, David   381, 691
Lehman, Bradley   692, 693
Lehmann, Karen   1, 64, 973–976
Leisinger, Ulrich   25x, 38, 64, 103, 208, 276, 317, 382, 483, 556, 977
Leite, Zilei de Oliveira   600
Lenk, Andreas   (863)
Leonhardt, Gustav   1108
Leonova, G. A.   694
Lepilina, S.   62
Lessing, Wolfgang   695
Lester, Joel   383, 747
Lindley, Mark   692
Lindorf, Joyce   (875)
Little, Meredith   384
Little, William A.   978
Lloyd, Rebecca   (560)
Lobenstein, Albrecht   318
Loerke, Oskar   1248
Lohmann, Ludger   979
Lombardi, Marco   1041
Lóránt, Péteri   (831)
Loy, Felix   980
Lü, Changle   557, 557a
Lüddemann, Heike   217
Lüdtke, Joachim   1042
Lütteken, Laurenz   696, 1109
Lundgreen, Peter   277
Lustig, Jakob   (62x), (196x)
Luth, Jan R.   (62x), (863)
Lynch, Wendy   1262
Lyon, James   167, 385, 601

M., A.   (45), (74), (203x), (548), (863)
Mackensen, Karsten   (66)
Mackenzie of Ord, Alexander   692
Maczelka, Noémi   348
Mądry, Alina   54

Märker, Michael   484
Mäser, Rolf   797
Magirius, Heinrich   1104
Mahrenholz, Jürgen Christian   54, 168
Mains, Ronda Miller   748
Maizière, Lothar de   1104
Maliaras, Nikos   785
Malinova, Malina   69
Malvano, Andrea   (993)
Mann, Alfred   1110
Mansure, Victor Newell   386
Mardirosian, Haig   (418), (1265)
Marissen, Michael   169, 170, 485, 847
Markham, Michael   786
Marks, Claudia geb. Seidel   2, 27
Marschall, Gottfried R.   697
Martin, Sabine   1238
Martínez Ruiz, Sergio   698
Marx, Hans Joachim   104
Maser, Peter   1104
Massenkeil, Günther   1043
Massow, Albrecht von   58
Mather, Betty Bang   749
Matthews, David   (687)
Matthus, Siegfried   1104
Mattmann, Erwin   (49), (438)
Mauersberger, Marlis   3
Maul, Michael   75, 105–107, 278, 279, 302, 319
Maunder, Richard   692
McAfee, Kay Roberts   602
McCarthy, Kerry   (52), (530)
McCrea, Andrew   981
McDonald, Matthew   (332)
McHale, Maria   (959)
Medňanský, Karol   171, 486, 558, 750
Medwedjewa, W.   62
Meier, Siegfried   487
Meister, Hubert   559, 603, 848

Melamed, Daniel R.   108, 303, 387, 488, 560, 561, 849
Mellace, Raffaele   (177)
Mellers, Wilfried   (230)
Metzger, Heinz-Klaus   682
Metzger, Nancy Doris   850
Meyer, Felix   1044
Meyer, Krzysztof   1104
Meylan, Raymond   982
Meynell, Esther   1248
Mianowski, Jarosław   54
Miehe, Ulrich   (935)
Miehling, Klaus   (820)
Miernikiewicz, Patryk   54
Miklaušić-Čeran, Snježana   1167
Milka, Anatoli P.   109, 202
Miller, Heidrun   69
Mills, Ian   (622), (923)
Milner, Scott Carroll   489
Milsom, David   (809)
Mil'štejn, Âkov Isaakovič   851
Minor, Ryan   (923)
Miron, Ruth Hannah   699
Mirwald, Marion   (64)
Mischiati, Oscar   (210)
Mizitowa, A.   62
Mobbs, Kenneth   692
Modeß, Jochen   562
Molkenbur, Norbert   1, 983
Mommsen, Katharina   1263
Moore, Julianna   (749)
Morana, Frank   (15x), (113), (616)
Morgan, Robert P.   (332)
Morgunowa, T.   62
Morris, Clayton Leslie   172
Morris, Ralph Eugene   751
Mortensen, John Joseph   388
Mortensen, Lars Ulrik   700
Morton, Wyant   110
Moser, Dietz-Rüdiger   (9x)
Mosewius, Johann Theodor   563
Moysan, Bruno   490

Mühe, Hans-Georg   69
Müller-Arp, Eberhard   1045
Mundry, Johannes   (310), 1244
Musch, Hans   (401)
Mutschelknauss, Eduard   389, 1046, 1047

Na, Jin-gyu   604, 605
Na, Ju-ri   1048, 1111
Nakura, Yoshiko   752
Nanni, Matteo   58
Nedospasova, Anna   897
Nentwig, Franziska   18, 24
Neschke, Karla   280
Nesterov, Sergej   753
Neumeier, John   1264
Neupert, Wolf Dieter   898
Nicolas, François   (584)
Nieden, Hans-Jörg   491
Nies-Berger, Edouard   1112
Nikolov, Raliza   46
Nixdorf, Wolfgang   1168
Noehren, Robert   852
Noeske, Marianne   (548)
Noll, Rainer   54
Norrington, Rodger   1113
Nosina, Vera B.   681
Nuchelmans, Jan   1169

Oberacker, Betty   701
Obert, Simon   58
Odojewski, Wladimir   1248
Odrich, Evelin   64, 320
Oechsle, Siegfried   390, 492, 702
Oefner, Claus   281, 899, 1170
Öhm-Kühnle, Christoph   703
Ogasapian, John K.   (906), (958), (985)
Ogawa, Isaku   391
Olendarjow, W.   62
Olleson, Philip   958, 984, 985, 1114

Op de Coul, Thomas (431)
Oppermann, Annette 986, 987
Oren, Benjamin 1115
Oristschuk, A. 62
Orr, Lee N. 1186
Osolsobě, Petr 54
Otsuka, Naoya 704
Ottenberg, Hans-Günter 988
Otterbach, Friedemann (201x), (203x), (225), (760)
Otsuka, Naoya (197)
Overduin, Jan 787
Owen, Barbara 1171

Pacik, Rudolf (584)
Paczkowski, Szymon 493–495, 564
Paetzold, Dagmar 5
Painter, Karen (993)
Palmer, Larry (254)
Pancella, Peggy 226
Parrott, Andrew (836), 853
Paul, Franziska 1248
Payne, Tom (254)
Paz, Miguel Ángel Quintana 54
Pečman, Rudolf (766)
Pedersen, Lotte Vibe 606
Perl, Helmut 754
Péteri, Judith (211)
Peters, Manfred 392–395, 705
Peters, Mark A. 439, 440
Peters, Sabine 1104
Petersen, Birger siehe Petersen-Mikkelsen, Birger
Petersen-Mikkelsen, Birger (49), (66), (70), 173
Petri, Hasso Gottfried 755
Petrović, Tihomir (224)
Petzoldt, Martin 42x, 174–178, 282, 304, 565, 566, 854, 1104, 1153, 1172, 1173, 1248
Pfisterer, Andreas (438), (573)

Pintér, Tibor (211)
Pistone, Danièle 1174
Poetzsch-Seban, Ute 283, 441, 496
Pohl, Friedrich 1175
Pol, Wijnand de (212x)
Polák, Pavol (833)
Pollens, Stewart (614)
Poniatowska, Irena 1176
Ponomarenko, E. 62
Ponsford, David 692
Potter, Pamela M. (923)
Prautzsch, Ludwig 396, 497
Preller, Gottfried 900
Preyer, Klaus 1177
Prinz, Ulrich 111, 901, 902
Protopopow, W. 62

Ra, Julie 1049
Raimo, Ciro 903
Rampe, Siegbert 41, 284, 498, 607, 608, 706, 755x, 855, 856
Rathey, Markus (70), 179, (186), (194), (438), 442, 499, 500, 567, (622), (903), 904, 989, 990, 1050
Rathje, Jürgen 285
Rattalino, Piero 991
Reed, Roy Alonso 501
Reeves, John 1265
Reich, Wieland 1117
Reimer, Erich 502
Reinhold, Günter 857, 992
Reipsch, Brit 28, 68, 443
Reischert, Alexander 286, 321
Reissinger, Marianne 1051
Rempp, Frieder 112, 568, 707, 756
Renwick, William 113
Reschetnjak, L. 62
Restagno, Enzo 67
Restle, Conny 905
Reynolds, Christopher A. 993
Richter, Lukas 1118
Riehm, Rolf 1104

Rienäcker, Gerd   444, 1178
Rifkin, Joshua   569, 858–860
Riehn, Rainer   682
Rihm, Wolfgang   1052
Riley, Matthew   1119
Rilling, Helmuth   1179
Ringhandt, Ute   397
Rink, Beat   180
Risaliti, R.   861
Rivinus, David Lloyd   287
Rizzuti, Alberto   (210)
Rjazanzewa, L.   62
Robins, Brian   (463)
Robinson, Andrew   (749)
Robscheit, Wolfgang   503, 1053
Roch, Eckhard   708
Rockstroh, Andreas   (195x)
Roe, Stephen   30, 208
Röder, Matthias   32
Röhring, Klaus   504, (783x)
Rohlfs, Eckart   (42x)
Rolf, Ares   757, 758
Rolik, Géza P.   505
Roller, Joachim   (9x), (70), (177), (396), (438), (497), 862, 863, (902)
Rose, Stephen   288, (438), (463), (616), (691), (721)
Rossin, Thomas Donald   218
Roßner, Johannes   51, 1120
Rothaug, Diana   181
Rothfahl, Wolfgang   864
Roueché, Michelle Renée   398
Rowland, David   906
Rueb, Franz   203, 203x, 1248
Rüber, Johannes   1248
Ruf, Wolfgang   759

Sackmann, Dominik   45, 399–401, 709, 755x, 865, 952, 953, 994, 1180

Sandberger, Wolfgang   49, 239, 995, 1121
Sarkina, Paola   63
Sawari, S.   62
Sawtschenko, A.   62
Schaarwächter, Jürgen   (960)
Schabalina, Tatjana   115–117, 202, 204, 1181
Schader, Luitgard   1122
Schäfertöns, Reinhard   609
Schauerte-Maubouet, Helga   610, 907
Scheide, William H.   182, 506, 507, 1123
Scheitler, Irmgard   445
Schenkmann, Walter   289, 710
Schindel, Ulrich   290
Schipperges, Thomas   (397)
Schlage, Thomas   508
Schleuning, Peter   (395), 760–762, 996
Schlick, Barbara   1104
Schloss, Andrew   777
Schmid, Mark-Daniel   (923)
Schmidt, Christian   1234
Schmidt, Helmut   1104
Schmidt, Lothar   997
Schmidt, Wolfgang   12, 15
Schmoll-Barthel, Jutta   713
Schneider, Frank   1054
Schneider, Matthias   291, 402, 403, 570, 611
Schnorr, Klemens   612
Schott, Howard   (50)
Schrammek, Bernhard   (755x)
Schrammek, Winfried   908
Schreiber, Joachim   (575)
Schridde, Margrit   1104
Schroth, Gerhard   998
Schubert, Emery   810, 814
Schubert, Giselher   1124
Schubert, Karl H.   231

Schubert, Klaus   613
Schubert, Peter   (431)
Schulenberg, David   50x, (431), (691), 711, 712
Schultz, Ingo   54
Schultz, John Ahern   404
Schulze, Hans-Joachim   3, 4, (13), (14), 47, 73, 118–124, (177), 200, 227, 240, 241, 292, 293, 322, 323, 405–407, 446–448, 509–511, 763, (853), 866, 1055, 1182, 1183
Schweitzer, Albert   205
Schwinger, Tobias   98
Scooler, Evan   (52)
Sedak, Eva   61
Seedorf, Thomas   (195x)
Seibert, Kurt   1125
Seidel, Claudia siehe Marks, Claudia
Seidel, Elmar   408
Seidel, Wilhelm   409, 571, 714
Seifen, Wolfgang   1126
Seiffert, Eckhart   1195
Serenko, S.   62
Severus, Julia   410, 867
Shabinski, K.   62
Sharp, Nan Ellen Orthmann   512
Shiel, Alison I.   1127
Shiina, Yuichiro   411
Shimura, Takuo   868
Siegele, Ulrich   125, 228, 242, 513, 715, 716, 788
Sierra Pérez, José   (35)
Simon, Carl Geoffrey   514
Skobzowa, Sh.   62
Slavcheva, Dora   69
Sloan, Carl   692
Slovák, Jan   54
Smelik, Jan   869
Smend, Rudolf   183
Smith, Martin J.   (254), (721)
Smith, Timothy A.   (673)
Snoj, Jurij   717

Snyder, Kerala J.   909
Söhnel, Marion   31, 999
Sölle, Dorothea   1104
Sollenberger, Elizabeth Travis   871
Solose, Jane   (431)
Sonnleitner, Johann   797, 820, 870
Spányi, Miklós   (809)
Speck, Christian   1185
Speerstra, Joel   614, 615
Spies, Claudio   1056
Sponheuer, Bernd   1000
Stade, Martin   1248
Staehelin, Martin   56, 126, 515
Stanley, Glenn   127
Stars, Marianne   (299)
Stasjuk, S.   62
Stauder, Hartmut   1104
Stauffer, George B.   (230), (431)
Steiger, Lothar   184, 185
Steiger, Renate   186–189
Steinitz, Margaret   (230), (960)
Stephen, J. Drew   412
Stevens, Jane R.   764
Stevens, Mark   1186
Stewart, John D.   413
Stinson, Russell   616–618, 1001, 1002
Stolpe, Manfred   1104
Stolze, W.   872
Stott, Alan   765
Stránská, Lenka   54
Streller, Friedbert   1003, 1128
Streubel, Stefan   449
Stritschan, N.   62
Stroh, Patricia   (986)
Sühring, Peter   1129
Sutherland, David A.   910
Suzuki, Masaaki   873
Svobodov, Valerij Aleksandrovič   128
Swack, Jeanne   (68)
Swain, Joseph P.   414

Swift, Kristy (687)
Synofzik, Thomas (25x), (49), (392), 415, 416, 718, (746x), (863), (947x), 1004
Szeskus, Reinhard 243, 324, 325

Taesler, Martin 619
Talle, Andrew 129, (976), 1005
Tarasowa, N. 62
Tarr, Edward H. 911, 912
Tasini, Francesco 305, (584)
Tatlow, Ruth 516
Teboul, Jean-Claude 59
Telemann, Georg Philipp 1248
Temperley, Nicholas (959), (960)
Tenhaef, Peter 65, 517
Terestschenko, W. 62
Teske, Armina und Andrzeja 450
Tessmer, Manfred (820), (863)
Tetzner, Rainer 1266
Teuber, Richard 1130
Thalheimer, Peter (749)
Theobald, Christoph 583, 584
Thissen, Paul 913
Thoene, Helga 766, 767
Thomas, Stephan 1187
Thomashoff, Hans-Otto 1267
Thyssen, Peter: 518, 572
Tilley, Janette (431), (560)
Tinnin, Randy 914
Tjurikowa, O. 62
Todd, R. Larry (993)
Tomita, Yo 34, (41), 52, (56), (75), (113), (195), (200), (230), (384), (431), (463), (491), (529), (530), (548), (560), (616), (626), (665), (691), (711), 719, (721), (764), (809), (821), (836), (859), (863), (867), (958), (985), 1006–1010, (1104), (1112), 1188, (1265)
Tonner, Philipp 244
Toro, David 417

Tovey, Donald Francis 190, 206, 519–521, 768, 790, 791, 874
Towe, Teri Noel (52), 219
Traber, Habakuk 1057
Tremmel, Erich 915
Troeger, Richard 875
Trummer, Johann 43, 876, 877, 1011
Tscherepanin, M. 62
Tsukioka, Masaaki 878
Tukowa, I 62
Tzschoppe, Eberhard 552

Udolph, Ludger 1104
Umstaedt, Monica Johanna 620
Unger, Melvin P. 48, 130, 418, 522

Väisälä, Olli (332)
Val, Dorothy De (906)
Varwig, Bettina (687)
Vayón, Pablo J. (35), (248)
Vega Cernuda, Daniel 35, (209)
Vela del Campo, Juan Ángel (248)
Veldhoven, Jos van 879
Vernooij, Anton 191
Vincis, Claudia 1132
Voerkel, Stefan 1012
Voß, Egon 131, 1133
Voss, Steffen 294

Waczkat, Andreas 55, 419, 621, 720
Wagner, Gottfried 1104
Wagner, Günther 420, 916, 917, 1013–1015, 1189
Wagner, Manfred 1268
Wagner, Mary H. 1058
Wagner, Undine 54
Walker, Paul M. (431), (687)
Wallmann, James L. 51, (802), (836)

Walter, Meinrad (177), 192, 193, 421, 880, 881
Walterskirchen, Gerhard 1190
Wasiljewna, L. 62
Watchorn, Peter 918
Weber, Derek 1269
Weber, Édith 39, 132
Weber, Martin 194
Wegscheider, Kristian 882
Wehner, Ralf (980)
Weir, Judith (985)
Wen, Eric 769
Wendt, Matthias 1016
Werbeck, Walter 65, 133
Werfel, Franz 1248
Weyer, Martin (935), (947x)
White, Bryan (560)
Whiting, Jim 229
Wiermann, Barbara 134, 135, 295
Wiese, Kerstin 7, 29
Wilbur, Gregory 207
Wilhelm, Rüdiger 296
Wilhelm, Ulrich (42x)
Williams, Janet Leslie 770
Williams, Peter F. (15x), (49), (50x), (50), (57), (62x), (64), (68), (74), 136, 230, (314), (320), 422, (431), (548), (568), (575), (614), (616), 622, 623, (626), (691), 721–723, (809), (836), (875), (902), (923), (960), (1114)
Wilson, Glen (113)
Wind, Thiemo 883
Winkler, Kathrin 23
Woehl, Gerald 1104
Wolf, Uwe 70, 137, 423, 573, 724, 725, 884, 919, 1017, 1018
Wolff, Christoph 47, 64, 75, 138–144, 208–213, 245, 246, 326, 424–426, 523, 524, 624–626, 726, 885, 1019, 1020, 1104
Wollny, Peter 5, 9, 25x, 26, 47, (52x), 64, 105, 145, 208, 306, 320, 327, 427–429, 525, 575, 727, 1021, 1022, 1191
Wolpe, Michael 1270
Wraight, Denzil 920
Wuidar, Laurence 430

Yamada, Masahiro 728
Yamada, Mutsugu 921
Yearsley, David (113), 431, (616), (687), (691), 729
Yip, Lam Christine 1192
Yoshino, Hideyuki 834
Yount, Max H. (906)

Zacharias, Ulla 3, 36
Zacher, Gerd 1059
Zavarský, Ernest 214
Zawgorodnaja, G. 62
Zech-Günther, Barbara 432
Zechlin, Ruth 1104
Zegers, Richard H. 247
Zehnder, Jean-Claude 297, 433, 627, 730
Ziemer, Hansjakob (923)
Zignani, A. 791
Zimmer, Dieter 1104
Zimmermann, Ann-Katrin (336)
Zimpel, Herbert 628
Zohn, Steven (55), 434
Zweig, Arnold 1248

KLEINE BEITRÄGE

„von Cristofori" – Zum Maler des verschollenen Porträts Anna Magdalena Bachs

Martin Petzoldt als Gruß zum 65. Geburtstag

Das Ölporträt Anna Magdalena Bachs gehört zu den größten Verlusten aus Carl Philipp Emanuel Bachs Bildnissammlung.[1] Die einzigen greifbaren Informationen zu ihm bietet das Nachlaßverzeichnis des Hamburger Musikdirektors (1790):

Bach, (Anna Magd.) Sopranistin, J. S. zweyte Frau. In Oel gemahlt von Cristofori. 2 Fuß, 1 Zoll hoch, 23 Zoll breit. In goldenen Rahmen.[2]

Das Schicksal des Bildes ist ungewiß. Nicht einmal jener Künstler „Cristofori" ließ sich bislang verifizieren – ein Maler dieses Namens kommt weder in den Kirchenbüchern der Wirkungsorte Anna Magdalena Bachs (Zeitz, Weißenfels, Zerbst, Köthen und Leipzig), noch in den einschlägigen Lexika zu den in Deutschland tätigen bildenden Künstlern des 18. Jahrhunderts vor. Damit blieben auch die Entstehungsumstände des Bildes und seine Datierung im Dunkeln.

Die neuerliche Sichtung von Johann Gottfried Walthers Handexemplar seines „Musicalischen Lexikons"[3] dürfte nun zumindest den letzteren Fragekomplex erhellen. So findet sich unter den von Walther handschriftlich (mit Blick auf eine Neuauflage des Buches) nachgetragenen Personenartikeln folgende Mitteilung:

Christofori (*Antonio*) Hochfürstl. Sachs. Eisenachischer Cammer-*Musicus* und *Violoncelli*st, ist gebohren zu *Verona* an. 1701. den 23 *Junii*; sein Vater, so noch daselbst lebet, heißet *Francesco Christofori*, und ist ein Specereÿ-Händler. Obgedachter *Antonio* hat von Jugend auf so wol zur *Music* als

---

[1] Siehe NV, S. 92–142; zur Entstehungsgeschichte der Porträtsammlung siehe zuletzt R. A. Leaver, *Überlegungen zur „Bildniß-Sammlung" im Nachlaß von C. P. E. Bach*, BJ 2007, S. 105–138; zum Verbleib der einzelnen Bilder siehe *Carl Philipp Emanuel Bach. Portrait Collection*, hrsg. von A. Richards, CPEB:CW VIII/4 (im Druck).

[2] NV, S. 95.

[3] J. G. Walther, *Musicalisches Lexicon* […], Leipzig 1732. Handexemplar im Archiv der Gesellschaft der Musikfreunde Wien, Signatur: *878 A. 5*. Zu dem Handexemplar siehe Dok II, Nr. 323 und Dok III, N II, Nr. 324 a (S. 654) und die dort mitgeteilten Literaturhinweise. – Der Eintrag dürfte, wie der größte Teil von Walthers Annotationen, um 1740 vorgenommen worden sein.

Mahlereÿ große Neigung gehabt, auch dieselben dermaßen *excoli*rt, daß er in beÿden als Meister *passi*ret. Ist an. 1737. gegen Michaëlis verstorben.[4]

Offenkundig aus erster Hand informiert,[5] bietet Walther hier allem Anschein nach ein Biogramm von Anna Magdalena Bachs Porträtisten. Die Annahme einer Identität beider C(h)ristoforis wird zudem durch die Beobachtung untermauert, daß sich für den Eisenacher Cellisten enge Beziehungen zum dort ansässigen Zweig der Bach-Familie belegen lassen: Christofori wirkte vom Herbst 1730 bis zu seinem Tod am 10. August 1737 in Eisenach als „Capellist" bzw. „Cammer-Musicus".[6] Nach seinem zum Jahreswechsel 1733/34 erfolgten Übertritt zum Protestantismus bat Christofori den Stadtorganisten und Kammermusikus Johann Bernhard Bach (Johann Sebastian Bachs Vetter zweiten Grades) zum Paten seines dritten in Eisenach geborenen Kindes.[7]
Christoforis Nebenwerk als Maler wird innerhalb der Eisenacher Hofrechnungen nur an zwei Stellen ersichtlich: Im Dezember 1730 und Januar 1731 erhielt er jeweils einen ansehnlichen Geldbetrag „vor Malerey" im Zusammenhang mit der Inszenierung von nicht näher spezifizierten „Operetten".[8] Aus den Dokumenten zu Christoforis Anstellung geht hervor, daß er zunächst am landgräflichen Hof zu Kassel gedient hatte.[9] Dort kann er – ebenfalls als Cellist

---

[4] Niedergeschrieben auf einem eingeschossenen Blatt (unpaginiert, nach Druckseite 162).

[5] Weitere Informanten standen Walther innerhalb der Eisenacher Hofkapelle zur Verfügung; einzelne Mitglieder des Ensembles versorgten ihn nachweislich mit (Auto-)Biographien für sein Lexikon (siehe hierzu die Belege in Walthers Briefwechsel mit Heinrich Bokemeyer, in: *Johann Gottfried Walther. Briefe*, hrsg. von K. Beckmann und H.-J. Schulze, S. 100 und 187).

[6] Angaben nach C. Oefner, *Das Musikleben in Eisenach 1650–1750*, maschinenschriftliche Dissertation, Halle 1975, S. 118 f.; diese basierend auf den Hofrechnungen und dem Aktenvorgang in: Thüringisches Hauptstaatsarchiv Weimar, *Eisenacher Dienersachen, Nr. 755 (Acta Des Cammer Musici Anthonii Christophori Besoldung betr. und dessen Wittib wöchentliche Pension betr. anno 1730. 1749)*.

[7] Siehe die Auswertung des Eisenacher Stadtkirchenbuchs bei Oefner 1975 (wie Fußnote 6), S. 118 f.; demnach ließ Christophori in Eisenach vier Kinder taufen (Wilhelm Christian, 9. Dezember 1731; Johann Georg, 10. Juni 1733; Johann Gottlieb, 14. Mai 1734; Carl Albrecht, 23. September 1736).

[8] Thüringisches Hauptstaatsarchiv Weimar, *Rechnungen, Nr. 977 (Fürstl. Eisenachische Cammer Rechnung von Michaelis 1730. biß dahin 1731)*, fol. 109r (Rubrik „Operetten"): „11. [fl.] 9. [gr.] Anton Christofferi vor dergl. [„Malerey"] den 9 Dec. 1730" und „22. fl. 18. gr. Demselben noch dergl. den 13 Jan: 1731". – Im Hintergrund dürften die Darbietungen von Serenaden Georg Philipp Telemanns anläßlich der herzöglichen Geburtstage stehen (vgl. Oefner, wie Fußnote 6, S. 99).

[9] In einer an Herzog Wilhelm Heinrich gerichteten Supplik (eingegangen am 18. November 1730) bezeichnet er sich als „aus Cassell bestelter musicus", der „vor

der Hofkapelle – von 1726 bis zum Sommer 1730 nachgewiesen werden.[10] Auch in Kassel scheint er seine zweite Profession in den Dienst des Hofes gestellt zu haben; zumindest bemerkte er 1726 in einem Brief an den Landgrafen, er solle zwar „tätig seyn bey Oper und anderen starcken Musiquen", lieber jedoch wolle er „bey Opernzeiten den Mahlereyen der Maschinen employirt werden".[11] Frühere Nachrichten zu Christofori fehlen, ebenso Proben seiner zeichnerischen Kunst.

Fragen wir nach den Umständen, unter welchen es Christofori möglich war, Anna Magdalena Bach zu porträtieren, so ist nach der gegenwärtigen Dokumentenlage vor allem ein Szenario in Erwägung zu ziehen: Johann Sebastian Bach hielt sich anläßlich einer Orgelprüfung vom 21. September bis mindestens zum 28. September 1732 in Kassel auf. Aus der Abrechnung seiner Versorgungskosten geht hervor, daß er gemeinsam mit seiner Frau anreiste („Zehrungs Costen dem Capellmeister Hn. Bach et uxori").[12] Auf der Hin- oder Rückreise, die sehr wahrscheinlich über Eisenach führte, könnte das Ehepaar in der Geburtsstadt des Thomaskantors Station gemacht und Anna Magdalena (vielleicht auch J. S. Bach?) bei der Gelegenheit dem Hofcellisten Porträt gesessen haben – da J. S. Bachs Anwesenheit in Leipzig nur bis Ende August bzw. erst wieder für den 4. Dezember 1732 belegt ist,[13] wäre es denkbar, daß die damalige Reise nicht allein Kassel zum Ziel hatte, sondern von vornherein

---

etliche[n] Tagen" in Eisenacher Dienste gekommen sei (*Eisenacher Dienersachen, Nr. 755*, wie Fußnote 6, fol. 2). Das Anstellungsdekret vom 25. November 1730 (es erwähnt keine Verpflichtungen im Bereich der Malerei) richtet sich an den „bißherigen Hessen-Casselischen Hof-Musicus Antonio Christopholi" (ebenda, fol. 3). Christofori bezog demnach ein Jahresgehalt von 160 Gulden. Die im Anstellungsdekret auftretende Schreibweise seines Namens ist singulär; später ist in den Rechnungen fast immer von „Christofori" die Rede – so unterschrieb er auch seine oben erwähnte Supplik.

[10] Siehe C. Engelbrecht, *Die Hofkapelle des Landgrafen Carl von Hessen-Kassel*, in: Zeitschrift des Vereins für hessische Geschichte und Landeskunde 68 (1957), S. 141–173, speziell S. 157, sowie S. 169–172, und dies., *Musik und Theater in Kassel von den Anfängen bis zum Tode des Landgrafen Friedrich II.*, in: Theater in Kassel. Aus der Geschichte des Staatstheaters Kassel von den Anfängen bis zur Gegenwart, hrsg. von Staatstheater Kassel, Kassel 1959, S. 20. – Engelbrechts Annahme, es hätte neben A. Christofori noch ein gewisser „Donino" in Kassel als Cellist gewirkt, ist falsch; beide Personen sind identisch (freundlicher Hinweis von Rashid-S. Pegah, Würzburg).

[11] Undatiertes Schreiben in: Hessisches Staatsarchiv Marburg, *Prot. II Kassel, C b 10, Bd. XX (1726)*, fol. 687–688; zitiert nach Engelbrecht 1959 (wie Fußnote 10), S. 20.

[12] Dok II, Nr. 318. Zur Orgelabnahme in Kassel siehe auch Dok II, Nr. 315–317 und 522.

[13] Siehe Kalendarium³, S. 64.

einen längeren Aufenthalt in der Wartburgstadt einschloß.[14] Jedenfalls läßt Christoforis Biographie nur den Schluß zu, daß das verschollene Porträt irgendwann zwischen 1726 und 1737 angefertigt wurde,[15] Anna Magdalena sich mithin als Kantorin Bach und nicht etwa als angehende Cantatrice, „fürstliche Sängerin" Wilcke oder Frau des Köthener Kapellmeisters abbilden ließ.[16] Ob ihre Bezeichnung als Sängerin im Nachlaßverzeichnis C. P. E. Bachs einen Hinweis darauf liefert, daß Christofori ihr Talent als „vortrefliche Sopranistin" zur Schau stellte, bleibt ungewiß – von dieser Gabe soll sie laut Ernst Ludwig Gerber niemals „öffentlich […] Gebrauch gemacht" haben.[17] Vielleicht aber erweist sich das hinzugewonnene Wissen um die Entstehung des Bildes als hilfreich bei dem Versuch, im Zug einer Sichtung namenloser Frauenporträts die Trouvaille doch noch zu identifizieren.

Michael Maul (Leipzig)

---

[14] Die Eisenacher Kammerrechnungen liefern freilich keinen Hinweis auf ein Gastspiel am herzoglichen Hof.

[15] Unterstellen wir, daß das Bild nicht auf der Basis einer bereits existierenden Zeichnung und nicht in Leipzig angefertigt wurde (für eine Anwesenheit Christoforis in der Messestadt sind keine Belege bekannt), käme noch J. S. Bachs Aufenthalt in Mühlhausen (Probespiel seines Sohnes Johann Gottfried Bernhard) und Weißensee (Orgelprüfung) im Juni 1735 als Anlaß in Betracht, wenngleich hier unklar ist, ob er gemeinsam mit seiner Frau reiste.

[16] Vgl. die Dokumente bei M. Hübner, *Anna Magdalena Bach – Ein Leben in Dokumenten und Bildern*, Leipzig 2004, S. 36 ff.

[17] Gerber ATL, Band 1, Sp. 76.

Die Bach-Kantate „Nach dir, Herr, verlanget mich" und ihr Meckbach-Akrostichon

Die Entschlüsselung des in den Arientexten der Kantate BWV 150 angebrachten Akrostichons[1] hat mancherlei Zustimmung gefunden, aber auch berechtigte Kritik auf sich gezogen. Einige Ergänzungen und Berichtigungen erscheinen daher angebracht.

1. Herr Alfred M. M. Dekker (Utrecht) machte mich darauf aufmerksam,[2] daß die Schreibweise *Doktor* wenig für sich habe und *Doctor* zu bevorzugen sei. In der Tat lautet die fragliche Textzeile der Sopranarie in neueren Text- und Notenausgaben zwar „Kreuz, Sturm und andre Proben", doch heißt es in Christian Friedrich Penzels Partiturabschrift von 1755 ebenso „Creütz" wie etwa im Autograph der 1714 entstandenen Kantate „Weinen, Klagen, Sorgen, Zagen" (BWV 12; Alt-Arie „Creütz und Kronen sind verbunden")[3] oder in Johann Sebastian Bachs Brief vom 24. Mai 1738 über die vergebliche Suche nach seinem verschollenen Sohn Johann Gottfried Bernhard („so muß mein Creütz in Gedult tragen").[4] Bemerkenswerterweise wählt sogar das *Universal Lexikon* („Zedler") als Stichwort „Creütz"[5] und verzichtet auf „Kreuz". Für die letztgenannte Schreibweise ließen sich nun zwar Belege aus dem 17. und 18. Jahrhundert in großer Zahl beibringen, doch ergibt sich aus dem Zusammenhang, daß die Arie „Doch bin und bleibe ich vergnügt" aus der Kantate BWV 150 mit ihrem dritten Vers auf „Creütz, Sturm und andre Proben" zielt. Die – hoffentlich endgültige – Lesart des Akrostichons muß also lauten *Doctor Conrad Meckbach*.

2. Christoph Wolff moniert zu Recht,[6] daß eine bloße musikalische Darbietung das Akrostichon nicht habe erkennen lassen, daß also ein Textdruck zu postulieren sei, von dem freilich bis heute kein Exemplar ermittelt werden konnte. Die – in einem Druck leicht zu bewerkstelligende – Hervorhebung der

---

[1] H.-J. Schulze, *Rätselhafte Auftragswerke Johann Sebastian Bachs. Anmerkungen zu einigen Kantatentexten*, BJ 2010, S. 69–93, hier S. 69–74.
[2] Schreiben vom 3. März 2011.
[3] Quellen: SBB *P 44/6* und *St 109*; vgl. BC A 68.
[4] Dok I, Nr. 42 (S. 107).
[5] Bd. VI, 1733, Sp. 1615–1620. In Bd. VII, 1734, Sp. 1122–1125, wird das Stichwort *Doctor* abgehandelt; „Doktor" ist hingegen nicht anzutreffen.
[6] Schreiben vom 20. Januar 2011.

Initialen hätte, eine Darbietung der Widmungskomposition in nur kleinem Kreise vorausgesetzt, allenfalls auch eine kalligraphische Ausfertigung leisten können. Mehr für sich hat jedoch die Annahme einer Druckversion, vielleicht einschließlich des Abzugs eines Präsentexemplars auf besserem Papier oder auf noch kostspieligerem Material. Die kurz nach 1750 zur Abschrift genutzten Notenvorlagen dürften allerdings keine solche Textbeilage aufgewiesen haben, so daß der Konnex der Kantate zur Person des Mühlhäuser Bürgermeisters Conrad Meckbach zu dieser Zeit bereits nicht mehr ersichtlich war.

3. Hinsichtlich eines Anlasses für Entstehung und Aufführung der Kantate hält Christoph Wolff[7] den 70. Geburtstag Conrad Meckbachs (* 19. 4. 1637) für geeignet. Eine solche Möglichkeit hatte ich ehedem erwogen, sie jedoch wieder verworfen, und dies im Blick auf die äußerst vage Formulierung des Protokolls vom 24. 5. 1707, man könne wegen der Neubesetzung der Organistenstelle an Divi Blasii doch „vor andern auff den *N* Pachen von Arnstadt, so neülich auff Ostern die probe gespielet, *reflexion* machen".[8] Hierzu ließe sich anmerken, daß der Informationsstand des Protokollanten nicht mit demjenigen des vortragenden Bürgermeisters identisch gewesen sein muß, oder daß Conrad Meckbach sich absichtlich unklar ausgedrückt hätte um zu verhindern, daß er bezüglich seines Besetzungsvorschlags als befangen angesehen werde.

Das Mühlhäuser Szenario vom April 1707 hätte insoweit dasjenige von Halle im Dezember 1713[9] vorausgenommen: Ein Kandidat, in beiden Fällen also Johann Sebastian Bach, stellt sich vor, leistet sein Probespiel und erhält unversehens den Auftrag – in Mühlhausen allerdings einen Privatauftrag aus dem Kreis um Conrad Meckbach –, ein Vokalwerk zu speziellem Anlaß zu komponieren. Ostersonntag fiel 1707 auf den 24. April; Meckbachs Geburtstag wäre normalerweise am 19. April – mithin in der Karwoche – zu begehen gewesen. Näher läge hier die Annahme einer Aufführung nach dem Kalender „neuen Stils", also am 29. April.

4. Die aus der Entdeckung des Meckbach-Akrostichons resultierende neue Deutung der frei gedichteten Anteile des Kantatentextes lenkte den Blick auf ein trotziges „Recht muß doch Recht bleiben", gleichsam einen Vorgriff auf Heinrich von Kleists starrsinnigen Michael Kohlhaas. Die hieraus folgende Annahme, daß Bürgermeister Meckbach in allerlei unliebsame Auseinandersetzungen verwickelt gewesen sein könnte, wird durch neuere Forschungen bestätigt, die mir zum Zeitpunkt der Niederschrift des betreffenden Kapitels

---

[7] Ebenda.
[8] Dok II, Nr. 19.
[9] Dok I, Nr. 4 (Bachs Schreiben vom 19. März 1714) an August Becker.

noch nicht bekannt waren. Einer 1999 von Thomas Lau vorgelegten Untersuchung[10] zufolge war Conrad Meckbach in einer jahrzehntelangen Fehde zwischen den Mühlhäuser Tuchmachern und den Gewandschnittern zwischen die Fronten geraten, hatte sich in diesem erbittert geführten Privilegienstreit auf die Seite der (am Ende unterlegenen) Tuchmacher geschlagen, mit ihnen zwar zeitweise sogar die Oberhand behalten, sich aber Korruptionsvorwürfen und sogar körperlicher Bedrohung ausgesetzt und schließlich gezwungen gesehen, heimlich die Stadt zu verlassen[11] und nahezu zwei Jahre anderwärts zu verbringen. Die Erinnerung an diese Niederlage muß 1707 noch frisch gewesen sein, und die vornehmste Aufgabe der Kantate „Nach dir, Herr, verlanget mich" wäre daher gewesen, dem Gefeierten aus seiner zu vermutenden Niedergeschlagenheit herauszuhelfen.[12]

Hans-Joachim Schulze (Leipzig)

---

[10] T. Lau, *Bürgerunruhen und Bürgerprozesse in den Reichsstädten Mühlhausen und Schwäbisch Hall in der Frühen Neuzeit*, Bern 1999 (Freiburger Studien zur frühen Neuzeit. 4.), hier S. 289 ff.: Die Mühlhäuser Tuchmacherprozesse (1696–1733). Lau nutzte vornehmlich Akten des Stadtarchivs Mühlhausen sowie des Reichshofrates Wien.

[11] Am 19. März 1703 (Lau, a.a.O., S. 316); die Rückkehr erfolgte erst im Mai 1705 (Lau, S. 318 f.).

[12] Endgültig zuungunsten Meckbachs neigte sich die Waage in dem zwischen dem Tod Kaiser Josephs I. (17. April 1711) und der Krönung seines Bruders Karl VI. entstandenen Interregnum (Lau, S. 324 f.). Angeblich wurde Conrad Meckbach seines Amtes enthoben und sogar ins Exil abgeschoben; letzteres kollidert allerdings mit dem Bericht über seine Beisetzung in Mühlhausen (BJ 2010, wie Fußnote 1, S. 72).

Bach oder Dobenecker?
Zur Frage der Autorschaft von BWV Anh. 85 und 101

Als Werke zweifelhafter Echtheit erschienen im Abschlußband der Serie V der NBA eine Toccata mit Fuge in f-Moll (BWV Anh. 85) sowie eine Fuge in g-Moll (BWV Anh. 101).[1] Diese Clavierwerke sind jeweils in mehreren Abschriften überliefert, die als Komponist teils Johann Sebastian Bach, teils einen gewissen Dobenecker nennen. Obwohl im Rahmen der NBA weder durch philologische noch stilkritische Methoden eine zweifelsfreie Zuschreibung erreicht werden konnte, wurde doch als Argument für Bach angeführt, daß kein Musiker namens Dobenecker auszumachen sei.[2] Dies hatte schon Spitta bei der Besprechung der Stücke konstatiert und jenen Dobenecker als Kopisten oder Besitzer der entsprechenden Manuskripte vorgeschlagen.[3] Erst 1993 beschäftigte sich Frank Morana wieder detailliert mit dem Problem, und zwar mit Blick auf BWV Anh. 85.[4] Dabei konnten die Überlieferungswege der Abschriften erhellt sowie Parallelen, aber auch gewichtige Unterschiede zu vergleichbaren frühen Werken Bachs aufgezeigt werden. Eine eindeutige Entscheidung bezüglich des Komponisten konnte freilich auch Morana auf der Grundlage seiner Untersuchung nicht fällen. Durch die Auswertung von bisher wenig beachteten Quellen kann nun ein neues Argument in die Diskussion eingebracht werden – die Identifizierung der Person Dobeneckers.

Simon Dobenecker war der Sohn eines gleichnamigen Schönfärbers in Pegau. Er erlernte zunächst das Handwerk seines Vaters, wirkte jedoch schon seit etwa 1690 an den Kirchenmusiken seiner Heimatstadt mit.[5] 1699 übernahm er nach dem Tod des Organisten Johann Heinrich Brettschneider dessen Aufgaben.[6] In einem Gesuch um eine ordentliche Anstellung, die ihm schließlich

---

[1] NBA V/12 (U. Bartels, F. Rempp, 2006).
[2] NBA V/12 Krit. Bericht, S. 131 und 141.
[3] Spitta I, S. 822 f.
[4] F. Morana, *The „Dobenecker" Toccata, BWV-Anh. II 85: An early Bach work?*, in: Bach. The Journal of the Riemenschneider Bach Institute 24/2 (1993), S. 26–37.
[5] Sächsisches Staatsarchiv Leipzig, *Stadt Pegau, Nr. 443 (ACTA Derer Competenten bey dem vacirenden Organisten-Dienst alhier zu Pegau Anno 1696.* [recte 1687]–*1702)*, unfoliiert, Bericht des Rats wegen der Konfirmation Dobeneckers, Pegau, 9. April 1702, und Gesuch Dobeneckers um seine Bestallung, Pegau, 27. September 1700.
[6] Ebenda, unfoliiert, Gesuch der Witwe Brettschneiders um das Gnadenhalbjahr, Pegau, 2. Juni 1699.

gewährt wurde, versprach er, sich „bey einem außwertigen Künstler bevoraus *in arte componendi* [...] feste zu sezen".[7] Ob und bei wem dieses Kompositionsstudium tatsächlich absolviert wurde, ist unbekannt. Jedoch sind zumindest auswärtige Aufenthalte belegt, die mit einem derartigen Unterricht oder auch eigenen Gastspielen verbunden gewesen sein könnten. So berichtet Dobeneckers Amtsnachfolger Johann Neuber, er habe bereits die Orgel gespielt, „so offt vormahliger *organi*st H. Simon Dobenecker anderweitige Verrichtung gehabt, und wenn er zu 5. 10. und mehr Wochen umher gereiset".[8] Auf diesen Reisen dürften sich Dobeneckers Qualifikation und Reputation deutlich vermehrt haben, denn im Jahre 1720 wurde er zum Organisten an der Schloßkirche sowie der neu erbauten Stadtkirche St. Salvator zu Gera ernannt[9] und später auch in die reußische Hofkapelle aufgenommen.[10] Im Juni 1724, nach dem Tod des Organisten und gräflichen Kapelldirektors Emanuel Kegel, wechselte er an die Geraer Hauptkirche St. Johannis, wurde jedoch erst im April 1726, nachdem mit Ludwig Heinrich Kegel ein geeigneter Organist für die Salvatorkirche gefunden worden war, offiziell in das Amt an St. Johannis berufen.[11] Mit dieser Beförderung fiel ihm auch die musikalische Ausgestaltung der öffentlichen Actus-Feierlichkeiten des Gymnasiums zu, die der Rektor Georg Ludwig Goldner mehrmals jährlich zu den Examina sowie zu besonderen Anlässen abhalten ließ.[12] Im Gegenzug legte Dobenecker sein Amt als Hoforganist nieder (sofern dies nicht schon eher geschah).[13] Nach kurzer

---

[7] Ebenda, unfoliiert, Pegau, 20. Juni 1699, und Entwurf der Vokation Dobeneckers, Pegau, 12. November 1700.

[8] Sächsisches Staatsarchiv Leipzig, *Stadt Pegau, Nr. 503 (ACTA Die durch Beförderung Hn Simon Dobenekers bißherigen Organistens allhier sich verledigte und hinwieder durch H. Johann Neubern ersetzte Organisten Stelle betr. Anno 1720.–1721)*, unfoliiert, Bewerbungsschreiben Neubers, Pegau, 31. Juli 1720.

[9] Ebenda, unfoliiert, Brief Dobeneckers an den Pegauer Rat, Pegau, 22. Juli 1720.

[10] Auf seinem Zeugnis für Hübner (Ephoralarchiv Glauchau, $W^I\,a^V\,I^b$, *Die Besetzung der Organistenstelle zu Waldenburg betr. ergangen 1720–26*, unfoliiert, Gera, 23. Juni 1726; siehe unten) unterschrieb er als „Cam. *Musicus* und *Organi*st."

[11] Thüringisches Staatsarchiv Greiz, *Konsistorium Gera, Fach 26b, Nr. 5b (Consistorial-Acta die Bestellung Simon Dobenecks, zum Organisten bey der Kirchen zu S. Johann. zu Gera, betref. de Anno 1726, 1728)*, besonders fol. 1, Brief des Rats an das Konsistorium, Gera 14. März 1726, und fol. 8–11, Instruktion für Dobenecker, Gera, 13. April 1726.

[12] Thüringisches Staatsarchiv Greiz, *Konsistorium Gera, Fach 36, Nr. 104f.* (Rechnungen des Geraer Gymnasiums 1726/27 und 1727/28).

[13] Für die Quartale von Reminiscere 1726 bis Crucis 1727 wurde der Hoftrompeter Nicolaus Gebser für das Spiel der Schloßkirchenorgel entlohnt. Siehe Landeskirchenarchiv der Evangelisch-Lutherischen Kirche in Thüringen Eisenach, *Ortsakten Untermhaus, U. 35* (Rechnungen der Geraer Schloßkirche 1721–1729) und *U. 46* (zugehörige Belege).

Zeit im Amt des Hauptkirchenorganisten starb Dobenecker und wurde am 21. März 1728 in Gera beigesetzt.[14]
Im Hinblick auf die eingangs erwähnten Werke verdient festgehalten zu werden, daß Bach und Dobenecker persönlich bekannt gewesen sein dürften. Bach besuchte Gera wahrscheinlich nach einem Gastspiel in der Nachbarresidenz Schleiz im August 1721, um – so die These von Michael Maul – die gerade fertiggestellte neue Orgel der Schloßkirche abzunehmen.[15] Der Vertrag für diese Orgel war 1719 von dem damals gerade noch amtierenden Geraer Hofkapellmeister Gottfried Heinrich Stölzel mit dem Saalfelder Orgelbauer Johann Georg Fincke geschlossen, im August 1720 aber unter der Federführung des gräflichen Sekretärs und Director musices Johann Abraham Heiler um ein zusätzliches Register erweitert worden.[16] Berücksichtigt man, daß Dobenecker erst kurz zuvor, nämlich am 22. Juli 1720, dem Pegauer Rat seine Berufung zum Organisten jener Orgel gemeldet hatte,[17] könnte diese Änderung der Disposition (es handelt sich um die Verstärkung des Pedalwerks durch einen Posaunenbaß) durchaus auf einen von Dobenecker im Rahmen der Anstellungsverhandlungen geäußerten Vorschlag zurückgehen. Sollte die Orgel tatsächlich nach ihrer völligen Fertigstellung von Bach geprüft worden sein, so ist eine Begegnung von Bach und dem ordentlichen Organisten anzunehmen.
Ähnlich verhält es sich mit Bachs Geraer Besuch von 1725, für den Probespiele in St. Salvator wie auch in St. Johannis belegt sind.[18] Wie erwähnt, spielte Dobenecker zu dieser Zeit bereits die Orgel der letztgenannten Kirche, so daß auch in diesem Fall ein Zusammentreffen der beiden Musiker zu vermuten ist. Dieses Instrument war ebenfalls erst kurz zuvor von Fincke erbaut worden, während Dobenecker, in Verbindung mit Heiler und Emanuel Kegel, seit 1722 den Orgelbau als Gutachter begleitet hatte.[19] Darüber hinaus ist die

---

[14] Stadtkirchenamt Gera, Sterbebücher. Zum genauen Todesdatum gibt es widersprüchliche Quellen: Ein Memorial des Geraer Ephoralarchivs gibt den 19. März 1728 an (Stadtkirchenamt Gera, ohne Signatur, *Die von den Organist Kögeln gesuchte eines Quartals-Besoldung, wegen den in der Haupt Kirche Zeit wehrender Vacantz verrichteten Dienste betr. Anno 1728.*, unfoliiert). Ein gedrucktes Gedicht auf den Tod Dobeneckers nennt allerdings den 17. März 1728 (*Letzte Liebes-Pflicht* […], Exemplar im Stadtmuseum Gera, *Gelegenheitsdrucke, S 110*).

[15] M. Maul, *Johann Sebastian Bachs Besuche in der Residenzstadt Gera*, BJ 2004, S. 101–119, hier S. 109. Zu Bachs Aufenthalten in Gera siehe auch B. Koska, *Die Geraer Hofkapelle zu Beginn des 18. Jahrhunderts*, Magisterarbeit, Universität Halle-Wittenberg 2011, S. 49–54.

[16] Maul (wie Fußnote 15), S. 108 f.

[17] Wie Fußnote 9.

[18] Dok II, Nr. 183 und 183 a.

[19] Stadtkirchenamt Gera, ohne Signatur (*Acta betr. Das neue Orgel-Werck, bey der

Mitwirkung Dobeneckers bei einer Aufführung unter Bachs Leitung am reußischen Hof denkbar. Vorausgesetzt werden müßte hierbei, daß Bach sich tatsächlich auch auf Schloß Osterstein aufgehalten und Dobenecker noch als Hoforganist beziehungsweise schon als Kammermusiker amtiert hat.
Die Kenntnis von Existenz und Tätigkeitsumfeld von Simon Dobenecker rechtfertigt einen erneuten Blick auf die Quellen von BWV Anh. 85 und 101. Stilkritische Ansätze sind dabei wenig erfolgsversprechend, da, wie erwähnt, entsprechende Untersuchungen in Bezug auf Bach ambivalente Ergebnisse geliefert haben und zudem keinerlei vergleichbare Werke Dobeneckers überliefert sind – lediglich eine Kantate im Bestand der Kantoreigesellschaft Mügeln dürfte ihm zuzuschreiben sein.[20] Doch auch philologische Methoden können nur begrenzte Erkenntnisse liefern, weil ausschließlich Quellen des 19. Jahrhunderts erhalten sind, diejenigen des 18. Jahrhunderts aber inzwischen als verschollen gelten. Dennoch führt eine erneute Sichtung der Handschriften zu einer Neubewertung. So enthalten zwei der vier erhaltenen Quellen der Fuge BWV Anh. 101 keine Komponistenangabe; die beiden anderen schreiben das Werk Dobenecker zu. Von den drei verschollenen Quellen trug lediglich eine den Namen Bach (eine weitere nannte Dobenecker und eine letzte schwieg zum Autor). In Kenntnis des komponierenden Organisten Simon Dobenecker erscheint nun die Zuschreibung an diesen wahrscheinlicher als diejenige an Bach.
Die Quellensituation der Toccata mit Fuge BWV Anh. 85 stellt sich etwas komplizierter dar. Im Grunde existieren drei Überlieferungsstränge, die zwei eigenständigen Fassungen sowie einer Zwischenfassung entsprechen. Die relevanten Werkgestalten unterscheiden sich wesentlich durch die Anordnung der Sätze: Fassung a besteht aus einer Toccata, einem akkordischen Adagio sowie einer abschließenden Fuge; Fassung b hingegen positioniert die Fuge zwischen Toccata und Adagio. Aus musikalischer Sicht sind die Übergänge der Fassung b wohl tatsächlich als überzeugender zu bewerten[21] – dies aber ist diejenige Fassung, deren Quellen ausschließlich Dobenecker als Komponisten überliefern. Die wohl älteste, heute verschollene Quelle der Fassung a nannte keinen Namen, erst spätere Abschriften tragen den Autorenvermerk Bach. Auch wenn sich nicht mehr sagen läßt, ob die unterschiedlichen Fassungen auf

---

Haupt-Kirchen zu St. Johannis, und den mit Johann Georg Fincken, Orgelmachern zu Saalfeldt hierüber getroffenen Contract. Anno 1722.), unfoliiert.

[20] D-MÜG, *Mus. ant. 340*; vgl. P. Wollny, *Anmerkungen zum Kantatenrepertoire der Mügelner Kantorei im 18. Jahrhundert*, in: Musik zwischen Leipzig und Dresden. Zur Geschichte der Kantoreigesellschaft Mügeln 1571–1996, hrsg. von M. Heinemann und P. Wollny, Oschersleben 1996 (Schriftenreihe zur Mitteldeutschen Musikgeschichte. II/2.), S. 131–140, hier S. 132 und 139.

[21] So auch NBA V/12 Krit. Bericht, S. 130, und Morana (wie Fußnote 4), S. 36.

den Komponisten oder einen Bearbeiter zurückgehen, ist man doch geneigt, eher in Dobenecker als Bach den Autor der Toccata zu vermuten.

Die möglichen Überlieferungswege von Werken Dobeneckers lassen sich freilich nur skizzenhaft nachzeichnen. Denkbar ist die Verbreitung durch den Schülerkreis des Organisten, aus dem sich gegenwärtig zwei Angehörige nachweisen lassen: Zum einen Gottlieb Pitzschel, der sich 1720 erfolglos um die Nachfolge seines Lehrers in Pegau bewarb,[22] über dessen weiteren Lebensweg jedoch nichts bekannt ist, und zum anderen Jacob Ernst Hübner, der außerdem von Bach unterrichtet wurde und 1726, nachdem seine Bewerbung um die Nachfolge Dobeneckers als Organist der Geraer Salvatorkirche fehlgeschlagen war, zunächst in Waldenburg und 1733 schließlich in der Herrschaft Muskau angestellt wurde.[23] Darüber hinaus könnten nachgelassene Musikalien Dobeneckers in Gera verblieben und von dort weiter verbreitet worden sein. Hingewiesen sei in diesem Zusammenhang darauf, daß der zweite Amtsnachfolger Dobeneckers an der Geraer Johanniskirche August Heinrich Gehra mit einer Tochter Johann Gottfried Walthers verheiratet war.[24]

Wird man bei derartigen Überlegungen zu einem hohen Maß an Spekulation gezwungen, so steht doch außer Zweifel, daß es einen Musiker namens Dobenecker im mitteldeutschen Raum gegeben hat, der durchaus als möglicher Komponist der fraglichen Werke in Anspruch genommen werden kann. Gerade im Hinblick auf die Überlieferungssituation muß deshalb die bisherige Ansicht, daß die Zuschreibung an ihn „ziemlich unwahrscheinlich", diejenige an Bach aber „jedenfalls glaubwürdiger" sei,[25] geradezu umgekehrt werden.

Bernd Koska (Leipzig)

---

[22] Sächsisches Staatsarchiv Leipzig (wie Fußnote 8), unfoliiert, Bewerbungsschreiben von der Hand des Vaters Georg Pitzschel, Groitzsch, 27. Juli 1720.

[23] Ephoralarchiv Glauchau (wie Fußnote 10), S. 3 und 6f., Abschriften der Zeugnisse Bachs (siehe Dok III, S. 628f.) und Dobeneckers für Hübner; Ephoralarchiv Glauchau, $W^I a^V$ 5, *Acta Die Einsezung eines Organistens Johann Christian Reichens bey der Stadt Kirche zu Waldenburg an stat des lezt verstorbenen Johann Christian Voigtens betr. Ergangen Vorm Seqv. Amt Waldenburg Anno 1745.*, fol. 9 r + v, Anweisung (Abschrift) des Hofrats und Amtmanns J. P. E. Nitzsche, Waldenburg, 1. Oktober 1733.

[24] *Johann Gottfried Walther. Briefe*, hrsg. von K. Beckmann und H.-J. Schulze, Leipzig 1987, S. 282.

[25] NBA V/12 Krit. Bericht, S. 141.

Bach, Johann Scheibe und die Orgeln in Zschortau und Stötteritz – Vier neue Quellen[1]

Es ist seit langem bekannt, daß Johann Sebastian Bach drei Orgeln des von etwa 1705 bis zu seinem Tod im Jahr 1748 in Leipzig wirkenden Instrumentenbauers Johann Scheibe geprüft und begutachtet hat. Das größte dieser drei Instrumente, die in den Jahren 1710–1712 und 1715–1716 für die Paulinerkirche der Leipziger Universität errichtete Orgel, verfügte über drei Manuale mit 48 Stimmen und sechs Transmissionen zum Pedal. Das zweite war die mittelgroße Orgel für die Leipziger Johanniskirche, ein zweimanualiges Instrument mit 22 Stimmen, das 1743 fertiggestellt wurde. Bei dem dritten Instrument handelte es sich um die kleine Orgel mit dreizehn Stimmen für die Kirche in Zschortau, einem etwa zwölf Kilometer nördlich von Leipzig gelegenen Dorf.

Jüngere Forschungen im Archiv der Superintendentur in Delitzsch haben drei Dokumente zu Bachs Zschortauer Orgelprüfung von 1746 zutage gefördert, von denen zwei bisher in der Forschung noch keine Beachtung gefunden haben.[2] Bei zweien der Fundstücke handelt es sich um Briefe des Pastors der Zschortauer Kirche Johann Christoph Cademann an den Delitzscher Superintendenten Johann Paul Streng. In dem auf den 13. Juli 1746 datierten Brief, der zuerst von Martin Petzoldt veröffentlicht wurde,[3] informiert Cademann den Superintendenten darüber, daß Scheibes Orgel zur Prüfung bereitstehe, sobald der Maler seine Arbeit abgeschlossen habe. Er fragt an, ob das von dem Patron des Ortes Heinrich August Sahrer von Sahr bevorzugte Datum, der 9. Sonntag nach Trinitatis (7. August 1746), ebenfalls genehm sei oder ob er den folgenden Sonntag vorziehe; des weiteren teilt er Streng mit: „Zur *Examination* des wercks ist der HE *Capel*-Meister Bach auß Leipzig bestellet". Er bittet Streng um die Mitteilung des von ihm bevorzugten Datums für die Orgelweihe und erkundigt sich, ob dieser selbst die Predigt halten wolle. Mit dem zweiten Brief, der nicht datiert ist, aber offensichtlich kurz nach Bachs am 7. August 1746 durchgeführter Prüfung der Orgel verfaßt wurde, sendet Cade-

---

[1] Für ihre Hilfe bei der Auffindung von Dokumenten bin ich Pastor C. Grunow und Frau S. Koitzsch in Stötteritz, Frau C. Calov vom Stadtarchiv Leipzig und Peter Wollny vom Bach-Archiv Leipzig zu Dank verpflichtet.

[2] Superintendentur Delitzsch, *Acta Bau- und Reparatur-Sachen zu Zschortau betr.*, Seiten nicht paginiert.

[3] M. Petzoldt, *Bachstätten: Ein Reiseführer zu Johann Sebastian Bach*, Leipzig 2000, S. 280.

mann Streng das Honorar für dessen zur Orgelweihe gehaltene Predigt (10 Taler, davon 9 Taler 6 Groschen in bar und den Gegenwert von 18 Groschen in Gerste). Zur Weiterleitung von Bachs Gutachten an den „Hochadl. Sahrerischen Gerichtsverwalther" Andreas Christian Brandes heißt es: „Worbey zugleich des HEn *Capell* Meister Bachs *Attestatum* wegen gehaltenen *Examinis* der neu erbaueten Orgel uberschicke, mit ergebener Bitte, solches HEn Brandes HochwohlEdlen zu *communici*ren".

Bei dem dritten Dokument handelt es sich um eine Abschrift von Bachs Zschortauer Prüfberichts.[4] Wie das heute in der British Library London befindliche Originalgutachten wurde auch die Delitzscher Abschrift von einem unbekannten Kopisten angefertigt, im Gegensatz zu dem Londoner Dokument von Bach jedoch weder signiert noch gesiegelt. Die Anlage ist mit dem Londoner Exemplar nahezu identisch und es gibt nur unwesentliche textliche Abweichungen wie etwa „Junij" statt „Junii", „u." anstelle von „und" sowie „doch" statt „iedoch". Die in der Londoner Kopie durch Punkte als auszulassen angezeigten Wörter „zu" (Zeile 4) und „auf Verlangen" (Zeile 21) fehlen in der Delitzscher Kopie; auch fehlt das in der Londoner Vorlage nicht markierte Wort „hierdurch" (Zeile 23).[5] Der einzige wesentliche Unterschied besteht in der Datierung der Dokumente. Die Delitzscher Fassung trägt das Datum „8. August. 1746", im Londoner Original ist die „8" durch eine „7" ersetzt worden. Außerdem ist die Delitzscher Kopie nicht Teil einer Eingabe, sondern steht für sich allein.

Die mit 13 Registern ausgestattete Orgel in Zschortau wurde im Jahr 2000 von Hermann Eule Orgelbau restauriert und ist das einzige noch erhaltene Instrument aus Johann Scheibes Werkstatt. Ihre ursprüngliche Disposition war lange Zeit nicht bekannt; erst in den 1980er Jahren gelang es Hans Wolfgang Theobald, im Archiv der Zschortauer Kirche aufbewahrte Originaldokumente zu lokalisieren, unter denen sich auch Scheibes Angebot, der auf den 30. Juni 1744 datierte Vertrag einschließlich der Disposition, ein auf den 13. Juli 1746 datierter Brief von Superintendent Streng an Pastor Cademann – in dem er ankündigt, die Einweihung der Orgel selbst übernehmen zu wollen – und die Berichte des Orgelbauers Eduard Offenhauer über die 1870 vollzogene Renovierung befanden.[6] Leider sind diese Dokumente seither verschollen.[7]

---

[4] Das Original dieses Berichts – mit Bachs autographer Signatur – findet sich in der British Library London unter der Signatur *Add. Ms. 33965*.

[5] Zeilenangaben nach der Wiedergabe des Londoner Dokuments in Dok I, Nr. 89; siehe auch die Korrekturen zu Zeile 4 und 21 im Kommentar (Abschnitt B).

[6] Siehe H. W. Theobald, *Zur Geschichte der 1746 von Johann Sebastian Bach geprüften Johann-Scheibe-Orgel in Zschortau bei Leipzig*, BJ 1986, S. 81–90.

[7] Homer D. Blanchard hatte Zugang zu Kopien der Zschortauer Dokumente, die er für seine Beschreibung der Zschortauer Scheibe-Orgel verwendete. Siehe H. D. Blanchard, *The Bach Organ Book*, Delaware (Ohio) 1985, S. 176–179. Siehe auch M. G.

Bei dem heute im Stadtarchiv Leipzig verwahrten vierten Dokument handelt es sich um einen auf den 30. August 1748 datierten Brief der Patronatsherrin Christiana Clara Glafey geb. Rinck[8] und des Superintendenten Deyling an das Leipziger Konsistorium, in dem es um Pläne für eine neue Orgel für die Kirche in Stötteritz ging.[9] Die Kirche wurde 1702/03 neu erbaut und ersetzte ein wesentlich kleineres Gebäude; 1712/13 kam noch ein wahrscheinlich von Johann Christian Senckeisen entworfener Turm hinzu, der die Zahl der Sitzplätze wesentlich erhöhte. Das heute zu Leipzig gehörende Dorf Stötteritz bestand zu der Zeit aus zwei Rittergütern, dem „Untergut" im Besitz von Engelbert von der Burgk und das „Obergut" der Familie Rinck von Dorstig. (Der Bau der neuen Orgel sollte zum Teil durch ein Legat Engelbert von der Burgks finanziert werden.) Wie dem Brief zu entnehmen ist, bot Scheibe zunächst an, die alte Orgel der Leipziger Johanniskirche nach Stötteritz zu verkaufen, ein 1694/95 von Johann Tobias Trost erbautes einmanualiges Instrument mit zehn Registern.[10] Die Orgel war Scheibe bei einem Schätzpreis von 75 Talern als Teilzahlung für das von ihm 1741–1743 erbaute Nachfolgeinstrument überlassen worden.[11] Scheibe verlangte nun allerdings 310 Taler für das fünfzig Jahre alte Instrument, nahezu das Doppelte der 175 Taler, die Trost ursprünglich erhalten hatte. Die Kirche in Stötteritz lehnte dieses Angebot ab mit der Bemerkung, „weil diese Orgel, wenn solche der Kirche zu *S^{ct} Johann:* vor Leipzig ferner gedienet hätte, nicht würde haben verkaufft werden sollen."[12] Die Verfasser des Briefes erklären, daß die Gemeinde in ihrer „schönen, großen, neuerbaueten" Kirche sich gegenüber der Zeit, als die alte Kirche errichtet wurde, verfünffacht habe und das alte Positiv „gantz und gar

---

Kaufmann, *„… alles tüchtig, fleißig und wohl erbauet …". Johann Sebastian Bachs Prüfung der Scheibe-Orgel in Zschortau*, in: Orgel International 2000/6, S. 404–409.

[8] Adam Friedrich Glafey (1692–1753), der Ehemann von Christiana Clara Glafey (1710–1777), erbte nach dem Tod seines Schwiegervaters Eucharius Gottlieb Rinck im Jahre 1745 das Obergut in Stötteritz. Glafey wurde 1748 geadelt; von 1746 bis 1753 war er Gerichtsherr sowohl des Stötteritzer Ober- als auch des Unterguts.

[9] Stadtarchiv Leipzig, *AHM 775, Acta die Anschaffung eines Orgel-Wercks in der Kirche zu Stötteritz betr. Anno. 1753*, fol. 31v–35v. Der Brief wird in folgender 2003 veröffentlichten Broschüre erwähnt, jedoch nicht zitiert: F. Wünsche und J. M. Pietsch, *Marienkirche Stötteritz: die Ausstattung und ihre Funktion im Gottesdienst*, Delitzsch 2003, S. 36.

[10] Zur Disposition siehe C. Wolff und M. Zepf, *Die Orgeln J. S. Bachs: Ein Handbuch*, Leipzig 2006, S. 71; und U. Dähnert, *Historische Orgeln in Sachsen: Ein Orgelinventar*, Frankfurt/Main 1980, S. 177. Die neue Trost-Orgel hatte 175 Taler gekostet.

[11] Hubert Henkel vermutete, daß die Orgel Scheibe nicht mehr einbrachte als den Wert des Altmetalls, da es keine Nachweise für einen Weiterverkauf des Instruments gibt. Siehe H. Henkel, *Zur Geschichte der Scheibe-Orgel in der Leipziger Johannis-Kirche*, in: Bach-Studien 9 (1986), S. 46.

[12] Stadtarchiv Leipzig, *AHM 775*, fol. 33v.

eingegangen" sei, noch könne der Organist und Schulmeister die Gemeinde dazu bringen, die angegebene Tonhöhe zu halten, was zu einem „recht ärgerl. Übelstand und *Dissonanz*" führe.[13] Das weitere Vorgehen (die Bestellung von zwei unterschiedlichen Entwürfen bei Scheibe und deren Prüfung durch Bach) wird in dem Brief wie folgt geschildert:[14]

> Wir haben dahero von vorgedachten Orgelmacher Scheiben nicht allein den *fol.* 26. beÿgehender *Actorum sub.* θ befindl. Riß zu einer Orgel sondern auch *fol.* 27. *et* 30. zweÿerleÿ Anschläge fertigen lassen, beÿdes den Hof *Compositeur* und *Cantor* H: Johann Sebastian Bachen zum Ersehen, und uns seine Gedancken darüber zu eröfnen, *communicir*et, welcher denn die erstere *Disposition* erwehlet, jedoch zu deren Verbeßerung *fol.* 29. noch ein und das andere an Hand gegeben.

Scheibe verstarb nur wenige Tage, nachdem dieser Brief verfaßt wurde, am 4. September 1748; seine Pläne für Stötteritz wurden nie umgesetzt. Die Kirche in Stötteritz erhielt ihre neue Orgel schließlich 1753/54 – Scheibes Nachfolger in Leipzig Johann Christian Immanuel Schweinefleisch baute für 450 Taler eine neue einmanualige Orgel mit zwölf Stimmen.[15] Das Instrument wurde von Johann Gottlieb Görner geprüft und am 27. Oktober 1754 eingeweiht.[16] Leider scheinen weder Scheibes Zeichnung und Dispositionsvorschläge noch Bachs Stellungnahme erhalten geblieben zu sein.

Lynn Edwards Butler (Vancouver, B.C., Kanada)

---

[13] Ebenda, fol. 33v–34v.

[14] Ebenda, fol. 34v. – Die Praxis, einen Dispositionsentwurf von einem oder mehreren Sachverständigen beurteilen zu lassen, wird erwähnt bei J. Adlung, *Musica mechanica organoedi*, Berlin 1768 (Reprint Kassel 1961), § 240 und § 258.

[15] Im Manual befanden sich Principal 4' (Zinn), Grobgedackt 8' (Holz), Quintathon 8' (Metall), Rohrflöte 4' (Metall), Quinta 3' (Zinn), Octava 2' (Zinn), Tertia 2' [1 3/5'] (Zinn), Cornet III (Discant), und Mixtur IV 1'. Das Pedal hatte folgende Stimmen: Subbaß 16', Violonbaß 8', und Posaunenbaß 16', alle aus Holz. Es gab außerdem einen Tremulanten und eine Windkoppel. Angaben nach Stadtarchiv Leipzig, *AHM* 775, fol. 37.

[16] Obwohl die Grundanordnung des Orgelprospekts und einige Verzierungen des Gehäuses anscheinend erhalten geblieben sind, wurde die Orgel von Schweinefleisch 1899 im Zuge von größeren Renovierungsarbeiten an der Kirche ersetzt. Weitere Umbauten erfolgten 1930 und 1953.

Bachs Besuch in Potsdam und dessen Rezeption in der Münchner Presse

Johann Sebastian Bachs Besuch beim preußischen König Friedrich II. am 7. und 8. Mai 1747 verdanken wir nicht nur die Komposition und spätere Veröffentlichung des Musikalischen Opfers, sondern auch eine ansehnliche Anzahl von Zeitungsartikeln, die über dieses Ereignis berichten.[1] Bei diesen Artikeln dürfte weniger die Person Bachs von Interesse gewesen sein, sondern es handelt sich um eine übliche Form der Hofberichterstattung.[2] Dennoch stellen die Zeitungsberichte eine wichtige Quelle für Bachs Besuch in Potsdam dar. Genaugenommen handelt es sich allerdings nur um einen einzigen Bericht, der von einer Reihe anderer Zeitungen nachgedruckt und zum Teil verändert wurde. Dadurch wurde der Name Bachs weit über Berlin und Leipzig hinaus verbreitet und für zahlreiche Leser dürfte dies das erste Mal gewesen sein, daß sie den Namen des, wie ihn die Artikel nennen, „berühmten Capellmeisters aus Leipzig", wahrgenommen haben. Die meisten der genannten Artikel erschienen im mittel- und norddeutschen Raum. Jedoch kann nun durch einen Neufund der Kreis bis nach Bayern hin erweitert werden.

Am Montag, dem 22. Mai 1747, erschien auf der Titelseite der *Münchner-Zeitungen von denen Kriegs- Friedens- und Staatsbegebenheiten* der folgende Beitrag:

Berlin/ den 11. May
Aus Potsdam vernimmt man, daß daselbst verwichenen Sonntag der berühmte Capellmeister aus Leipzig, Herr Bach, angekommen, in der Absicht, das Vergnügen zu genüssen, die dasige vortreffliche Königliche Music zu hören. Des Abends gegen die Zeit, da die gewöhnliche Cammer-Music in denen Königl. Apartements anzugehen pfleget, ward Seiner Majestät berichtet, daß der Capellmeister Bach angelanget wäre, und daß er sich in Dero Antichambre aufhielte, und allergnädigste Erlaubniß erwartete, die Music anzuhören. Höchst-Derselbe ertheilten sogleich Befehl, ihn herein kommen zu lassen, und giengen bey dessen Eintritt an das sogenannte Forte und Piano, geruheten auch, ohne einige Vorbereitung in eigner höchster Person ihm ein Thema vorzu-

---

[1] Siehe dazu Dok II, Nr. 554, Dok V, S. 297f. sowie C. Wolff, *Johann Sebastian Bach*, Frankfurt a. M. 2000, S. 465–469.
[2] Vgl. zur Funktion dieser Form der Berichterstattung: K. Küster, *Zum Umgang mit Musikeranekdoten des 18. Jahrhunderts: Das Beispiel Bach*, in: Biographie und Kunst als historiographisches Problem. Bericht über die Internationale Wissenschaftliche Konferenz anläßlich der 16. Magdeburger Telemann-Festtage, hrsg. von J. Kremer, W. Hobohm und W. Ruf, Hildesheim 2004, S. 142–160, speziell S. 146.

spielen, welches er in einer Fuga ausführen solte. Solches geschahe von ihm so glücklich, daß nicht nur Se. Majestät Dero allergnädigstes Wohlgefallen darüber zu bezeigen beliebten, sondern auch die sämmtlichen Anwesenden in Verwunderung gesetzt wurden. Herr Bach fand das ihm aufgegebene Thema, so ausbündig schön, daß er es in eine ordentliche Fuga zu Papier bringen, und hernach in Kupffer stechen lassen wil. Am Montage ließ er sich in der Heil. Geist-Kirche zu Potsdam auf der Orgel hören, und erwarb sich bey denen in Menge vorhandenen Zuhörern allgemeinen Beyfall. Abends trugen Se. Majestät ihm nochmals die Ausführung einer Fuga von 6. Stimmen auf, welches er zu Höchst-Deroselben Vergnügen, und mit allgemeiner Bewunderung, eben so geschickt, wie das vorige mahl, bewerckstelligte.[3]

Das Datum, auf das der Bericht verweist, ist nicht das Datum von Bachs Auftritten vor dem preußischen König, sondern bezeichnet das Erscheinungsdatum eines Artikels in den *Berlinischen Nachrichten*,[4] auf den auch alle weiteren Meldungen fußen. Der Berliner Artikel wurde bereits am 16. Mai von der führenden Hamburger Zeitung, dem *Hamburger Relationscourier*,[5] sowie am selben Tag von der *Magdeburger Privilegierten Zeitung* nachgedruckt; ein weiterer Nachdruck erschien am 20. Mai 1747 in der in Frankfurt erscheinenden *Sambstägigen Extra-Ordinaire Kaiserl. Reichs-Post-Zeitung*.[6] Die Hamburger, Magdeburger und Frankfurter Nachdrucke basieren auf dem Berliner Artikel und unterscheiden sich von diesem nur durch einige orthographische Details.

Der Münchner Artikel weicht dagegen in einigen Formulierungen von der Berliner Vorlage ab. So heißt es zu Beginn, Bach sei in Potsdam „angekommen" während der Berliner Artikel das Verb „eingetroffen" verwendet. Wenig später berichtet der Münchner Artikel, daß Bach in der „Antichambre" des Königs gewartet habe, während im Berliner Text das deutsche Äquivalent „Vor Cammer" erscheint. Diese, wie auch einige weitere kleine Unterschiede betreffen nicht den Kern des Textes, doch gehen sie über die in den Hamburger, Magdeburger und Frankfurter Nachdrucken des Berliner Artikels anzutreffenden orthographischen Abweichungen hinaus. Näher steht der Münchner Artikel

---

[3] *Münchner-Zeitungen/ von denen Kriegs- Friedens- und Staatsbegebenheiten/ in- und ausserhalb Landes, Nummer LXXXVII. Anno 1747, Montag/ den 22. May*, S. 319.

[4] Siehe Dok II, Nr. 554 (S. 434–435).

[5] Siehe den Abdruck bei H. Becker, *Die frühe Hamburgische Tagespresse als musikgeschichtliche Quelle*, in: Beiträge zur Hamburgischen Musikgeschichte, hrsg. von H. Husmann, Hamburg 1956, S. 44–45. Becker überinterpretiert jedoch die Bedeutung Bachs in dem Artikel wenn er vermutet, daß die Veröffentlichung von einem „persönlichen Bekannten Bachs" initiiert worden sein müsse (S. 45). Der Wiederabdruck in zahlreichen deutschen Zeitungen zeigt vielmehr, daß es primär um die Wiedergabe einer Anekdote vom Potsdamer Hof ging.

[6] Dieser Artikel wurde ausführlich beschrieben von H. Scior, *Bachs Potsdam-Besuch in den „Franckfurter Gazetten"*, BJ 1992, S. 81–83.

dagegen einer Fassung, die am 15. Mai 1747 in den *Leipziger Zeitungen* erschienen ist.[7] Ein Vergleich zeigt, daß sämtliche Änderungen gegenüber der Berliner Fassung sich bereits dort finden, so daß davon auszugehen ist, daß dem Münchner Redakteur nicht das Berliner Original, sondern die Leipziger Fassung vorgelegen hat.

Die Bedeutung des Münchner Artikels liegt weniger in seinem unmittelbaren Informationswert. Wir erfahren nichts über Bachs Besuch in Potsdam, das nicht bereits durch die anderen Berichte bekannt wäre. Von Bedeutung ist er dagegen als einer der frühesten Belege für die Reputaition Bachs in München und in den katholischen Gebieten Bayerns. Während zahlreiche Verbindungen Bachs zu den protestantischen Reichsstädten Augsburg und Nürnberg nachzuweisen sind, und auch Kontakte in die fränkischen Städte Ansbach und Schweinfurt belegt sind (letztere durch den fränkischen Zweig der Familie Bach),[8] bestanden in die katholischen Regionen Bayerns kaum Verbindungen, und für München dürfte der Zeitungsartikel von 1747 die erste Erwähnung Bachs überhaupt sein.

Markus Rathey (New Haven, CT)

---

[7] Zu den Unterschieden in der Leipziger Fassung siehe Dok V, S. 297.
[8] Zu Bachs Verbindungen nach Bayern siehe den Überblick bei D.-R. Moser, *Spurensuche nach Bach in Bayern*, in: Bach in Bayern. Beiträge zu einer Geschichte der Rezeption Johann Sebastian Bachs im oberdeutschen Raum, hrsg. von D.-R. Moser, München 2000, S. 11–40; sowie ders., *Die Entdeckung Bachs in Bayern*, ebenda, S. 41–59.

Die Herkunft des Chors „Triumph! Triumph! Des Herrn Gesalbter sieget" aus dem Oratorium „Die Auferstehung und Himmelfahrt Jesu" von C. P. E. Bach

Es ist seit langem bekannt, daß es sich bei einem Großteil der von Carl Philipp Emanuel Bach in seiner Hamburger Zeit (1768–1788) aufgeführten geistlichen Vokalwerke, darunter insbesondere die Passionen und Einführungsmusiken, nicht um gänzlich originale Kompositionen sondern vielmehr um Überarbeitungen eigener älterer Stücke, um Einrichtungen von Werken fremder Komponisten oder um Pasticci handelt, die gelegentlich aus verschiedenen Werken anderer Komponisten zusammengestellt worden sind.[1] Jüngere Forschungen zu den 1999 wieder zugänglich gemachten Materialien im Archiv der Sing-Akademie zu Berlin haben weitere Fälle zu Tage gefördert, in denen Bach ganze Werke oder einzelne Sätze aus eigenen oder fremden Kompositionen entlehnt und bearbeitet hat.[2]

Im Gegensatz zu den Werken, von denen bekannt ist, daß sie auf älterem Material basieren, wurden die Oratorien als originale Kompositionen – im Sinne von „vollkommen neu" – bewertet. In der Tat empfand auch Bach selbst diesen Stücken gegenüber eine besondere Wertschätzung: Er veröffentlichte zwei seiner drei Oratorien – *Die Israeliten in der Wüste* (Wq 238) im Jahr 1775 und *Die Auferstehung und Himmelfahrt Jesu* (Wq 240) 1787 – und sicherte ihnen auf diese Weise nicht nur eine weite Verbreitung über Hamburg hinaus, sondern festigte damit auch seine Reputation als wichtiger Komponist großangelegter Vokalwerke.[3] (Die *Passions-Cantate* Wq 233 erschien erst 1789

---

[1] Siehe zum Beispiel H. Miesner, *Philipp Emanuel Bach in Hamburg. Beiträge zu seiner Biographie und zur Musikgeschichte seiner Zeit*, Leipzig 1929; und S.L. Clark, *The Occasional Choral Works of C.P.E. Bach*, Diss. Princeton University, 1984.

[2] Vorläufige Berichte über die in der Sammlung der Sing-Akademie zu Berlin bewahrten Materialien zu Bachs Passionen und Kirchenkantaten finden sich bei U. Leisinger, *Neues über Carl Philipp Emanuel Bachs Passionen nach „historischer und alter Art"*, in: Jb SIM 2002, S. 107–119; und ders., *Carl Philipp Emanuel Bachs Kirchenkantaten. Eine Standortbestimmung*, in: Jb SIM 2003, S. 116–125. Detailliertere Besprechungen der Quellen und Entlehnungen in den einzelnen Passionen und Kantaten finden sich in CPEB:CW, IV/4–7 bzw. V/2.

[3] Siehe L. Finscher, *Bemerkungen zu den Oratorien Carl Philipp Emanuel Bachs*, in: Carl Philipp Emanuel Bach und die europäische Musikkultur des mittleren 18. Jahrhunderts. Bericht über das internationale Symposium der Joachim Jungius-Gesellschaft der Wissenschaften Hamburg, 29. September–2. Oktober 1988, hrsg. von H.J. Marx, Göttingen 1990, S. 309–332, speziell S. 323–329 und 331–332. Zu Wq 238

posthum als Klavierauszug.) Die große Aufmerksamkeit, die den Oratorien zuteil wurde, hat nicht nur dazu beigetragen, daß ihnen gegenüber den Pasticci und Bearbeitungen eine Sonderstellung eingeräumt wurde, sie hat die beiden Werkgruppen auch voneinander abgerückt.

Doch selbst die Oratorien sind offenbar nicht völlig frei von Entlehnungen. Im Zuge meiner Forschungsarbeiten zu den Quellen der Sing-Akademie konnte eine bisher nicht erkannte Verbindung zwischen der „Auferstehung und Himmelfahrt Jesu" und einer Gruppe verwandter Werke Bachs zu Tage gefördert werden, deren Beziehungen untereinander bereits Eingang in die Literatur gefunden haben: Es handelt sich um die Einführungsmusik für Pastor Hornbostel H 821e, die Weihnachtskantate „Die Himmel erzählen die Ehre Gottes" Wq/H deest und die Weihnachtskantate „Auf, schicke dich recht feierlich" Wq 249.[4] Der in dem Oratorium wiederholt erklingende Chor „Triumph! Des Herrn Gesalbter sieget" (Nr. 4, 16 und 19) ist eine Bearbeitung des Chors „Die Himmel erzählen die Ehre Gottes", der der Einführungsmusik wie auch der gleichnamigen Kantate als Eröffnungschor dient. Bach modifizierte das Stück jedoch in einem Maße, daß die Ähnlichkeiten zwischen den beiden Sätzen bisher nicht bemerkt wurden.

Im folgenden werde ich zunächst – soweit bekannt – die Chronologie von Wq 240 und H 821e sowie von deren späteren Bearbeitungen zusammenfassend darstellen. Eine detaillierte Diskussion der Unterschiede zwischen den beiden Fassungen des Chors schließt sich an. Die Studie führt zu zwei Ergebnissen. Zum einen stellt sich heraus, daß es sich bei Wq 240 zumindest zum Teil nicht um ein gänzlich neues Werk Bachs handelte, sondern vielmehr um eine Zusammenstellung von neuen und bereits existierenden Sätzen. Zum anderen ergibt sich sowohl eine plausible Datierung für „Die Himmel erzählen die Ehre Gottes" als auch eine Erklärung dafür, warum dieses Werk nicht in Bachs Nachlaßverzeichnis von 1790 enthalten ist, wohl aber Wq 249.

1. Chronologie von H 821e, „Die Himmel erzählen die Ehre Gottes", Wq 240 und Wq 249

1772: H 821e

Die Kantate H 821e wurde 1772 für die Einführung David Hermann Hornbostels als Diakon an St. Nikolai – einer der fünf Hauptkirchen Hamburgs – komponiert. Das Werk ist in einer autographen Partitur (mit Bachs Vermerk

---

siehe CPEB:CW, IV/1. Werkgeschichte und Quellenlage von Wq 240 werden ausführlich besprochen bei B. Wiermann, *Werkgeschichte als Gattungsgeschichte: Die „Auferstehung und Himmelfahrt Jesu" von Carl Philipp Emanuel Bach*, BJ 1997, S. 117–144.

[4] Siehe W. Enßlin und U. Wolf, *Die Prediger-Einführungsmusiken von C.P.E. Bach*.

„ganz neu gemacht" als Hinweis, daß hier ein neukomponiertes Werk und nicht ein Pasticcio vorlag) sowie einem Stimmensatz überliefert (beide in D-Bsak, *SA 707*); der Stimmensatz wurde von Anon. 304 (tentativ identifiziert als Otto Ernst Gregorius Schieferlein) kopiert und enthält autographe Einträge. Für die Komposition und die Kopierarbeiten erhielt Bach von Pastor Hornbostel 30 Reichstaler (= 90 Mark).[5] Dieses Werk enthält die ursprüngliche Form des Eingangschores von „Die Himmel erzählen die Ehre Gottes".

Weihnachten 1773 (?): „Die Himmel erzählen die Ehre Gottes"
Teil I der Einführungsmusik Hornbostel wurde mit einigen Modifizierungen zur Weihnachtskantate „Die Himmel erzählen die Ehre Gottes" Wq/H deest umgearbeitet. Bis zur Wiederauffindung des Archivs der Sing-Akademie zu Berlin kannte man diese Kantate lediglich aus einem undatierten Textdruck (D-B, *Mus. T 99 R, 7* und *T 99 R, 22*; zweites Exemplar unter *T 99 R, 8* und *T 99 R, 23*). Diese Bearbeitung von H 821e ist im NV nicht berücksichtigt, jedoch durch zwei erhaltene Canto-Stimmen bezeugt, die mit *SA 707* aufbewahrt werden.[6] Sie behält die ursprüngliche Form des Eröffnungschors „Die Himmel erzählen die Ehre Gottes" bei. Bach kompilierte diese Kantate wahrscheinlich für seine Weihnachtsaufführung von 1773.[7]

Materialien und Überlegungen zu Werkbestand, Entstehungsgeschichte und Aufführungspraxis, BJ 2007, S. 139–178, speziell S. 166–168.

[5] Siehe CPEB-Dokumente, Nr. 120.

[6] Siehe W. Enßlin, *Die Bach-Quellen der Sing-Akademie zu Berlin. Katalog*, 2 Bde., Hildesheim 2006 (LBB 8), Bd. 1, S. 130–132. Enßlin identifiziert den Schreiber dieser Stimmen als Johann Heinrich Michel; zahlreiche Unterschiede im Vergleich mit beglaubigten Schriftzeugnissen Michels legen jedoch nahe, daß hier ein anderer Kopist tätig war. Bei diesem könnte es sich um den Altisten Hardenack Otto Conrad Zinck handeln, ein Mitglied von Bachs Chorus musicus, dessen Name und Stimmlage in der autographen Partitur zu H 821e genannt ist. Siehe hierzu P. Wollny, *C.P.E. Bach, Georg Philipp Telemann und die Osterkantate „Gott hat den Herrn auferwecket"*, in: „Er ist der Vater, wir sind die Bub'n": Essays in Honor of Christoph Wolff, hrsg. von P. Corneilson und P. Wollny, Ann Arbor 2010, S. 78–94, speziell S. 89–90.

[7] Bachs Weihnachtskantaten für 1772 und 1775 sind bekannt: 1772 erklang „Ehre sei Gott in der Höhe" H 811 (siehe den autographen Titelumschlag in D-Bsak, *SA 247*), und Wq 249 entstand laut NV 1775. Da das Oratorium Wq 240 nachweislich in der Osterzeit 1774 erstaufgeführt wurde, verwendete Bach den Chor „Die Himmel erzählen" vermutlich nicht für die Weihnachtsmusik desselben Jahres. Da triftige Gegenargumente fehlen, erscheint mithin die Schlußfolgerung plausibel, daß „Die Himmel erzählen die Ehre Gottes" Bachs Weihnachtsmusik von 1773 darstellt. Siehe CPEB:CW, V/2.5 (in Vorbereitung).

1774: Wq 240

Dem NV ist zu entnehmen, daß Wq 240 auf 1777/78 datiert ist. Dies bezieht sich wahrscheinlich auf das Datum der revidierten Fassung; die frühere Fassung läßt sich mindestens bis in das Jahr 1774 zurückverfolgen, das Jahr, in dem wahrscheinlich die undatierte autographe Partitur (D-B, *P 336*) entstand. Diese Partitur enthält Spuren umfangreicher Revisionen wie etwa das Austauschen ganzer Sätze, aber auch kleinere Verbesserungen von Bachs Hand, die letztlich alle im Druck von 1787 berücksichtigt sind. Die Aufführungsstimmen (D-B, *St 178*, geschrieben von Johann Heinrich Michel mit autographen Einträgen) enthalten ebenfalls Modifizierungen und Verbesserungen von Bachs Hand. Der wiederholt erklingende Chor „Triumph!" ist aus dem Eröffnungschor von H 821e übernommen, allerdings mit neuer Textunterlegung und wesentlichen Revisionen.

1775: Wq 249

Aus der Weihnachtskantate „Die Himmel erzählen die Ehre Gottes" wurde nach weiteren von Bach durchgeführten Modifizierungen die Weihnachtskantate „Auf, schicke dich recht feierlich" Wq 249, die zum ersten Mal 1775 (sowie erneut 1779 und 1786) aufgeführt wurde. Bach ersetzte den ursprünglichen Chor Nr. 1 („Die Himmel erzählen die Ehre Gottes") durch einen einfachen vierstimmigen Choral mit der Melodie „Wir Christenleut" auf die erste Strophe von Christian Fürchtegott Gellerts „Weihnachtslied". (Dieselbe Choralmelodie verwendete er mit der sechsten Strophe von Gellerts Text als Schlußsatz von Wq 249.)[8]

Bisher konnte nicht erklärt werden, warum der Eingangschor durch einen Choral ersetzt wurde. Offenbar ging es nicht einfach um eine Kürzung und Vereinfachung der Weihnachtskantate, vielmehr dürfte der eigentliche Beweggrund die modifizierte Übernahme in Wq 240 gewesen sein. Sobald das Oratorium seine eigene Aufführungstradition in Konzerten etabliert hatte, konnte der Chorsatz nicht weiter für weihnachtliche Darbietungen genutzt werden – er war zu einem Auferstehungs- und Osterstück geworden. Um dem Konzertoratorium den Anschein von Originalität oder zumindest „Neuheit" zu geben, mußten die Spuren der Herkunft des Triumph-Chores verwischt werden. Der Choral „Auf, schicke dich" war ein wirkungsvoller und passender Ersatz für C. P. E. Bachs Weihnachtsrepertoire.

Ein ganz ähnliches Vorgehen findet sich bei dem Ersatzchor für Satz 4 („Et misericordia") des Magnificat Wq 215, der komponiert wurde, nachdem Bach den ursprünglichen Satz in seine Matthäus-Passion für 1769 (H 782) über-

---

[8] Bach vertonte sämtliche Strophen von Gellerts „Weihnachtslied" als Wq 194/5 (1758); siehe CPEB:CW, VI/1.

nommen hatte und – noch bedeutsamer im Blick auf seine öffentliche Reputation – nachdem er diese in die berühmte Passionskantate Wq 233 umgewandelt hatte. Zu der Zeit als Bach begann, das Magnificat in Hamburg öffentlich aufzuführen (spätestens 1779), konnte er den älteren Chor nicht mehr benutzen, da die Parodiebeziehungen zur Passionskantate vom Publikum gewiß erkannt worden wären.[9]

Unterschiede zwischen H 821e/1 und Wq 240/4: Während der Aufbau und Gehalt der beiden Chorsätze identisch ist (gleiche Taktzahl, identische formale Struktur), gibt es hinsichtlich der Einzelheiten der musikalischen Gestaltung zahlreiche Unterschiede, die die folgende Gegenüberstellung veranschaulicht.

– Text: In H 821e stammt der Text von einem unbekannten Dichter. In Wq 240 vertonte Bach eine Dichtung von Karl Wilhelm Ramler (die bereits von mehreren anderen Komponisten in Musik gesetzt worden war, darunter auch Telemann).
– Besetzung: Die beiden Sätze weisen eine unterschiedliche Instrumentierung auf. H 821e verlangt Tr I–III, Timp, Ob I–II, Vl I–II, Va, SATB, Bc; Wq 240 hat zusätzlich zwei Hörner.[10]
– Tempobezeichnung: In H 821e findet sich die Angabe „Allegro con spirito"; Bach übernahm dies zunächst in Wq 240 (die originale Satzbezeichnung in der autographen Partitur lautet „Chor, allegro con spirito"), fügte später allerdings noch das Wort „molto" ein; die Tempobezeichnung lautet daher in der letzten Fassung „Molto allegro con spirito". Diese Modifizierungen wurden erst nach Anfertigung der Stimmen eingetragen, da sie auch hier als autographe Nachträge erkennbar sind. Im Erstdruck von Wq 240 aus dem Jahr 1787 änderte Bach die Tempobezeichnung ein weiteres Mal zu „Allegro di molto".
– Harmonische Fortschreitungen im einleitenden Ritornell (siehe Beispiel 1–2): Die beiden einleitenden Ritornelle weisen in den Takten 1–4 unterschiedliche harmonische Fortschreitungen auf:

H 821e: I–V6/V–V–V7–I
Wq 240: I–V(4)2/IV–IV–V7/V–V–V7–I

In Wq 240 durchmißt Bach in der gleichen Zahl von Takten einen weiteren harmonischen Raum und erhöht die Spannung durch den Umweg über die Subdominante

---

[9] Um die übrigen Sätze aus seinem Magnificat, die er in anderen Werken verwendet hatte (zum Beispiel die Arie Nr. 3 „Quia fecit mihi magna", die er als Vorlage für die Arie „Hallelujah! welch ein Bund" in der Einführungsmusik Häseler H 821d von 1772 nutzte), mußte Bach sich nicht sorgen. Da es sich bei der Einführungsmusik um ein nur ein einziges Mal aufgeführtes Gelegenheitswerk handelte, konnte er die originale Arie im Magnificat auch bei späteren Aufführungen unangetastet lassen.
[10] In diesem Zusammenhang erscheint bemerkenswert, daß Bach in *P 336* die beiden Hornstimmen auf einem separaten System („Beÿde Hörner") unter dem Continuo notierte. Die Idee, die Besetzung um Hörner zu erweitern, kam ihm daher möglicherweise erst nach der Überarbeitung der Vorlage.

(Stufe IV), bevor er über V nach I zurückkehrt. Vermutlich war hauptsächlich diese Revision dafür verantwortlich, daß die Verbindung zwischen H 821e/1 und Wq 240/4 bislang nicht erkannt worden ist.

- Verfeinerung der Gesangsstimmen: In Wq 240 finden sich gelegentlich subtile Änderungen in der Stimmführung (T. 20–23, 52), Stimmtausch (T. 35–36, 48–49) und satztechnische Modifizierungen (wie etwa die gestaffelten Einsätze anstelle einfacher Homophonie in T. 34–35). Bach ersetzte in Wq 240 auch die charakteristische Triolenfigur der Singstimmen von H 821e durch paarige Achtelnoten (T. 14, 38, 50), wodurch der Oberflächenrhythmus vereinheitlicht wird.

- Auftaktigkeit: Die eröffnende Auftaktfigur (i–v–i, häufig mit dem Zusatz „unis." in der Continuo-Stimme), die sich in H 821e lediglich am Satzbeginn findet, wird in Wq 240 umfassender verwendet (T. 1, 10, 34, 42, 64).

- Verfeinerung der Instrumentalstimmen: In Wq 240 gibt es gelegentlich verfeinernde Veränderungen der Instrumentalstimmen (zum Beispiel die subtil modifizierten arpeggierten Figuren der Violinen oder die neue Stimmführung in den Oboen; siehe T. 1–4, 10, 12–14, 34, 43, 58, 64). Bach präzisierte in Wq 240 zuweilen auch die Bezifferung (so kommt das ♮ gehäuft vor, um zweideutige Stellen zu beseitigen; siehe T. 36–37).

Der hier vorgenommene Vergleich beleuchtet nicht nur die Entstehungsgeschichte von Wq 240, H 821e und Wq 249, er veranschaulicht auch, daß Bachs Vorgehensweise hinsichtlich Neukomposition, Kompilation und Revision von großangelegten Vokalkompositionen seine „neuen" Konzertwerke ebenso betraf wie sein alltägliches Kirchenrepertoire. Wenn der Anlaß für ein neues Stück gegeben war – etwa im Fall der „Auferstehung und Himmelfahrt Jesu", das Bach veröffentlichen und als Teil seines künstlerischen Vermächtnisses ansah –, mußte der Komponist nicht notwendigerweise ganze Werke oder einzelne Sätze voraussetzungslos neu konzipieren. Vielmehr konnte er auch hier ganz oder teilweise auf bereits existierendes Repertoire zurückgreifen, speziell auf seine Gelegenheitswerke, die wenig bekannt waren und für die es keine Aufführungstradition gab.[11] So stellt sich die Frage, bei welchen anderen „originalen" Sätzen es sich in Wirklichkeit um Entlehnungen aus bereits existierenden Werken handelt. Dies unterstreicht die Bedeutung der dauerhaften Arbeit mit den Quellen, besonders derjenigen im Archiv der Sing-Akademie zu Berlin. Wer weiß, welche Entdeckungen den scharfsichtigen Betrachter dort noch erwarten?

Jason B. Grant (Cambridge, Mass.)

---

[11] Ein in Berlin überliefertes gedrucktes Textbuch (D-B, *Tb 93 R, 20*) legt die Vermutung nahe, daß Bach die Sätze 2–7 aus Wq 240 zusammen mit einem hinzugefügten Choral als Teil I der Ostermusik von 1782 verwendet hat; da es jedoch kein musikalisches Quellenmaterial für diese Aufführung gibt, bleibt unklar, ob er seine eigene Vertonung von Ramlers Text benutzte oder die eines anderen Komponisten.

Beispiel 1: H 821e, Chor Nr. 1, T. 1–11

Kleine Beiträge

Kleine Beiträge

Kleine Beiträge

Beispiel 2: Wq 240, Chor Nr. 4, T. 1–11

284 Kleine Beiträge

Kleine Beiträge

286 Kleine Beiträge

Begegnungen in Constantinopel und Leipzig
Pierre Gabriel Buffardin und Johann Jacob Bach*

I. Konstantinopel

Am 8. Juli 1709 verlor das schwedische Hauptheer die Schlacht bei Poltawa (Полтава) in der Ukraine. Rußland leitete mit diesem Sieg die Endphase des Großen Nordischen Krieges ein. König Carl XII. von Schweden (1682–1718; König seit 1697) gelang die Flucht auf osmanisches Territorium; dort ließ er um Asyl ansuchen. Auf Geheiß des osmanischen Sultans Ahmed III. (1673–1736; Regierungszeit 1703–1730) durften Carl XII. und seine Gefolgsleute sich in Bender (heute: Bendery/Tighina, Republik Moldau) niederlassen.[1] Zu diplomatischen Verhandlungen mit dem Sultan entsandte Carl XII. eine Legation nach Konstantinopel (Istanbul).[2] Die Legation war während des Asyls des schwedischen Königs im Machtbereich des osmanischen Sultans wiederholt Anlaufpunkt für schwedische Militärangehörige, die von Bender aus – selbständig oder im Auftrag des Königs – Konstantinopel besuchten. Darunter dürfte sich auch Johann Jacob Bach (1682–1722), der ältere Bruder Johann Sebastian Bachs, befunden haben. Denn wie aus dem entsprechenden Eintrag im „Ursprung der *musicali*sch-*Bachi*schen *Familie*" hervorgeht, hatte Johann Jacob Bach als Gardeoboist in der schwedischen Armee gedient, die fatale Schlacht bei Poltawa miterlebt und war schließlich im Gefolge Carls XII. in Bender eingetroffen; sein Neffe Carl Philipp Emanuel Bach notierte, Johann Jacob habe von dort aus Konstantinopel besucht.[3] Auch bestätigen die folgenden – für die Bach-Forschung hier erstmals nutzbar gemachten – Aufzeichnungen einen Aufenthalt von Johann Jacob Bach in der sich über den Bosporus

---

[*] Der Beitrag entstand im Rahmen des vom Bach-Archiv Leipzig durchgeführten und von der Alfried Krupp von Bohlen und Halbach-Stiftung geförderten Forschungsprojekts „Expedition Bach". Den Mitarbeitern der Kungliga Biblioteket – Sveriges Nationalbibliotek Stockholm, Handskriftsavdelning, des Geheimen Staatsarchivs SPK Berlin-Dahlem, der Zentralbibliothek und der Teilbibliothek Musik der Bayerischen Julius-Maximilians-Universität Würzburg sowie Frau Krystyna Miggel (Stockholm/Berlin) danke ich für ihre Unterstützung meiner Forschungen, die erst dank der großherzigen Gastfreundschaft von Familie Johanson ermöglicht wurden.
[1] R. M. Hatton, *Charles XII of Sweden*, London 1968, S. 290–311.
[2] E. Tengberg, *Från Poltava till Bender. En studie i Karl XII:s turkiska politik 1709–1713*, Diss. Lund 1953 (Druck 1953), S. 27–28.
[3] Dok I, Nr. 184 (S. 259).

erstreckenden Metropole. Diese Aufzeichnungen stammen von Sven Agrell (1685–1713), der als Prediger bei der schwedischen Legation in Konstantinopel für das geistliche Wohl der Mitglieder der Legation zu sorgen hatte.[4] In seinem Tagebuch, das den Zeitraum von April 1707 bis zum 28. Februar 1713 umfaßt, verzeichnete Agrell Besucher, die aus den Reihen der schwedischen Armee zur Legation in Konstantinopel kamen. So notierte er für den 13. April 1710:

13ͩᵉ [*Aprilis Anno* 1710] eller 4ͩᵉ Påskedagen *communicera*de iag H[er]ʳ *Magister Eneman* och 2ⁿᵉ stycken Klädemakaregeseller, dhen eena wÿd nampn *Johann Christopher Siessik* ifrån *Voigt*landh[,] dhen andra *Johann*: [aus: *Clas*(?)] *Henscher* ifrån Frauenstadt: Sammaledes en *Musicant*s-gesell, som hölt sig uppå hoos H[er]ʳ Öf[ve]rst-*leutnant Funck*, wÿd namp *Jacob Bach* ifrån *Erfurt*[.][5]

(13. April 1710 oder vierter Ostertag,[6] empfingen von mir das Abendmahl Herr Magister Eneman und zwei Tuchmachergesellen: der eine mit Namen Johann Christopher Siessik aus Vogtland, der andere Johann Henscher aus Frauenstadt. Ebenso ein Musikantengeselle, der sich beim Herrn Oberstleutnant Funck aufhält, mit Namen Jacob Bach aus Erfurt.)

Der an erster Stelle genannte Magister war Michael Eneman (1676–1714), ein schwedischer Orientalist, der als Feldprediger bei der Legation Kollege von Agrell gewesen ist.[7] Für die beiden Tuchmachergesellen fehlen bislang weitere Angaben. Daß der Musikantengeselle Jacob Bach aus Erfurt mit Johann Jacob Bach aus Eisenach zu identifizieren ist, liegt aus mehreren Gründen nahe. Zum einen läßt sich nur ein Musiker dieses Namens in der fraglichen Zeit unter den schwedischen Militärmusikern nachweisen, zum anderen bestätigt die nachträgliche Notiz seines Neffen Carl Philipp Emanuel den Aufenthalt von Johann Jacob Bach in Konstantinopel. Auf den ersten Blick könnte die Herkunfts-

---

[4] Angaben zu Sven Agrell nach den Vorworten zur Erstausgabe (A. Quennerstedt, S. II–VI und XII) und zu deren Reprint (G.T. Westrin, S. 7–12): *Andre legationspredikanten vid Svenska Beskickningen i Konstantinopel Sven Agrells Dagbok 1707–1713*, hrsg. von A. Quennerstedt, Stockholm 1909 (Karolinska krigares dagböcker. V.), Reprint: Stockholm 1988 (Suecica Rediviva. 113.).

[5] Zitiert nach dem Original: Riksantikvarieämbetet Stockholm, Informationsavdelningen, Antikvarisk-topografiska arkivet (ATA), *Götiska Förbundet och Jacob Adlerbeth, F 5 Götiska Förbundets handskriftssamling, Vol. 28*, S. 85 (in der in Fußnote 4 genannten Ausgabe S. 91). Frau Ylva Larsson (Riksantikvarieämbetet, ATA) danke ich vielmals für ihre effiziente Hilfe. Frau Lena Ånimmer (Riksarkivet Stockholm, Private Archives Department) danke ich für ihre freundlichen Auskünfte.

[6] Nach dem julianischen Kalender (oder alten Stil) berechnet, fiel der Ostersonntag im Jahre 1710 auf den 9. April.

[7] W. Björkman, *Die Beziehungen zwischen Schweden und der Türkei*, in: Studia Orientalia memoriae Erici Gren dedicata, hrsg. von G. Karlsson und N. Simonsson, Uppsala 1961 (Orientalia suecana. IX.), S. 137–153, speziell S. 142.

angabe „ifrån *Erfurt*" die Identifizierung mit Johann Jacob Bach in Frage stellen. Jedoch dürfte Erfurt als größere Stadt in der weiteren Umgebung von Eisenach und als namhafter Residenzort der mächtigen Mainzer Kurfürsten (beziehungsweise deren Statthalter) dem Legationsprediger Sven Agrell geläufiger gewesen sein als die kleine Residenzstadt eines aus schwedischer Sicht politisch wenig bedeutsamen Duodez-Fürstentums. Könnte Agrells Angabe außerdem eher den Ort bezeichnen, an dem Johann Jacob Bach sich als Gardeoboist bei den Schweden hatte anwerben lassen – anstatt des Geburtsortes? Als Bachs militärischer Vorgesetzter fungierte offenbar Thomas Funck (1672–1713).[8] Funck begann seine militärische Laufbahn als niederer Offizier (Kornett) bei der Leibgarde zu Pferd, im Alter von 22 Jahren. Im Dezember 1703 erhielt er die Ernennung zum Oberstleutnant über ein Dragonerregiment. Er amtierte seit April 1711 als schwedischer Außerordentlicher Gesandter bei Sultan Ahmed III., was für sein diplomatisches Geschick sprechen dürfte.

Wie Carl Philipp Emanuel Bach mitteilte, hatte Johann Jacob Bach in der Bosporus-Metropole „von dem berühmten Flötenisten *Buffardin*, welcher mit einem Französischen Gesannten nach Konstantinopel gereist war, Lektion auf der Flöte genommen."[9] Diese Notiz ist bislang die einzige Information zur Tätigkeit von Pierre Gabriel Buffardin (ca. 1690–1768) in Konstantinopel. Das Zusammentreffen des königlich-schwedischen Gardeoboisten mit dem französischen Flötenvirtuosen in der Hauptstadt des osmanischen Reiches wurde zuletzt auf „sometime before 1712" datiert.[10] Angesichts des oben mitgeteilten Eintrags im Tagebuch von Sven Agrell, plädiere ich dafür, das Zusammentreffen mit Buffardin auf Frühjahr oder Sommer 1710 zu datieren. Möglicherweise vermittelte Johann Jacob Bach auch mit Hilfe von Buffardin Musikalien französischer Provenienz an musikalische Dilettanten unter den

---

[8] Die folgenden Angaben nach A. Lewenhaupt, *Karl XII:s officerare. Biografiska anteckningar*, 2 Bde., Stockholm 1920–1921, Bd. 1, S. 218.

[9] Wie Fußnote 3 (S. 265), zitiert nach dem Original (D-B, *Mus. ms. theor. 1215 (1)*, fol. 8r).

[10] New Grove 2001, Bd. 4, S. 559 (E. R. Reilly); MGG², Personenteil, Bd. 3, Sp. 1219 bis 1220, Sp. 1219: „[…] vor 1712 in Konstantinopel" (D. Härtwig). Vgl. dagegen A. Powell und D. Lasocki, *Bach and the flute: the players, the instruments, the music*, in: Early Music 23 (1995), S. 9–29, S. 19–20: „1712 or 1713 in Constantinople (age 23) […]"; I. Kollpacher-Haas, *Pierre Gabriel Buffardin. Sein Leben und Werk*, in: Festschrift für Erich Schenk, hrsg. von O. Wessely, Graz 1962 (Studien zur Musikwissenschaft. 25.), S. 298–306, S. 299: „Erst 1713 taucht Buffardin wieder auf. Für dieses Jahr ist sein Aufenthalt in Konstantinopel verbürgt durch zahlreiche Nachrichten über Johann Jacob Bach, den jüngsten Bruder des Thomaskantors". Über J. J. Bachs Aufenthalt in Konstantinopel gibt allerdings einzig die von C. P. E. Bach festgehaltene „Nachricht" Auskunft; eine diesbezügliche konkrete Jahresangabe fehlt dort.

schwedischen Militärs. Dies wäre zumindest eine denkbare Erklärung für die Überlieferung einer bisher offenbar unbeachtet gebliebenen Handschrift. „H[er]ʳ Hofpredikant" Arvid August Afzelius (1785–1871), der sich als erster um Sammlung und Bewahrung schwedischer Volkslieder verdient gemacht hat, schenkte sie am 13. April 1848 der Königlichen Bibliothek in Stockholm.[11] Dieses Manuskript ist heute Bestandteil der Musikaliensammlung der Handschriftenabteilung der Königlichen Bibliothek und trägt die Signatur *Cod. Holm. S. 232*.[12] Es umfaßt 36 rastrierte Blätter, die in braunes Leder gebunden sind (Format 16,5 × 26,5 cm). Auf der letzten Seite sind die fünf Notensysteme leer geblieben. Auf der ersten rastrierten Seite wollte der Kopist bereits ein *Prelude* notieren. Indessen nutzte vermutlich der Eigentümer die Seite für die Abschrift des Titels von der Vorlage und für einen datierten Possessorvermerk: „*Constantinople ce 30 de Juliet 1710 S*[ten]. *Arfvidsson.* | ... | *Basse-Continües* | *Des pieces a une et* | *a Deux* | *Violes.* | *par M*[onsieur]. *Marais.*"

Was den ursprünglichen Besitzer des Bandes betrifft, so läßt er sich leicht identifizieren: Sven Agrell erwähnt in seinem Tagebuch tatsächlich wiederholt einen Gardehauptmann namens Arfwedson. Der Legationsprediger notierte dessen Ankunft in Konstantinopel am 13. Juni 1710. Ihm fiel an dem Gardekapitän besonders auf, daß der in kurzer Zeit Türkisch bereits so gut beherrschte, um als Dolmetscher dienlich zu sein.[13] Sten Arfvidsson (Arvidsson) Sture (1681–1730) hatte seine Karriere als Page beim König von Schweden begonnen, diente anschließend als Freiwilliger bei der Leibgarde und wurde Ende März 1704 zum Hauptmann bei der Leibgarde ernannt. Den abschließenden Höhepunkt seiner militärischen Laufbahn bildete die Ernennung zum Generalmajor der Infanterie, am 29. April 1719. Anscheinend kehrte er noch vor seinem König nach Schweden zurück, denn am 20. Mai 1713 heiratete er Gräfin Hedvig Maria Piper (1697–1767), Tochter eines königlichen Rats. In dem Manuskript, dessen Übernahme in seinen Besitz Sten Arfvidsson (vermutlich eigenhändig) am 30. Juli 1710 in Konstantinopel festhielt, sind die Stücke 1–83 des ersten Buches der *PIECES a vne et a deux VIOLES* von Marin Marais (1656–1728) enthalten. Den Gambenpart veröffentlichte Marais im August 1686 in Paris. Erst am 1. März 1689 war die Drucklegung der „Basse-

---

[11] Auf dem vorderen Buchspiegel der Vermerk: „Skänkt af Hʳ Hof- | predikanten Arvid A[ugust]. Afzelius | till Kungl. Bibliotheket i | Stockholm, den 13de April | 1848.". Zu Afzelius siehe *Svenskt biografiskt lexikon*, Bd. 1, Stockholm 1918, S. 234–238 (H. Rydh).

[12] Den Mitarbeiterinnen und Mitarbeitern der Kungliga Bibliotheket Stockholm danke ich vielmals für ihre Unterstützung. Herrn Michael Maul (Bach-Archiv Leipzig) danke ich für die Bereitstellung von Vergleichsmaterial.

[13] *Sven Agrells Dagbok* (wie Fußnote 4), S. 116. Die folgenden Angaben nach Lewenhaupt (wie Fußnote 8), Bd. 2, S. 678.

continuës des pieçes a une et a deux Violes" beendet.[14] Die in der gedruckten Continuo-Stimme hinzugefügten „plusieurs pieçes particulieres en partition" fehlen in der Abschrift in Stockholm. Dafür notierte ein anderer Schreiber auf den beiden vorletzten Seiten zwei Sätze in C-Dur, bei denen es sich vermutlich um Übungsstücke für Viola da gamba handelt.[15] Das Fehlen der 1689 hinzugefügten Stücke könnte ein Indiz dafür sein, daß der Continuo-Part der *Pièces a une et deux Violes* von Marin Marais vor der Drucklegung handschriftlich kursierte und möglicherweise eine solche Abschrift die Vorlage für das hier besprochene Manuskript gewesen ist. Vielleicht gelangten über die Kontakte der schwedischen Legation mit der französischen Gesandtschaft in Konstantinopel weitere Musikalien in die Hände von Musikern und Musikliebhabern im Gefolge Carls XII. und kamen mit diesen aus dem osmanischen Exil nach Schweden.

Johann Jacob Bach erhielt seine offizielle Ernennung zum Mitglied der schwedischen Hofkapelle im November 1712, offenbar noch während des Aufenthalts in Bender oder in Konstantinopel.[16] In Stockholm ist er erstmals am 21. Dezember 1714 nachweisbar.[17] Nach zwei kinderlosen Ehen starb er in Stockholm acht Jahre später. Sein Flötenlehrer überlebte ihn um viereinhalb Jahrzehnte. Leider ließ C. P. E. Bach den Namen jenes „Französischen Gesannten" unerwähnt, mit dem Pierre Gabriel Buffardin einst in die osmanische Hauptstadt gekommen war. Unter besonderer Berücksichtigung des (ungefähren) Alters von Buffardin zum Zeitpunkt seiner Reise nach Konstantinopel, kommt insbesondere Pierre Puchot, Marquis Des Alleurs (1643–1725) in Betracht. Des Alleurs hielt sich dort seit April 1710 als französischer Gesandter auf und wurde Mitte Oktober 1716 offiziell wieder nach Frankreich zurückberufen.[18] Auf seiner Hinreise nach Konstantinopel hatte er – laut Agrell – König Carl XII. in Bender seine Aufwartung gemacht.[19] An Des Alleurs beeindruckte Agrell vor allem das pompöse Auftreten und die prächtige

---

[14] Vgl. das Faksimile (Fac-similé Jean-Marc Fuzeau: La Musique Française Classique de 1650 à 1800, Bd. 145/1, Courlay 2003).

[15] Herrn Andrew Talle (Baltimore) danke ich für seine freundlichen Hinweise.

[16] E. Kjellberg, *Kungliga musiker i Sverige under stormaktstiden. Studier kring deras organisation, verksamheter och status ca 1620–ca 1720*, 2 Bde., Diss. Uppsala 1979, Bd. 1, S. 376. Herrn Peter Wollny danke ich für den Hinweis auf diese Dissertation.

[17] Ebenda, S. 249.

[18] *Repertorium der diplomatischen Vertreter aller Länder seit dem Westfälischen Frieden (1648)*, hrsg. von L. Bittner und L. Groß unter Mitwirkung von W. Latzke, 3 Bde., Oldenburg i.O. und Berlin 1936–1965 [Zürich 1950; Graz, Köln 1965], Bd. 1 (1648–1715), S. 244.

[19] *Sven Agrells Dagbok* (wie Fußnote 4), S. 92 (14:de April 1710).

Ausstattung seines ansehnlichen Gefolges.[20] Bei Gelegenheit gegenseitiger Besuche von Des Alleurs und Thomas Funck, der – wie erwähnt – auch als schwedischer außerordentlicher Gesandter amtierte, können auch Mitglieder des jeweiligen Gefolges miteinander in Kontakt gekommen sein; denn Agrell zufolge hielt sich Johann Jacob Bach bei Funck auf.

II. Leipzig

Abschließend ist die Frage zu beantworten, wann Pierre Gabriel Buffardin Gelegenheit hatte, Johann Sebastian Bach von seiner Begegnung mit Johann Jacob Bach in Konstantinopel zu erzählen. C. P. E. Bach notierte: „diese Nachricht gab *Buffardin* selbst, wie er einstens bey *J. S. Bach* in Leipzig war."[21] Bereits bei seinem legendären Besuch in Dresden im Herbst 1717 hätte Johann Sebastian Bach Gelegenheit gehabt, Pierre Gabriel Buffardin kennenzulernen.[22] Jedoch ist ausdrücklich von einem Besuch „in Leipzig" die Rede. Daher kann die Konversation über Buffardins Erlebnisse in Konstantinopel erst nach 1723 stattgefunden haben. Einer Bemerkung zufolge, die in einem Brief von Kronprinz Friedrich in Preußen (1712–1786, König ab 1740) an seine ältere Schwester Markgräfin Friederique Sophie Wilhelmine zu Brandenburg-Culmbach-Bayreuth geb. Prinzessin in Preußen (1709–1758, Markgräfin seit 1735) zu lesen ist, brachte Carl Heinrich Graun von einem Besuch in Dresden den Flötenvirtuosen mit nach Brandenburg-Preußen:

à Remusberg ce 15 de Mars 1737
[…] j'atans tout les jours Grauen qui amenera bufardein avec lui.[23]

(Rheinsberg, den 15. März 1737
Ich erwarte täglich Graun, der Buffardin mit sich bringen wird.)

Auf der Durchreise könnten Graun und Buffardin dem Thomaskantor in Leipzig ihre Aufwartung gemacht haben.

Rashid-S. Pegah (Würzburg)

---

[20] Ebenda, S. 212 (22:dra Februari 1711).
[21] Wie Fußnote 9.
[22] Ardal und Powell (wie Fußnote 10), S. 10.
[23] Geheimes Staatsarchiv SPK Berlin-Dahlem, *BPH Brandenburg-Preußisches Hausarchiv, Rep. 47 König Friedrich II., Nr. 305*, Bd. 3, fol. 161r.

Besprechungen

Tanya Kevorkian, *Baroque Piety. Religion, Society, and Music in Leipzig, 1650–1750*, Burlington, VT: Ashgate, 2007. 251 S.

Der Buchtitel reißt einen weiten Horizont auf: Frömmigkeit, Religion, Gesellschaft und die Musik in Leipzig für die Zeit nach dem Ende des 30jährigen Krieges bis zum Tode Johann Sebastian Bachs beschreiben zu wollen, ist gewiß ein ambitioniertes und in Teilen überfälliges Unterfangen. Ein besonders mutiges ist es außerdem, denn für die amerikanische Historikerin ergaben sich aus der Themenwahl ihrer hiermit im Druck vorgelegten Dissertation auch eine Reihe besonderer handwerklicher, speziell quellenkundlicher Herausforderungen. Was Kevorkian auf etwas mehr als 200 Seiten zum Thema bietet, belegt aber, daß sie sich dem Thema mit einer insgesamt ausgewogenen Mischung an Auswertung der einschlägigen Primär- und Sekundärliteratur einerseits sowie der Erschließung bislang unausgewerteter Quellen andererseits genähert hat. Unausgewogenheit herrscht indes, was die Qualität ihrer Studie betrifft. Denn wenn ihre konzentrierten Ausführungen zur gottesdienstlichen Praxis in den Leipziger Hauptkirchen (Teil I), den politischen und institutionellen Rahmenbedingungen und den Spielregeln der Frömmigkeit (Teil II) sowie den pietistischen Strömungen in Leipzig (Teil III) zahlreiche bedeutende Beobachtungen liefern und gewissermaßen am Puls der Forschung geschrieben sind, so sind die hieraus abgeleiteten Rückschlüsse auf für die musikalische Entwicklung insgesamt wenig überzeugend, und ihre an den Tag gelegte Kenntnis musikhistorischer Fakten und Zusammenhänge offenbart stellenweise große Schwächen – einige wenige Beispiele zu Beginn: weder dürfte Bach „at least" drei Kantaten auf den Mühlhäuser Ratswechsel komponiert haben (S. 131), noch führte er die Kantatenform Neumeisterscher Prägung in den Leipziger Hauptkirchen ein (S. 39), noch auch diente ihm je der Leipziger Gouverneur Joachim Friedrich Graf von Flemming als Textdichter (S. 128), und schon gar nicht sind die gedruckten Leipziger Textbücher zur Kirchenmusik eine Erfindung Johann Kuhnaus (S. 41, demnach angeblich erstmals 1709 gedruckt; die Praxis ist aber schon zu Zeiten Johann Schelles und noch früher belegt). Hinzu kommt, daß ihre Studie nur dem Titel nach ein ganzes Jahrhundert nachzeichnet; im Kern werden Aspekte der Leipziger Frömmigkeit seit den Zeiten der Collegia pietatis (1689/90; und dann vor allem diese betreffend) bis in die Jahre nach Johann Sebastian Bachs Antritt des Thomaskantorats (1723) abgehandelt.

Der zwiespältige Eindruck, den Kevorkians Studie hinterläßt, hat seine Ursache wohl vor allem in der Konzentration auf eine überschaubare Menge an archivalischen Quellen und dem Rückgriff auf inzwischen veraltete musikwissenschaftliche Literatur. So entwickelt sie ihr Bild des Leipziger Gottesdienstes und des Verhaltens der „audience" im Kern auf der Basis einer – wiewohl erstmaligen – Auswertung der Aktenüberlieferung rings um die Vermietung der Kirchenstühle. Aus diesen Quellen läßt sich herauslesen, daß die Dauer des sonntäglichen Gottesdienstes (7 Uhr bis gegen 10 Uhr) nicht die verbindliche Dauer eines Gottesdienstbesuches sein mußte. Vielmehr zeichnet sich ab, daß ein nicht geringer Teil der Gemeinde allein der Predigt beizuwohnen pflegte und im Gottesdienst ein permanentes Kommen und Gehen und ein damit verbundener hoher Geräuschpegel herrschte, der kaum unseren heutigen Vorstellungen von Andacht entsprechen will – daher war es bei der Besetzung von Pfarrstellen durchaus ausschlaggebend, wenn der Kandidat eine durchdringende Stimme hatte. Das von Kevorkian entworfene Bild, das auch neues Licht auf die sonntäglichen Kantatenaufführungen und das Rezeptionsverhalten der damaligen Zuhörerschaft liefert, ist nicht von der Hand zu weisen, zumal es auch von zeitgenössischen Publizisten – etwa vom Loschwitzer Pastor Christian Gerber – gezeichnet wurde. Gleichwohl scheint mir, daß es für eine Beschreibung des Verhaltens der Leipziger gottesdienstlichen Gemeinde der Auswertung einer breiteren Quellenbasis bedurft hätte. Denn auch, wenn es erfrischend ist, daß sich Kevorkian sichtlich darum bemüht, die diesbezüglichen Informationen aus den – von der Forschung bereits vielfach zu Rate gezogenen – Kirchen-, Schul- und Gottesdienstordnungen sowie den Anstellungsverträgen der Kirchenmusiker nicht in ihre Bewertung einfließen zu lassen, so wären ihre Beobachtungen doch durch diese teils unterstrichen, teils relativiert worden. Die Autorin hätte bei einem solchen Ansatz herausstellen können, wo in ihren archivalischen Belegen eine Normverletzung des gottesdienstlichen Verhaltens vorlag und wo nicht. Ebenfalls in dieser Frage hilfreich, ja für eine Studie zur Leipziger Frömmigkeit unerläßlich wäre es gewesen, auch die Inhalte damaliger Verhaltens- und Sittenlehren in ihre Bewertung einzubeziehen, etwa die 1728 publizierte, für soziokulturelle Betrachtungen so aufschlußreiche *Einleitung zur Ceremoniel-Wissenschaft der Privat-Personen* des Merseburger Stiftsbeamten Julius Bernhard von Rohr (1688–1742). Dessen plastische Ausführungen „Vom Gottesdienst" (S. 245–277), die nicht zuletzt von seinen langjährigen Aufenthalten in Leipzig geprägt sein dürften, zeigen, welche Bandbreite das Gebaren damaliger Gottesdienstbesucher aufwies, etwa wenn Rohr die folgenden Phänomene schildert:

„§.13. Andre kommen zwar des Sonntags, so wohl Früh als Nachmittags, in die Kirche, bringen aber ihre Zeit darinnen mehr mit Schlafen, Plaudern und Lesen der Briefe und

Zeitungen zu, als mit Singen und Anhören des Wortes Gottes. Es ist aber eine wunderliche Sache, daß solche Leute bey dem Gottesdienst nicht einmahl die äußerliche Figur mitmachen wollen, auf die sie doch sonst so gar viel halten. […] Wenn sie doch vor das Hauß Gottes so viel äusserliche Ehren-Bezeugungen hätten, als vor ein Opern- oder Comoedien-Hauß, und vor eine Predigt, als vor den Vortrag in einer Comoedie und Oper. […]

§. 14. Ein vernünfftiger Mensch läst sich durch die Exempel anderer nicht irre machen, er versäumet den an den Sonn- und Fest-Tagen angeordneten Gottesdienst niemahls ohne Noth, er ist der erste mit von denen die in die Kirche gehen, und der letzte, der heraus gehet, er enthält sich alles dessen, wodurch seine Andacht gestöhret werden könte, und giebt bey der Predigt einen aufmercksamen Zuhörer ab. Bey dem singen der Christlichen Gesänge, achtet er sichs nicht vor eine Schande, das Gesang-Buch in die Hand zu nehmen, sintemahl er wohl weiß, daß man nicht allein die Lieder, zumahl die fremden und unbekandten genauer mitsingen kan, sondern auch die Andacht durch das Buch mehr erweckt, und den fremden Gedancken gewehret wird. Er beklaget die Thorheit der Weltgesinnten, die bey dem Gesang der Christlichen Lieder, entweder als die steinern Oehl-Götzen da sitzen, oder doch die Lieder verstümmelt, falsch und ohne Aufmercksamkeit zum Aergerniß, und bißweilen gar zum Gelächter ihrer Nachbarn mitsingen, da sie doch fast niemahls in ein Opern-Hauß gehen, wenn sie nicht das gedruckete Opern-Buch mitnehmen solten, und nachgehends fast kein Auge davon verwenden. [...]

§. 16. Bey den Ablesen und Herbeten der öffentlichen Kirchen-Gebeter nach geendigter Predigt, nimmt man bey der Welt ebenfalls mancherley Fehler wahr, die dem Wohlstand zuwider und billig abgestellt werden solten und könten; einige beten die Kirchen-Gebeter gantz und gar nicht mit, sie dencken, sie haben ihre Andacht schon überflüßig an den Tag gelegt, wenn sie der Predig[t] zugehört. Wenn aber ja solche Leute in so glückseeligen Umständen sich befänden, daß sie meynten, sie könten Gottes und des Gebets entbehren, so solten sie doch zum wenigsten den äußerlichen Wohlstand nach, und zu Vermeydung des öffentlichen Aergernisses unter währenden allgemeinen Kirchen-Gebet stille seyn, und sich so anstellen, als ob sie mitbeten. Andere beten sie zwar mit, aber ohne einige Andacht und Aufmercksamkeit, welches man daher siehet, weil sie die allgemeine Absolutions-Formul, *ich, als ein beruffner und verordneter Diener des Wortes Gottes, u. s. w.* andächtig mit beten, als ob sie vor sie gehörte, und sich bey ihrem Nachbarn zum Gespött und Gelächter machen. Noch andere die doch sonst wohl eben nicht die besten Christen, und ihren Glauben durch die Wercke gar schlecht beweisen, pflegen in dem Nachbeten der allgemeinen Kirchen Gebeter gantz laut zu stöhnen und zu seuffzen, sie auch wohl ziemlich laut nachzubeten. Doch diese jählige Andacht, die ihren Nachbarn bißweilen zum Gelächter dienet, ist mehr eine Würckung der Gewohnheit, als ein Trieb des Geistes; ein andächtig Gebet des Hertzens kan wohl ohne solch laut Stöhnen verrichtet werden; mancher der in dem Kirchen-Gebet stöhnet, hat wohl die gantze Predigt durch geplaudert. Es giebt auch den Schein einer großen Heucheley von sich." (Reprint, Leipzig 1990, S. 259–263)

Kennenswerte Einblicke in die Leipziger Hauptkirchen bieten Kevorkians Ausführungen über die Verteilung der Kirchenstühle und -bänke, speziell in St. Nikolai und der Neuen Kirche (Kapitel II, S. 53–74): Die Kirchenschiffe wurden von den „Weiberstühlen" dominiert; die Emporen und Balkone waren den Männern vorbehalten. Nur bestimmte Bevölkerungsschichten konnten sich eigene Kirchenstühle leisten; Ratsherren und wohlhabende Handelsleute mieteten auf ihren Namen mitunter gleich ein ganzes Dutzend an, teils in mehreren Kirchen. In der Neukirche herrschte den Kirchenstuhlunterlagen zufolge ein deutlicher – wohl auch im Choralgesang zum Ausdruck kommender – Überschuß an Frauen; diese nahmen hier 70 Prozent der Stühle ein, an St. Nikolai hingegen nur 56 Prozent (S. 58 und 212). Ohne Zweifel liegt in diesem Teil der Studie eine längst fällige, in Ermangelung von bildlichen Zeugnissen um so wichtigere Innenansicht des Leipziger gottesdienstlichen Lebens vor. Der Autorin könnte man lediglich den Vorwurf machen, daß sie die an sich sehr gute Quellenlage zu den Kirchenstühlen nicht konsequent ausgeschöpft hat – auch zu St. Thomas liegen, anders als von ihr behauptet (S. 59), einige aussagekräftige Dokumente vor (namentlich innerhalb der nicht von ihr durchgesehen Archivalien des Leipziger Ephoralarchivs); und obgleich Kevorkian im Archiv der Nikolaikirche zahlreiche Kirchenstuhl-Materialien eingesehen hat, verzichtete sie hier doch augenscheinlich auf eine Sichtung der nahezu lückenlos vorliegenden Register über die Besitzer der „Weiber-" und „Männerstühle" (Signaturengruppe *I.N.*) und damit auf die Fragestellung nach etwaigen dynastischen Strukturen. Zudem scheint mir, daß auch die – für St. Thomas und St. Nikolai – vorliegenden Kommunikantenverzeichnisse und Kollektenbücher (nur für St. Nikolai erhalten) Stoff für soziologische Betrachtungen der Leipziger Kirchengemeinden liefern, wenngleich die Auswertung dieser Quellen womöglich den Rahmen einer Dissertation gesprengt hätte.

Eine Schwäche in Kevorkians durchaus schlüssiger Darstellungsweise ist eine gelegentlich fehlende Transparenz; oft wird nicht ganz klar, worauf ihre Behauptungen gründen. Zu nicht wenigen Äußerungen fehlen die Belege gänzlich, etwa wenn sie darlegt: „in places where there were Latin schools (such as Leipzig), Latin rather than German was used in chants." (S. 31); noch ganz andere Faktoren dürften hier im übrigen eine Rolle gespielt haben. So bat der Leipziger Rat im Jahr 1702 um eine kurfürstliche Erlaubnis, künftig die traditionellen Responsorien, Antiphonen, Psalmen und „die zur Weihnachtszeit üblichen so genannten Laudes [...] forthin bey dem öffentlichen Gottesdienste alhier weiter nicht [zu] gebrauchen, sondern an deren stat andächtige in denen Kirchen dieser Lande approbirte teutsche Gesänge, Gebete und Texte durchgehends" einzuführen. Superintendent Ittig, der den entsprechenden Antrag an das Oberkonsistorium weiterleitete, gab den Ratsherren zu bedenken, „daß doch noch einige, absonderlich die Frembden, an denen lateinischen Liedern ihren Gefallen hätten", aber „es würde [...] das hochlöbl. Ober Consistorium schon hierunter Verordnung thun" (Stadtarchiv Leipzig, *Tit. VII B 31*, fol. 1–3).

Auf der Basis einer breiten Auswertung der Sekundärliteratur und der Archivreste des Sächsischen Oberkonsistoriums gelingt Kevorkian in Teil II („The producers") ein anschauliches Porträt der (kirchen-)politischen Situation Sachsens, der Institutionen und der Entscheidungsträger des religiösen Lebens in und um Leipzig – wenngleich auch dieses nicht ohne sachliche Fehler ist: dem Leipziger Konsistorium unterstand neben dem Leipziger Kreis und dem Vogtland keineswegs „all of Thuringia" (S. 110), sondern lediglich der sogenannte Erfurter Kreis. Ihr Versuch hingegen, die Leipziger Thomaskantoren in dieses System einzubinden (S. 123), überzeugt kaum – wieder aufgrund des Mangels an einer breiten Literaturkenntnis: Weder gestaltete sich der Anstellungsvorgang von Johann Schelle als „relatively uncomplicated" (S. 129) – wenn dies überhaupt einmal für eine Anstellung in Kevorkians Untersuchungszeitraum galt, so für diejenige Johann Kuhnaus (siehe die Dokumente hierzu in DDT 58/59, S. XXIV ff.) –, noch studierte Telemann von 1699 bis 1704 in Leipzig (richtig: ab Herbst 1701). Auch zeichnet sie – einmal mehr – ein viel zu einseitiges Bild von Kuhnau, der modernen Tendenzen in der Musik, speziell den Elementen der Oper gänzlich ablehnend gegenübergestanden hätte, ohne dabei auch nur ansatzweise den vielseitigen modernen Künstler in ihm zu würdigen, der er zunächst gewesen war und der zu Anfang seines Thomaskantorats sogar eine eigene Partitur für das – später ihm so verhaßte – örtliche Opernhaus geliefert hatte. Bei ihrer Analyse von „status" und „job description" der Thomaskantoren geht sie weder auf deren noch vorliegende, doch wohl keineswegs im luftleeren Raum entstandene Anstellungsreverse (seit Knüpfer), noch auf die Thomasschulordnungen ein, sondern begnügt sich mit Allgemeinplätzen aus den einschlägigen Publikationen Krickebergs und Edlers zum protestantischen Kantorat und Organistenstand. Ihre Analyse vom Verhältnis der Thomaskantoren zur geistlichen und weltlichen Obrigkeit beschränkt sich – etwas verkürzt wiedergegeben – auf die Angabe, an wen speziell Kuhnau und Bach ihre Memoriale richteten und ob sich unter den Adressaten Personen aus dem von ihr apostrophierten – und ausführlich betrachteten – Leipziger „Pietist shadow network" befanden. Warum sie an keiner Stelle auf das für ihre Fragestellungen so bedeutsame Tagebuch des Thomasschulrektors Jacob Thomasius zurückgreift (*Acta nicolaitana et thomana*, hrsg. von Richard Sachse, Leipzig 1912), das für die Ära Schelle mannigfaltige und fast einzigartige Einblicke in das Verhältnis zwischen Thomaskantor und -rektor, deren Verhältnis zur geistlichen und städtischen Obrigkeit und überhaupt in die Leipziger Frömmigkeit gestattet, bleibt offen – nur dessen Sohn Christian und Vater Michael kommen im Buch vor (letzterer wird im Literaturverzeichnis jedoch nicht genannt und erscheint im Haupttext irrtümlich als „Michael Thoma", siehe S. 80). In dem anschließenden, hier nicht weiter zu betrachtenden Kapitel über „The Pietist alternative" (Teil III) bietet Kevorkian eine ausgreifende, gut recherchierte Spezialstudie zu den Leipziger Collegia pietatis (1689/90) und deren Folgen. Das Buch mündet in dem anregenden Schlußkapitel „The construction boom and beyond", in dem sie auf dichten Raum zusammenfassend aufzeigt, welch tiefgreifende Veränderungen in den Jahrzehnten von 1680 bis etwa 1730 in politischer, verwaltungstechnischer, städtebaulicher, religiöser und musikalischer Hinsicht in Leipzig vorgingen. Dabei will sie die musikalischen Entwicklungen sinnfällig mit dem übrigen Geschehen verknüpfen und liefert in der Tat, vor allem in Bezug auf das damals neue Phänomen der Neukirchenmusik, einige beachtenswerte Beobachtungen. Aber auch hier geht sie vielfach von überholten oder schlichtweg falschen Annahmen aus: Es ist nicht belegt, daß Melchior Hoffmann ab 1702 Mitglied in Telemanns Collegium musicum gewesen wäre (wenn dieses damals überhaupt schon existierte) und ihm gar als Gehilfe und Kopist diente; J. D. Heinichen, der dann wohl kaum „a prominent violinist at the Brandenburg-Prussian court" wurde, war möglicherweise während seiner Studentenjahre Mitglied des Ensembles, später aber vor allem mit J. F. Faschs Collegium musicum assoziiert (vgl. S. 213f.); und warum der Kreis ehemaliger Mitwirkender der Neukirchenmusik später eine Art „active und supportive network" gebildet habe, bleibt unbegründet (S. 214). Wenn Kevorkian schließlich behauptet, daß es vor allem eine Innovation der Neukirchenmusik gewesen sei, mindestens einen Choral in die Leipziger Kirchenkantaten aufzunehmen, und darauf gründend die Annahme nahelegt: Bachs „development of the cantata format that featured concluding and/or introductory chorales was influenced by New Church custom" (S. 214–216), wird nochmals deutlich, daß ihr musikalischer Horizont für das laut Buchtitel behandelte Thema doch zu beschränkt ist, denn eine intensivere Auseinandersetzung mit den Werklisten von Bachs Vorgängern im Thomaskantorat und hier vor allem mit dem Wirken Johann Schelles hätte sie auf andere Ideen bringen müssen.

Zusammengenommen bietet Kevorkians Studie zweifellos eine willkommene Bereicherung für unsere Kenntnis der gesellschaftlichen Verhältnisse im Leipzig der Bach-Zeit. Eine wirklich umfassende Studie zu „Religion, Society, and Music in Leipzig, 1650–1750" ist sie jedoch nicht. Um eine solche zu schreiben, wäre neben dem intensiven Studium der überlieferten Musik und ihrem Kontext auch eine Einbeziehung weiterer von Kevorkian nicht konsultierter Quellengruppen erforderlich; hier denke ich vor allem an die in letzten Jahren verstärkt ans Licht getretenen studentischen Tagebücher und Reiseberichte, die in den Nachlässen der Leipziger befindliche Erbauungsliteratur und die zahlreichen überlieferten Predigten der örtlichen Geistlichen.

Michael Maul (Leipzig)

Meinrad Walter, *Johann Sebastian Bach. Weihnachtsoratorium*, Kassel usw.: Bärenreiter, 2006 (Bärenreiter Werkeinführungen), 198 S.; ders., *Johann Sebastian Bach. Johannespassion. Eine musikalisch-theologische Einführung*, Stuttgart: Carus-Verlag und Philipp Reclam jun., 2011, 380 S.

Die Deutung geistlicher Kompositionen in ihrem theologischen Entstehungskontext hat sich insbesondere für das Verständnis der Kirchenmusik Johann Sebastian Bachs als eine wesentliche Dimension der Werkbetrachtung erwiesen. Die Theologische Bach-Forschung hat es sich zur Aufgabe gemacht, die komplexen Zusammenhänge theologischer Bezüge in den Kantaten-, Passions- und Oratorientexten Bachs herauszuarbeiten und sie in Beziehung zu dessen Vertonungen zu setzen. Die Vermittlung der so gewonnenen Erkenntnisse an ein Konzertpublikum scheint dabei ein schwieriges Unterfangen zu sein, da die wissenschaftliche Darstellung hier oftmals im Gegensatz zu jeweils sehr individuellen religiösen Erfahrungen und Einsichten im Bezug auf einzelne Bachsche Werke – ja oftmals vielleicht auch bloß einzelner Textzeilen – steht. Allein die Tatsache, daß gerade die Großwerke so gut wie gar nicht mehr in ihrem liturgischen Kontext erklingen, führt – auch infolge des schwindenden Verständnisses für so manche uns heute fremd anmutende sprachliche Wendung der Texte – dazu, daß eine zunehmende Zahl von Konzertbesuchern diese Werke (zumindest abschnittsweise) als absolute Musik hören. Freilich ist auch das ein Genuß, wie die Beliebtheit der Passions- und Oratorienaufführungen belegt, doch entgeht dem Hörer dadurch letztlich eine wichtige Ebene der originalen Werkkonzeption.

Diesem Phänomen begegnen die beiden Publikationen von Meinrad Walter, die sich mit dem Weihnachts-Oratorium und der Johannes-Passion nicht nur zwei der bekanntesten Werke Bachs widmen, sondern gleichsam die Eckpunkte der christlichen Theologie – die Geschichten von Jesu Geburt und Tod – umfassen. Die beiden Werkeinführungen sind unter dem Gesichtspunkt einer musikalisch-theologischen Interpretation verfaßt, die „dem integrativen Konzept ‚Hörend verstehen, verstehend hören'" verpflichtet sind und die Leser anregen sollen, „dem Wechselspiel zwischen Musik-Machen, Hören und Nachdenken über den unerschöpflichen Reichtum" dieser Werke zu folgen. Beide Bände beginnen mit einer überblickhaften Einführung in die Zusammenhänge der Werkentstehung (Bachs biographische Situation, Textdichter, Werkfassungen), bieten einen Überblick über die Gattungsentwicklung und umreißen den biblischen Kontext – die Rahmenhandlung – und dessen Rezeptionstraditionen, bevor sich ausführliche Interpretationen der einzelnen Werkteile anschließen.

Dies tut Walter mit einer angenehmen und unkomplizierten Sprache, die es vermag, auch schwierige Sachverhalte verständlich zu machen. Eine zusätzliche Hilfe bieten die Glossare am Ende jedes Bandes, die sowohl theologische als auch musikanalytische Termini präzise und gleichsam intuitiv verstehbar erklären. Der instruktive Charakter wird zudem durch mehrere zusammenfassende schematische Darstellungen und Graphiken unterstützt; in die gleiche Richtung zielen die zahlreichen Notenbeispiele und Faksimile-Abbildungen (in sehr ansprechender Qualität).

Der Wahrnehmung der großen oratorischen Werke Bachs durch das heutige Publikum begegnet Walter mit einer theologischen Beurteilung der dramatischen Gattung, wie sie sich im Weihnachtsoratorium offenbart. Hierbei handele es sich „nicht um ein spannendes Schauspiel […] oder gar um ein musikalisches Krippenspiel von gestern, sondern um einen predigthaften Spiegel, in dem sich die Hörer, mitten in der Weihnachtsgeschichte und zugleich hier und heute, selbst erleben und erkennen" (S. 18). Hiermit deutet Walter bereits den von ihm vielfach verwendeten Begriff des ‚musikalischen Gebets' an, mit dem er vor allem Bachs Arien – auch in der Johannes-Passion – beschreibt. Die Hörer seien „damals wie heute, direkt in das Werk mit hineinkomponiert", indem die Texte ein hohes Maß an Identifikationspotenzial mit den handelnden Personen bieten und nicht mehr nur eine Nacherzählung der biblischen Geschichte leisten. Ausdruck findet dies in Arientexten wie „Herr, dein Mitleid, dein Erbarmen tröstet uns und macht uns frei" oder „Ich will nur dir zu Ehren leben, mein Heiland gib mir Kraft und Mut". Daraus leitet Walter letztlich auch den „überragenden Erfolg" des Werkes ab, der in der Verbindung der ästhetisch-musikalischen mit einer spirituell-theologischen Qualität gründe (S. 39). Er übersieht dabei allerdings, daß dieser Erfolg nicht allein werkimmanent ist, sondern zugleich der heutigen Bedeutung des Weihnachtsfestes für Christen wie Nicht-Christen geschuldet ist; denn das Weihnachtsfest hat sich zu einer tradierten kulturellen (und nicht allein christlichen) Institution entwickelt, zu deren Konventionen die Musik der ‚alten Meister' ganz selbstverständlich gehört. Während die Bedeutung der Passionsmusiken auch weiterhin weitgehend auf einen christlichen Hörerkreis beschränkt bleibt, können die musikalischen Werke zum Weihnachtsfest längst nicht mehr allein religiös reklamiert werden.

Walters Werkeinführung liegt die Idee zugrunde, daß jede Kantate des Weihnachts-Oratoriums Ausdruck einer „irdisch-himmlischen Polarität" ist. Diese sieht er beispielsweise im ersten Teil in dem „Gegensatz von Niedrigkeit und Majestät", der in der Zweinaturenlehre – Christus als wahrer Gott und wahrer Mensch – seine Entsprechung finde. Textlich drückt sich dies zunächst als Paradoxie zwischen den Aussagen „Er ist auf Erden kommen arm" und „Großer Herr, o starker König" aus, wird aber musikalisch im schlichten Choral „Ach mein herzliebstes Jesulein" durch die Verwendung von Trompeten und Pauken zur Synthese geführt (S. 35).

Für die analytischen Beschreibungen der einzelnen Werkteile folgt Walter einem stets gleich bleibenden Muster, das sich als äußerst fruchtbar erweist.

Vorangestellt ist zunächst jeweils ein „Blick in die Werkstatt" Bachs, der das Bewußtsein für den Prozeß der Werkentstehung schärft und deutlich macht, wo der Komponist in welchem Umfang in die musikalische Gestalt der weltlichen Parodievorlagen eingriff. Hier setzt Walter immer wieder neue Akzente. Für den dritten Teil beschreibt er beispielsweise die Neukomposition der Arie „Schließe, mein Herze, dies selige Wunder", in der er das Ergebnis der Suche Bachs nach einer „verinnerlichten Musik" sieht, die in dem ruhigmeditativen Thema und der Besetzung mit einer solistischen Violine Ausdruck findet (S. 98). Später beschreibt Walter in der Werkstatt-Rubrik Bachs Papierökonomie (S. 118) und dessen Konventionen bei der Komposition von Rezitativen (S. 142). Diesen Exkursen folgen Abdrucke der Texte des jeweiligen Oratorienteils unter Angabe der Besetzung. In die Werkbetrachtung im engeren Sinn führt dann ein Text über den Aufbau der Kantaten ein, dem sich detaillierte Betrachtungen der einzelnen Sätze anschließen.

Bemerkenswert sind Walters – bewußt vorsichtig formulierten – Überlegungen zu Unstimmigkeiten in der Dramaturgie des zweiten und dritten Teils. Ausgehend von der Feststellung Albert Schweizers, daß das Wiegenlied „Schlafe, mein Liebster, genieße die Ruh" seinen Handlungszusammenhang eigentlich im Anschluß an das Rezitativ „Und sie kamen eilend" hat, fragt Walter, „ob vielleicht noch weitere Sätze des zweiten Teils ursprünglich für den dritten vorgesehen waren" und ob es möglicherweise „einen früheren Plan zur Konzeption des dritten Teils" gab (S. 104). Mit Blick auf die dramaturgische Logik und durchaus naheliegende Stichwortanschlüsse skizziert er einen möglichen ersten Plan für die Textgestalt des dritten Teils, der sich insbesondere in den Arien von der bekannten Werkgestalt unterscheidet.

Insgesamt liefert Walter eine anschauliche und faßliche Einführung, die sich kaum auf mystisch-spekulative Interpretationsansätze einläßt. Stattdessen findet eine kritische Diskussion verschiedener theologischer Deutungen statt, wie sie beispielsweise der Hirtenchor „Lasset uns nun gehen gen Bethlehem" bisher erfahren hat – und die zumeist „ebenso einleuchtend wie unbeweisbar" waren (S. 106).

Die Werkeinführung in Bachs Johannes-Passion folgt einem ganz ähnlichen Muster, wobei dieser Band durch seine äußeren Merkmale (Hardcover, größeres Format, gut gegliederter Satzspiegel) und innere Gestaltung (Farbabbildung, umfangreiche Notenbeispiele sowie zahlreiche Graphiken und Übersichten) wesentlich ansprechender wirkt als das Taschenbuch zum Weihnachts-Oratorium, das aufgrund der Editionsrichtlinien der Reihe „Bärenreiter Werkeinführungen" wenig einladend wirkt. Dies gilt allerdings auch für die Gestaltung des Schutzumschlages zum Band „Johannespassion" (Carus/Reclam), der mit Bildmaterial und Textdesign reichlich überfrachtet wurde.

Sehr ausführlich beschreibt Walter zunächst die liturgischen und kirchengeschichtlichen Umstände der Passionsgeschichte sowie die Entwicklung der

Passion als musikalische Gattung bis ins 20. Jahrhundert und erläutert die Entstehung der verschiedenen Texttypen (oratorische Passion, Passionsoratorium) und deren Mischformen. Dabei macht er dem Leser bewußt, daß bereits zu Bachs Lebzeiten Passionsmusiken nicht allein einen Platz im liturgischen Kontext fanden, sondern auch in Konzerten erklangen; in diesem Zusammenhang beschreibt er die Rolle der Texthefte, die für die Konzertaufführungen zugleich als Eintrittskarte galten und für die Aufführungen in der Karfreitagsvesper zumindest einen Nebenerwerb für den Kantor bedeuteten. Revisionsbedürftig ist hier die Behauptung Walters, erhalten sei „kein einziges [Textheft] zu den Passionsmusiken Bachs" (S. 27) – von Tatjana Schabalina wurde kürzlich in der Russischen Nationalbibliothek in St. Petersburg ein solches für eine Aufführung von Bachs Markus-Passion im Jahr 1744 entdeckt. Das von Walter genannte „originale Textheft" hingegen (S. 27), das Carl Friedrich Zelter 1829 im Zusammenhang mit Mendelssohns Wiederaufführung der Matthäus-Passion angeblich erwähnt, hat möglicherweise nie existiert – denn es gibt gute Gründe anzunehmen, daß es sich bei dem „alten Kirchentext", von dem Zelter spricht, in Wirklichkeit um den Druck von *Picanders Ernst-Scherzhafften und Satÿrischen Gedichten* handelte, der 1729 in Leipzig erschien und der die „Texte zur Paßions-Music, nach dem Evangelisten Matthäo, am Char-Freytage bey der Vesper in der Kirche zu St. Thomä" als Wiederabdruck enthält. Damit darf das Jahr 1729 allenfalls als Terminus ante quem der Werkentstehung gelten, was Walter in seiner Übersicht von „Bachs Passionsaufführungen in Leipzig" (S. 258) auch berücksichtigt – hier wiederum findet sich für das Jahr 1744 zudem die Neuerkenntnis zur Aufführung der Markus-Passion verzeichnet.

Als Librettisten der Johannes-Passion nennt Walter „mit einiger Wahrscheinlichkeit", den Theologen und Konrektor der Thomasschule, Andreas Stübel (1653–1725), der erstmals von Hans-Joachim Schulze mit den Texten zum Choralkantatenjahrgang in Verbindung gebracht wurde. Stübels Tod am 31. Januar 1725 – und der damit möglicherweise einhergehende Ausfall der Textproduktion – bildet in Schulzes Hypothese die Grundlage für die Annahme, daß Stübel mit dem Textdichter des Choralkantatenjahrgangs identisch war. Im Blick auf die Johannes-Passion wird bei Walter daraus der „Redaktor Stübel" (S. 49), der „erste Leipziger Hauptlibrettist Bachs" (S. 51). Dies geht nun freilich zu weit – schon weil Walter selbst feststellt, daß „die namentliche Identifizierung des Librettisten der Johannespassion nicht mit letzter Sicherheit möglich ist" (S. 51). Vielmehr hatte der vermeintliche Textdichter schon seit den späten 1690er Jahren keinen nennenswerten Einfluß mehr auf die Leipziger Kirchengeschichte. Mit Blick auf seine pietistischen Überzeugungen und apokalyptischen Prophezeiungen, die er auch in seinen an der Universität Leipzig gehaltenen theologischen Vorlesungen vertrat, hat man ihm bald ein Unterrichtsverbot auferlegt und ihn bereits 1697 seines Schulamtes enthoben (ADB, Bd. 36, S. 703). Es scheint damit recht unglaubwürdig, daß Stübel noch 1724 mit der Dichtung von Kirchenmusiktexten betraut wurde; zumal sich nicht belegen läßt, daß er zuvor jemals als Librettist gewirkt hat.

In Walters Monographie, die sich als „musikalisch-theologische Einführung" versteht, hält die Werkbeschreibung ein ausgewogenes Maß zwischen theologischer Interpretation der zugrundeliegenden Texte und der Darstellung, wie Bach diese jeweils in Musik gesetzt hat. Immer wieder finden sich dabei auch Einschübe, die theologisch motivierte Anregungen zur Aufführungspraxis enthalten – wie der Vorschlag, auch in Konzertaufführungen die Zweigliedrigkeit des Werkes durch den Einschub eines „geistlichen Impulses zwischen den beiden Teilen" sinnvoll zu gestalten (S. 137). Daneben liefert der Band Beschreibungen zur Aufführung des Werkes durch Robert Schumann im Jahr 1850 in Düsseldorf und zur Inszenierung von Hugo Niebeling im Dom von Speyer aus dem Jahr 1991. Im Zentrum steht aber freilich die werkanalytische Betrachtung. Diese entgleist mitunter allerdings zu minutiösen Ablaufbeschreibung des musikalischen und textlichen Geschehens (zum Teil auch einzelner Intervalle) mit jeweiliger Interpretation für deren theologische Bedeutung.

Walter verliert dabei aber nie den Blick für das Ganze und auch die verschiedenen Fassungen des Werkes sind ihm stets gegenwärtig. Der Fassung II von 1725 widmet er gar ein eigenes Kapitel am Ende des Bandes. Walter betont hier insbesondere die „Choral-Rahmung" (S. 215), die die Passion näher an die Liturgie rückt. Zugunsten dieser Choräle wird auf Barockdichtungen verzichtet, was im Widerspruch zu den gleichzeitig dazukommenden Arien im opernhaften Stil des modernen Passionsoratoriums zu stehen scheint, tatsächlich aber lediglich eine Schärfung zweier Akzente – Choralsubstanz und dramaturgisches Potenzial – bedeutet.

Neben der Werkbeschreibung, in der Walter stets um Differenzierung bemüht ist und Pauschalurteile vermeidet, enthält der Band einen umfangreichen Anhang. Eine „Chronologie der Johannespassion von J. S. Bach" dokumentiert die Entstehung und Rezeption des Werkes vom 18. Jahrhundert bis in die Gegenwart. Eine Übersicht über „Bachs Passionsaufführungen in Leipzig" führt auf den ersten Blick den herausragenden Stellenwert der Johannes-Passion unter den in Leipzig von Bach aufgeführten Passionen vor Augen. Dem folgt eine Liste der Choralkonkordanzen in den evangelischen und katholischen Gesangbüchern sowie – neben dem Literaturverzeichnis – Angaben zu den verfügbaren Notenausgaben, eine Diskographie, ein terminologisches Glossar und eine Übersicht über szenische Interpretationen des Werkes. Die Seitenangaben im Personenregister führen leider nicht immer fehlerfrei zur entsprechenden Namensnennung im Text.

In der Gesamtschau bieten beide Bände eine für Wissenschaftler und Musikliebhaber gleichermaßen lesenswerte Lektüre, die die theologischen Zusammenhänge, die hinter Bachs Weihnachts-Oratorium und Johannes-Passion stehen, kenntnisreich und verständlich erläutert – ohne dabei dogmatisch zu sein – und die „dem Wechselspiel zwischen Musik-Machen, Hören und Nachdenken über den unerschöpflichen Reichtum" von Bachs Musik vielerlei Anregungen bietet.

Manuel Bärwald (Leipzig)

Bach oder nicht Bach? Bericht über das 5. Dortmunder Bach-Symposium 2004, hrsg. von Reinmar Emans und Martin Geck, Dortmund: Klangfarben Musikverlag, 2009 (Dortmunder Bach-Forschungen, hrsg. von Martin Geck. 8.), 180 S.

„Bach oder nicht Bach?" lautet der lapidare Titel eines Sammelbandes, der sich mit insgesamt zehn Beiträgen renommierter Autoren erneut der vertrackten Incerta-Problematik für das unter Johann Sebastian Bachs Namen überlieferte Œuvre widmet. Das Buch zielt nicht darauf ab, konkrete Lösungen im Einzelfall zu finden; vielmehr war es das Anliegen von Herausgebern und Autoren, Denkanstöße zu geben, die bewußt über die Grenzen der Bach-Forschung im engeren Sinne und selbst des Faches Musikwissenschaft hinausweisen. Martin Geck beleuchtet in seiner – wie er selbst es nennt – „subjektiv gefärbten Einführung" seine eigenen Berührungspunkte mit Echtheitsfragen und erläutert nachträglich den zumindest für Außenstehende recht unkonventionellen Ablauf der Arbeitstagung, deren Referate im vorliegenden Band präsentiert werden. Der Leser erfährt außerdem, daß ein wesentlicher Teil des Symposiums – ein Roundtable über die „innere Authentizität" der (nachweislich von Bach komponierten) Himmelfahrtskantate BWV 43 – nicht in den Bericht aufgenommen wurde, wenngleich manche Wendungen in den veröffentlichten Texten sich mehr oder minder direkt auf diese Diskussion zu beziehen scheinen.

Die beiden ersten Beiträge bieten Ausblicke auf fremdes Terrain. Der Germanist Thomas Bein stellt die Echtheitsprobleme vor, mit denen sich die germanistische Mediävistik konfrontiert sieht. Diese reichen von der anonymen Überlieferung bis hin zur für die mittelalterliche Literatur charakteristischen Variabilität der Autorschaften. Wo tatsächlich einmal ein einziger Autor benannt werden kann, läßt sich dessen Name häufig nicht mit einer Biographie verknüpfen – Resultat einer Epoche, die das (gegebenenfalls modifizierende) Tradieren des überkommenen Gedanken- und Kulturguts über die Individualität des Künstlers stellte. So geraten rezeptionsästhetische und intertextuelle Perspektiven ins Blickfeld.

Ganz andere Echtheitsfragen plagen, wie Nils Büttner am Beispiel einiger flämischer Maler des 17. Jahrhunderts darlegt, die kunstgeschichtliche Forschung. Das gemeinsame Wirken eines Meisters und einer Schar von Lehrlingen und Gesellen in einem Atelier sowie die mitunter serienhafte Produktion von nichteigenhändigen Kopien eines Meisterbildes konfrontiert die Forschung mit oft kaum zu lösenden Problemen der Bestimmung von Originalität und Individualität.

Nach diesen Exkursionen wird sich jeder Bach-Forscher glücklich schätzen, mit derartigen Problemen nicht konfrontiert zu sein. Denn im Falle Johann Sebastian Bachs haben wir es mit einer historisch fixierbaren Künstlerpersönlichkeit zu tun, die sich selbst bereits als Individuum und ihre Kompositionen als Werke im modernen Sinne begriffen und deren Leben und Wirken vergleichsweise viele Spuren hinterlassen hat. Auch die heikle Werkstattpraxis hat in der Kompositionsgeschichte nur wenige Parallelen; zu nennen wäre etwa Jean-Baptiste Lully, der die Mittelstimmen in seinen Partituren von Assistenten ausfüllen ließ. Ob sich hieraus aber überhaupt Probleme der Authentizität ergeben, ist fraglich. Bei Bach jedenfalls sind derartige Verfahrensweisen nicht beobachtet worden; und wo ein Bach-Autograph nachträglich retuschiert wurde – siehe etwa die jüngst (vgl. BJ 2009) diskutierten Eintragungen C. P. E. Bachs im Autograph der H-Moll-Messe –, handelt es sich um Fremdzusätze auf einer Ebene, die die Echtheitsdiskussion nicht tangiert. Selbst das in der Kunstgeschichte so häufige Phänomen des Kopierens anerkannter Meisterwerke findet im Bereich der Musik keine Entsprechung. Denn das bloße Abschreiben einer Partitur hat ja keinerlei Einfluß auf die Autorschaft einer Komposition.

Unkonventionelle und gerade darum anregende Denkansätze präsentiert Martin Zenck in seinen Ausführungen zu den Begriffen „Selbstreferentialität", „Authentizität" und „Displacement", die er an Werken von Boulez und Beethoven erläutert. Im Falle von Bachs Kantate BWV 43, die am Schluß des Beitrags behandelt wird, scheinen diese Termini freilich nicht recht zu greifen, und so bleibt ihre Anwendung ohne konkretes Ergebnis.

Einen differenzierten Abriß der Geschichte der Echtheitskritik in der Bach-Forschung liefert Klaus Hofmann, wobei er exemplarisch einige wichtige Stationen zwischen etwa 1830 und der Gegenwart herausgreift und dabei zwischen einem „vormethodischen" und einem seit 1950 herrschenden methodisch reflektierten Stadium unterscheidet. Zur Sprache kommen Möglichkeiten und Grenzen von Stil- und Quellenkritik, der allenthalben notwendige Zwang zum Pragmatismus, nicht zuletzt aber auch die nach wie vor bestehende „Offenheit" dieses Forschungszweigs; so werden allzu hohe Erwartungen wohltuend gedämpft, gleichwohl aber wird die fortwährende Relevanz des Themas betont. Nachdem mittlerweile alle Schlußbände der NBA-Serien I–VI erschienen sind, hat sich gezeigt, daß keinesfalls sämtliche Echtheitsfragen beantwortet werden konnten, sondern bestenfalls die Voraussetzungen für ein neues Stadium der Echtheitskritik geschaffen wurden. Hoffen wir, daß die losen Fäden aufgegriffen und weitergesponnen werden. Ob die Echtheitskritik sich seit 1950 allerdings tatsächlich in einem Stadium der „Aufklärung" befindet, scheint mir indes nicht durchweg gesichert zu sein. Denn die seither von einzelnen Forschern entwickelten Methoden haben sich zu einem höchst komplizierten Instrumentarium entwickelt, dessen umsichtige Handhabung nicht jedermann zu Gebote steht; vor mitunter abenteuerlichen Spekulationen sind wir auch heute nicht gefeit. Andererseits sind die von Protagonisten des „vormethodischen" Stadiums – etwa Franz Hauser und Felix

Mendelssohn – erbrachten Leistungen trotz erst rudimentär entwickelter Quellenkritik oftmals beeindruckend. Letztlich scheinen – über die Generationen und methodischen Ansätze hinweg – die entscheidenden Kriterien für die Glaubwürdigkeit eines Autors in Sachen Echtheitskritik weiterhin subtile Werkkenntnis und sichere Urteilskraft zu sein – zwei Begriffe, die merkwürdigerweise in dem gesamten Band lediglich bei Hofmann explizit genannt werden.

Werkkenntnis und Urteilskraft sind besonders bei der Bewertung von – mutmaßlich oder nachweislich – frühen Kompositionen gefordert. Das problematische Verhältnis von „Quellenüberlieferung und Stilkritik" im Schaffen des jungen Bach thematisiert Michael Kube. Dieser mahnt zwar zu Recht eine Erweiterung der Perspektiven an, doch bleibt ungewiß, wo denn die von ihm geforderten neuen Quellen und Dokumente zu finden sein sollen. Die von Kube angeführte Lübeck-Reise von Johann Christoph Bach (Nr. 28 in der Bachschen Genealogie, übrigens ein Sohn des aus der Arnstädter Linie stammenden gleichnamigen Eisenacher Organisten (13), nicht des Zwillingsbruders (12) von Bachs Vater Johann Ambrosius) im Jahr 1703 ist in der Tat seit langem bekannt. Ob sich aus dieser Reise indes zwingende Gründe ableiten lassen, die Bedeutung von Johann Sebastian Bachs Lübeck-Aufenthalt und seiner Begegnung mit Buxtehude (1705/06) zu relativieren, darf bezweifelt werden. So bleiben auch weiterhin die entsprechenden Äußerungen Bachs gegenüber dem Arnstädter Konsistorium (Dok II, Nr. 16) – mögen sie auch noch so oft zitiert und interpretiert worden sein – das maßgebliche Dokument zu Bachs „Buxtehude-Erlebnis".

Den Eigenheiten des Bachschen Vokalstils versucht Konrad Küster sich zu nähern, indem er die von Johann Sebastian und dessen Meininger Vetter Johann Ludwig Bach überlieferten Vertonungen desselben Texts – es handelt sich um die anonyme Meininger Kantatendichtung „Siehe, ich will viel Fischer aussenden" – miteinander vergleicht. Zur Sprache kommen zahlreiche wesentliche Aspekte des mitteldeutschen Kantatenstils der 1710er und 1720er Jahre. Freilich stellt sich auch heraus, daß J.S. Bach sich bei seiner Vertonung nicht von dem Werk seines Vetters inspirieren ließ – falls er es überhaupt gekannt hat. Wenn der Ertrag von Küsters Studie für die eigentliche Echtheitskritik auch gering bleibt, so stellt doch der von ihm angeregte Vergleich von Parallelvertonungen des Meininger Kantatenzyklus von 1704 mit dem Ziel, „die historisch-stilistischen Entwicklungsetappen der Kantatenkultur jener Zeit" differenziert zu erfassen, einen bemerkenswerten neuen Zugang dar.

Deutlich abstrakter und spekulativer erscheinen die Ausführungen von Ruth Tatlow. Die Autorin hat im Rahmen einer groß angelegten Studie eine Theorie der „parallelen Proportionen" entwickelt, der zufolge einzelne Sätze, mehrsätzige Werke und größere Werksammlungen in ihrer Taktorganisation nach bestimmten numerischen Verhältnissen konstruiert sind. Welche Bedeutung diese Theorie für die Bach-Forschung erlangen wird, ist noch offen. Daß sie für die Echtheitskritik jemals von größerer Relevanz sein könnte, erscheint aber schon jetzt fraglich.

Grundsätzliche methodische Überlegungen zum Problemkreis Autor und Authentizität finden sich in den Beiträgen von Michael Heinemann und Reinmar Emans. Mit wortreichen und zum Teil spitzfindigen Argumenten werden traditionelle Ansichten reflektiert und in Frage gestellt, ohne daß immer deutlich würde, gegen welche Mißstände die breit gestreute Kritik der beiden Autoren gerichtet sein soll. Von unrechtmäßig „als orthodox proklamierten Bach-Bildern" (Heinemann, S. 65) ist die Rede, von „seit langem überholten Positionen" (Emans, S. 157), von problematischen „Funktionen eines Bach-Bildes, dessen Prämissen freigelegt werden müssen, um über die Bedingungen, unter denen Urteile über die ‚Echtheit' gefällt werden, aufzuklären" (Heinemann, S. 63). Das in beiden Texten durchexerzierte reflektierende Hinterfragen führt freilich nicht selten neuerlich zu fragwürdigen Prämissen – es entsteht der Eindruck, als würden hier abseits der tatsächlichen Gegebenheiten akademische Pirouetten gedreht. Der von Heinemann (S. 62) konstruierte Fall eines Authentizitätsproblems („Gesetzt, ein Schüler habe den Stil seines Lehrers so inkorporiert, daß ein Werk des Schülers unschwer als eines seines Lehrers gelten konnte und von diesem als gelungenes Beispiel – oder aber nur aus schierer Zeitnot bei der Erledigung eines größeren Auftrags – abgeschrieben wurde, wirft das Problem auf, wer nun wen kopiert") geht an der Realität vorbei. Empfohlen sei ein Blick auf das stilistische Profil und die Überlieferungslage der Werke zweifelhafter Echtheit, mit denen die Herausgeber der NBA-Schlußbände tatsächlich zu kämpfen hatten. Andererseits erscheint das von Heinemann skizzierte Raster von Überlieferungs-„Modi" (S. 62) zu grob, um die wirklichen Probleme in den Griff zu bekommen.

Emans wählt im Fahrwasser der Schriften von Michel Foucault die Position, den Autor als Konstruktion oder gar Fiktion der Nachwelt zu betrachten – womit er sich in gewissem Sinne jeglicher Verantwortlichkeit entzieht, jedoch auch der Chance, den Verhältnissen auf den Grund zu gehen. Allerdings erscheint ohnehin zweifelhaft, ob der auf die philosophisch-literarische Textinterpretation zielende Ansatz Foucaults für die Echtheitskritik von musikalischen Werken überhaupt relevant sein kann. Wo Emans konkret wird, spielt die Gedankenwelt Foucaults jedenfalls kaum noch eine erkennbare Rolle. Suspekt sind ihm „Autorbilder", die die Qualität von Bachs Kompositionskunst zur „Unfehlbarkeit" erheben, willkommen hingegen ist Kritik auch an Werken des akzeptierten Kanons. Man mag eine gewisse nüchterne Distanz als die dem Wissenschaftler angemessene Haltung gegenüber seinem Forschungsgegenstand gelten lassen – der Ertrag von Emans alles hinterfragender Bach-Kritik für die Echtheitsproblematik bleibt allerdings gering. Zwar ist ihm durchaus recht zu geben, wenn er sich gegen die Bach häufig zugemessene „unendliche

Bedeutungsflut" wendet und auf unkorrigiert gebliebene handwerkliche Fehler in den autographen Partituren verweist; andererseits wäre es jedoch fatal, satztechnische und stilistische Unzulänglichkeiten als Kriterien für die Echtheitskritik gar nicht erst zuzulassen. Denn die – seinerzeit von dem jungen Mendelssohn entdeckten – Quintparallelen im fünften Brandenburgischen Konzert zum Beispiel sind etwas fundamental anderes als der dürftige Satz in so mancher erst spät mit dem Namen Bachs in Verbindung gebrachter Choralfugette.

Mit einem Fragezeichen würde ich auch die Behauptung versehen, divergierende Zuschreibungen verschiedener Fassungen von zweifelhaften Choralvorspielen (an Bach beziehungsweise einen seiner Schüler) seien das Ergebnis von Bachs Unterrichtstätigkeit und spiegelten die Eingriffe des Lehrers in die Kompositionsversuche seiner Schüler. Tatsächlich läßt sich aber ein solches Eingreifen Bachs bislang nicht quellenmäßig belegen; es bleibt also eine Spekulation, die voraussetzt, daß der Schüler seine Ausarbeitung sowohl in der ursprünglichen Fassung zirkulieren ließ als auch in der korrigierten Fassung des Lehrers, letztere mit manipulierter Autorenangabe.

Generell problematisch scheint mir die bei Heinemann und Emans erkennbare Tendenz, den traditionellen Autorenbegriff aufzuweichen. Die dokumentarisch belegten Bemühungen etwa eines C.P.E. Bach um die Bereinigung des Œuvres seines Vaters (vgl. Dok III, Nr. 723) zeigen doch in aller Deutlichkeit, daß er einen klaren Begriff von Autorschaft und Authentizität hatte. Zwar kann es in einzelnen Fällen – etwa bei der eindrucksvollen, um 1800 hoch geschätzten doppelchörigen Messe BWV Anh. 167 – reizvoll sein, der Resonanz unechter Werke und deren Auswirkungen auf ein historisches Bach-Bild nachzuspüren, doch darf dies das Bemühen um die strenge Scheidung von echt und unecht nicht beeinträchtigen. Fragwürdig ist auch die Behauptung, jede Bach-Zuschreibung dürfe schon allein deshalb Gültigkeit beanspruchen, weil Bachs Werke im 18. Jahrhundert keinen materiellen Wert besaßen und es daher für Schreiber und Quellenbesitzer keinen Grund gab, absichtlich Fehlzuweisungen vorzunehmen (Heinemann, S. 64). Hier sei nur verwiesen auf eine Notiz des Hallenser Organisten Leberecht Friedrich Berger über die hohen Kosten für die „Communication" des Wohltemperierten Klaviers I, die ihm gerechtfertigt schienen, weil die darin enthaltenen Fugen „die rechten und besten" seien (vgl. NBA V/9.2 Krit. Bericht, S. 126). Auch Forkels gelegentliche Stoßseufzer über vermeintliche Bach-Spezialisten und ihren zweifelhaften Quellenbesitz gehören hierher. Zu fragen wäre daher in der Tat in jedem Fall nach den Motivationen für Fehlzuschreibungen und insbesondere auch nach der Autorität des jeweiligen Schreibers. Die Forschungen auf dem Gebiet der peripheren Bach-Überlieferung in der zweiten Hälfte des 18. Jahrhunderts stecken zugegebenermaßen noch in den Anfängen; dennoch läßt sich erkennen, daß Schreiber und Quellenbesitzer außerhalb von Bachs näherem Umkreis – als Beispiel sei der im vorliegenden BJ ausgiebig gewürdigte Carl August Hartung genannt – eher dazu tendierten, Werke zweifelhafter Herkunft J. S. Bach zuzuschreiben als direkte Schüler und Familienmitglieder. Thematisiert werden müßte auch das Phänomen der recht großen Zahl von Dubiosa und Spuriosa, die erst im 19. Jahrhundert auftauchen. Wie die Anlage und Repertoireauswahl von Sammelhandschriften wie *P 311* und *P 285* erkennen lassen, ging es den Sammlern der Mendelssohn-Zeit offenbar häufig darum, Kompositionen aufzuspüren, die in den frühen Werkausgaben nicht enthalten waren. Dies geschah oft auf intuitive, manchmal geradezu hemdsärmelig unbekümmerte Weise (vgl. NBA IV/9 Krit. Bericht, S. 180–187 und 194–196), wobei der Wunsch, den Kanon der Bachschen Werke zu erweitern, offensichtlich jegliche besonnene Vorsicht in den Wind schlug – daher der Supplement-Charakter und die große Zahl entlegener und zweifelhafter Werke in den genannten Anthologien.

Auch diese – im Vergleich mit den intellektuellen Höhen der poststrukturalistischen Literaturkritik zugegebenermaßen ernüchternd banalen – Tatbestände wären zu berücksichtigen, wenn bei der „schwierigen und heiklen Echtheitsdiskussion" die Gefahr umschifft werden soll, „Hypothesen als Faktisches zu verkaufen und die Faktizität der Quellen ständig zu unterlaufen" (Emans, S. 166). Und nur so bliebe die wissenschaftliche Auseinandersetzung, wie Emans in seinem Schlußplädoyer einfordert, „zumindest mit einem Fuß […] in der Realität verwurzelt und damit ehrlich zu sich selbst" (ebenda).

Peter Wollny (Leipzig)

NEUE BACHGESELLSCHAFT e.V., SITZ LEIPZIG

Mitglieder der leitenden Gremien

VORSTAND

Prof. Dr. Martin Petzoldt – Leipzig
Vorsitzender

Kreuzkantor KMD Roderich Kreile – Dresden
Stellvertretender Vorsitzender

Gerd Strauß – Leipzig
Geschäftsführendes Vorstandsmitglied

RA Franz O. Hansen – Eisenach
Stellvertretendes Geschäftsführendes Vorstandsmitglied

Prof. Dr. Johann Trummer – Graz
Beisitzer

DIREKTORIUM

Thomaskantor Prof. Georg Christoph Biller – Leipzig
Reimar Bluth – Berlin
KMD Prof. Dr. Dr. h. c. Christfried Brödel – Dresden
Prof. Dr. Daniel Chorzempa – Florenz
Ingeborg Danz – Frechen
Dr. Jörg Hansen – Eisenach
Dr. Dirk Hewig – München
Prof. Dr. Hans Hirsch – Hamburg
Rudolf Klemm – Saint Cloud
Prof. Dr. Ulrich Konrad – Würzburg
Prof. Edgar Krapp – München
Dr. Michael Maul - Leipzig
Dr. Martina Rebmann – Berlin
KMD Prof. D. Dr. h. c. mult. Helmuth Rilling – Stuttgart
Dipl. phil. Michael Rosenthal – Leipzig
Sibylla Rubens – Tübingen
Dr. Lotte Thaler – Baden-Baden
UMD David Timm – Leipzig
Rosemarie Trautmann – Stuttgart
Prof. Gerhard Weinberger – Detmold
Doz. Jens Philipp Wilhelm – Mannheim
Pfarrer Christian Wolff – Leipzig
Prof. Dr. Dr. h. c. mult. Christoph Wolff – Cambridge, MA
Priv.-Doz. Dr. Peter Wollny – Leipzig

EHRENMITGLIEDER

Dr. Dr. h. c. mult. Alfred Dürr (†) – Göttingen
Prof. Dr. Wolfgang Rehm – Hallein (Salzburg)
Prof. Zuzana Růžičková – Prag
Dr. h. c. William Scheide – Princeton, NJ
Prof. Dr. Hans-Joachim Schulze – Leipzig
Prof. Adele Stolte – Potsdam

GESCHÄFTSFÜHRUNG

Wolfgang Schmidt M.A. – Leipzig

Mitglieder der Neuen Bachgesellschaft e.V. erhalten neben anderen Vergünstigungen das Bach-Jahrbuch als regelmäßige Mitgliedsgabe. Der jährliche Mitgliedsbeitrag beträgt nach dem Stand vom 1. Januar 2007:

Einzelmitglieder	€ 40,–
Ehepaare	€ 50,–
Schüler/Studenten	€ 20,–
Korporativmitglieder	€ 50,–

Beitrittserklärungen – formlos mit Angaben zur Person oder auf einer Kopie des untenstehenden Formulars – richten Sie bitte an die Geschäftsstelle der Neuen Bachgesellschaft, Postfach 10 07 27, D-04007 Leipzig (Hausadresse: Burgstraße 1–5, Haus der Kirche, D-04109 Leipzig, Telefon bzw. Telefax 03 41-9 60 14 63 bzw. -2 24 81 82, e-Mail: info@neue-bachgesellschaft.de).

Mitglieder der Neuen Bachgesellschaft können zurückliegende Jahrgänge des Bach-Jahrbuchs (soweit vorrätig) zu einem Sonderpreis erwerben. Anfragen richten Sie bitte an die Geschäftsstelle.

Beitrittserklärung:

Ich/Wir möchte/n Mitglied/er der NBG werden:

Vor- und Zuname: _____

Geburtsdatum: _____

Beruf: _____

Straße: _____

PLZ – Ort: _____

Telefon/Telefax: _____

Gleichzeitig zahle/n ich/wir € _____

als ersten Jahresbeitrag sowie € _____

als Spende auf das Konto Nr. 67 27-908
bei der Postbank Leipzig (BLZ 860 100 90) ein.

Einzugsermächtigung

Ich/Wir erkläre/n mich/uns damit einverstanden, daß mein/unser Mitgliedsbeitrag von meinem/ unserem

Konto Nr. _____

bei der _____
(Bank/Sparkasse)

_____

BLZ _____

bis zum schriftlichen Widerruf abgebucht wird.

_____ _____   _____
Ort, Datum   Unterschrift   Datum/Unterschrift